GUDRUN-AXELI KNAPP / ANGELIKA WETTERER (Hg.)

TRADITIONEN BRÜCHE

Gudrun-Axeli Knapp
Angelika Wetterer
(Hg.)

TraditionenBrüche

ENTWICKLUNGEN FEMINISTISCHER THEORIE

Kore

2. Auflage 1995

Brombergstr. 9a, D-79102 Freiburg i. Br.
(+49)761 / 70320-0 (Tel.) · 70320-70 (Fax)
Deutsche Erstveröffentlichung

Umschlaggestaltung: Michael Wiesinger
Titelbild: Paul Klee, Tanzscene, 1938
Satz: Kore, aus der Palatino und der Optima
Gesamtherstellung: Litosei, Rastignano (Bologna),
Printed in Italy

Die Deutsche Bibliothek – CIP-Einheitsaufnahme:

Traditionen Brüche / Gudrun-Axeli Knapp ; Angelika Wetterer (Hg.).
– Dt. Erstveröff. – Freiburg (Breisgau) : Kore, 1992
Forum Frauenforschung ; 6
ISBN 3-926023-82-1
NE: Knapp, Gudrun-Axeli [Hrsg.]; GT

ISB N 3-926023-82-1

FORUM FRAUENFORSCHUNG Bd. 6

Schriftenreihe der Sektion Frauenforschung
in der Deutschen Gesellschaft für Soziologie

Inhalt

Vorwort

Frauenforschung teilt mit einer Reihe kritischer Ansätze in den Sozialwissenschaften den Anspruch, Theorie in praktischer, emanzipatorischer Absicht zu betreiben und Anstöße zur Selbstreflexion zu geben. Und dennoch liegt sie notwendigerweise auch in Widerstreit mit diesen Ansätzen. Sie kritisiert sie, weil das Geschlechterverhältnis und Formen der Unterdrückung von Frauen, weiblicher Widerstand und weibliche Praxisfelder auch bei ihnen – trotz des politischen Anspruchs ihrer Gesellschaftsanalysen – gar nicht oder in verzerrter Weise verhandelt werden. Wie kann dieser Zwist ausgetragen werden, wenn einerseits derartige Theorietraditionen wichtige Bezugs- und Anknüpfungspunkte für Herrschaftskritik und Analysen sozialer Ungleichheit sind, sie andererseits aber wegen ihrer Geschlechtsblindheit zum Bruch herausfordern – erkenntnistheoretisch, methodisch und inhaltlich? Kann es einen radikalen Neubeginn, eine feministische Wissenschaft als ganz andere, als «alternative Wissenschaft» überhaupt geben? Wie sieht das Verhältnis zwischen Aneignung und Kritik, Erbe und Innovation, Rückbesinnen und Abschied in der feministischen Theorie gegenwärtig aus? Rührt die Bindung an bestimmte Theorietraditionen nur daher, daß Wissenschaftlerinnen durch sie und in sie hinein sozialisiert wurden und Schwierigkeiten haben, sich vom «Erbe der Väter» zu lösen? Oder gibt es gerade wegen feministischer Optionen auch gute Gründe, bestimmte Erbschaften nicht einfach auszuschlagen? Fragen wie diese, die unterschwellig manche Kontroverse in der Geschichte der Frauenforschung begleiteten und die auch auf einigen Jahrestagungen der *Sektion Frauenforschung in den Sozialwissenschaften* zur Diskussion standen, regten uns an, sie zum Fokus dieses Bandes zu machen. *Traditionen Brüche* ist ein Beitrag zur Selbstverständigung über das, was Frauenforschung heute ausmacht, und zugleich ein Stück Geschichtsschreibung, das einen Zugang zu Ähnlichkeiten und Unterschieden zwischen verschiedenen Ansätzen feministischer Kritik ermöglichen soll. Wir führen damit die Auseinandersetzung um feministische Gesellschaftsanalyse und Wissenschaftskritik fort, die mit der ersten Publikation der Reihe Forum Frauenforschung 1987 eröffnet wurde.[1]

Der Band ist organisiert um folgende Fragen: An welche wissenschaftlichen Traditionen haben Frauenforscherinnen angeknüpft? Wo wurden methodische wie theoretische Perspektivenänderungen vorgenommen? An welchen Punkten wurden und werden radikal andere Orientierungen erarbeitet? Entwickelt aus dem Impuls zur Kritik geschlechtsblinder oder männerzentrierter Wissenschaft, angelegt auf Traditionsbruch, zeigen sich doch in fast allen Ansätzen der Frauenforschung, neben feministischen Kurskorrekturen und Akzentsetzungen, deutlich die Spuren der «Väter» – und weniger «Mütter».

Als wir zu Beginn des Projekts mit Kolleginnen über den gewählten Blickwinkel diskutierten – die Herkunft feministischer Konzepte aus bestimmten Traditionen oder sogar «Schulen» und die Art der Abarbeitung an ihnen –, tauchte die Frage auf, ob diese Perspektive nicht möglicherweise etwas verstellt, was geradezu typisch für Frauenforschung sei und eher als Traditionsverweigerung deutlich werden könnte: Die Bereitschaft, unorthodoxe Wege zu gehen, die Neugier auf alles, was der Erkenntnis auf die Sprünge hilft, die Neigung zu ungewohnten Synthesen und eine Art offensiver Eklektizismus. Dies mag ein Stück weit zutreffen: Aus der Position der Dissidenz gegenüber dem sogenannten «male-stream» der Wissenschaften und der immer wieder Probleme aufwerfenden «Ortlosigkeit» feministischer Fragestellungen in der Alma Mater rührt eine spezifische Mischung aus Antidogmatismus und Entschiedenheit, die wir für ein Charakteristikum feministischer Wissenschaft im besten Sinne halten. Und sicherlich ist gerade das Moment des Herumsuchens und der Vagabondage ein Grund für die Lebendigkeit mancher feministischer Debatten.

Vor diesem Hintergrund, auf dem gerade die Ungebundenheit feministischen Denkens als Charakteristikum erscheint, mag es auf den

---

1 Ursula Beer (Hg.) (1987): *Klasse Geschlecht. Feministische Gesellschaftsanalyse und Wissenschaftskritik.* Bielefeld 1987 (3., durchgesehene Auflage 1992). Forum Frauenforschung, Bd. 1

ersten Blick widersinnig sein, ausgerechnet den theoretischen Erbschaften nachzugehen, die Frauenforschung angetreten hat. Wir denken jedoch, daß damit eine Frage aufgeworfen ist, über die sich letztlich mehr von der tatsächlichen Substanz einzelner Ansätze erschließt als über die verführerische Idee von Frauenforschung als der ganz anderen Wissenschaft. Diese drückt eher das Selbst-Ideal der Frauenforschung aus als die Realität – und wäre überdies durch ein Stück Verleugnung der eigenen Geschichte erkauft. Das Spezifische feministischer Theorie liegt nach unserer Auffassung weniger in der Radikalität von Zäsuren, die sich bei näherem Hinsehen oft als Verbal-Sezessionen entpuppen, als in der Art und Weise der widerständigen und kreativen Aneignung bzw. Verknüpfung von Traditionen und im Zuspitzen von Fragen aufgrund eines politisch inspirierten Erkenntnisinteresses.

In diesem Zusammenhang halten wir es für wichtig, danach zu fragen, ob nicht gerade auch der gesellschafts- und kulturkritische Impuls, der den in der Frauenforschung aufgegriffenen Theorietraditionen inhärent ist, deren eigene Begrenztheit der feministischen Kritik zugänglich macht, sie sogar herausfordert: Eine substantielle Theorie gesellschaftlicher Herrschaftsverhältnisse ist ja nicht möglich ohne die Analyse dessen, was in der Regel ausgeblendet wird: das Geschlechterverhältnis. Und umgekehrt wäre genauso zu überlegen, ob nicht die Orientierung an Theorien, die das Ganze in den Blick nehmen, auch die Frauenforschung auffordert, die Analyse des Geschlechterverhältnisses rückzubeziehen auf eine Untersuchung der soziostrukturellen Zusammenhänge, in die es eingebunden ist. Dies tangiert zentrale Kategorien der Frauenforschung, insbesondere die des «Patriarchats»: Umfaßt sie alle gesellschaftlichen Formen von Herrschaft, die Frauen betreffen?

Bei der Auswahl der Schwerpunkte für diesen Band standen wir vor dem üblichen Dilemma: Entweder dem Vollständigkeitsanspruch zu folgen und eine breite Palette von Ansätzen aufzunehmen, die dann aber jeweils wenig Raum hätten, oder aber eine begrenzte Auswahl von Texten zu treffen, die ihre Argumentationen detaillierter entfalten könnten. Wir haben uns für letzteres entschieden, auch wenn das bedeutete, einige Ansätze unberücksichtigt zu lassen, die gleichwohl in der Geschichte der deutschsprachigen Frauenforschung wichtig waren und sind. Daß wir dabei auch Blicke über den Rand der hiesigen Diskussionen hinausgerichtet haben, wird durch die Auswahl, die wir schließlich getroffen haben, dokumentiert. In einigen Beiträgen wurden Theoriedebatten aus dem englisch- und französischsprachigen Raum aufgenommen, die zunehmend auch bei uns rezipiert werden. Von dort aus fällt noch einmal ein ganz anderes Licht auf die Frage nach dem Spannungsfeld von Tradition und Traditionsbruch. So verschieben sich etwa im Kontext der Moderne/Postmoderne-Diskussion und auch im Zusammenhang der Konfrontationen zwischen historisch-materialistischen und poststrukturalistischen Strömungen die zentralen Achsen der Auseinandersetzung. Die Divergenz dieser Paradigmen begründet drastischere Trennlinien als bisher innerhalb der Frauenforschung. Sie betreffen ihre epistemologischen Grundlagen ebenso wie die Denkhorizonte ihrer Gesellschaftskritik. Dabei verschwimmen zunehmend die Konturen feministischer Leitbegriffe wie «Unterdrückung» und «Emanzipation».

An den Anfang des Bandes haben wir die Auseinandersetzung mit einer der wenigen Theoretikerinnen gestellt, an die wir zu Beginn der Frauenforschung anknüpfen konnten: *Simone de Beauvoir* und ihren *existentialistischen Feminismus.* Carol Hagemann-White zeigt in ihrem Beitrag, welche Grundgedanken des Existentialismus Simone de Beauvoir aufgenommen und verarbeitet hat und wie kreativ sie dabei – entgegen einem verbreiteten Vor-Urteil – die existentialistischen Grundpositionen wendete und erweiterte, um die Frage nach der Frau als dem «anderen Geschlecht» und nach der Differenz einbeziehen, ja überhaupt stellen zu können. Erst vor dem Hintergrund der Entfaltung dieser theoretischen Position de Beauvoirs wird deutlich, wie fruchtbar sie im historischen wie lebensgeschichtlichen Rekurs Theorie und Empirie aufeinander bezogen hat. *Das andere Geschlecht,* das die älteren von uns sicher alle «in grauer Vorzeit» einmal gelesen haben, die jüngeren vielleicht eher als Mythos kennen, entsteht so noch einmal vor dem inneren Auge, und seine Brisanz und Aktualität zeigt sich nicht nur darin, daß sich hier viele der Themen zum ersten Mal formuliert finden, die die Frauenforschung seitdem an zentraler Stelle beschäftigt haben: Sexualität, Hausarbeit, Arbeitsteilung, Gewalt oder geschlechtsspezifische Sozialisation. Carol Hagemann-White zeigt vielmehr auch, daß die (bislang) ungenügende Rezeption der theoretischen Position de Beauvoirs selbst in den feministischen Ansätzen, die explizit an sie anschließen, zu unfruchtbaren Polarisierungen geführt hat, daß der Kontinuität der Themen (noch) keine Kontinuität der theoretischen Auseinandersetzung entspricht. So gesehen ist diese Analyse der existentialistischen Theorietradition in der Frauenforschung, neben der

Einsicht in die spezifischen Grenzen dieses Ansatzes, auch eine Aufforderung zum Neu-Lesen, zum genaueren Hinsehen, zur konsequenteren theoretischen Auseinandersetzung mit der von de Beauvoir formulierten – und noch keineswegs vollends ausgeloteten – Erkenntnis, daß es «die Frau gar nicht gibt», daß sie eine «Erfindung» ist und daß Frauen gleichwohl lebensgeschichtlich so werden, daß sie sich diesem Entwurf nicht widersetzen, sondern zu Mittäterinnen werden, wie es bei Christina Thürmer-Rohr wieder heißen wird.

Während an Simone de Beauvoir als Theoretikerin des Feminismus im deutschsprachigen Bereich merkwürdig indirekt angeknüpft wurde – ganz im Gegensatz zu ihrer Präsenz als Person und politische Schriftstellerin –, ist die Bezugnahme auf den Marxismus, die Psychoanalyse und die Kritische Theorie ebenso explizit wie kontrovers verlaufen und in jedem Fall auch heute noch in den theoretischen Konzepten der Frauenforschung deutlich gegenwärtig. Das hängt ohne Zweifel mit der Entstehungsgeschichte der feministischen Wissenschaft zusammen: Die genannten Theorietradtionen waren wichtige Bezugspunkte der «68er», und im Zuge der Abgrenzung von den androzentrischen bis offen frauenfeindlichen politischen Theoremen «linker Eminenzen» entstand mit der Frauenbewegung auch die Frauenforschung. Daß die Auseinandersetzung mit Marxismus, Psychoanalyse und Kritischer Theorie in der feministischen Sozialwissenschaft – neben der Kritik an der Marxschen Produktionszentriertheit und der phallokratischen Sexualitätskonzeption Freuds – zu ebenso verschiedenen wie von den genannten Theoretikern in produktiver Weise auch zehrenden Konzepten geführt hat, zeigen die Beiträge von Regina Becker-Schmidt, Frigga Haug/Kornelia Hauser und Maja Nadig. Alle drei lassen sich als Versuche lesen, bestimmte theoretische, methodologische und politische Positionen und Ansprüche dieser Theorien unter Einschluß der «anderen Hälfte der Menschheit» ernster zu nehmen und gründlicher zu verstehen als sie selbst es taten.

Die *Kritische Theorie* gehört zu den Traditionen, die sich intensiv mit Fragen der Vermitteltheit von Individuum und Gesellschaft auseinandergesetzt haben, indem sie die Erkenntnispotentiale der marxistischen Gesellschaftstheorie und der Psychoanalyse aufeinander bezog. Regina Becker-Schmidt geht in ihrem Beitrag zum «Phantasma der Geschlechterdifferenz» denn auch von der Prämisse aus, daß die zentralen Kategorien der Frankfurter Schule gerade in ihrer analytischen Verbindung von subjektiver und objektiv-sozialer Ebene für ein feministisches Erkenntnisinteresse produktiv genutzt werden können – bei aller Kritik, die an den androzentrischen Zügen auch der Kritischen Theorie angebracht ist. Verdrängung, Ideologie und Rationalisierung sind die Begriffe, die sie im Sinne der Frankfurter Schule aufgreift und im Zuge einer weitgespannten Materialanalyse für eine Untersuchung der Geschlechterdifferenz fruchtbar macht. Von der Ausgrenzung von Frauen aus Männerberufen und deren Rationalisierung über die Fortpflanzungsmythen der Baruya und die ihnen trotz der historischen Distanz überaus ähnlichen Männerphantasien, die mit der Gentechnologie verknüpft sind, bis hin zu einer Passage aus den *Minima Moralia* wird deutlich, wie tiefliegend die Konflikte sind, die sich an der Geschlechterdifferenz in je kulturspezifischer Weise entzünden. Daß das Verdrängte in dem Versuch, es unsichtbar zu machen, gleichzeitig, zumindest aus der Retrospektive, lesbar bleibt, daß das individuelle und gesellschaftliche Unbewußte als unbewußte Gesellschaftlichkeit zugleich die Folie bietet, auf der Ideologien und Rationalisierungen in ihrer Genese (und in der Hartnäckigkeit, mit der sie verteidigt werden) aufgeschlüsselt werden können, zeigt beispielhaft, wie sich die Frauenforschung eine theoretische Tradition aneignen und gerade auf das «anwenden» kann, was in dieser Tradition – aus eben den genannten Gründen – ausgeblendet wurde.

In ganz anderer Weise greifen Frigga Haug und Kornelia Hauser marxistische Theorietraditionen auf, welche die entstehende feministische Sozialwissenschaft vorfand. Auch für sie steht die Frage nach einer Verbindung subjektiver und objektiv-gesellschaftlicher Perspektiven der Analyse im Mittelpunkt, die das Geschlechterverhältnis nicht ausblendet, sondern an zentraler Stelle und in kritischer Absicht mitreflektiert. In Abgrenzung von bestimmten Theorien geschlechtsspezifischer Sozialisation und psychoanalytischen Theorieansätzen gehen sie auf die *Marxschen Feuerbach-Thesen* und im weiteren auf die von Holzkamp entwickelte *Kritische Psychologie* zurück, um die Vergesellschaftung von Frauen als Prozeß der Entwicklung von Handlungsfähigkeit begreifen zu können, in dessen Verlauf Frauen nicht nur Opfer, sondern Beteiligte sind. Gerade in diesem Beteiligtsein, in der «Einwilligung» in eine auch restriktive und unterdrückende Gesellschaft sehen sie zugleich die Möglichkeit der Veränderung angelegt: Da Vergesellschaftung zugleich Subjektwerdung und Aneignung von Gesellschaft bedeutet, sind Selbstveränderung und Veränderung der Gesellschaft notwendig aufeinander verwiesen. Mit der «Methode der kollektiven Erinnerungsarbeit» stellen sie deshalb ein Verfahren der Aneignung von Erfahrungen vor, das sowohl als sozialwissenschaftliche Methode der gemeinsamen Erarbeitung von Wissen über die weibliche Vergesellschaftung zu begreifen sei wie auch als kollektive Praxis der Selbstveränderung von Frauen. Daß feministische Wissenschaft – neben der Arbeit mit Erfahrungen von Frauen – einer theoretischen Analyse der kapitalistisch-patriarchalen Gesellschaft bedarf, zeigt schließlich im letzten Teil dieses Beitrags die Auseinandersetzung mit dem Marxschen Arbeitsbegriff, die an die in den frühen Jahren der Frauenforschung geführte «Hausarbeitsdebatte» anknüpft und sie um einige politisch-ökonomische Reflexionen zur «Logik der Zeitreduktion» erweitert.

Auch in dem Beitrag von Maja Nadig zur *Ethnopsychoanalyse* in der Frauenforschung ist die Frage nach dem Verhältnis von Subjekt und gesellschaftlicher Objektivität erneut präsent, allerdings mit anderer Akzentsetzung. Mit der Verknüpfung von kritischer Ethnologie und gesellschaftstheoretisch orientierter Psychoanalyse ist ein Thema angeschnitten, das in der Frauenforschung von Anfang an bedeutsam war und inzwischen wieder neu an Bedeutung gewonnen hat: die Fremdheit von Frauen in einer männerdominierten Kultur und Gesellschaft – ein Thema, das in jüngster Zeit vor allem im Zuge der Ethnozentrismuskritik ausdifferenziert worden ist und nun die Frage auch nach der Fremdheit unter Frauen einschließt, statt unbesehen von einer quasi universalistischen Vertrautheit unter Frauen auszugehen. Im Schnittpunkt von Ethnologie und Psychoanalyse entwickelt Maja Nadig Problem und Methode ihrer Forschungsarbeit. Sie umreißt einen Prozeß, in dem es um den Zusammenstoß zweier Kulturen und zweier Subjekte sowie darum geht, diesen «Zusammenstoß» für eine Produktion von Wissen zu nutzen: für eine Produktion von Wissen, die das «Unbewußte» in der fremden Kultur dem Anspruch nach ebenso mitreflektiert wie in der eigenen, und die auf diese Weise nicht nur etwas über die fremde Kultur in Erfahrung bringen will, sondern auch über die eigene. Gerade deshalb erfordert der ethnopsychoanalytische Forschungsprozess ein hohes Maß an Selbstreflexion. Reflektiert wird die Beziehung zwischen Forscherin und Gesprächspartnerin, die als Beziehung zwischen zwei Subjekten konzipiert ist – ein Thema, das die Frauenforschung seit den Thesen von Maria Mies zur Methode intensiv beschäftigt hat. Am Beispiel der ethnopsychoanalytischen Gespräche mit Frau Aebershold, die im Rahmen einer Untersuchung über die

Formen gelebter Frauenkultur im Zürcher Oberland geführt worden sind, werden die zuvor entfalteten theoretischen Voraussetzungen und die methodologischen und methodischen Prämissen der Ethnopsychoanalyse Schritt für Schritt und sehr konkret beschrieben, wird auch hier deutlich, wie sich die Frauenforschung eine Theorietradition zunutze macht, indem sie sie auf ihren Gegenstand neu bezieht. Da es sich bei Anna Aebershold wie bei Maja Nadig um Frauen der gleichen Kultur handelt, wird anhand dieses Beispiels nachvollziehbar, wie Fremdheit und Vertrautheit, Nähe und Distanz im Forschungsprozeß verbunden sind, und dabei werden Differenzen unter Frauen ebenso erkennbar wie Ähnlichkeiten. Daß es gerade die Gleichzeitigkeit von Nähe und Distanz ist, die es Frau Aebershold ermöglicht, die ethnopsychoanalytischen Gespräche als Forum zu nutzen, um tabuisierte Erfahrungen ihres «Frauenlebens» öffentlich zu machen und dabei auch für sich selbst neu zu verarbeiten, zeigt im übrigen, daß auch die Ethnopsychoanalyse eine Form der Praxis darstellen kann, die die Beforschten aus ihrer Rolle als «Objekt» der Erkenntnis entläßt, die sie nicht nur zum Reden bringt, sondern zu Wort kommen läßt.

Die *Ethnomethodologie* knüpft in anderer Weise an die Ethnologie an: Sie versucht, die eigene Kultur zu betrachten als wäre sie eine fremde, um so Aufschluß über die kulturellen Selbstverständlichkeiten zu gewinnen, die die Forscherin mit ihrem «Gegenstand», mit der erforschten Kultur teilt und die deshalb leicht dem wissenschaftlichen Nachdenken verborgen bleiben. Daß auch die Geschlechterdifferenz zu den kulturellen Selbstverständlichkeiten gehört, die unhinterfragt die Prämissen des Alltagshandelns wie der Theoriebildung prägen, ist eine Einsicht, die die Frauenforschung in der Ethnomethodologie schon formuliert fand: Garfinkels Studie über die Transsexuelle Agnes, in der er der Frage nachgeht, wie es zur interaktiven Konstruktion der Geschlechtszugehörigkeit kommt, war geschrieben, bevor die feministische Sozialwissenschaft ihre kritische Sichtung der vorgefundenen Theorieansätze begann. Im amerikanisch-englischsprachlichen Bereich gibt es inzwischen ein breitgefächertes Spektrum theoretischer und empirischer Studien zur sozialen Konstruktion der Zweigeschlechtlichkeit, die an Traditionen der Ethnomethodologie, des Symbolischen Interaktionismus und der phänomenologischen Soziologie anschließen und hierzulande kaum zur Kenntnis genommen werden. Regine Gildemeister und Angelika Wetterer gehen in ihrem Beitrag der Frage nach, in welcher Weise die im Rahmen der «Gender»-Forschung erarbeiteten Ansätze produktiv in die Frauenforschung eingebracht werden können. Am Beispiel der «sex-gender»-Unterscheidung und zentraler Aspekte der geschlechtsspezifischen Arbeitsteilung unternehmen sie zunächst den Versuch zu zeigen, wie sich die Frauenforschung – solange sie unbesehen von der Natürlichkeit der Zweigeschlechtlichkeit ausgeht – in theoretische Aporien verstrickt und, als unbeabsichtigte Nebenfolge frauenforscherischen Handelns, zur Reifizierung eines Herrschaftszusammenhanges beiträgt, den sie sonst nachhaltig kritisiert. Im zweiten Teil werden einige grundlegende Argumentationslinien einer Theorie der sozialen Konstruktion der Differenz entwickelt, die auf zentrale Probleme soziologischer Theoriebildung rekurrieren. Der Beitrag mündet schließlich in die Frage, ob nicht die Dekonstruktion der Geschlechterdifferenz ein radikalerer Ansatz für eine feministische Theorie und Gesellschaftskritik wäre, als die in der deutschsprachigen Frauenforschung traditionsreichen Versuche, die Differenz zu enthierarchisieren, ohne die binäre Grundstruktur selbst in Frage zu stellen.

Ruth Seifert geht in ihrem Beitrag auf eine Diskussion ein, die gegenwärtig im englischsprachigen Bereich mit großer Intensität geführt wird und deren Resonanz über den engeren Kreis der Frauenforschung hinausreicht: Sie greift die sogenannte «epistemology debate» auf, in deren Mittelpunkt erkenntnistheoretische Fragen stehen, so die Auseinandersetzung mit den universalistischen Rationalitätskriterien der herrschenden Wissenschaft. Die den einen Pol dieser Debatte bildenden *Standpunkttheorien* gehen von der Prämisse aus, daß Erkenntnis auf theoretisierter Erfahrung basiert und daß Erfahrung gebunden ist an einen spezifischen Standort des Erkenntnissubjekts in der Gesellschaft – ein im erkenntnistheoretischen Sinne materialistischer Ansatz, der in der Frauenforschung zur genaueren Bestimmung des Standorts von Frauen und Männern als Erkenntnissubjekte häufig ergänzt wird um eine psychoanalytische Theorie der Objektbeziehungen, wie sie vor allem von Chodorow entwickelt worden ist. Ruth Seifert zeigt einerseits, wie aus der Perspektive einer «weiblichen» Standpunkttheorie die Grundlagen der abendländischen, vom «männlichen» Standpunkt aus formulierten Rationalität kritisierbar werden; sie fragt aber andererseits auch nach den Aporien und bislang ungeklärten Fragen, die sich daraus erkenntnis- und wissenschaftstheoretisch ergeben: Wie ist mit der grundsätzlichen Pluralität möglicher (und faktischer) Standpunkte umzugehen? Woher bezieht eine Standpunkttheorie, jenseits politischer Legitimität und alltagsweltlicher Plausibilität, ihre wissenschaftliche Validität? Gibt es ein «Außerhalb» zur herrschenden Rationalität, das präzise und nicht nur als Opposition zum herrschenden Diskurs benennbar wäre? Fragen also, die schon im ersten Band der Reihe «Forum Frauenforschung» in dem Beitrag von Marlis Krüger angesprochen waren und hier weitergeführt werden. Ob *diskurstheoretische Ansätze,* die in der «epistemology debate» den Gegenpol zu den Standpunkttheorien bilden, diese Aporien aufzulösen vermögen, beschäftigt Ruth Seifert im zweiten Teil ihres Beitrags. Auch wenn Bezugspunkt der Erkenntnis nicht der gesellschaftlich lokalisierbare Standpunkt von Frauen ist, sondern ein Diskurs über «Weiblichkeit», der das Reden über sie strukturiert, ohne den Anspruch zu erheben, etwas über die «wirklichen» Erfahrungen von Frauen aussagen zu wollen (noch zu können), bleibt das zentrale Problem letztlich offen: das Problem der Validierbarkeit feministischer Erkenntnis. Möglicherweise ist diese Offenheit des Ausgangs auch eine überaus zutreffende Antwort auf die Frage, zu welchem «Standpunkt» die Auseinandersetzung mit den Theorietraditionen die Frauenforschung in der Erkenntnistheorie gegenwärtig geführt hat.

Die Frage nach neueren Entwicklungen in der feministischen Machtdiskussion bildet den inhaltlichen Fokus des letzten Beitrags dieses Bandes, in dem Gudrun-Axeli Knapp in einem vergleichenden Überblick unterschiedliche Zugangsweisen zur Analyse von *Macht und Herrschaft im Geschlechterverhältnis* vorstellt. Ähnlich wie zuvor bei Ruth Seifert für die «epistemology-debate» wird auch hier eine vorläufige Bestandsaufnahme feministischer Theoriebildung vorgenommen. Auf dem Hintergrund einer orientierenden Skizze von Analysedimensionen, die Phänomene von Macht und Herrschaft zwischen den Geschlechtern sowohl in ihrem gesamtgesellschaftlichen Bezug als auch in Hinblick auf subjektive Dispositionen einbezieht, werden die spezifischen Erklärungsgehalte, aber auch die Begrenzungen verschiedener Ansätze verdeutlicht. Das Spektrum reicht von Analysen, die sich auf den Symbolischen Interaktionismus beziehen, über historisch-materialistische Theoretisierungen des Verhältnisses von Kapitalismus und Patriarchalismus bis hin zu Machtkonzepten, die an Foucault anschließen. Angesichts des Auseinanderdriftens der jeweiligen Konzepte von Macht und der divergenten Analyseebenen, auf denen Machtbeziehungen untersucht werden, fragt Gudrun-Axeli Knapp nach Möglichkeiten der Synthese. Ansätze, die an der historischen Spezifizierung des Patriarchatsbegriffs festhalten, scheinen nur schwer vereinbar mit solchen, die aus dem breiten Kontext der Philosophie der Differenz stammen und sich schwerpunktmäßig auf die Analyse von Machtrelationen innerhalb diskursiver Formationen beziehen. Während in der Auseinandersetzung zwischen diesen Strömungen, wie sie vorwiegend im englischsprachigen Bereich geführt wird, die Positionen häufig als unvereinbar einander gegenüberstehen, plädiert der Beitrag für eine Klärung der methodischen und metatheoretischen Frage nach den Möglichkeiten der Verknüpfung der verschiedenen Zugangsweisen, die auch aus politischer Sicht unabdingbar erscheint. In diesem Zusammenhang sei insbesondere eine verstärkte Wiederaufnahme gesellschaftstheoretischer Reflexionen in der Frauenforschung wichtig.

Die Reihe «Forum Frauenforschung» ist von der *Sektion Frauenforschung* 1987 ins Leben gerufen worden, um Entwicklungen in den feministischen Sozialwissenschaften zu dokumentieren, Kontroversen aufzugreifen und anzustoßen. Auch wir verstehen den von uns herausgegebenen Band in dieser Tradition: Er macht die Beharrlichkeit und Produktivität von Ansätzen deutlich, in denen die Spannung zwischen wissenschaftlicher Tradition und dem Versuch, sie in der Analyse des Geschlechterverhältnisses zu durchbrechen, sie um- und damit auch fortzuschreiben, besonders spürbar ist. Durch das Nebeneinanderstellen von Facetten feministischer Theoriebildung werden die jeweiligen Erkenntnispotentiale unterschiedlicher Zugangsweisen sichtbar; es wird ein Stück jener Auseinandersetzungen rekonstruierbar, die bis zur Infragestellung bislang selbstverständlicher wissenschaftlicher und damit auch politischer Prämissen reichen. Wir denken, daß es nicht zuletzt mit Blick auf die Entwicklungen im Gefolge der dekonstruktiven Radikalisierung des Differenzbegriffs wichtig ist, sich der gesellschaftskritischen Gehalte der unterschiedlichen Ansätze zu vergewissern, um theoretische Moden und Zeitgeistphänomene von wichtigen Erweiterungen feministischer Fragestellungen unterscheiden zu können.

Gudrun-Axeli Knapp, Angelika Wetterer

Carol Hagemann-White

SIMONE DE BEAUVOIR UND DER EXISTENTIALISTISCHE FEMINISMUS

Mit einem «Buch über die Frau» stellte sich Simone de Beauvoir in eine Tradition, die – wie wir heute wissen – mindestens bis ins Mittelalter zurückgeht: eine Tradition von engagierten Schriften geistreicher Frauen, die

- ihr Geschlecht gegen die Geringschätzung ebenso wie gegen die falsche Verklärung von Männern verteidigten;
- schädliche Folgen der Beschränkungen im Leben von Frauen, insbesondere ihren fehlenden Zugang zu Bildung, Arbeit und zu ökonomischer Selbständigkeit beklagten;
- und gleiche Entfaltungsmöglichkeiten für Frauen wie für Männer forderten.

Angesichts dieser Tradition fragt es sich, warum wir gerade auf dieses Werk heute noch zurückgreifen. Gewiß nicht, weil dessen unmittelbare historische Breitenwirkung unsere Lage verändert hätte; eher im Gegenteil. *Das andere Geschlecht* erschien 1949 (deutsch 1951, englisch 1952) und hat die zu dieser Zeit einsetzende neue Blüte von Weiblichkeitsideologie nicht aufhalten können. Nur vereinzelt, scheint es, haben Frauen sich von de Beauvoir damals beeinflussen lassen. Zu diesen wenigen gehörte allerdings ein erheblicher Anteil derer, die um 1970 die Gedanken und Gefühle einer neuen Frauenbewegung in Worte kleiden konnten, als Feministinnen öffentlich zu reden und zu schreiben begannen. Der tiefe Einfluß, den das Buch seinerzeit gehabt hat, war viel eher dem Ereignis geschuldet, welches es bedeutete, als dem Inhalt. De Beauvoir stellte als Person eine gewagte «Gegenwelt» dar.

Als Existentialistin symbolisierte sie eine von Intellektualität bestimmte, bürgerliche Moral mißachtende Lebensweise.[1] Ihre freie, offene und gleichberechtigte Liebesbeziehung mit Jean-Paul Sartre galt vielen jungen Menschen als lebbare und radikale Alternative zur Ehe. Hinzu kam, daß viele Frauen – gleich welche Art Lektüre sie gewohnt waren – mit diesem Buch zum ersten Mal etwas lasen, das ihre Situation und ihre Erfahrungen als Frauen unmittelbar ansprach. Doch dies waren Merkmale, welche dem Buch äußerlich anhafteten. Erst nach der Entwicklung eines neuen feministischen Diskurses wurde abschätzbar, inwiefern die inneren Qualitäten der Theorie selbst, sich auf diesen Diskurs ausgewirkt haben. Denn für die Generationen nach 1968 ist dieses Buch weder das einzige, was sie zur eigenen Situation als Frauen lesen können, noch das Nächstliegende: der Stil und die Beispiele machen es heute eher schwer, sich wiederzufinden. Zudem bieten inzwischen verschiedene Subkulturen alternative Lebensweisen und Beziehungsmodelle an. Die Bedeutung des Werkes erschließt sich deshalb heute weit eher aus dem Inhalt, dem eine spezifische Haltung zur eigenen Situation als Frau zugrunde liegt.

1908 geboren, lernte Simone de Beauvoir im Elternhaus das klassische Geschlechterverhältnis kennen. Ihr Vater war ein geistreicher und weltläufiger Anwalt, der am liebsten Schauspieler geworden wäre, und durch dessen Leichtsinn sich die finanziellen Verhältnisse der Familie ständig verschlechterten. Ihre Mutter, eine bis zur Eheschließung unwissend gehaltene Frau, deren Leben von Familienaufgaben eingegrenzt war, litt unter der Untreue und dem Leichtsinn des Mannes und fand allein in Frömmigkeit Trost. Der vornehmen Armut der Familie verdankten es die Töchter, daß sie weder zur gesellschaftlichen Repräsentation noch allein auf die Ehe ausgerichtet wurden, denn es war abzusehen, daß sie sich selbst würden ernähren müssen. Hinzu kam, daß der Vater geistreiche Frauen mochte und die Töchter bis zur Pubertät in ihren intellektuellen und künstlerischen Fähigkeiten bestärkte. Die jüngere, Helene, wurde Malerin. Simone mußte keine großen Widerstände überwinden, um zu studieren und einen Beruf zu ergreifen. Ihr Philosophie-Studium schloß sie an der Sorbonne 1929 als Zweitbeste ihres Jahrganges ab; wobei sie außerdem die jüngste war, die diesen

1 Bair schildert das, was de Beauvoir und Sartre 1949 in Paris vielen jungen Menschen bedeuteten: «Existentialismus war alles, was die Züge jugendlicher Revolte trug, und die begeisterte Aufnahme des Schlagworts übertrug sich auch auf die Personen Sartres und de Beauvoirs, die ungekrönten Häupter der Szene» (Bair 1990, S. 499-500).

Abschluß je erreicht hatte. Ihr voraus als Klassenbester[2] war Jean-Paul Sartre, zu dem sie als Studentin die Beziehung eingegangen ist, die für ihr persönliches Leben bestimmend wurde.

Auf die Lebensgeschichte ist hier nicht weiter einzugehen (vgl. dazu Bair 1990). Sie gehört insoweit zu unserem Thema, als einige Elemente das Werk mitgeprägt haben:

- die frühe Erfahrung von Einschränkungen, die das «normale» Leben für Frauen mit sich brachte;
- das außergewöhnliche Privileg, weder um Ausbildung und Beruf noch um Anerkennung in Beziehungen als Person oder als Intellekt jemals kämpfen zu müssen;
- die frühe intellektuelle Gemeinschaft mit Sartre, in der zwar er philosophisch dominierte, de Beauvoir jedoch durch ihre überlegene Urteilskraft und ihre eigene Kreativität auf sein Denken tiefen Einfluß nahm und ein eigenständiges Werk schuf.

Zugleich veranlaßte diese Beziehung viele Betrachter zu der Annahme, daß de Beauvoir lediglich «Schülerin» von Sartre sei, bzw. daß er ihre Werke mitgeschrieben habe. Tatsächlich versicherte de Beauvoir mehr als einmal, daß sie durch Sartre zum Schreiben eines Buches über Frauen angeregt wurde und daß sie zu der damaligen Zeit selbst keine Feministin war: Sie hatte sich für nicht betroffen gehalten. Im Rückblick äußerte sie ihre Verwunderung, daß das Buch – das in das literarische Paris wie eine Bombe einschlug[3] – so viel Aufsehen erregt hatte: hatte sie doch selbst das Empfinden, wie sie es im Nachhinein formulierte, nur Dinge aufzuschreiben, welche schon längst allen vernünftigen Leuten einsichtig waren (vgl. Bair 1984, S. 241).

Weder Betroffenheit und Empörung also, noch das Empfinden großer Originalität wird in dieser Schrift spürbar; ihr Ton ist sachlich und ruhig. Gerade deshalb – so Elaine Marks und Isabelle de Courtivron (1981) – hat sie einen Wandel im Diskurs über die Frauenfrage eingeleitet. In der langen Vorgeschichte der Debatte über die Frauen hatten die feministischen Schriftstellerinnen ihre Argumente den Vorgaben

---

2 Es gibt allerdings Belege dafür, daß ihre Abschlußleistung für qualitativ besser bewertet wurde; die Entscheidung zugunsten Sartres war sehr knapp und u. a. mit seinem prestigeträchtigen Schulabschluß begründet (vgl. Bair 1990).

3 Vom ersten Buch wurden innerhalb einer Woche über 20 000 Exemplare verkauft; de Beauvoir erlebte einen «Sturm von Entrüstung» (Bair 1990, S. 506 f.).

frauenfeindlicher männlicher Autoritäten entsprechend angelegt: Wenn beispielsweise Theologen mit spitzfindiger Bibelauslegung beweisen wollten, daß die Frau keine Seele habe, so erwiderte Christine de Pizan ihnen ebenfalls im theologischen Streitstil der Zeit; waren die liberalen Vertreter des Bildungsbürgertums von der seelischen Wesensverschiedenheit der Geschlechter überzeugt, so verwandelte Helene Lange diesen Gedanken in ein Argument für eine von Frauen bestimmte höhere Bildung; führten Mediziner die biologischen Bedingungen der Fortpflanzung an, um das geistige Vermögen der Frau zu bezweifeln und ihr Berufsarbeit zu verbieten, so sahen sich Hedwig Dohm oder Helene Stöcker ihrerseits ebenso veranlaßt, auf die Einschränkungen der Biologie einzugehen. Immer wieder ließen die Feministinnen Teile der abwertenden Beschreibung ihres Geschlechts durch den Gegner gelten, um die Bedingungen ihrer Mündigkeit einzuklagen.

Simone de Beauvoir verläßt diese Haltung der Defensive, weil sie weder eine Verteidigung der Frauen noch einen Kampf um Zugang zu Bildung oder Beruf beabsichtigt.[4] Sie versichert, sich deshalb sachlich zum Thema äußern zu können, weil es sie nicht betreffe. Gerade diese Haltung bricht mit der Tradition und begründet eine neue Art feministischen Denkens. Weder ist ihre Arbeit vorrangig auf eine Auseinandersetzung mit bestehenden Gedankensystemen gerichtet, noch erhebt sie durch eine Aufzählung von Einschränkungen oder aber von weiblichen Leistungen Anklage. De Beauvoir entwickelt vielmehr eine eigene Fragestellung, die im antifeministischen Diskurs und in den bestehenden intellektuellen Systemen nirgends angelegt war: die Frage nach dem Prozeß, durch den die Frau in ihre Lage genötigt und ihr scheinbares Wesen hervorgebracht wird. Die Souveränität, dies zu tun, bezog sie u. a. daraus, daß sie auf dem Stand ihrer Zeit über bestehende philosophische Positionen verfügte und darin einen Standpunkt gewählt hat, welcher die geschlossenen Systeme der Philosophiegeschichte in Frage stellt: den Existentialismus. Auf diese Weise tragen die beiden Merkmale, die oft zur feministischen Kritik an de Beauvoir Anlaß gaben – ihre relativ privilegierte Lebenslage als «feministischer Mandarin» (Evans 1985) und ihre Einbindung in den männlich gepräg-

4 In der französischen Verfassung des Jahres 1947 hatten Frauen erstmals das Wahlrecht und viele Persönlichkeitsrechte erlangt; de Beauvoir glaubte, das Wesentliche sei endlich erreicht – und zwar nicht durch Kampf der Frauen, sondern als «Geschenk» der Männer.

ten Existentialismus Sartres – wesentlich dazu bei, daß sie die neue Qualität der feministischen Theoriebildung unserer Zeit mitbegründet und ermöglicht hat.

Der qualitative Sprung im Umgang mit der «Frauenfrage» rief auch Empörung über das Buch hervor. Ida Friederike Görres rezensierte das Buch 1951 in der christlich-konservativen Zeitschrift *Wort und Wahrheit*, noch bevor es auf deutsch erschien. Nach einer umständlichen Skizze der Unabweisbarkeit von sozialen Veränderungen schrieb sie:

> [De Beauvoir («die Gattin Sartres»)] «schlägt den Gordischen Knoten solcher Fragestellungen mit einem verblüffend einfachen Hieb durch. Nicht sein Stoff überrascht – der mit wahrhaft professoraler Gründlichkeit ein ungeheuer reichhaltiges Kompendium fast des gesamten Materials der älteren europäischen wie der neueren amerikanischen Frauenbewegungs-Literatur aufrollt –, sondern seine These: Simone de Beauvoir behauptet mit allem Nachdruck, *daß es die Frau gar nicht gibt*. Die Frau, wie wir sie kennen, sei vielmehr eine Fiktion, ein Mythos, eine ‹schöne Kunstfigur›. Die ‹weibliche Seele› sei ebenso eine zweckbestimmte Propagandalüge wie die ‹Negerseele› oder die ‹jüdische Seele› oder sonst eine Rassenseele. Nichts an der Frau sei natürlich, sie sei vielmehr ein ausgeklügeltes Ergebnis der Zivilisation. Der Mann hat die Frau erfunden – die ‹wahre› Frau, die ‹Weiblichkeit›, d. h. alles, was sich außer den Geschlechtsorganen an der ‹echten Frau› von ihm unterscheidet [...] Alles, was als ‹weibliche Eigenart› bezeichnet wird, sei einzig der Reflex einer Situation, und die ist der Frau vom Mann aufgezwungen» (Görres 1951, S. 59).

Görres attestiert de Beauvoir, daß sie diese These mit «ungeheuerer Leidenschaft, brilliantem Geist, sprühendem Temperament, scharfer Gedankenakrobatik und großem Aufwand an Gelehrsamkeit» ausführe und mit dem Existentialismus verknüpfe. An der Verknüpfung allerdings liege auch das Übel: «Doch das ganze Buch entstammt dem lückenlosen Atheismus Jean-Paul Sartres.» Und mit diesem nehme das Werk de Beauvoirs «einen Grundzug des Satanischen» an, wendet es sich doch gegen die Schöpfung. Beeindruckt hat es die Rezensentin dennoch: Es sei notwendig, ähnliches Material mit ebensolcher Kühnheit, Blickschärfe und Offenheit im christlichen Rahmen darzustellen. In der Tat: Die These, daß es die Frau im Sinne eines vorgegebenen Wesens gar nicht gebe, daß der Mann sie nicht nur unterdrücke, sondern sie erst erfunden habe, sprengte den Rahmen bisheriger Diskurse über Recht und Unrecht im Verhältnis der Geschlechter.

Die Perspektive der existentialistischen Ethik

Das Werk *Das andere Geschlecht* besteht aus zwei Büchern. Im ersten («Fakten und Mythen») wird der Frage nachgegangen, wie es dem Mann gelingen konnte und kann, «die Frau zu erfinden» und die lebendigen Personen weiblichen Geschlechts diesem seinem Mythos zu unterwerfen. Wie ist zu erklären, daß Frauen das zweitrangige, unterlegene Geschlecht sind? Im zweiten Buch («Gelebte Erfahrung») wird untersucht, wie Frauen lebensgeschichtlich so werden, daß sie sich diesem Projekt nicht widersetzen.

Im ersten Buch wird die Durchsetzung des männlichen Bestrebens beschrieben, aus der Frau das zu machen, was seinem Wunsch und Bedürfnis entspricht; es werden Erklärungen, warum dies dem Mann gelingen konnte, auf ihre Stimmigkeit hin überprüft; und es werden literarische Phantasien und Mythen über das Weib wiedergegeben und analysiert. Insgesamt handelt es sich hier um das, was der Mann aus der Frau macht, warum er dies zu tun vermag, wie der Mann die Frau wahrnimmt und was ihn zu seinen Vorstellungen und seinem Handeln treibt. Die Frau ist als Objekt und als Projektion des Mannes Thema.

Im zweiten Buch wird die Lebensgeschichte der Frau von der Geburt bis zum Alter aus der Perspektive gelebter Erfahrung beschrieben. In diesem Buch treten die Männer nur noch am Rande und in Relation zu den Frauen auf: als Gegenbild, um weibliche Unfreiheit besser zu beschreiben, als Agenten und Autoren der Zwänge und Normen, die Frauen auferlegt werden, und als Projektionsfläche und Wunschfigur aus Frauensicht.

Der Aufbau von *Das andere Geschlecht* entspricht der Entstehungsgeschichte des Buches (vgl. Felstiner 1980). Seine Keimzelle war ein Essay, der die männlichen Mythen über Weiblichkeit und über Frauen kritisch beleuchten sollte. Dafür wählte de Beauvoir bekannte französische Dichter aus, die zu Frauen sehr unterschiedliche Grundhaltungen einnahmen: Einfühlung, Verehrung, Verachtung. Es gelang ihr zu zeigen, daß diese Äußerungen von Männern über das Weib weit mehr über eigene Ängste, Wünsche, Unfähigkeiten und Einbildungen als über die Realität von Frauen aussagen. Bei der Bearbeitung dieser Materie stellte sich ihr offenbar immer nachdrücklicher die Frage, wie es Männern gelingen konnte, derart wirklichkeitsferne Phantasien als gültige Deutungen menschlicher Lebenserfahrung durchzusetzen. Auf diese Weise erwuchs aus der Kritik am Mythos der Versuch, dessen realen Boden zu erhellen. Bis schließlich dieser Teil fertig war, hatte de Beauvoir erkannt, daß eine bloße Demontage von Ideologie nicht genügen würde; sie erweiterte ihr Projekt, um die Lebensgeschichte und die Erfahrungen von Frauen aus weiblicher Sicht darzustellen.

Die Entstehungsgeschichte des Buches ist zugleich Ausdruck der Kreativität, mit der de Beauvoir den Existentialismus weiterentwickelte und veränderte. Dies wird erst durch einen Blick auf die theoretische Grundposition erkennbar, von der de Beauvoir ausging. Die deutschsprachigen Nachschlagewerke sind dabei übrigens wenig hilfreich. Sie stellen, wenn überhaupt, den christlichen Existentialismus von Heidegger und Jaspers dar, während die französische Schule bestenfalls eine verständnislose Anmerkung wert ist; offenbar war diese Denkrichtung den hiesigen Fachverwaltern zu literarisch.

In der Tat, die französische Schule des Existentialismus hat sich vorrangig in einer Literatur geäußert, die das Scheitern menschlicher Unternehmungen, die Unlösbarkeit moralischen Zwiespalts, das Verfehlen des Gegenübers in Beziehungen und die Vergänglichkeit des Glücks vor Augen führt. Sartre blieb es vorbehalten, in *Das Sein und das Nichts* den Existentialismus als metaphysisches System auszuarbeiten. Gerda Schüler (1971) hat auf den Kontrast zwischen dem pessimistischen Grundzug des Werkes von Sartre und der grundlegenden Lebensbejahung de Beauvoirs hingewiesen:

> «Die philosophischen Probleme und Fragestellungen, die ihren [de Beauvoirs] Werken zugrunde liegen, haben einen sehr viel unmittelbareren Bezug zur gelebten Wirklichkeit der Autorin, als dies bei Sartre der Fall ist. Bei Simone de Beauvoir ist das philosophische Problem zugleich von vitaler Bedeutung; die ‹experience vécue›, das existentielle Betroffensein, die persönliche Auseinandersetzung finden ihren Ausdruck in Roman, Essay und Reportage» (Schüler 1971, S. 195).

Als Einführung in den französischen Existentialismus eignet sich ein Aufsatz Sartres,[5] der die existentialistische Schule vor dem Vorwurf der bloßen Negativität und zugleich der moralischen Verderbtheit in Schutz nehmen sollte. Der Begriff «Existentialismus» leite sich aus dem

Gedanken ab, daß die Existenz der Essenz vorausgeht und nicht umgekehrt. Die Theologen, die Gott als Schöpfer der Welt aufgefaßt haben, stellten sich diesen Gott, so Sartre, wie einen höherstehenden Handwerker vor, der sich einen Begriff und einen Plan für das zurechtlegt, was er erschaffen will. Diese Sicht prägte die griechische Philosophie ebenso wie die jüdisch-christliche Theologie: Am Anfang war das Wort oder auch die Idee. Alles, was tatsächlich auf der Welt existiert, erscheint demnach als göttliches Geschöpf, weshalb das eigentliche Wesen eines jeden Dinges zuvor als Begriff Gottes existiert haben muß.

Die neuzeitliche Philosophie blieb lange Zeit insoweit die Magd der Theologie, als sie das Wesen, die Essenz, als das wahre Sein gedacht hat; die irdischen Dinge stellten lediglich deren unvollkommene Realisierung dar. Auch ohne Rückgriff auf die göttliche Schöpfung arbeitet z. B. die Biologie im Gedanken der Spezies mit der Annahme eines solchen «Wesens der Art», wovon Einzelexemplare nur verzweigte Ausprägungen sind. Auf den Gedanken eines wahrhaften menschlichen Wesens und einer die Ideen erfassenden Vernunft beruft sich die Aufklärung, um Menschenrechte zu verkünden oder allgemeine Bildung zu fordern. Denn erst als konkrete Exemplare des vernunftbegabten Wesens «Mensch» haben alle Menschen trotz ihrer jeweiligen Mängel eine Bestimmung, welche ihnen Rechte verleiht; nur deshalb können sie auf eine durch Vernunft begründete allgemeine Ethik verpflichtet werden.

Insbesondere im 19. Jahrhundert erfuhr dieses Denken im Abendland eine fortschreitende Des-Illusionierung. Das Wesen des Menschen sei, so Karl Marx, nichts als das Ensemble der gesellschaftlichen Verhältnisse; Nietzsche schrieb das unendlich oft zitierte Wort «Gott ist tot». Das für tot Erklärte fand jedoch allerhand Nachfolger, wie etwa im Marxismus die Geschichte, oder bei Nietzsche den Willen zur Macht beim Übermenschen: Immer wieder Ideen, welche der konkret erfahrbaren Wirklichkeit in ihrer Zufälligkeit und Unzulänglichkeit voraus waren und daher dem Leben eine überindividuell gültige Sinngebung und Richtung versprachen.

Der Grundgedanke des Existentialismus ist bei Sartre die rückhaltlose Verneinung jedes wahren, der konkreten Wirklichkeit voraus existierenden Wesens. Wenn Gott tot ist, wenn wir uns von der Hoffnung

5 In der deutschen Übersetzung heißt er: *Ist der Existentialismus ein Humanismus?*; im Französischen vermittelt die Überschrift hingegen positiv, daß der Existentialismus ein Humanismus sei.

auf einen geheimen Sinn und eine geheime höhere Absicht hinter dem oft schmerzhaften Alltag trennen müssen, dann gibt es auch keine Essenz des Menschen, welche uns eine Wesensbestimmung vorgäbe. Der Mensch ist, in jedem konkreten einzelnen Fall, zunächst überhaupt nichts; ein «Wesen» wächst ihm als Folge dessen zu, daß und wie er lebt und handelt.

Der Mensch ist, wozu er sich macht. Damit ist er radikal frei. Sein Dasein hat keine Vorausbestimmung, keinen Sinn und keine Vorgaben: Alles ist erlaubt. Damit tritt allerdings, so Sartre, eine abgrundtiefe Verlassenheit ein: Auf niemanden als auf sich selbst kann ein Mensch sich berufen, um zu begründen, was aus ihm wird.

> «Der Mensch ist dazu verurteilt, frei zu sein. Verurteilt, weil er sich selbst nicht erschaffen hat, aber dennoch frei, daß er, einmal in die Welt geworfen, für alles verantwortlich ist, was er tut» (Sartre 1946, S. 16).

Diese Verantwortlichkeit ist ein schwieriger und gewichtiger Gedanke. Ist doch niemand mehr da, kein göttlicher Richter, dem ich Antwort geben, Rechenschaft ablegen muß. Möglicherweise verarbeitet Sartre in diesem Begriff der Verantwortung das, was er und Simone de Beauvoir während der deutschen Besetzung Frankreichs erfahren haben: Daß einzelne Intellektuelle zuweilen keineswegs frei sind. Die hier besprochene Schrift entstand 1946 während der kurzen Phase, in der die der Résistance verpflichtete Intelligenz hoffte, maßgeblichen Einfluß auf das neue Frankreich zu nehmen.[6] In dieser Lage wollte Sartre wohl verständlich machen, wie aus der Überzeugung, daß alles erlaubt sei, eine hohe ethische Verantwortlichkeit folgen kann.

Um dahin zu kommen, läßt Sartre den Gedanken eines menschlichen Wesens wieder aufleben, nunmehr aber als Folge und nicht als Vorbestimmung unseres Daseins. Der Mensch ist nicht nur für das verantwortlich, was er als einzelner wird, sondern für das menschliche Wesen überhaupt und damit für die gesamte Menschheit. Denn mit jeder Entscheidung, mit jeder Handlung wählt man zwischen mehreren

---

6 Sartre hat sich nach seiner Entlassung aus der Kriegsgefangenschaft vergeblich darum bemüht, Anschluß an die Résistance zu gewinnen, und stürzte sich nach 1945 – ebenfalls weitgehend vergeblich – in die politische Arbeit gegen de Gaulle und für einen «dritten Weg» Frankreichs. De Beauvoir folgte ihm loyal, aber eher widerstrebend. Ein eigenes politisches Engagement entstand bei ihr erst, als sie die Unterdrückung und Gewalt in der Dritten Welt (um 1949) kennenlernte. Tragend war bei ihr lange Zeit ihr Engagement für konkret betroffene Menschen (vgl. Bair 1990, 18. Kapitel).

Möglichkeiten, und jede Wahl setzt bestimmte Werte als gültig: Das, was ich gewählt habe, setze ich als gut, als wertvoller verglichen mit dem Nichtgewählten. Und in jeder Bewertung ist ein Allgemeines und nicht nur ein Besonderes gemeint: Die Wahl bindet daher implizit die ganze Menschheit. Ich entscheide so, als würden alle Menschen handeln sollen wie ich; infolgedessen bestimme ich mit meiner Entscheidung, wie das Wesen des Menschen zu sein habe und bringe dadurch dieses Wesen hervor.

Wenn die Unausweichlichkeit der freien Entscheidung bewußt wird, entsteht Angst. Dazu verurteilt, den Menschen zu erfinden, ohne jede vorgegebene Gewißheit darüber, was richtig bzw. wahr ist, muß ich erschrecken; denn ich bin in jedem Augenblick meines Lebens dazu genötigt, so zu handeln, daß mein Handeln für andere ein Beispiel und möglicherweise eine gültige Regel bildet, und weiß doch nicht, was «recht» ist. Die Auseinandersetzung mit diesem Gedanken ist es, die nach Sartre Verzweiflung, Verlassenheit und Angst erzeugt.

Die Angst erzeugt eine Neigung zur Flucht; sie treibt die Menschen dazu, sich etwas vorzumachen, Ausreden zu erfinden, äußere Zwänge vorzutäuschen oder die Verantwortung anderen zuzuschieben. Dieser Neigung folgen heißt – bei Sartre wie bei de Beauvoir – die Unredlichkeit, die «mauvaise foi» (ein gewichtiger Begriff, der in der deutschen Übersetzung gänzlich untergeht). Sie ist gleichzeitig sich selbst gegenüber ein Betrug und allen anderen gegenüber ein Leben in der Lüge.

Aus diesem Gedankengang folgert Sartre konsequent, daß Menschen sich niemals darauf berufen können, zu ihrem Handeln genötigt oder gezwungen worden zu sein. Wer etwas tut, weil man ihm etwa den Tod oder die Folter androht, hätte statt dessen auch diese wählen können. Ist er mit sich selbst ehrlich, wird er diesem Wissen nie entkommen. Das heißt nicht, daß jedes beliebige Handeln möglich wäre, wohl aber, daß niemand als ich selbst letztendlich für meine Wahl unter den gegebenen Möglichkeiten verantwortlich zu machen ist.

Legt ein Mensch sich Rechenschaft über die eigene radikale Freiheit und Verantwortung ab, so wird ihm notwendig bewußt, daß er bei seinem Handeln etwas schafft, das über ihn selbst hinausreicht. Indem der Mensch bewußt «den Menschen erfindet», d. h. sein Wesen, seine Essenz schöpft, überschreitet er die bloße Existenz, welche durch seine Geburt als leibliches Dasein gegeben ist. Er erfüllt seine Freiheit in der Transzendenz, darin, über die bloße Existenz hinauszugelangen.

Dieser Ansatz nimmt bei Simone de Beauvoir eine subtil veränderte Gestalt an. Sie beginnt ihre Untersuchung mit dem Gedanken, daß die Polarität der Geschlechter ungleichgewichtig ist, da der Mann sich selbst fraglos als Exemplar der Menschheit betrachtet, während Frauen durch Einschränkungen, Mängel oder in Negation im Verhältnis zum Mann definiert werden. Der Mann gilt als Subjekt, für sich selbst absolut, die Frau als das Andere. Zwar sei die Kategorie des Anderen im menschlichen Bewußtsein grundlegend, die Geringschätzung und Ausgrenzung des Fremden seit Urzeiten immer wieder zu finden. Doch geschehe dies in der Regel wechselseitig, während der Vorrang des Mannes vor der Frau von ihr selbst nie grundsätzlich bestritten worden sei. Kein bewußtes Subjekt wird freiwillig sich selbst als das Unwesentliche, das Andere bestimmen; es sei also das männliche Subjekt, welches die Frau so definiert. Damit dies dem Mann gelingt, muß die Frau es jedoch hinnehmen: Wie kommt es dazu? De Beauvoir gibt sofort eine dreifache Antwort, mit der sie sich schon vom Denken Sartres absetzt:

1. Es hat die Unterdrückung der Frauen immer gegeben, sie hat sich nicht irgendwann als empörende Veränderung ereignet wie etwa der Sklavenhandel, der die Schwarzen in ihre Lage brachte. Es ist Frauen ferner nicht möglich, sich gegen die Gruppe der Männer zusammenzuschließen, weil sie in Einzelbeziehungen mit denen leben, die sie beherrschen. Aus diesem Grunde gilt: Den Frauen fehlen die konkreten Mittel, sich im Widerstand gegen ihre Unterdrükkung zusammenzuschließen (DaG, S. 12-13);[7]

2. Frau und Mann sind biologisch ein Paar und voneinander ökonomisch abhängig; diese Verbindung wird beidseits als eine notwendige empfunden. Die reale Abhängigkeit schlägt aber allein zum Nachteil der Frau aus, weil der Mann sozial stärker ist, konkrete Machtmittel, Prestige und Vorrechte besitzt (a. a. O., S. 14);

3. Die Freiheit eines Bewußtseins, die eigene Existenz auf sich zu nehmen, enthält immer auch die Versuchung, davor auszuweichen. Auf die Freiheit zu verzichten und die Unterordnung zu akzeptieren ist der bequemere Weg. Frauen können Angst und Verantwor-

7 De Beauvoir: *Das andere Geschlecht* wird im folgenden nach der deutschen Ausgabe von 1968 (Übersetzung von 1951) als DaG zitiert.

tung scheinbar vermeiden, indem sie sich in ihrer Rolle als das andere, relative Geschlecht einrichten (a. a. O., S. 14-15).

Bemerkenswert ist hier, daß die bei Sartre als absolut gesetzte Freiheit des einzelnen, sich authentisch zu verwirklichen oder in die Unredlichkeit und den Selbstbetrug zurückzufallen, nur einen von drei ineinandergreifenden Faktoren darstellt, die zusammen die Unterdrückung der Frauen erklären. Gleichwertig – und in der Darstellung vorangestellt – sind die Fragen (1) nach den konkreten Mitteln, als freies Subjekt zu leben, und (2) nach dem besonderen Charakter des Geschlechterverhältnisses, worin eben nicht zwei abstrakte Subjekte als «Bewußtsein», sondern Mann und Frau sich als Ungleiche begegnen.

Woher kommt diese Unterwerfung?

Die uns zuerst gebotene Erklärung wirft die Frage, die sie beantworten soll, erneut auf: Wie konnte es dazu kommen? Warum sollte im Wettstreit zwischen den Geschlechtern der Mann die Oberhand gewinnen? Warum fehlen der Frau die konkreten Mittel? Wie kam der Mann dazu, sozial mächtiger zu sein? Wie also ist der angedeutete Zusammenhang von historischer und wirtschaftlicher Macht, biosozialer Geschlechterabhängigkeit und Hinnahme aus Bequemlichkeit/Selbstbetrug durch Frauen zu verstehen?

De Beauvoir prüft drei ernstzunehmende Erklärungsmodelle:

- die Erklärung aus der Biologie, im Vergleich zum Weibchen im Tierreich oder mit Blick auf die Physiologie der Geschlechter;
- psychoanalytische Erklärungen in der Nachfolge Freuds, die einen Neid des kleinen Mädchens auf das männliche Glied zugrundelegen;[8]
- die Erklärungen des historischen Materialismus in der Tradition von Friedrich Engels und August Bebel.

Alle drei Erklärungsansätze weisen am Ende die gleiche Unzulänglichkeit auf: Was sie als alleinige und letzte Ursache ausgemacht haben – die biologischen Schwächen des gebärenden Geschlechts, den Penis-

8 De Beauvoir besuchte zu dieser Zeit Vorlesungen von Jacques Lacan (Bair 1990, S. 483), dessen später entfaltete Theorie die überragende (symbolische) Bedeutung des Phallus weit stärker betont als Freud selbst es je getan hat.

neid des Mädchens oder die Einführung des Privateigentums –, gewinnt erst dann Erklärungskraft, wenn zusätzlich unterstellt wird, daß dem ein bestimmter Wert, eine bestimmte Bedeutung zukommt. Ohne den Willen des Mannes, sich die Frau zu unterwerfen und sie sich zum Objekt seiner Selbstverwirklichung zu machen, erklären diese Ansätze nichts. Gleichzeitig behandelt de Beauvoir alle drei Bereiche ausführlich und nimmt sie ernst. Eine zufriedenstellende Erklärung für die Macht des Mannes muß demnach dreierlei berücksichtigen:

- die biologische Differenz zwischen den Geschlechtern, d. h. den Tatbestand, daß wir in unserem Körper leben;
- die sozialen Bedingungen, insbesondere die ökonomischen und politischen Machtverhältnisse, welche unsere jeweiligen Möglichkeiten bestimmen;
- die philosophische und ontologische Bestimmung des menschlichen Daseins im Sinne des Existentialismus.

Auf diesem Hintergrund verfolgt de Beauvoir die Geschichte des Geschlechterverhältnisses von den frühen Jägern und Sammlern bis zur Gegenwart. Dabei unterstreicht sie, wie sehr Frauen in den unterschiedlichen gesellschaftlichen Verhältnissen unterdrückt waren, wie spät und begrenzt die Fortschritte waren. Zwar treten im Laufe der Geschichte sowohl Epochen relativer Freiheit wie auch Epochen stark ausgeprägter Rechtlosigkeit der Frauen auf, doch geschieht dies nicht zufällig. Die größte Verehrung genießt die Frau in den Zeiten, in denen sie am nachdrücklichsten das geheimnisvolle Andere, die dunkle Macht der Natur darstellt, folglich am wenigsten als vollwertiges Subjekt gilt. Die größten Freiheiten genießen Frauen zu Zeiten und in sozialen Schichten, wo sie am wenigsten Raum zum praktisch folgenreichen oder nützlichen Handeln haben:

> «Entweder weiß sie sich zu beschäftigen, ist aber unterjocht, oder sie ist frei, weiß aber mit sich nichts anzufangen» (DaG, S. 144).

Die Anfänge einer wirklichen Veränderung dieses Zustandes im letzten Jahrhundert führt de Beauvoir auf das Zusammenwirken zweier Faktoren zurück: die Teilnahme von Frauen an der industriellen Produktion und die allmähliche Verbreitung wirksamer Mittel der Geburtenkontrolle und -erleichterung («Befreiung von der Versklavung durch die Fortpflanzungsaufgabe», a. a. O., S. 133). Im ganzen rückt jedoch in diesem Abschnitt des Buches die Suche nach Erklärungen in den Hintergrund; materialreich wird vielmehr der Sachverhalt systematischer Unterdrückung als uraltes Unrecht verdeutlicht.

In der neueren feministischen Würdigung wird kritisch festgestellt, daß de Beauvoir zwar vorliegende Erklärungen erfolgreich auseinandernimmt, mit ihrer eigenen existentialistischen Sicht jedoch ebensowenig schlüssig erklärt, wie es zur Frauenunterdrückung kommt (vgl. z. B. Le Doeuff 1980, S. 285). Mir scheint, daß damit die Absicht der Autorin verkannt wird. Ihr Anliegen ist viel eher zu zeigen, daß ohne Berücksichtigung der existentialistischen Sichtweise keine Theorie die Lage der Frauen zureichend erklären kann. Sie schreibt:

> «Der Wert der Freudschen Lehre liegt in der Feststellung, daß der Existierende ein Körper ist: Die Art, wie er sich als Körper anderen Körpern gegenüber erlebt, gibt konkret seine existentielle Situation wieder. Ebenso wahr ist in der marxistischen These, daß die ontologischen Ansprüche des Seienden eine konkrete Gestalt annehmen je nach den materiellen Möglichkeiten, die sich ihm eröffnen, speziell auf technischem Gebiet. Aber weder Sexualität noch Technik würden irgendetwas erklären, wenn man sie nicht der Gesamtheit der menschlichen Wirklichkeit einordnete. [...] Der Wert der Muskelkraft, des Phallus, des Werkzeugs kann sich nur in einer Welt der Werte herausbilden: Er wird durch den grundsätzlichen Entwurf des Existierenden bestimmt, der sich im Sein transzendiert» (a. a. O., S. 68).

Mit diesem Zugang zur Erklärung verleiht de Beauvoir ihrem Gegenstand zugleich die moralische Dimension, die in den der Naturwissenschaft nachgebildeten Erklärungsmodellen der Soziobiologen, der Marxisten und der Freudianer fehlt und fehlen muß. Dies ist eines der mächtigsten Argumente gegen den Positivismus: Es besagt nicht nur, daß der/die Erkennende unweigerlich einen von Wertvorstellungen und Interessenlagen beeinflußten Standpunkt hat, weshalb der Anspruch auf Wertfreiheit illusorisch ist; dies können Positivisten konzidieren, indem sie die faktisch vorhandene Wissenschaft als unvollkommene Annäherung an die objektive Wahrheit sehen. Anhand ihres konkreten Themas geht aber de Beauvoir weiter: Es sei bei Aussparung der Ethik und der Wertsetzung einer Theorie von vornherein unmöglich, irgendetwas im menschlichen Leben zu erklären. Wirkliche Erkenntnis ist ohne Ethik nicht möglich. Dies ist ein Moment des radikal feministischen Ansatzes geblieben, das zu seiner provokativen Sperrigkeit gegen die Integration in die wissenschaftliche Normalität beiträgt.

Mit ihrer Analyse fällt de Beauvoir kein Urteil darüber, wie die Frauen leben sollten oder worin ihr Glück bestehe. Die Frage, ob die Frau in ihrer Lage glücklich sei, verwirft sie von vornherein, denn:

> «Es besteht keine Möglichkeit, das Glück eines anderen zu messen, und es ist immer leicht, die Situation als glücklich zu erklären, zu der man jemanden zwingen will» (a. a. O., S. 21).

Zugleich entzieht sie sich damit allen Vorgaben, welche den Zustand der Emanzipation für Frauen festlegen würden, sei dies die Unterschiedlichkeit oder die Gleichheit der Geschlechter. De Beauvoir vermeidet zumindest in ihrem Grundsatz diese Streitfrage, indem sie auf einer philosophischen Ebene ansetzt, die allen konkreten Lebensinhalten voraus wäre:

> «Unsere Perspektive ist die der existentialistischen Ethik. Jedes Subjekt setzt sich konkret durch Entwürfe hindurch als eine Transzendenz; es erfüllt seine Freiheit nur in einem unaufhörlichen Übersteigen zu anderen Freiheiten, es gibt keine andere Rechtfertigung der gegenwärtigen Existenz als ihre Ausweitung in eine unendlich geöffnete Zukunft. Jedes Mal, wenn die Transzendenz in Immanenz verfällt, findet ein Absturz der Existenz in ein Ansichsein statt, der Freiheit in Faktizität; dieser Absturz ist ein moralisches Vergehen, wenn er vom Subjekt bejaht wird; ist er ihm auferlegt, so nimmt er die Gestalt einer Entziehung und eines Druckes an; in beiden Fällen ist er ein absolutes Übel» (a. a. O., S. 21).

Anders als Sartre hat de Beauvoir immer die Möglichkeit im Blick, daß die Freiheit beschränkt, die Möglichkeit zu ihrer Verwirklichung dem Subjekt entzogen werden kann. Das eine hebt das andere nicht auf, und dies macht den spezifischen Konflikt der Frauen aus:

> «daß sie, obwohl wie jedes menschliche Wesen eine autonome Freiheit, sich entdeckt und sich wählt in einer Welt, in der die Männer ihr auferlegen, sich als das Andere zu sehen» (a. a. O., S. 21).

Es bedarf keiner besonderen Erklärung, warum Männer den Wunsch haben könnten, andere, insbesondere Frauen, zu dominieren; vielmehr ist dieses Bestreben im Bewußtsein als solchem angelegt:

> «Das Subjekt setzt sich nur, indem es sich entgegensetzt: Es hat das Bedürfnis, sich als das Wesentliche zu bejahen und das Andere als das Unwesentliche, als Objekt zu setzen» (a. a. O., S. 11).

Benötigt wird die Bestätigung durch ein lebendiges Subjekt, denn die Natur bleibt entweder fremd oder wird dem Handelnden einverleibt:

> «Eine Gegenwart des anderen besteht nur, wenn das Andere sich selber gegenwärtig ist: D. h., das wahre Anderssein ist das eines von dem meinen getrennten und doch ihm gleichen Bewußtseins. Erst die Existenz der anderen Menschen reißt den Menschen aus seiner Immanenz und ermöglicht ihm, sein wahres Sein, sich selber als Transzendenz zu erfüllen, als Flucht in das Objekt, als Entwurf. Aber diese fremde Freiheit, die meine eigene Freiheit bestätigt, tritt auch in einen Konflikt zu ihr: Das ist die Tragödie des unglücklichen Bewußtseins; jedes Bewußtsein hat das Bestreben, sich selbst allein als souveränes Subjekt zu setzen» (a. a. O., S. 152).

De Beauvoir entwirft eine Lösung zu diesem Dilemma: die freie gegenseitige Anerkennung in Freundschaft. Diese aber setzt eine hohe moralische Entwicklung voraus, denn sie erfordert volles Bewußtsein der eigenen existentiellen Freiheit. In aller Regel zieht der Mann die Flucht vor dieser Freiheit vor. Das geeignete Mittel dazu ist ihm gegeben, wenn er ein anderes Bewußtsein findet, welches sich zum Objekt machen läßt, dennoch aber Bewußtsein bleibt. Das, was ihm Angst macht oder was ihn beunruhigt, was er ersehnt, aber als unsichere eigene Leistung nicht auf sich nehmen will, kann er auf dieses Andere projizieren.

> «Die Frau ist das Andere, das sich annektieren läßt und doch das Andere bleibt. Dadurch aber ist sie so unerläßlich notwendig für das Glück des Mannes und seinen Triumph, daß man sagen kann: Wenn sie nicht existierte, hätten die Männer sie erfunden. Und sie haben sie erfunden. Doch existiert sie auch außerhalb von ihnen. Deshalb erfüllt sich in ihr ihr Traum und zerrinnt doch zugleich» (a. a. O., S. 194).

Mit dem Konzept des Anderen erreicht de Beauvoir zweierlei:

1. Sie kann die Dynamik eines fortwährenden Geschlechterkampfes mit der Annahme eines jahrtausendalten Patriarchats verbinden;

2. sie kann den Zwiespalt und die Vielschichtigkeit der «Männerphantasien» und männlichen Erwartungen an die Frau, ihr Schwanken zwischen Verehrung und Verachtung, zwischen Vergeistigung und Sexualisierung durchsichtig machen.

Gerade diese Widersprüche im männlichen Frauenbild werden erklärlich, wenn wir den immanenten Widerspruch des «anderen Bewußtseins» verstanden haben: Die Frau kann für den Mann keinen «erstarrten» Begriff verkörpern, denn durch sie vollzieht sich unablässig der Übergang von der Hoffnung zur Niederlage, von der Liebe zum Haß und vom Guten zum Bösen. Die wiederkehrende Vorstellung, die Frau vertrete die Geheimnisse und Mächte der Natur, undurchschaubar, faszinierend oder bedrohlich, ergibt sich ebenfalls aus der nur scheinbaren Lösung im Konflikt zwischen fremder und eigener Freiheit:

> «Wenn man zugibt, daß das unwesentliche Bewußtsein auch seinerseits eine lichtvolle Subjektivität ist, die das Cogito zu vollziehen vermag, so erkennt man an, daß es in Wahrheit souverän und im Begriff ist, zum Wesentlichen zu werden; damit jede Gegenseitigkeit ausgeschlossen erscheint, muß das Andere auch für sich selbst ein Anderes, muß sogar seine Subjektivität vom Anderssein her gezeichnet sein; ein solches Bewußtsein, das sich selbst als Bewußtsein in seiner reinen immanenten Gegenwart entfremdet wäre, müßte in der Tat Geheimnis sein; es wäre Geheimnis an sich, da es Geheimnis für sich wäre; es würde das absolute Geheimnis sein» (a. a. O., S. 258).

Zur Verdeutlichung schließt de Beauvoir einen Vergleich an, welcher – ohne diese Begriffe zu verwenden – die Verwandtschaft von Sexismus und Rassismus andeutet: auch dem Schwarzen bzw. Orientalen schreiben Europäer eine geheimnisvolle Seele zu, nicht aber dem Amerikaner, der ihnen oft ebenso befremdlich erscheint, aber nicht unterlegen ist.

Welche Erklärung findet nun de Beauvoir selbst dafür, daß es dem Mann gelingen konnte, die Frau zu beherrschen? Sie greift auf die biologische Differenz zurück; maßgeblich ist jedoch deren soziale Bewertung, die sie erklären muß.

Die «erste, folgenschwere Tatsache» war die starke Einbindung der Frau in die Fortpflanzung. Ihre Gebärfähigkeit ist zwar für die Gemeinschaft von größter Wichtigkeit, doch erwachsen ihr daraus keine

Vorrechte, sondern nur Unterlegenheit, weil sie dabei elementare Werte des menschlichen Bewußtseins verfehlt.

> «Gebären und Stillen sind keine Aktivitäten, sondern natürliche Funktionen; kein Entwurf ist dabei im Spiel, und daher kann auch die Frau darin keinen Grund einer hochgestimmten Bejahung ihrer Existenz finden; passiv unterzieht sie sich ihrem biologischen Geschick. Die häuslichen Tätigkeiten, denen sie sich widmet, da nur diese mit den Lasten der Mutterschaft sich vereinigen lassen, beschränken sie auf Wiederholung und Immanenz; Tag für Tag kehren sie in gleicher Form wieder, die fast unverändert die Jahrhunderte überdauert; es geht nichts neues aus ihnen hervor» (a. a. O., S. 71).

Demgegenüber besteht der Beitrag des Mannes zum Überleben der Gemeinschaft in Handlungen, «die über sein tierisches Dasein hinaus gehen». Dabei «wird er sich seiner Macht bewußt; er setzt Zwecke, plant Wege, die zu ihnen führen: Er verwirklicht sich in der Existenz. Um zu erhalten, schafft er: Er überschreitet die Gegenwart und eröffnet die Zukunft» (a. a. O., S. 71).

Zu fragen sei aber noch, warum die Frauen nicht durch ihren Anteil an Naturbearbeitung diese Entwicklung ebenfalls vollzogen hätten.

> «Weil die Frau nicht an der Arbeits- und Denkweise des Mannes teilnahm, weil sie in dumpfer Abhängigkeit von den Mysterien des Lebens verharrte, hat sie der Mann nicht als seinesgleichen anerkannt; in dem Augenblick aber, als er sie nicht auf seiner Stufe aufnahm, sondern sie in seinen Augen die Dimension des Anderen behielt, mußte der Mann zu ihrem Unterdrücker werden. Der männliche Ausdehnungs- und Beherrschungswille hat aus der weiblichen Unfähigkeit einen Fluch gemacht» (a. a. O., S. 83).

Daß ihm dies möglich war, schreibt de Beauvoir auch einem zweiten Sachverhalt zu. Jagd- und Kriegsführung, welche in weite Ferne führten und großes Risiko mit sich trugen, wurden naturgemäß zur Aufgabe des Mannes. Dies aber verlieh ihm einen zweiten, entscheidenden Vorteil:

> «Dadurch aber beweist er auf pathetische Art, daß nicht das Leben für den Mann das Höchste ist, sondern daß es für Zwecke da ist, die höher stehen als es selbst. Der schlimmste Fluch, der auf der Frau lastet, ist, daß sie von den kriegerischen Unternehmungen ausge-

> schlossen ist; nicht indem er sein Leben hergibt, sondern indem er es wagt, erhebt der Mensch sich über das Tier; deshalb genießt innerhalb der Menschheit das höchste Ansehen nicht das Geschlecht, das gebiert, sondern das tötende Geschlecht» (a. a. O., S. 71/72).

Die biologisch begründete Arbeitsteilung selbst würde noch Gleichwertigkeit bedeuten; die Herrschaft eines Geschlechts ergibt sich erst daraus, daß auf einer Seite der Arbeitsteilung die Transzendenz steht, worin der Mensch sich auf eine andere Zukunft hin überschreitet, während die andere Seite die Immanenz bleibt, bloße Wiederholung und Fortsetzung des Lebens.

Diese These steht nicht nur als «Schlüssel zu dem ganzen Geheimnis» am Anfang des historischen Teils; sie wiederholt sich im zweiten Buch in bezug auf die Hausarbeit, die Mutterschaft und die Lage der nichterwerbstätigen Ehefrau. Nicht nur weltgeschichtlich, sondern auch im konkreten Leben einer jeden Frau vollzieht sich der wesentliche Schritt zu ihrer Unterdrückung dadurch, daß sie zur Immanenz verurteilt wird und diese auch als ihre Aufgabe annimmt. Ob sie die erotische Rolle übernimmt, in der sie für den Mann die ganze Faszination, Unberechenbarkeit und bedrohliche Mächtigkeit seiner eigenen Triebe in kontrollierbarer Gestalt darstellt, oder ob sie die von Triebhaftigkeit bereinigte, lebensspendende mütterliche Rolle wählt und Mann und Kinder in ihren Alltagsbedürfnissen versorgt – völlig unerheblich ist dabei, ob sie sich glücklich fühlt. In beiden Fällen trägt sie zur eigenen Unterdrückung bei.

Daß Frauen bei der eigenen Unterdrückung mitwirken, ist für de Beauvoir ebenso selbstverständlich wie der Wunsch des Mannes, die Frau zu beherrschen. Sie sieht darin eine andere Form der «mauvaise foi», der Flucht vor Freiheit und Verantwortung. «Die Wonnen der Passivität» und die Selbstaufgabe ziehen uns an, die Hinnahme «ihrer Fremdbestimmung als das Andere ist ein bequemer Weg». Herrschaft hat jedoch im Geschlechterverhältnis eine besondere Gestalt. Im Unterschied zu anderen ausgebeuteten Klassen werden der Frau Vorteile als Lockmittel angeboten, um sie für ihre Rolle zu gewinnen: «Die Frau indessen wird zur Mittäterschaft angehalten» (DaG, S. 290).

Während es ein allgemein menschlicher Zug ist, zumindest zeitweilig die Bequemlichkeit zu wählen, erklärt sich die spezifische Unterdrükkung der Frau erst daraus, daß sie von frühester Kindheit an systematisch dazu gebracht wird, diese ihre Situation als ihr Schicksal und sich selbst als ein objekthaftes Wesen aufzufassen. Bequemlichkeit allein genügt hierfür nicht, denn das ebenso notwendige Bestreben nach Transzendenz und Selbstverwirklichung würde immer wieder aufbrechen. Damit die Frau zum «anderen Geschlecht» wird und das Bild eines andersartigen und unterlegenen Wesens bietet, erfordert es vielmehr Eingrenzung und Einschränkung durch das ganze Leben. So bildet den weitaus umfangreicheren Teil (ca. 400 Seiten) dieses Werkes eine Darlegung der Sozialisation der Frau von der Geburt bis zum Alter.

Dieses zweite Buch mit der Überschrift «Gelebte Erfahrung» war inhaltlich von großer Bedeutung für die neuere feministische Theorie. Es erhebt den Anspruch:

> «sorgfältig das herkömmliche Schicksal der Frau [zu] untersuchen: Wie die Frau ihre Lebenslage kennenlernt, wie sie empfindet, in welche Welt sie sich eingeschlossen sieht, welche Ausweichmöglichkeiten ihr erlaubt sind...» (a. a. O., S. 264).

Nur kurz umreißen möchte ich an dieser Stelle den Ertrag dieser Untersuchung für die weitere feministische Theoriebildung. De Beauvoir formuliert Einsichten und eröffnet Debatten, welche bis heute weiter wirken; selbst Autorinnen, die dem existentialistischen Standpunkt fernstehen, unterliegen insoweit ihrem Einfluß:

1. Die Geschlossenheit der weiblichen Welt: Während der Junge einer offenen Zukunft entgegengeht, welche ihm ungeahnte Möglichkeiten bereithält, erfährt das Mädchen, daß sie zur Frau, zur Mutter, zur Großmutter werden soll.

   «Sie führt ihr Haus genau, wie es ihre Mutter getan hat, sorgt für ihre Kinder, wie sie umsorgt worden ist. Sie ist zwölf Jahre alt, und schon ist ihre Geschichte im Himmel beschlossen» (a. a. O., S. 290).

   Hatte die Weiblichkeitserziehung in der Kindheit nur die kindliche Neigung verstärkt, sich als geliebtes Objekt zu fühlen und zu gefallen, so entdeckt das heranwachsende Mädchen, daß ihre zukünftige Lebenssphäre «allseitig umschlossen, begrenzt und beherrscht von der männlichen Welt» ist:

«So hoch sie sich auch aufreckt, so weit sie sich auch vorwagt, immer findet sich über ihrem Kopf eine Decke, sind um sie herum Wände, die ihr den Weg versperren» (a. a. O., S. 290).

Folge ist eine Rückwendung auf sich selbst, eine abwartende Sehnsucht nach dem Glück, denn «die Jugendliche fühlt sich für ihre Zukunft nicht verantwortlich» (a. a. O., S. 320), und später die Bereitschaft, die Welt der Immanenz anzunehmen und gleichzeitig diffus unzufrieden zu sein.

2. Das Gewaltmonopol des Mannes: Als entscheidenden Bruch in der Sozialisation des Mädchens betrachtet es de Beauvoir, daß ihr die gewaltsame Auseinandersetzung, der Faustkampf versagt ist. Nicht, daß der Mann gewalttätig sein kann, sondern, daß die Frau es niemals darf, ist für sie von Nachteil. Es sei ein elementares menschliches Bedürfnis, auf Angriffe oder Erniedrigung körperlich zu antworten. In dem Alter, in dem bei Jungen die Angriffslust und der Wille zur Macht sich in Raufereien äußern, verfestigt sich jedoch bei Mädchen die Passivität. Indem ihnen die «Haltung des Herausforderns» fremd bleibt, gewinnen sie keinen Zugang zu dem Bestreben, die Grenzen des möglichen Handelns zu erweitern.

   «Ein Zorn, eine Auflehnung, die nicht in die Muskeln übergehen, bleiben imaginär. Es ist eine furchtbare Enttäuschung, wenn man die Regungen seines Mutes nicht auf der Erdoberfläche eintragen kann» (a. a. O., S. 316).

   Der prinzipiell fehlende Zugang zur Gewalt erklärt bei Mädchen die Überzeugung eigener Minderwertigkeit gegenüber dem Mann, welche ihre Hinnahme von Beschränkungen vorbereitet. Sie erklärt aber auch, daß das Mädchen ihren eigenen Körper, den sie nicht aktiv einsetzen darf, zu einem passiven Schatz zu machen versucht, und ihre beginnende erotische Empfindsamkeit in Form übersteigerter Aufmerksamkeit für die Schönheit oder Unzulänglichkeit des eigenen Körpers erlebt.

3. Heterosexualität als Selbstentfremdung: Die sexuelle Begegnung mit dem Mann stelle einen geradezu gewaltsamen Bruch in der Entwicklung des Mädchens dar:

   «Sie drängt nach einer kräftigen Umarmung, die sie in ein bebendes Etwas verwandelt. Aber Rohheit und Stärke sind auch wieder unerwünschte Widerstände, die sie verletzen. Ihre Sinnlichkeit ist gleichzeitig in ihrer Haut und in ihrer Hand lokalisiert. Die Forderungen der einen sind denen der anderen teilweise entgegengesetzt» (a. a. O., S. 356).

Und der Geschlechtsakt selbst enthalte mit dem Eindringen ein Element von Gewalt, «stellt immer eine Art Vergewaltigung dar» (a. a. O., S. 352). Nach de Beauvoir ist daher für die Frau die Homosexualität naheliegend.

«Als Subjekt hat sie eine aggressive Sinnlichkeit, die sich am männlichen Körper nicht stillen läßt... [man kann sagen], daß jede Frau von Natur homosexuell ist» (a. a. O., S. 383).

Bemerkenswert an der lesbischen Frau sei nicht ihre erotische Neigung zu Frauen, sondern die Ausschließlichkeit dieser Wahl (a. a. O., S. 384) bzw. die Tatsache, daß sie eine Beziehung zum Mann ausschließt. Denn obwohl die sexuelle Begegnung mit dem Mann Gewaltcharakter hat, erfüllt sie für de Beauvoir auch ein sexuelles Verlangen.

4. Die Selbstentfremdung der Frau im eigenen Körper: Die Sexualität gehört bei de Beauvoir zum Gesamterleben der Frau, ihrem Körper und der Fortpflanzung der Art ausgeliefert zu sein. Der Anteil des Mannes an der Fortpflanzung ist abgegrenzt und beschränkt, und er vermag die Zeugung als eigenes Handeln zu erleben. Der Anteil der Frau an der Fortpflanzung beginnt hingegen schon mit der Menstruation; sie wird «Schauplatz eines Ablaufs, der sich in ihr vollzieht, ohne sie selbst zu betreffen» (a. a. O., S. 42). Ironisch bemerkt sie:

   «Die Frau ist den Bedürfnissen des Eies besser angepaßt als ihren eigenen» (a. a. O., S. 42).

   Die Pubertät ist eine Krise; Brustwachstum, Haarwuchs am Leib, Veränderungen der Körperform machen, daß das Mädchen sich selbst fremd erscheint, es fühlt, «daß sein Körper ihm entgleitet, er ist nicht mehr der klare Ausdruck seiner Individualität. Er wird ihr fremd» (a. a. O., S. 298) – wird doch ihre Entwicklung von ihrem Umfeld beobachtet und bewertet; ahnt sie, daß diese Körperveränderungen einer Zweckbestimmung dienen, «die sie ihr selbst entreißt» (a. a. O., S. 297).

   Mit der Schwangerschaft und der Geburt erfährt die Frau aufs Neue ihren Körper als ein Fremdes, dem sie unterworfen ist. Die Schwangerschaft ist ein Drama, das sich bei der Frau zwischen ihren beiden Ich abspielt: «Sie empfindet sie gleichzeitig als eine Bereicherung und als eine Verstümmelung» (a. a. O., S. 482). Die Niederkunft selbst wird zwar sehr unterschiedlich erlebt, sie beinhaltet jedoch immer einen Verlauf, den die Frau kaum in der Hand hat und bei dem sie sogar ihr Leben verlieren kann. Die Leistung, auf die sie stolz ist, verleitet zugleich zur Selbsttäuschung, denn die Mutter hat mit ihrem Körper nur die körperliche Existenz des Kindes hervorgebracht. Alles, was das Kind zur Person, zum Subjekt macht, kann nur es selbst frei entwerfen. Mutterschaft als Lebensaufgabe zu verstehen, bedeutet daher Versinken in die Immanenz.

Insgesamt schwankt de Beauvoir zwischen einer biologischen und einer sozialen Erklärung für die gebrochene Beziehung der Frau zu ihrem Körper. Wohl überwiegt die Bewertung der Biologie als Last. Diese Einschätzung ist unter Feministinnen umstritten. Für die einen ist de Beauvoir hierin geradezu frauenfeindlich, von weiblichem Selbsthaß und männlicher Ideologie geprägt. Für andere hingegen ist es die spezifische Leistung de Beauvoirs, den Geist und das Selbst als im Körperlichen verwurzelt und den Körper als geschlechtsspezifisch gesehen zu haben: folgt doch daraus zwingend, daß die Sichtweise der Frauen einen eigenständigen Wert hat.

5. Die Entlarvung der männlichen Moral: Ein Schlüsselerlebnis für Frauen ist die Heuchelei der Männer in der Frage der Abtreibung. Öffentlich wird sie als Verbrechen abgestempelt, privat nehmen die Männer sie auf die leichte Schulter, sobald sie persönlich daran interessiert sind.

   «Diese Erfahrung erschüttert die ganze sittliche Welt der Frau, ihr gehen die Augen auf. Denn sie muß die Werte des Frauentums – nach denen die Mutterschaft die höchste Erfüllung ist – in einem Augenblick verleugnen, wo die männliche Ethik völlig versagt» (a. a. O., S. 476).

   Die Schärfe, mit der de Beauvoir hierbei die «ganze Verlogenheit des Sittenkodexes der Männer» kennzeichnet, kündigt an, daß es genau das Abtreibungsthema sein wird, das die neue Frauenbewegung auf die Straße bringt.

6. Die Kritik der Hausarbeit: Hiermit hat de Beauvoir eine anhaltende Kontroverse ausgelöst. Ihr eigener Standpunkt ist eindeutig:

   «Ständig auf der Stelle tretend, verbraucht sich die Hausfrau. Sie bringt nichts vor sich. Sie verewigt nur die Gegenwart. Sie hat nicht den Eindruck, ein positives Gut zu erwerben, sondern endlos gegen das Böse anzukämpfen» (a. a. O., S. 428).

Diese Kritik hat drei Dimensionen, die bei de Beauvoir vielfach ineinander übergehen, weil sie von einem Normalzustand ausgeht, worin die Frau spätestens mit der Eheschließung die Erwerbstätigkeit aufgibt. Dennoch müssen die Aspekte analytisch auseinandergenommen werden.

a) Sie kritisiert die Arbeit selbst als eine Notwendigkeit, die eintönig und unbefriedigend ist, gleichförmig und langweilig. Diese Erledigungen wären aber für sich genommen nicht schlimm:

   «Wenn die ausübende Person selbst produktiv, schöpferisch ist, ordnen sie sich in ihre Existenz ebenso natürlich ein, wie organische Funktionen. [...] Was aber das Schicksal der Frau als Dienerin so undankbar macht, ist die Arbeitsteilung, die sie völlig dem Allgemeinen und Unwesentlichen verhaftet» (a. a. O., S. 434).

b) Härter ist de Beauvoirs Kritik an der objektiven Struktur des Daseins als Hausfrau: Die Situation, vom Mann ökonomisch abhängig zu sein und nichts anderes als Hausarbeit tun zu können, betrachtet sie als unter allen Umständen fatal. Es bedeutet, «daß der eigentliche Sinn ihrer Existenz nicht in ihren Händen ruht». Ihre Seinslage ist durch den «Dienst Ehebett» und den «Dienst Haushalt» bestimmt, «wobei die Frau ihre Würde nur empfängt, wenn sie ihre Hörigkeit akzeptiert» (a. a. O., S. 437).

c) Unter den Bedingungen dieses Daseins führt die ständige Beschäftigung mit dieser Art von Arbeit zu einer bestimmten, typischen Bewußtseinslage; ihr gilt insbesondere der Spott de Beauvoirs. Die Hausfrau entfremde sich in den Dingen, weil sie nichts *tun* kann, und nehme bald die Dinge wichtiger als die Menschen. Notwendige Prozesse der Verschmutzung, des Verschleißes werden zu einer Bedrohung, gegen die sie ankämpft: Sie kämpft gegen die Zeit, weil alles dadurch verfällt, und sucht ihre Verwirklichung in den schönen Gegenständen, mit denen der Haushalt bestückt wird. Dies untergräbt ihre moralischen wie ihre geistigen Fähigkeiten. Sie fühlt sich Ereignissen ausgeliefert, die ohne ihr Zutun ihr Leben beeinflussen; auf diese Weise verliert sie die Fähigkeit, die Verantwortung für das eigene Tun zu übernehmen. Ihr Leben ist auf ohnmächtiger Auflehnung gebaut.

7. Die Perspektive de Beauvoirs für unsere Befreiung ist die Berufstätigkeit. Sie sei unerläßlich, damit die Frau nicht nur ökonomisch selbständig, sondern auch in die Lage versetzt wird, sich als handelnd und für das eigene Leben verantwortlich zu erleben. Doch der Beruf löst keineswegs die Probleme, die das «andere» Geschlecht belasten. Denn mit der Unabhängigkeit im beruflichen Handeln gerät die Frau in Konflikt mit der Weiblichkeit:

   «Von der Frau dagegen wird verlangt, daß sie sich zur Erfüllung ihres Frauentums zum Objekt und zur Beute macht, d. h. daß sie auf ihre Ansprüche als selbstherrliches Subjekt verzichtet» (a. a. O., S. 640).

Solange der Mann die Frau als das Andere setzt, gerät sie in Konflikte. Wie der Mann hat sie das Bedürfnis, sich emotional und sexuell zu regenerieren, aber mit der Ernsthaftigkeit ihres eigenen Handelns in der Welt verliert sie die Qualitäten, welche Männer bei einer Frau begehren. Die Erwerbstätigkeit löst die Frau nur dann aus der Abhängigkeit und Unterdrückung, wenn auch Männer die Fähigkeit entwickeln, als gleichwertige Partner in wechselseitiger Anerkennung zu lieben. Das ist eher die Ausnahme:

> «Nur wenige unter ihnen wünschen im Grunde ihres Herzens, daß die Frau sich weiter vollendet. Ihre Verächter sehen nicht ein, was sie dabei gewinnen könnten, ihre Verehrer sehen zu sehr, was sie dabei verlieren» (a. a. O., S. 679).

De Beauvoir hofft schließlich auf sozialistische Verhältnisse, in denen die Frau genötigt wird, den eigenen Lebensunterhalt zu verdienen, während die Ehe auf eine freie, kündbare Vereinbarung reduziert wird. Offen bleibt aber, inwiefern wirtschaftliche und rechtliche Verhältnisse – wenn sie doch für sich genommen keine zureichende Erklärung der Frauenunterdrückung liefern konnten – als solche das Verhältnis des Mannes zur Frau verändern würden.

Trotz aller Versicherung des erreichten Fortschritts vermochte dieses Buch keineswegs ihre Leserinnen zu beruhigen. Es wirkte eher durch die Entschleierung männlichen Herrschaftsdranges und die Entlarvung aller Verschönerungen und Illusionen, die ihn rechtfertigen. Aus der Sicht einer Ethik der Authentizität konnte de Beauvoir das Schicksal der Frau als «schockierende Willkür, befremdlich und unnatürlich» (Le Doeuff 1980, S. 284) beschreiben.

Diese umfassende Beschreibung der Situation der Frau wäre, darauf weist Donald Hatcher (1984, S. 45) hin, ohne jede Aufklärungswirkung geblieben, wenn Frauen tatsächlich wirksam zur Anpassung «sozialisiert» wären. Doch nach der existentialistischen Grundannahme weiß ein jedes Bewußtsein notwendig um die eigene Freiheit und Verantwortung. Folglich ist in einem «nicht-authentischen», angepaßten Leben immer auch das Wissen um diese Lebenslügen, um die Unredlichkeit der eigenen Haltung enthalten. Nach dieser philosophischen Grundannahme müssen Frauen ein doppelbödiges Bewußtsein der eigenen Erfahrungen und des eigenen Verhaltens haben. Die Mutter weiß, daß sie das Kind nicht wirklich in seinem menschlichen So-Sein hervorgebracht hat und daß ihr Stolz nur ein geliehener ist. Die mit der Darstellung eigener Schönheit beschäftigte junge Frau, die in der Hoffnung auf Bewunderung sich schmückt, weiß, daß sie durch eine noch so vollkommene Darbietung nie zur Person wird, sie vielmehr handeln müßte, um einen wirklichen Platz in der Welt einzunehmen.

Die Beschreibung, die uns Simone de Beauvoir von der Situation der Frau gibt, ist deswegen auch ohne Anklage und ohne Agitation wirkungsvoll, weil sie das, was Frauen über sich und ihr Leben «eigentlich» schon wissen, ins Bewußtsein hebt. De Beauvoirs Darstellung muß nichts anderes erreichen als dies, daß die Leserin sich selbst wiederfindet. Die Entscheidung zum fortgesetzten Selbstbetrug ist ihr zwar weiterhin möglich; dies wäre aber diejenige existentielle Grundentscheidung, die jeder Mensch ohnehin allein trifft. Im Spiegel ihrer gelebten Erfahrung kann die Leserin aber auch sich als Bewußtsein erkennen, das auf seine Freiheit verzichtet hat, und kann sich gegen die Lüge wenden. Das eigene Leben als ein weibliches (also dem Leben anderer Frauen frappierend ähnlich) zu erkennen, und als ein Leben, welches durch Männer eingeschränkt und in Abhängigkeit gesetzt wurde und wird, ist zugleich Entscheidung und Veränderung. Die existentialistische Ethik enthält so eine philosophische Grundlegung der Selbsterfahrungsgruppe.

De Beauvoir versteht die weibliche Sozialisation nicht – wie sie seither oft gedeutet wurde – als Formierung, in deren Verlauf die Frau zu etwas gemacht wird. «Man kommt nicht als Frau zur Welt, man wird es»[9] – dieser Satz besagt, daß die Weiblichkeit der Frau ein nie aufhörender Prozeß des Werdens ist, worin sie ebenso Beteiligte wie Beein-

9 Schwarzer (1983) und Scheu (1977) beharren auf einer mißverständlichen Übersetzung dieses Satzes.

flußte ist (vgl. Butler 1989). Es gibt nicht die Möglichkeit, eine Frau zu *sein*, weil dies hieße, zu einem Ding, endgültig zum Anderen zu werden und die spezifische Qualität des Bewußtseins zu verlieren. Es gibt die Möglichkeit, im Netz der Zuschreibungen und Einschränkungen, der Anforderungen und Verlockungen immerzu und immer neu Frau zu *werden,* sich um die Einlösung des gesetzten Daseins als ein Anderes zu bemühen – und es gibt die Möglichkeit, diese Bemühung als Verrat an der eigenen Freiheit zu erkennen und damit aufzuhören. Selbsterfahrung ist so – wenn wir sie wählen – der erste Schritt zur Befreiung und der wichtigste.

Existentialistische Wurzeln des radikalen Feminismus in der neuen Frauenbewegung

Es liegt auf der Hand, daß de Beauvoir die neuere feministische Diskussion thematisch beeinflußt hat. Die Zusammenhänge von Gewalt und Sexualität einerseits, Hausarbeit und privater Ausbeutung andererseits stehen für den neuen Feminismus im Zentrum, im Unterschied zu dem älteren Kampf um die berufliche und rechtliche Stellung der Frau. Ungenügend beachtet wird hingegen, wie wichtig der Einfluß der existentialistischen Sicht selbst für unser Verständnis von feministischer Theorie ist. Mehr noch: Aus der unvollständigen Auseinandersetzung mit den philosophischen Grundlagen dieser Position ist zu erklären, warum gerade die an Simone de Beauvoir anknüpfenden Debatten um Sozialisation, Sexualität, Gewalt und Hausarbeit zwar enorme emotionale Besetzung erfahren haben, theoretisch jedoch oft in die Sackgasse oder in unfruchtbare Polarisierungen geraten sind. Exemplarisch will ich daher einen Blick darauf werfen, wie der existentialistische Ansatz fortgeführt worden ist.

Mehrere einflußreiche Feministinnen in der frühen Phase der Bewegung um 1970 griffen ausdrücklich auf de Beauvoir zurück, um die Geschlechterausbeutung zur eigenständigen Basiskategorie zu erheben. Kate Millett (1971) verdankte de Beauvoir, wie sie später schrieb (Forster/Sutton 1989), nicht nur dies, sondern auch ihre Methode der Literaturanalyse, um männliche sexualpolitische Phantasien herauszuarbeiten.[10]

Shulamith Firestone widmete ihr Buch *Frauenbefreiung und sexuelle Revolution* (1970) ausdrücklich Simone de Beauvoir, deren Werk sie als erste und in vieler Hinsicht definitive Analyse der Lage der Frau bezeichnete. Simone de Beauvoir habe gezeigt, daß die heutige Lage der Frau historisch entstanden und demnach auch veränderbar sei. Als den zentralen Fehler bezeichnet es Firestone hingegen, daß de Beauvoir ihre Analyse «in das System des Existentialismus gepreßt» hätte. Firestone leistet allerdings keine eingehende Kritik des Existentialismus, sondern behandelt ihn als überflüssige Beigabe, welche die Analyse der Lage der Frau stört. Der Geschlechterdualismus ist für sie ein biologischer Sachverhalt, der das ursprüngliche Modell für Herrschaft überhaupt lieferte.

Bei diesem Gedankengang greift Firestone Aussagen von Simone de Beauvoir über die biologische Grundlage des Geschlechterverhältnisses auf und spitzt sie zu. Die Frau sei durch das Gebären sowie durch die Fürsorge für Kinder eingeschränkt; eine Befreiung sei erst durch Abschaffung der bisherigen Art der Fortpflanzung mit Hilfe der Reproduktionstechnologie möglich.

Menschliche Kultur und Zivilisation begreift Firestone als den Versuch, das, was sich im Bereich der Möglichkeiten denken läßt, in die Wirklichkeit zu überführen: Dies entspricht de Beauvoirs Begriff des «Projekts» und damit der Transzendenz. Allerdings schlüsselt Firestone dieses Bestreben des Menschen in zwei Aspekte auf, die bisher – zum Unglück der menschlichen Entwicklung – mit dem Geschlechterdualismus verquickt gewesen seien. Die eine Seite der Transzendenz ist die Technologie, praktische Herrschaft über die Natur; die andere Seite ist die Phantasie, das Vermögen, im Bereich der Möglichkeit frei zu entwerfen, was im ästhetischen Modus verwirklicht werden kann. Im patriarchalen Denken sei der ästhetische Modus mit der weiblichen Seite der Geschlechterdualität, die Technologie mit der männlichen Seite verschmolzen. Das Ziel wäre, beide Seiten zu einer androgynen Kultur zu integrieren, die sich jenseits von Arbeit und Unterdrückung entfalten soll.

Mit ihrer Kritik der Kindheit eröffnete Firestone eine Debatte, die über Simone de Beauvoir hinausreicht und dennoch in ihrem Ansatz fußt. Ihre These ließe sich in Anlehnung an de Beauvoir zusammenfassen: Wir werden nicht als Kinder geboren, wir werden dazu gemacht. Anknüpfend an sozialgeschichtliche Forschung (insbesondere von

10 De Beauvoir blieb auch Jahre später über das Ausmaß verärgert, in dem Millett ihren Ansatz – zumal ohne Hinweis – übernommen hat: «Sie hat alles, die Form, die Idee, einfach alles, von mir» (Bair 1990, S. 836).

Ariès) wollte Firestone zeigen, daß Kindheit und Kindlichkeit keine biologischen Vorgaben sind, sondern historisch entstandene Konstruktionen. Kindheit entsteht demnach durch Vorgänge der Entmündigung ständig neu, und zwar aus den Herrschaftsinteressen der Erwachsenen, nicht aus der realen Bedürftigkeit des schwächeren Teils. Rechte von Kindern in diesem Sinne –, d. h. das Recht, kein Kind (im Sinne der Unterwerfung) sein zu müssen –, setzte Firestone in Beziehung zum Recht der Frau, aus ihrer Entmündigung herauszutreten. Dem stimmte de Beauvoir 1972 ausdrücklich zu und zog die Konsequenz:

> «Die Frauen werden erst befreit sein, wenn auch die Kinder von den Erwachsenen befreit sind» (Schwarzer 1983, S. 36).

Daß Firestones Position keinen Bestand hatte, scheint mir mit ihrem ungeklärten Verhältnis zu dem philosophischen Standpunkt von de Beauvoir zusammenzuhängen, den sie zugleich weiterführt und ablehnt. Folglich ist ihre Theorie eher als Analogie zur Argumentation de Beauvoirs angelegt, denn als Vertiefung oder Veränderung. Dies führt sie zu einer Sichtweise, welche die weitere feministische Diskussion belastet hat: das Konzept des Mannes als seiner Natur gemäß böse und der Frau als edles Opfer. Es scheint selbstverständlich zu sein, daß der Mann die Frau zu unterdrücken wünscht, andererseits wird aber unterstellt, daß die Frau bei ihrer Befreiung nicht bestrebt wäre, andere zu unterdrücken, denn als letzter Grund aller Herrschaft gilt für Firestone gerade die biologische Differenz. Indem das existentialistische Modell von Subjekt und Objekt auf einen Naturunterschied zurückgeführt wird, verschwindet die ethische Herausforderung an uns selbst; der Wille zur Unterdrückung gerät zum männlichen Geschlechtsmerkmal. In dieser Verkürzung beginnt die Spur, die dahin führt, daß eine «Täter-Opfer»-Diskussion um 1981 als Neuigkeit erscheinen konnte, obwohl sie nichts Neues enthielt.

Der einseitige Blick auf den Mann als Ausbeuter der Frauen war für die Eröffnung einer Diskussion über sexuelle Gewalt in der Tat hilfreich. Wie anders als aus dem Objektstatus der Frau heraus war es z. B. zu begreifen, daß Männer «ihre» Frauen jahrelang mißhandeln, demütigen, beschimpfen und sie dennoch nicht fortgehen lassen? Hier lebt der Mann offensichtlich Bedürfnisse und Impulse seiner Subjektivität aus, während er gleichzeitig versucht, jede Äußerung einer eigenständigen Lebendigkeit der Frau mit Gewalt auszulöschen.

Rückblickend können wir beobachten, daß jede neue Welle einer öffentlichen Auseinandersetzung mit sexueller Gewalt durch radikalfeministische Thesen eingeleitet wurde. So artikulierten z. B. Andrea Dworkin (1980) und Susan Griffin (1981) ihre Empörung über die Pornographie und lösten eine Bewegung aus, indem sie die Phänomene ausschließlich unter dem Blickwinkel der «metaphysischen Behauptung des Selbst» beim Mann und der Reduktion der Frau auf sein Objekt untersuchten. Für die Beurteilung dieser Erzeugnisse konnte es völlig unerheblich sein, inwiefern Frauen selbst pornographische Bilder als erregend oder aber als bedrohlich oder erniedrigend empfinden – so wie es für de Beauvoir ohne ethische Bedeutung war, daß Frauen sich ein Dasein als Hausfrau wünschen können. Auch bei Wohlbefinden der Frau hat eine solche Wahl keinen eigenständigen Wert, denn indem Frauen sich als Objekt des Mannes bestimmen lassen, entziehen sie sich der Selbstverantwortung für ihr Leben und ihre Lust. Bilder, die Frauen als Objekt männlicher, zumal gewaltsamer Sexualität darstellen, fordern dazu auf, Frauen als «das Andere» zu behandeln und schaden damit allen Frauen.

Die anklagenden Schriften über Gewalt gegen Frauen lassen zunächst nur diese Seite gelten. Die bei de Beauvoir gleichwertige Seite des eigenen Begehrens und der leiblich-seelischen Erlebnisse von Frauen werden ausgeklammert. Damit wird nicht mehr gefragt, welche erotischen, emotionalen und körperlichen Empfindungen Frauen dazu treiben, sich an diesen Gewaltverhältnissen zu beteiligen. Das Materielle war bei de Beauvoir zentral, unsere Situation, in einem weiblichen Körper zu leben und die Welt zu erfahren; und genau diese Basis fehlt. Nicht zuletzt deshalb lösen diese Themen oft Spaltungen in der Frauenbewegung aus.

Ansatzweise war dies schon bei der Abtreibungsdebatte der Fall: «Mein Bauch gehört mir» als Formel für das Recht auf Abtreibung überspielte die Möglichkeit, daß der Bauch und das Begehren einer Frau auch sagen könnten, ihr käme es auf das Recht an, nicht abtreiben zu müssen. Trotz unterschiedlicher Empfindungen und Überzeugungen konnten Feministinnen sich jedoch darauf einigen, daß auf jeden Fall der Staat sich heraushalten solle. Doch genau dieser Grundsatz für die Selbstbestimmung der Frau ist bei der sexuellen Gewalt, bei Vergewaltigung oder Pornographie nicht anwendbar, und genau hier treten Spaltungen auf.

In den Schriften, die zur Auflehnung der Frauen gegen ihre sexistische Ausbeutung anstiften wollen, bedarf die Gewalttättigkeit des Mannes meist keiner Erklärung.

> «Als die Männer entdeckten, daß die Vergewaltigung ihnen möglich war, begannen sie, sie zu praktizieren» (Brownmiller 1975, S. 4).

Innerhalb der Diskurse, die durch Kampagnen und praktische Hilfsangebote ausgelöst wurden, kam es allerdings bald zu einer Differenzierung. Der Eigenanteil der Frauen an den gewaltförmigen Beziehungen beispielsweise wurde in den Frauenhäusern bald reflektiert und fand einige Zeit später Eingang in die Theorie (Brückner 1981), während jedes neue Problemfeld zu einer neuen Anklage männlicher Machtlust etwa unter dem Stichwort «Väter als Täter» (Kavemann/Lohstöter 1984) Anlaß gab.

Nirgends im neueren Diskurs um Gewalt gegen Frauen gilt das weibliche Potential an Subjektivität und Autonomie wie bei de Beauvoir als mit dem männlichen gleichartig und mit gleichem Bestreben nach alleiniger Geltung auf Kosten anderer versehen. So stellt sich die Frage, wie das weibliche Subjekt zu denken ist, das – obwohl im Gewaltkontext zunächst pures Opfer – sich wehren und sich behaupten will. Den Entwurf eines solchen Subjekts finden wir, wie mir scheint, in einem anderen Kontext, als ferne, aber vielleicht reale Vergangenheit. Indem die historische Totalität patriarchaler Herrschaft in Zweifel gezogen wurde, konnte das Bild gewaltfreier weiblicher Selbstbehauptung die Züge materieller Realität annehmen. Nicht in der Philosophie, sondern in der Geschichte wurde das Gegenbild zum gewalttätigen Mann gesucht und gefunden.

Darin sehe ich die Antriebskraft für das bemerkenswert starke Interesse, mit dem die «Wiederentdeckung» eines frühen Matriarchats am Anfang der neuen Frauenbewegung betrieben wurde. Von Anfang an wurde das Konzept einer spiegelbildlichen Umkehrung des Patriarchats, wie sie Mathilde Vaerting (1921/1975) vertrat, kritisch gesehen. Bald gewann die matriarchale Gesellschaft als Vision weiblicher Potenz und Stärke symbolische Bedeutung.

In dieser Vorstellung matriarchaler Gesellschaften ist weibliche Macht zunächst als die Macht über sich selbst gedacht. Cillie Rentmeister (1985) zitiert die Inschrift über dem Tempel der großen Göttin von Sais: «Ich mir selbst.» Dies soll auf den Begriff bringen, was Selbstbestimmung von Frauen kulturgeschichtlich hat heißen können. Sie interpretiert in diesem Zusammenhang etwa den Spruch «Mein Bauch gehört mir» so, daß er weder ein Besitzverhältnis noch eine Beziehung zum Körper als Objekt ausdrückt, sondern eine Äußerung der Untrennbarkeit von Körper- und Selbstbewußtsein darstellt. Daß ich in meinem Körper lebe und mein Körper wesentlich zu mir gehört, soll von anderen Menschen wahrgenommen und geachtet werden. Bei solcher Achtung wäre die Verwendung einer Person als bloßes Objekt der eigenen Lust oder des eigenen Nutzens undenkbar. Matriarchale Macht wäre in diesem Sinne die Geltung und damit auch selbstverständliche Anerkennung der Selbstmächtigkeit einer Einheit von Körper, Seele und Geist und wäre nicht in erster Linie Macht, andere zu unterwerfen.

Bilder einer ökologisch sanften und sich selbst beschränkenden matriarchalen Gesellschaft sind heute weitaus bedeutender als zu Beginn der feministischen Matriarchatsdiskussion. Sie unterstellen zugleich, daß der Ursprung des Patriarchats nur in der Gewalt gegen die selbstmächtigen und sich selbst bestimmenden Frauen gelegen haben kann (vgl. Rentmeister 1985, S. 144 ff.). Die das Patriarchat erzeugende Gewalt prägt auch dessen Charakter. So wird verständlich, daß in der Frauenbewegung die Matriarchatsdiskussion in engem Zusammenhang zu der Diskussion um Gewalt gegen Frauen stand. Die gleichen Feministinnen, die im Berliner Frauenselbstverlag Texte zum Matriarchat herausbrachten – den Nachdruck von M. Vaerting, die Kritik an Engels und Bebel –, schrieben in den folgenden Jahren über Gewalt und Sexismus etwa in der Psychiatrie (Burgard 1977) oder in der Erziehung (Karsten 1977; Schultz 1978) und waren bei der Durchsetzung eines Frauenhauses für mißhandelte Frauen oder beim Aufbau eines Frauengesundheitszentrums engagiert. Diese Praxis zielte auf eine eigenständige und selbstmächtige Frauenkultur; ihr gemeinsames Konzept des Feminismus ist der Widerstand gegen ein Patriarchat, welches auf Männergewalt beruht.

Gewiß besteht kein notwendiger Zusammenhang zwischen der Theorie eines verlorenen Matriarchats und der Sexismuskritik. Janssen-Jurreit schreibt, ebenso wie Brownmiller, Männern seit urgeschichtlichen Zeiten Gewalttätigkeit gegen Frauen zu, während andere Autorinnen die heutige Männergewalt auf Entwicklungen der letzten Jahrhunderte zurückführen. Hier soll vielmehr auf die umgekehrte Beziehung hingewiesen werden: Wenn eine friedliche, ökologisch sinnvolle und sexuell unverkrampfte matriarchale Gesellschaft[11] allein durch männliche Gewalt zugrunde gegangen sein kann, so trägt diese Gewalt die Züge des «Anderen». Die kriegerische, auf rücksichtslose Ausbeutung aller Ressourcen gerichtete und sexuell repressive Männlichkeit gewinnt in diesem Zusammenhang etwas Ursprüngliches. Sie erwächst nicht mehr aus gesellschaftlichen Verhältnissen, sondern bricht wie ein Vulkan in sie ein, oder fällt von außen wie etwas Wildes über sie her. Und da diese Gewalt zugleich die gegenwärtige patriarchale Gesellschaft begründet und als Erklärung für einzelne, skandalöse Erscheinungen herangezogen wird, nimmt der Mann Qualitäten eines zeitlosen Rätsels an, unveränderbar in seiner Bereitschaft zur Gewalttätigkeit gegen Frauen und zur Vernichtung von Leben, unbegreiflich und dennoch allgegenwärtig. Angesichts solcher Implikationen wäre die Frage zu stellen, ob die inspirierende, Selbstmächtigkeit verleihende Vision einer weiblichen Kultur und einer weiblichen Selbstbestimmung um den Preis einer solchen Dämonisierung des Mannes erkauft werden muß.

Alice Schwarzer steht für einen anderen, dichter bei de Beauvoir angesiedelten Weg, weibliche Autonomie zu bestimmen. Schwarzer ist nicht nur vom Werk, sondern auch von kontinuierlichen Gesprächen mit de Beauvoir geprägt und beruft sich auf sie als Autorität. Weiblichkeit gilt ihr als historisch wie gesellschaftlich hergestellte Minderwertigkeit: Das eigentliche Mensch-Sein haben sich die Männer vorbehalten. Ihre Männlichkeit, so wie sie leben, ist zwar eingeschränkte Menschlichkeit, umfaßt aber dennoch wesentlich mehr Möglichkeiten. Aus der Weiblichkeit sind demgegenüber keine besonderen Werte oder Fähigkeiten zu gewinnen. In Schwarzers Kritik an der Weiblichkeit klingt der Gedanke einer «Flucht aus der Freiheit» an: Frauen sind nicht nur Unterdrückte, sondern auch in der Unterdrückung korrumpierbar.

Schwarzer vermeidet die Verkürzung von Firestone: für sie ist bei jedem menschlichen Subjekt die Neigung vorhanden, andere unterwerfen zu wollen.[12] So macht sie es nicht so sehr den Männern zum

11 Kritisch zu diesem Konzept und dessen Kontinuität mit Männerphantasien des 19. Jahrhunderts äußert sich Ilse Lenz (1990).

12 Auch Janssen-Jurreit (1976) knüpft bei ihrer Analyse des Sexismus an das Konzept des Anderen, Fremden an: es erobern und unterwerfen zu wollen, sei im Menschen angelegt. Zur Beantwortung der Frage aber, warum gerade dem Mann die Herrschaft gelungen ist, greift auch sie auf die Biologie zurück.

Vorwurf, daß sie im täglichen Leben ihre Ehefrauen ausnützen, sondern der Gesellschaft, die ihnen dies ermöglicht. Allerdings beschreibt sie dies in einfachen Kategorien des Nutzens; bei ihrer Beschreibung tritt weniger die Qualität des «Anderen» als die Annehmlichkeit der Bedienung in den Vordergrund.

Charakteristisch für den existentialistischen Feminismus ist der Gedanke, daß jedes Bewußtsein Entwürfe in Wirklichkeit umsetzen will und muß. In diesem Sinne sieht Schwarzer die Arbeit außerhalb der Familie als ein Mittel menschlicher Selbstentfaltung. Im Vergleich zu de Beauvoir hat Alice Schwarzer einen weitaus schärferen Blick für die Realitäten von Frauenlohnarbeit, bei der allenfalls Entwürfe von Vorgesetzten ausgeführt werden. Dennoch bewertet sie ausnahmslos jede Erwerbsarbeit als Verbesserung der Situation der Frau gegenüber ihrem Verbleib in der Familie, nicht nur um der ökonomischen Selbständigkeit willen, sondern auch wegen der Erfahrung, «in der Welt fest verankert zu sein».

Auch mit ihrer konkreten Thematisierung der Heterosexualität knüpft Schwarzer bei de Beauvoir an, doch greift sie nur einen Aspekt davon auf. De Beauvoir nahm an, daß die sexuelle Begegnung mit dem Mann zunächst nicht der eigenen Sinnlichkeit der Frau entspricht und ihr daher selten Lust verschafft. Andererseits versteht sie die Sexualität der Frau als grundsätzlich auf gemeinsame, selbstvergessene Lust mit dem Mann angelegt. Im Regelfall wird dies, so scheint es, dadurch verhindert, daß die Annäherung des Mannes grob, rücksichtslos und unsensibel ist.

De Beauvoir beschreibt das sexuelle Erleben von Frauen mit einer Konkretheit und Offenheit, die nach wie vor in der feministischen Diskussion selten ist. Der Wunsch, mit dem Partner zu verschmelzen, ist für sie bei Frau und Mann unterschiedlich. Unter günstigen Voraussetzungen kann sich die Frau sogar viel intensiver und vorbehaltloser in der (heterosexuellen) Lust verlieren, während für den Mann das sexuelle Erleben immer etwas Abgegrenztes bleibt.

Diese Überlegungen werden nur bedingt in der neueren feministischen Diskussion aufgenommen. Eher wird betont, inwiefern sexuelle Erfahrungen von Frauen mit Männern Ausdruck weiblicher Ohnmacht sind. In *Der kleine Unterschied und seine großen Folgen* (1975) interpretierte Alice Schwarzer Interviews mit Frauen über ihr sexuelles Erleben; dabei legte sie den Schluß nahe, daß Frauen weder Männer sexuell brauchen noch den Koitus wünschen. Den ersten Geschlechtsverkehr «relativ unbeschadet überstanden» hatten nur die beiden Frauen, die «selbst entschieden hatten, wann, mit wem und warum sie es taten» (a. a. O., S. 182). Um die Sexualität überhaupt genießen zu können, so das Fazit, muß die Frau aktiv und selbstbestimmt mit ihr umgehen können.

Die Sexualität hat bei Schwarzer den Stellenwert eines «Exerzierplatzes zum Einüben weiblichen Verhaltens» (a. a. O., S. 193). Dort würden «Selbstlosigkeit, Unterwerfung und Minderwertigkeit» auf das Intimste in das Selbstgefühl eingeprägt, um dann in andere Lebensbereiche übertragen zu werden. Hier, im Bett, «wird der Geschlechterkampf entschieden» (a. a. O., S. 194). Damit greift sie einen Gedankengang von de Beauvoir auf, dies allerdings in einer Zuspitzung, die in Das andere Geschlecht nicht zu finden ist. Im Interview (1972) zweifelt de Beauvoir auch die generelle Bewertung von Heterosexualität als repressiv an: Damit würde man die männlichen Mythen selbst übernehmen. «Das hieße, daß der männliche Sex wirklich ein Schwert ist, eine Waffe» (in: Schwarzer 1983, S. 33). Scharfe Kritik an der gegenwärtigen Sexualpraxis weist sie aber auch nicht zurück.

Es war nicht die Sexualität, sondern die Abtreibung, die bei de Beauvoir das Schlüsselerlebnis für die Frau war, das die männliche Moral entlarvt. Schwarzer integriert nun beide Einsichten. Mit der Wende von der bloßen Abwehr der Kriminalisierung, die eine sechzigjährige Vorgeschichte der Kämpfe gegen § 218 StGB hatte, hin zum positiven Wert des Anspruchs auf den eigenen Körper, enthielt die aus Frankreich in die BRD übertragene Kampagne der Selbstbezichtigung («Ich habe abgetrieben») den Keim eines neuen Selbstbewußtseins. Nur eine selbstbestimmte und vom eigenen Begehren geleitete Sexualpraxis ist in der Lage, der Frau Genuß, Menschenwürde und Regeneration zu verschaffen. Die Forderung nach schonender, legaler Abtreibung wurde so zum Bestandteil des Rechts auf sexuelle und persönliche Selbstbestimmung.

Wenn wir frühere Konzepte der Frauenbefreiung zum Vergleich heranziehen, könnte als der entscheidende Fortschritt in der Theorie de Beauvoirs gelten, daß sowohl die ökonomische Eigenständigkeit als auch die sexuelle Selbstbestimmung als unverzichtbar und gleichwertig erscheinen. Diese Sichtweise bestimmte weitgehend die politische Richtung, für die Alice Schwarzer im neuen Feminismus steht: Der entschlossene Kampf gegen jede Anerkennung der Hausfrauenrolle oder der Mutterschaft als möglicher Alternative zur existenzsichernden Erwerbstätigkeit bildet eine Säule, die wiederholten Kampagnen gegen die männliche Herabsetzung der Frau zum Objekt im Bereich der Sexualität die andere.

Eine weitere Dimension im Denken von Simone de Beauvoir wurde in der Auseinandersetzung mit der weiblichen Sozialisation fortgeführt. Ursula Scheu wählte als Überschrift für ihr einflußreiches Buch: *Wir werden nicht als Mädchen geboren, wir werden dazu gemacht* (1977). Sie machte damit einen – subtil abgewandelten – Satz von Simone de Beauvoir zum geflügelten Wort. Der Hauptgedanke dieses Buches folgt de Beauvoir: Gesellschaftliche Einflüsse, die von Geburt an auf das kleine Mädchen einwirken, bringen zuallererst das hervor, was uns als Charakter und Verhalten der Frau begegnet. Die Weiblichkeit wird sozial produziert und ist im wesentlichen defizitär, ein Mangel an Möglichkeiten. Bei Scheu wird dies anhand empirischer Untersuchungen, die vor allem aus den USA referiert werden, neu entwickelt und in die Form eines akademischen Diskurses gebracht. Die Verwendung literarischer Quellen und eigener Einschätzungen, die bei de Beauvoir die Argumentation prägen, tritt hinter den Stil einer sozialwissenschaftlichen Beweisführung zurück.

Aus der Lektüre des Buches von Ursula Scheu haben viele Leserinnen das Bild mitgenommen, daß die Mädchen durch Sozialisation frühzeitig genau so geprägt werden, wie die Männergesellschaft sie sich wünscht. Tatsächlich unterstreicht Scheu jedoch wiederholt auch die andere Seite, den Widerstand der Mädchen gegen diese Prägung. Denn sie versteht die weibliche Sozialisation als Aufzwingen von Unterlegenheit. Das Dasein als «das Andere», als Objekt, widerspricht zutiefst dem Charakter eines bewußten Subjekts: Ein solcher Oktroi muß immer wieder neu durchgesetzt werden. Der Sozialcharakter der Frau oder des Mädchens, der in Auseinandersetzung mit diesem Zwang entsteht, kann daher nur inkonsequent und diffus werden, abwechselnd rebellierend und sich ergebend. Er ist unwürdig und unehrlich, weil Weiblichkeit fordert, sich in einer Rolle zurechtzufinden, die mit Menschlichkeit schlechthin unvereinbar ist.

So deutlich die Nähe zu de Beauvoir auch ist, so wenig explizit nimmt Scheu darauf Bezug. Im Kontext ihres Anliegens, diesen Einsichten einen Platz im wissenschaftlichen Diskurs zu verschaffen, verortet sie ihre Arbeit vielmehr in der Aneignungspsychologie. Diese Schule, die an die sowjetische Entwicklungspsychologie anknüpft, hat jedoch keinen Begriff vom freien Subjekt. Anliegen einer sich als materialistisch verstehenden Psychologie war es genau, den aktiven Anteil an der Entstehung von klassen- oder gruppenspezifischen Bewußtseinslagen zu bestimmen. Scheus Anlehnung an die Aneignungspsychologie mag erklären, warum die Dimension der notwendigen Auflehnung von Mädchen bei der Rezeption des Buches so wenig zum Tragen kommt; das Buch wird als Darstellung der restlosen Formierung des Mädchens zum Opfer gelesen.

Eine unverkennbare, aber nicht ausgearbeitete Weiterführung existentialistischer Grundannahmen erschwert auch bei anderen Autorinnen die angemessene Auseinandersetzung mit den zentralen Aussagen von Simone de Beauvoir. Das gilt vermutlich auch für die Wiederbelebung des Begriffs der Mittäterschaft durch Christina Thürmer-Rohr (1987). Sie kann leicht so verstanden werden, daß Frauen nur noch als «stumme Stützen des Patriarchats» erscheinen und unter hohem moralischem Druck dazu aufgefordert werden, ihre Mitwirkung zu unterlassen. Christine Holzkamp formuliert diesen Einwand vielleicht am präzisesten, wenn sie schreibt, daß die «Potenz zum Aufbruch und Ausbruch, das Widersprüchliche in der Entwicklung von Frauen, nicht theoretisiert wird» (in: Studienschwerpunkt Frauenforschung 1989, S. 174).

Spürbar sind bei Thürmer-Rohr Entsetzen und Verzweiflung über Krieg und technologisch hochentwickelte Barbarei, deren Entfaltung es ihr unerträglich erscheinen läßt, die Frauen als bloße Opfer zu betrachten. Auch wenn die Machthaber zumeist Männer sind, auch wenn ihr Handeln einem patriarchalen Männlichkeitswahn zu entspringen scheint, folgt nicht, daß die Frauen nur hilflos und schuldlos zuschauen, oder gar, daß sie als unverdorbene Kraft alles zum Guten wenden könnten.

Dennoch ist die Verstrickung der Frauen nicht vergleichbar mit der der Männer; ihre Beteiligung ist zugleich von Grund auf durch die eigene Lage als Beherrschte, zum Objekt Gemachte geprägt. Die Mittäterschaft am Patriarchat führt dazu, daß Frauen für die Erzeugung des erwünschten Scheins belohnt werden. Ihre eigene Sicht wird dabei für sie selbst diffus und formlos, nicht mehr greifbar. Mit ihrem So-Tun-als-ob betreiben Frauen ihr eigenes Nichtvorhandensein: «Sie werden Opfer ihrer eigenen Lüge» (Thürmer-Rohr 1987, S. 116).

Thürmer-Rohr steht in zweierlei Hinsicht Simone de Beauvoir sehr nahe: In der Radikalität, mit der sie die Übernahme der Lebenslüge, die Mittäterschaft als moralische Entscheidung der Frau bewertet, und in ihrer Annahme, daß die Weiblichkeit nichts an sich Erhaltenswertes enthält, sondern lediglich Produkt der Deformierung durch die eigene Mittäterschaft an der Unterdrückung sei. Beide Thesen führt sie noch einen Schritt weiter: Nicht nur die Weiblichkeit, auch die Männlichkeit ist durch Täterschaft in einem lebensvernichtenden, moralisch verrotteten Patriarchat deformiert. «‹Männlichkeit› und ‹Weiblichkeit› sind historische Geschlechtskrankheiten» (a. a. O., 1987, S. 120). Die uns vorenthaltene Menschlichkeit ist nicht am Vorbild Mann abzulesen, sondern wäre erst zu entdecken. Und die radikale Freiheit erhält bei Thürmer-Rohr ihre Grundzüge von Verlassenheit und Angst nicht abstrakt aus dem Fehlen eines sicheren Maßstabs für das Gute und Richtige, sondern konkret und sinnlich aus dem Wissen um das Ausmaß an Zerstörung und Verwüstung unserer Welt. Damit gewinnt diese dunkle Seite des Existentialismus eine größere Bedeutung als bei de Beauvoir und rückt uns anders nahe als der eher philosophisch-abstrakte Gedanke von Verantwortung für das menschliche Wesen an sich. Was bleibt ist die Überzeugung, daß bei aller Unterdrückung und Gewalt Frauen die Möglichkeit sowie die ethische Notwendigkeit haben zu wählen: zwischen Mut und Feigheit, zwischen Authentizität und Unaufrichtigkeit, zwischen dem Protest als Bekenntnis zum Leben und der Mittäterschaft.

Diese explizite Verortung in der Ethik als Bedingung zureichender Erkenntnis hat auch Folgen für eine feministische Wissenschaftstheorie. So führt Ilse Dröge-Modelmog in ihrem Beitrag zur Vortragsreihe «Fragen nach Tschernobyl» (1988) aus, daß Forschung durch die Separierung von Wissenschaft und Ethik einen Gewaltcharakter erhalten habe: Es komme darauf an, sie neu zu integrieren. Eine sorgfältige Auseinandersetzung mit dem existentialistischen Entwurf wäre dafür vielleicht ein Anfang.

Bilanz

Abschließend wäre zu fragen: Was leistet der existentialistische Ansatz in der feministischen Theoriebildung?

Diese Theorie hat einen Weg dazu eröffnet, eine grundlegende Unterschiedlichkeit in den Erfahrungen und den Lebenslagen der Geschlechter zu beschreiben, ohne auf deren biologische Determination zurückgreifen zu müssen. Dabei bezieht de Beauvoir das Körpererleben und die Sexualität erheblich stärker ein als die meisten Theorien in der weiteren feministischen Entwicklung. Sie ist nicht darauf angewiesen, die Körperlichkeit als maßgebliche Ursache von Differenz zu betrachten, und kann dennoch eine Differenz beschreiben, die Frauen und Männer um Lichtjahre voneinander entfernt verortet.

Im existentialistischen Ansatz ist die Ethik der Authentizität zentral gemildert, aber nicht aufgehoben durch Verständnis für die Zwangslage von Frauen. Im Mittelpunkt steht die Frage nach der Rechenschaft, die eine Frau sich über das eigene Handeln abgibt, und nach den Werten, die in diesem Handeln wirklich zum Tragen kommen.

Andererseits eröffnet diese Theorie keine Auseinandersetzung mit dem, was im Leben mit Kindern erfahrbar wäre. De Beauvoirs höchster anerkennender Begriff für Mutterliebe ist die Aufopferung. Ihr Konzept des sinnvollen menschlichen Tuns ist nach dem Modell des Handwerkers ausgerichtet, von dem Sartre beim alten Gottesbegriff spricht. Sinnvolles Handeln und neue Erfahrung ergeben sich für sie aus der Verwirklichung eines zuvor gemachten Entwurfs. Darin ist ein Herrschaftsanspruch verborgen: Nur das habe ich wirklich hervorgebracht, was sich meinem Willen beugt, was ich wie ein Handwerker hergestellt habe. Letztendlich gilt wohl, daß de Beauvoir die Begriffe Transzendenz und Immanenz genau in dem Sinne zu Wesenheiten hat gerinnen lassen, wie es sie für die Existentialisten nicht mehr geben sollte.

Die existentialistische Philosophie, auf die de Beauvoir baut, hat ihr (und uns) mit den bedeutsamen Kategorien von Subjekt und Objekt einen Weg eröffnet, die verfehlte Begegnung in den Beziehungen von Männern und Frauen und deren häufige Prägung durch Gewalt so zu beschreiben, daß der Sachverhalt und der Protest dagegen zugleich begrifflich faßbar wurden. Die Schwierigkeiten im Umgang mit Männern werden für Frauen mit diesen Kategorien greifbar und benennbar. Der Protest, ob leise oder wütend, heißt seither immer wieder: Du sollst in mir das Subjekt, die eigenständige und eigenwillige Person sehen, wahrnehmen und ertragen, ja auch wollen. In der Auseinandersetzung mit allen Schattierungen von Gewalt gegen Frauen und mit für Frauen problematisch gewordener Sexualität scheint es bislang keinen Ersatz für die Kategorien von Subjekt und Objekt zu geben, um die Erfahrungen und den Prozeß zugleich analytisch und moralisch zu fassen.

Andererseits sind diese Kategorien problematisch: Sie sind einer jahrhundertealten dualistischen Auffassung der Wirklichkeit geschuldet. Auch das Gegensatzpaar von Transzendenz und Immanenz spiegelt diesen Dualismus wider. Im dualistischen Denken spaltet sich die Wirklichkeit in zwei entgegengesetzte Pole, gehorcht entgegengesetzten Prinzipien, von denen das eine als höherwertig gilt, mit dem Anspruch, über seinen Gegensatz herrschen zu müssen. Die Vernunft erhebt sich über die Leidenschaften, der Geist über die Materie, die Kultur über die «rohe» Natur, das öffentliche Wohl über die privaten Anliegen, das Männliche über das Weibliche. Weil die Gegenüberstellung eine fundamentale Ordnung des Seins meint, werden Erscheinungen und Erfahrungen zwangsweise der einen oder der anderen Seite zugerechnet: Entweder diskutiere ich rational, oder ich werde emotional; die Verteilung von Arbeit und Verantwortung ist entweder Privatsache (wie bei der Hausarbeit) oder öffentliches Anliegen (wie beim Numerus clausus oder bei der Zulassung von Heilpraktikern).

In dieser Tradition gilt vor allem seit Descartes: Das Subjekt, als Ich von allem Nicht-Ich unterschieden, erfährt sich auch radikal als allein. Das Dilemma dieses Subjektes, welches über die Wirklichkeit einer Realität außerhalb seines Selbst zweifeln muß, läßt nach der Entstehung von Interaktion fragen. Um eine Spiegelung des Selbst zu finden und sich seiner eigenen Eigenschaften zu vergewissern, geht dieses Subjekt auf die Suche nach lebendigen, bewußten Objekten, deren Anerkennung ihm Bestätigung gibt. Dabei ist jedes Subjekt auf der gleichen Suche, ausschließlich im Interesse der eigenen Verwirklichung, weshalb bei Hegel und bei Sartre das Verhältnis des Subjekts zu jedem anderen Subjekt als grundsätzlich feindselig bestimmt wird. Das Verhältnis zum anderen Bewußtsein ist unaufhebbar durch Kampf, Konkurrenz und letztendliche Einsamkeit gekennzeichnet.

Diese Denktradition sieht in bemerkenswerter Blindheit – oder ist es männliche Abwehr? – davon ab, daß wir nicht als Erwachsene auf die Welt kommen, sondern geboren werden, und daß wir folglich alle *bewußt werden*. Dies geschieht in einer Situation, in der wir schon in Beziehung zu einem Netz anderer Subjekte stehen, und nur in einem solchen Netz von Bezogenheit, Zuwendung und Kommunikation werden wir jemals Subjekt. Eine Philosophie, die von dieser Voraussetzung allen Denkens ausgeht, sieht manches anders. Zu bezweifeln, ob andere Subjekte wirklich auf der Welt sind, oder die intersubjektive Beziehung als etwas zu denken, was die Subjekte in Abhängigkeit von ihren je egoistischen Interessen zuallererst herstellen, erscheint dann entweder als pathologische Entgleisung – als Verlust des ursprünglichen Erlebens von einem «Selbst-Sein in Beziehungen» –, oder als Verabsolutierung eines gewissen – vielleicht adoleszenten – Befindens, das seinen natürlichen Ort im Prozeß der Loslösung aus alten, familiären Beziehungen hat. Die Philosophie des radikal vereinzelten Subjekts denkt die Menschen als Kopfgeburten und vermag letztendlich nicht zu erklären, wie sie jemals zueinander finden, es sei denn, mit Hilfe einer übergreifenden, gesetzgebenden dritten Gewalt wie dem Staat (Hegel) oder der Sprache (Lacan).

De Beauvoirs Denken schwankt zwischen dieser dualistischen Tradition und ihrem Sprechen aus eigener Lebenserfahrung. Damit die Beziehung von Mann und Frau aufhört, eine solche des Subjekts zum Objekt zu sein, ruft sie einerseits, wie andere Philosophen, ein übergreifendes Allgemeines auf den Plan, nämlich den Sozialismus, der die Frau dazu zwingen wird, den eigenen Lebensunterhalt zu verdienen und damit den Mann, sie als Subjekt wahrzunehmen. Diese Hoffnung wirkt aber in der Tat aufgesetzt, und de Beauvoir nimmt später davon Abstand. Parallel dazu setzt sie ihre Hoffnung vielmehr darauf, daß das wahrhaft entfaltete männliche Subjekt den Wunsch nach einer ebenbürtigen und als Subjekt wahrzunehmenden Frau verspüren wird, denn:

> «Zwischen zwei Gegnern, die sich in ihrer reinen Freiheit gegenüberstehen, ließe sich leicht eine Einigung erzielen: um so mehr, als dieser Kampf keinem etwas nützt» (a. a. O., S. 670).

Die Ahnung einer Liebe als «gegenseitige[r] Anerkennung des Ich und des Anderen im lebhaftesten Bewußtwerden des Anderen und des Ich» (a. a. O., S. 379) kann dem Mann aufgehen. Vielleicht wird er müde, sich als einsames, allein existierendes Subjekt zu behaupten. Vielleicht aber weiß er, daß er dies niemals war.

Heute hat eine feministische Philosophie, die von der Lebenserfahrung von Frauen her denkt, zunehmend kritisch zu fragen begonnen, ob «Subjekt» und «Objekt» überhaupt so zu trennen und einander gegenüberzustellen sind. Nur in der Spannung von Alleinsein und mit anderen in der Welt sein, so die Sicht der weiblichen Lebenserfahrung, entsteht Subjektivität (vgl. Benjamin 1990). Dieses Überdenken des Subjektbegriffs hat jedoch Folgen, denn die existentialistische Verantwortung, wie sie de Beauvoir vertreten hat, erwuchs aus der radikalen Einsamkeit des Subjekts, und ihre Erklärung der Frauenunterdrükkung unterstellte die grundsätzliche Feindseligkeit des Bewußtseins gegen jedes andere Bewußtsein. Fünfzig Jahre danach wäre es vielleicht an der Zeit, die philosophischen Grundlagen unserer Diskurse über Gewalt, Sozialisation und Mittäterschaft weiterzuentwicken.

Literatur

BAIR, Deidre (1984): «‹My Life [...] This Curious Object›: Simone de Beauvoir on Autobiography». In: *New York Literature Forum,* 12+13, S. 237-245

BAIR, Deidre (1990): *Simone de Beauvoir. Eine Biographie.* München (orig.: *Simone de Beauvoir. A Biography.* New York 1990)

BEAUVOIR, Simone de (1951): *Das andere Geschlecht. Sitte und Sexus der Frau.* Hamburg (orig.: *Le Deuxième Sexe.* 1949)

BENJAMIN, Jessica (1990): *Die Fesseln der Liebe. Psychoanalyse, Feminismus und das Problem der Macht.* Basel/Frankfurt a. M. (orig.: *The Bonds of Love. Psychoanalysis, Feminism, and the Problem of Domination.* 1988)

BROWNMILLER, Susan (1978): *Gegen unseren Willen.* Frankfurt a. M. *(orig.: Against our Will. 1975)*

BRÜCKNER, Margrit (1983): *Die Liebe der Frauen. Über Weiblichkeit und Mißhandlung.* Frankfurt a. M.

BURGARD, Roswitha (1977): *Wie Frauen ‹ver-rückt› gemacht werden.* Berlin

BURGARD, Roswitha / KARSTEN, Gabriele (1975): *Die Märchenonkel der Frauenfrage: Friedrich Engels und August Bebel. Eine feministische Kritik an Klassikern der sozialistischen Theorie.* Berlin

BUTLER, Judith (1989): «Gendering the Body: Beauvoir's Philosophical Contribution». In: Garry, Ann / Pearsall, Marilyn (Hgg.): a. a. O., S. 253-262

DOEUFF, Michele le (1980): «Simone de Beauvoir and Existentialism». In: *Feminist Studies,* 6/2, S. 277-289

DRÖGE-MODELMOG, Ilse (1988): «Verwissenschaftlichung als Gewaltverhältnis. Zum Ethikverzicht in der Wissenschaft». In: KNIGGE, Volkhard (Hg.): a. a. O., S. 262-280

DWORKIN, Andrea (1987): *Pornographie. Männer beherrschen Frauen.* Köln (orig.: *Pornography. Men Possessing Women.* 1979)

EVANS, Mary (1986): *Simone de Beauvoir. Ein feministischer Mandarin.* Rheda-Wiedenbrück (orig.: *Simone de Bauvoir. A Feminist Mandarin.* 1985)

FELSTINER, Mary Lowenthal (1980): «Seeing the Second Sex through the Second Wave». In: *Feminist Studies,* 6/2, S. 247-276

FIRESTONE, Shulamith (1975): *Frauenbefreiung und sexuelle Revolution.* Frankfurt a. M. (orig.: *The Dialectic of Sex. The Case for Feminist Revolution.* 1970)

FORSTER, Penny / SUTTON, Imogen (Hgg.) (1989): *Daughters of de Beauvoir.* London

GARRY, Ann / PEARSALL, Marilyn (Hgg.) (1989): *Women, Knowledge, and Reality: Explorations in Feminist Philosophy.* Boston/London/Sydney/Wellington

GÖRRES, Ida-Frederike (1951): «Die ‹Erfindung› der Frau». In: *Wort und Wahrheit,* S. 58-63

GRIFFIN, Susan (1981): *Pornography and Silence. Culture's Revenge Against Nature.* New York

HATCHER, Donald L. (1984): *Understanding «The Second Sex».* New York/Bern/Frankfurt a. M.

JANSSEN-JURREIT, Marielouise (1978): *Sexismus. Über die Abtreibung der Frauenfrage,* 3. Auflage. Frankfurt a. M.

KARSTEN, Gabriele (1977): *Mariechens Weg ins Glück? Die Diskriminierung von Mädchen in Grundschullesebüchern.* Berlin

KAVEMANN, Barbara / LOHSTÖTER, Ingrid (1985): *Väter als Täter: Sexuelle Gewalt gegen Mädchen.* Reinbek

KNIGGE, Volkhard (Hg.) (1988): *Fragen nach Tschernobyl. Eine Vortragsreihe der Universität Oldenburg.* Oldenburg

LANGE, Wolf-Dieter (Hg.) (1971): *Französische Literatur der Gegenwart in Einzeldarstellungen.* Stuttgart
LENZ, Ilse (1990): «Geschlechtssymmetrische Gesellschaften. Neue Ansätze nach der Matriarchatsdebatte». In: Lenz, Ilse / Luig, Ute (Hgg.): a. a. O., S. 17-74
LENZ, Ilse / LUIG, Ute (Hgg.) (1990): *Frauenmacht ohne Herrschaft. Geschlechterverhältnisse in nichtpatriarchalischen Gesellschaften.* Berlin
LUIG, Ute (1990): «Sind egalitäre Gesellschaften auch geschlechtsegalitär? Untersuchungen zur Geschlechterbeziehung in afrikanischen Wildbeutergesellschaften». In: Lenz, Ilse / Luig, Ute (Hgg.): a. a. O., S. 75-152
MARKS, Elaine / COURTIVRON, Isabelle de (Hgg.) (1981): *New French Feminisms. An Anthology.* New York
MILLETT, Kate (1971): *Sexus und Herrschaft.* München (orig.: *Sexual Politics.* 1969)
PIZAN, Christine de (1986): *Das Buch von der Stadt der Frauen.* Berlin
RENTMEISTER, Cillie (1985): *Frauenwelten – Männerwelten. Für eine neue kulturpolitische Bildung.* Opladen (Alltag und Biografie von Mädchen, Bd. 8)
SARTRE, Jean-Paul (1959): *L'existentialisme est un humanisme.* Paris
SCHEU, Ursula (1977): *Wir werden nicht als Mädchen geboren, wir werden dazu gemacht.* Frankfurt a. M.
SCHÜLER, Gerda (1971): «Simone de Beauvoir». In: Lange, Wolf-Dieter (Hg.): a. a. O., S. 193-212
SCHULTZ, Dagmar (1978): *Ein Mädchen ist fast so gut wie ein Junge. Sexismus in der Erziehung. Interviews, Berichte, Analysen,* Bd. 1. Berlin
SCHWARZER, Alice (1975): *Der «kleine Unterschied» und seine großen Folgen. Frauen über sich – Beginn der Befreiung,* 3. Auflage. Frankfurt a. M.
SCHWARZER, Alice (1988): *Simone de Beauvoir heute. Gespräche aus zehn Jahren 1971-1982,* 2. Auflage. Reinbek
STUDIENSCHWERPUNKT FRAUENFORSCHUNG (1990): *Mittäterschaft und Entdeckungslust.* Berlin
THÜRMER-ROHR, Christina (1987): «Aus der Täuschung in die Ent-Täuschung. Zur Mittäterschaft von Frauen». In: Thürmer-Rohr, Christina: a. a. O., S. 38-56
THÜRMER-ROHR, Christina (1987): *Vagabundinnen.* Berlin
VAERTING, MATHILDE (1975): *Frauenstaat - Männerstaat.* Berlin (orig.: *Von der Eigenart der Frauen im Männerstaat und der Eigenart der Männer im Frauenstaat,* 2 Bände. 1921)

Regina Becker-Schmidt

VERDRÄNGUNG RATIONALISIERUNG IDEOLOGIE

GESCHLECHTERDIFFERENZ UND UNBEWUSSTES GESCHLECHTERVERHÄLTNIS UND GESELLSCHAFT

1. Einleitung

Dieser Aufsatz beschäftigt sich mit dem Phantasma «Geschlechterdifferenz», das eine individual- und eine gattungsgeschichtliche Entwicklung hat, das als subjektives und objektiv-gesellschaftliches Phänomen verstanden werden muß. Die Annäherung an einen solchermaßen vielschichtigen Komplex verlangt einen theoretischen Zugang, der es erlaubt, historische, soziologische und psychologische Sichtweisen zu verknüpfen.

Für mich bietet sich als Orientierung die Frankfurter Schule an, vor allem die Autoren Max Horkheimer und Theodor W. Adorno, die sie im wesentlichen begründet haben. Ihnen ist von feministischer Seite vielfach vorgeworfen worden, trotz patriarchatskritischer Aspekte das Geschlechterverhältnis als Strukturzusammenhang übersehen zu haben und trotz ihrer Erkenntnisse über den Zusammenhang von Naturbeherrschung und männlicher Individuation doch traditionellen androzentrischen Denkmustern zu folgen (Benjamin 1982; Becker-Schmidt 1989, 1991; Nagl-Docekal 1990; Rumpf 1989). Inhaltlich gibt es demnach zwischen Kritischer Theorie und kritischem Feminismus einen Traditionsbruch. Gleichzeitig läßt sich aber auch die Kontinuität zwischen beiden nicht übersehen – viele erkenntnistheoretische und methodologische Forderungen der Frankfurter Schule sind auch Ansprüche einer kritischen Frauenforschung geworden. Seyla Benhabib (1990) benennt vor allem vier Elemente der Kritischen Theorie, die für feministisches Denken ebenfalls unverzichtbar sind:

1. die Zielsetzung, alle sozialen Phänomene als historische zu begreifen;
2. die Notwendigkeit, Herrschaftsbedingungen und Mechanismen der Machtdurchsetzung aufzudecken;
3. den Anspruch, das gesellschaftliche Ganze als einen aus strukturellen Gründen widersprüchlichen Zusammenhang zu begreifen;
4. die Perspektive, Wissenschaft als Anleitung zu einer emanzipatorischen Praxis betreiben zu wollen.

Ich möchte diesen Motiven, in denen kritische Theorie und kritischer Feminismus sich treffen, zwei Aspekte hinzufügen: die wechselseitige Bezogenheit von kritischer Subjekt- und Gesellschaftstheorie sowie – damit aufs engste zusammenhängend – die Vertretung des Rechts auf Besonderung in der Interdependenz von Individuum und Allgemeinheit.

Herta Nagl-Docekal hat die Grenze der Übereinstimmung klar benannt, wenn sie schreibt:

> «Die Geschlechterdifferenz als zentrales Instrument der kritischen Gesellschaftsanalyse zu wählen, bedeutet, über die Frankfurter Schule hinauszugehen. Und es handelt sich dabei nicht um eine schlichte Ergänzung, die das von der Frankfurter Schule entworfene Bild der Moderne vervollständigt – aus der Perspektive der Analysekategorie Geschlecht werden vielmehr an der Kritischen Theorie selbst androzentrische Züge sichtbar» (Nagl-Docekal 1990, S. 2).

Im folgenden soll es nicht darum gehen, diese These erneut zu belegen. Ich möchte vielmehr zeigen, wie wir mit zentralen Kategorien der Frankfurter Schule im Sinne feministischer Erkenntnisinteressen produktiv arbeiten können. Ich wähle für diesen Versuch die Begriffe Rationalisierung, Ideologie, Verdrängung. Dabei folge ich der Prämisse, daß diese Begriffe als aufeinander bezogene geeignet sind, sowohl die subjektiven als auch die objektiven Implikationen meines Themas zu erfassen.

Im ersten Schritt möchte ich die drei Begriffe in ihrem inneren Zusammenhang erläutern. Kontext ist hierbei die Kritische Theorie, zu der auch eine psychoanalytisch orientierte Sozialpsychologie gehört.

Dieser Begriffserklärung folgen Materialanalysen, die innerhalb des angegebenen kategorialen Rahmens Konflikte im Umgang mit der

Geschlechterdifferenz und deren Niederschlag in den Geschlechterverhältnissen verschiedener Kulturen zu erschließen suchen. Die Materialien kommen aus der Berufs- und Technikgeschichte, dem rituellen Geschehen einer Stammesgesellschaft und aktuellen Diskussionen um die Gentechnologie. Immer wird es darum gehen zu erklären, welche Rivalitäten dem Phantasma «Geschlechterdifferenz» unterliegen, was an ihnen verdrängt und unbewußt gemacht wird und welche Mechanismen dabei am Werk sind.

2. Rationalisierung, Ideologie, Verdrängung in der Kritischen Theorie

Beginnen wir mit dem Begriff «Rationalisierung» – er hat viele Bedeutungsschichten. Er beinhaltet gleichermaßen historisch-materielle Prozesse, legitimatorische Denkweisen und Abwehrmechanismen im Sinne der Psychoanalyse.

2.1. «Rationalisierung» als gesellschaftlicher Prozeß

Als gesellschaftstheoretisches Konstrukt erfaßt der Begriff «Rationalisierung» die geschichtliche Bewegung, in der sich die Tauschrationalität durchsetzte. Der Konkurrenzkapitalismus schreitet zur Monopolisierung von ökonomischer und politischer Macht in einem staatlich regulierten Kapitalismus fort. Zu diesem Verlauf gehört die Entwicklung einer Technologie, die Gleichgültigkeit gegen Natur und alles Lebendige impliziert, die sich «ans Tote anpaßt» (Adorno). Es entwickelt sich eine Bürokratie, die Max Weber als «Gehäuse der Hörigkeit» beschreibt. In seinem Werk *Wirtschaft und Gesellschaft* erscheint die Entzauberung der Welt als unvermeidlich: Nur durch versachlichtes Fachdenken, formalisiertes Recht und technisch-bürokratische Verwaltung ist eine effektiv-effiziente, nicht-dilettantische Planung von Dienstleistungen denkbar, die die Befriedigung von Massenbedürfnissen garantiert. Während Weber den Geschichtsverlauf kritisch-resignativ zur Kenntnis nimmt, versuchen Horkheimer und Adorno, das Irrationale, Zwanghafte, ja Chaotische dieses Prozesses aufzudecken. Kritik soll den Weg zu alternativen Gesellschaftsformen offen halten.

Adorno und Horkheimer wollen sich nicht damit abfinden, daß die Herabwürdigung der Menschen zu bloßen Verwaltungsobjekten und

«Anhängseln der Maschinerie» der Tribut sein soll, der für die Steigerung der allgemeinen Wohlfahrt, an der doch viele nicht teilnehmen, gezahlt werden muß. Die Individuen haben ein Anrecht auf Glück, zu dem ganz wesentlich die Chance zur Selbstbestimmung gehört. Sie wenden sich gegen die Vorstellung, Rationalisierung folge reinen Sachzwängen. Für sie sind solche Prozesse nicht demokratisch begründet und Ausdruck von ökonomischer wie bürokratischer Herrschaft. Ihre Betrachtungsweise ist ideologiekritisch.

2.2. Ideologie und Rationalisierung

Für Theodor W. Adorno und Max Horkheimer sind Ideologien in der Tradition von Marx Versuche, die gesellschaftliche Realität zugleich zu erklären und zu rechtfertigen. Das macht ihre Doppeldeutigkeit aus: «[...] daß diese zwar falsches Bewußtsein, aber doch nicht nur falsch sind» (Adorno/Horkheimer 1956, S. 175).

Dieser Widerspruch ist zurückzuführen auf die Kluft, die sich auftut zwischen dem, was uns an gesellschaftlichen Entwicklungen und Verhältnissen einsichtig werden kann, und dem, was sich hinter unserem Rücken, von uns unbegriffen vollzieht. Für diese Kluft gibt es mehrere objektive Gründe: die Wirklichkeit, so wie sie aktuell erscheint, gibt nicht unmittelbar preis, wie sie zu dem wurde, was sie heute ist. Das gegenwärtig Vorfindliche verdeckt die Vergangenheit, in der die Ursachen für augenblickliche und fortdauernde soziale Ungerechtigkeit oder Ungleichheit liegen. Geschichtsverlust ist der Nährboden von Ideologien. Soziale Zusammenhänge werden zudem undurchsichtig, wenn Trennungen und Spaltungen nur noch Einblick in gesellschaftliche Teilbereiche ermöglichen. Auch hier können Ideologien ein Bild vom Ganzen präsentieren, in dem das Getrennte falsch zusammengesetzt ist.

Für Karl Marx und Friedrich Engels war die Trennung von kontrollierend verfügender und ausführender Arbeit der Springquell von Ideologieproduktion:

> «Die Teilung der Arbeit wird erst wirklich Teilung von dem Augenblick an, wo eine Teilung [...] der materiellen und geistigen Arbeit eintritt. Von dem Augenblick an kann sich das Bewußtsein tatsächlich einbilden, etwas anderes als das Bewußtsein der [...] bestehenden Praxis zu sein, wirklich etwas vorstellen, ohne etwas Wirkliches vorzustellen» (Marx/Engels 1928, S. 248).

Marx und Engels interessierten sich dafür, welche gesellschaftlichen Folgen die Durchsetzung dieser Arbeitsteilung in der kapitalistisch-industriellen Produktion hatte. Ihr Ideologiebegriff ist in diesem Kontext zu verstehen. Wir werden noch sehen, daß es auch Ideologien gibt, die nicht auf diese Form der Arbeitsteilung, ja vielleicht gar nicht auf Arbeitsteilung zurückzuführen sind. Die männlichen Vorstellungen von der Geschlechterdifferenz sind z. B. Ideologeme, die nicht die wechselseitige Bezogenheit der Geschlechter im produktiven und reproduktiven sozialen Geschehen in den Blick nehmen, sondern die eigene Lebenswelt zum Maßstab machen. Aber diese Abstraktionen sitzen auf anderen Trennungen auf als solchen zwischen materiellen und geistigen Tätigkeiten im Sinne von Arbeit.

Darauf komme ich später zurück.

Adorno und Horkheimer stimmen mit Marx überein, daß Ideologien solange gesellschaftlich notwendig falsches Bewußtsein darstellen, wie die in ihnen aufgehobene Objektivität sich nicht begreifen läßt. Anders gesagt: Ideologien sind als Phänomene des Bewußtseins- und Unbewußtseinszustand der Menschen «objektiver Geist», insofern sie gesellschaftlich bedingt sind. Ideologien werden von Adorno als «objektiver Geist» bezeichnet, weil sie ebenso Ausdruck kollektiven Denkens wie historisch-materieller Realität sind. Unwahr werden Ideologien eigentlich erst durch ihre Konfrontation mit der bestehenden Wirklichkeit, wenn diese sich als anders erweist als jene. So sind die Ideen Freiheit, Menschlichkeit und Gerechtigkeit «an sich» wahr, weil sie einen historischen Anspruch formulieren; falsch werden sie erst, wo mit ihnen umgegangen wird, als seien sie bereits realisiert.

Adorno und Horkheimer gehen davon aus, daß sich die Substanz des Ideologiebegriffs geschichtlich verändert. Zur historischen Dynamik von Ideologien gehört auch deren Zerfall:

> «Mit der Krisis der bürgerlichen Gesellschaft scheint der traditionelle Ideologiebegriff selbst seinen Gegenstand zu verlieren. Der Geist spaltet sich auf in die kritische, des Scheins sich entäußernde, aber esoterisch und den unmittelbaren gesellschaftlichen Wirkungszusammenhängen entfremdete Wahrheit und die planende Verwaltung dessen, was einmal Ideologie war» (Adorno/Horkheimer 1956, S. 176).

Die Autoren der *Soziologischen Exkurse,* aus denen die Zitate stammen, bestimmen die kulturindustriellen Erzeugnisse, die maßgeblichen Einfluß auf das Denken der Individuen und Kollektive haben, als Erbe der Ideologie. Das Bewußtsein erscheint ihnen in allen Dimensionen konfektioniert, angepaßt, bar jedes kritischen Impulses, noch zwischen «richtig» und «falsch» unterscheiden zu wollen:

> «Das gesellschaftlich bedingte falsche Bewußtsein ist nicht mehr objektiver Geist, auch in dem Sinne, daß es keineswegs blind, anonym aus dem gesellschaftlichen Prozeß sich kristallisiert, sondern wissenschaftlich auf die Gesellschaft zugeschnitten wird» (a. a. O., S. 176).

Wir werden uns im weiteren zu fragen haben, ob diese «Logik des Zerfalls» (Adorno) auch für die androzentrischen Ideologien gilt.

Mit dem Ideologiezerfall bekommt der Begriff «Rationalisierung» eine bestimmte Bedeutung: Er bezeichnet eine Denkoperation der Rechtfertigung, die auf Begründungen verzichtet. Damit begibt sich das gesellschaftliche Bewußtsein der Chance, den Schleier fortzuziehen, der über den sozialen Verhältnissen liegt. Adorno und Horkheimer kommentieren:

> «Weil aber Ideologie und Realität derart sich aufeinander zubewegen; weil die Realität mangels jeder anderen überzeugenden Ideologie zu der ihrer selbst wird, bedürfte es nur einer geringen Anstrengung des Geistes, den zugleich allmächtigen und nichtigen Schein von sich zu werfen; sie aber scheint das Allerschwerste» (a. a. O., S. 179).

Jürgen Krahl hat in enger Anlehnung an Adorno den gesellschaftlichen Zwang zur Rationalisierung als

> «Entfremdung zweiten Grades» charakterisiert: «Nicht nur das Bewußtsein der Realität ist entfremdet, sondern die Reflexion dieses Bewußtseins selbst; ‹Entfremdung› nicht mehr nur von der Sache, sondern des Blickes auf die Sache, nicht mehr das Wirkliche, sondern des Bildes der Wirklichkeit, nicht nur der subjektiven Illusionen über die Objektivität, sondern über die Subjektivität» (Krahl 1971, S. 121).

Diese «Illusionen über die Subjektivität», die sich in Rationalisierungen ausdrücken, verzerren unser Zusammenleben. Wir führen «vernünftige» Gründe an, warum wir nicht solidarisch sein können, warum wir unsere Eigeninteressen durchsetzen müssen, warum wir Konflikte meiden:

> «Nicht bloß mit der Entfremdung der Menschen von den beherrschten Objekten wird für die Herrschaft bezahlt, mit der Versachlichung des Geistes wurden die Beziehungen der Menschen selber verhext, auch die jedes einzelnen zu sich» (Adorno/Horkheimer 1947, S. 41).

Zur «Entzauberung» unserer Umgangsformen hat sicherlich die Art und Weise beigetragen, in der wir unsere emotionalen Ansprüche maßregeln. Wir schwören keineswegs nur unser Denkvermögen auf sogenannte Sachzwänge ein. Wir besprechen auch unsere Affekte und Bedürfnisse, damit sie sich ans Zulässige halten.

Damit sind wir bei einer dritten Bedeutungsschicht des Begriffs «Rationalisierung». Sie ist eine psychoanalytische.

2.3. Rationalisierung als Begriff der Psychoanalyse

Nach Freud hat der moderne Mensch die Angst vor äußeren Strafgewalten nach innen genommen und aus ihr das Gewissen gemacht. Aus Strafangst wurde Schuldangst (vgl. Brückner 1982).

Das Ich, das zwischen dem Über-Ich, dem Ich-Ideal, den Trieben und den Ansprüchen der Außenwelt vermitteln muß, braucht Argumente, um das Verbotene, Riskante, Tabuisierte durchzuschmuggeln. Rationalisierungen dienen diesem Zweck. Sie haben eine Doppelfunktion: die der Selbsttäuschung, aber auch die der Überlistung im Dienste des Lustprinzips. Im psychologischen Sinne meint der Begriff «Rationalisierung» ein Vorgehen, das innerpsychischen Impulsen folgt: Verhaltensweisen, Handlungen, Gedanken und Gefühle, deren wirkliche Motive nicht erkannt werden oder unbewußt bleiben sollen, werden so präsentiert, daß sie logisch kohärent oder moralisch akzeptabel erscheinen.

«Rationalisierung» ist – so betrachtet – ein sehr allgemeines psychisches Phänomen, das vom Wahn bis zur normalen Affektregulation reicht. Die Vorgehensweise läßt sich mit dem vergleichen, was Freud «sekundäre Bearbeitung» nannte. Damit kennzeichnete er die Umarbeitung eines Traums mit dem Ziel, ihn in der Gestalt einer relativ schlüssigen und verständlichen Inszenierung anzubieten:

«Den Traum seines Anscheins von Absurdität und Inkohärenz zu entkleiden, die Lücken zu stopfen, durch Auswahl und Hinzufügen eine partielle oder totale Umarbeitung seiner Elemente zu vollziehen, zu versuchen, so etwas wie einen Tagtraum zu bilden, – darin besteht das Wesentliche dessen, was Freud ‹sekundäre Bearbeitung› oder ‹Rücksicht auf Verständlichkeit› nannte» (Laplanche/Pontalis 1973, S. 460).

«Rationalisierungen» werden ähnlich gebildet: Sie bestehen aus Scheinargumenten und «halben Wahrheiten», die – in zusammenhängende Interpretationen eingebaut – plausibel klingen.

Rationalisierungen und Ideologien hängen und wirken eng zusammen. Als Verschleierung von Abwehrkonflikten verstärken Rationalisierungen die Anfälligkeit für Ideologien, die das Individuum entlasten. Und umgekehrt: Rationalisierungen finden ihre Stütze in Ideologien, die die Welt vereinfachen. Rationalisierungen im Sinne der Psychoanalyse haben ihre Genese in innerpsychischen Konflikten; Ideologien als objektiv notwendig falsches Bewußtsein sind eher gesellschaftlich bedingt, was nicht heißt, daß sie nicht subjektiv vermittelt sind.

Beide sind bewußt und unbewußt zugleich. Beide enthalten Mechanismen des Unbewußtmachens. Aber der in ihnen jeweils verborgene Kern hat eine unterschiedliche Konstitutionsgeschichte. In Ideologien machen sich gesellschaftliche Zusammenhänge als unbewußte geltend; das ist etwas anderes als das Verdrängte im individuellen Unbewußten, das sich als psychischer Inhalt in Rationalisierungen Bahn bricht.

Diesem Unterschied trägt Elvira Scheich Rechnung, indem sie dem Konzept von Mario Erdheim, das von «gesellschaftlicher Produktion von Unbewußtheit» spricht (Erdheim 1982, S. 201 ff.), den Begriff «unbewußte Gesellschaftlichkeit» entgegenstellt.

2.4. «Gesellschaftliche Unbewußtheit» und «unbewußte Gesellschaftlichkeit»

Mario Erdheim geht davon aus, daß das soziale Wissen unterworfener Populationen durch die Ideologieproduktion von Herrschenden unbewußt gemacht wird, wenn es als subversives Potential etablierte Machtpositionen zu gefährden droht. Die Beherrschten verdrängen ihre eigenen gesellschaftlichen Vorstellungen aus Angst vor Verfolgung. Elvira Scheich geht einen Schritt weiter: Solche Unterdrückungsprozesse «produzieren nicht nur psychische und individuelle Unbewußtheit, sondern zugleich materielle, objektive Strukturen» (Scheich 1989, S. 121). In den Blick genommen wird ein mentaler Zustand, der durch Weglassungen und Abwesenheiten die Entstehung bestimmter Verhältnisse ermöglicht. Aber kennzeichnet «unbewußte Gesellschaftlichkeit» nicht auch einen Zustand und eine Dynamik, die der sozialen Realität außerhalb des Bewußtseins zukommt? Wir müssen beim Begriff des Unbewußtmachens mehr in Betracht ziehen als nur Akteure und Denkformen: Historische Brüche und die Verselbständigung gesellschaftlicher Entwicklungen können ebenfalls Bewußtsein auslöschen, individuell/kollektiv einmal Markiertes dem Vergessen anheimgeben, soziale Ziele vereiteln.

Halten wir fest: Obwohl historische Bruchsituationen Erinnerungen freilegen und neuen Erkenntnissen den Weg bahnen können, so hinterlassen sie doch auch – vor allem in Verbindung mit sozialen Trennungsprozessen – Traumata und Schocks, die das Erinnernkönnen blockieren und somit einmal Gewesenes dem Bewußtsein entziehen.

Das Unbewußte in der Gesellschaft ist aber auch als etwas Nicht-Mentales zu denken, als latente Potentialität im Objektiven oder – wie Benjamin es nennt – als das Unabgegoltene in der Geschichte (vgl. Benjamin 1978).

Verlassen wir hier die Welt der Begriffe, und wenden wir uns im ersten Anlauf einem inhaltlichen Problem zu, das mit dem Unbewußtmachen weiblicher Praxis zu tun hat.

2.5. Zur Ideologie von «Männerberufen» und zur Rationalisierung der Ausgrenzung von Frauen aus ihnen

Ute Hoffmann zeichnet in ihrem Buch *Computerfrauen* (1987) u. a. das Schicksal einer Gruppe von Naturwissenschaftlerinnen nach, die in den 40er und frühen 50er Jahren in das Computerlabor der Universität von Pennsylvania einzogen, die die von ihnen eroberten Positionen in der Computerentwicklung aber für die nach ihnen kommenden Generationen nicht sichern konnten. Exemplarisch läßt sich an diesem Kapitel aus der Geschichte «Frauen und Technik» ablesen, wie qualifizierte weibliche Arbeitskräfte – je nach Bedarf – in neue, gesellschaftlich relevante Praxisbereiche hineingeholt und dann durch männliche Konkurrenten aus ihnen herausgedrängt werden.

Zwischen 1943 und 1946 entstand an der *Moore School of Electrical Engineering* einer der Computer, den wir der ersten Computergeneration zurechnen können. Er war entwickelt worden, um für die US-amerikanische Armee ballistische Tabellen zur schnellen Berechnung der Flugbahnen von Geschossen zu erstellen.

Qualifizierte Mathematiker und Ingenieure, die das Programmieren bzw. die Operationalisierung des Computers hätten übernehmen können, waren in dieser Zeit im Krieg. So wurden junge Mathematikerinnen, die gerade ihren College-Abschluß gemacht hatten, von den Universitäten weg engagiert und im Labor der *Moore School* in diese Aufgaben eingewiesen.

Die Schulung umfaßte all das, was damals «Programmieren» hieß: die Bedienung der Maschinerie, das, was «operating» genannt wurde, das Codieren, aber auch das Entwerfen von Programmen. Die «Computer», so hießen die Fachkräfte, mußten nicht nur genaue Fachkenntnisse der Mechanik der Rechenmaschine haben, sondern auch die elektronische Logistik beherrschen.

Einige der jungen Mathematikerinnen bekamen Zugang zu den Entwicklungsteams, die bisher nur aus Männern bestanden hatten.

Aus dieser Generation ging eine Reihe von Frauen hervor, die zu den Pionierinnen des «Computerns» gehörten.

Als 1946 die ENIAC, so hieß die elektronische Rechenmaschine der Moore School, auf einer Pressekonferenz der Öffentlichkeit vorgestellt wurde, war das Demonstrationsprogramm – die Berechnung eines Unterwassergeschosses – von einer Mathematikerin geschrieben worden. Ihr Name lautete Adele Goldstine (Hoffmann 1987, S. 82 ff.).

Ute Hoffmann benennt eine Reihe von Wissenschaftlerinnen, die durchaus als Vorläuferinnen des Programmierens im eigentlichen Sinne gelten können: Sie arbeiteten mit an der Entwicklung dessen, was wir heute Software nennen:

> «Frauen arbeiteten als Maschinen-Operatoren beim Complex Number Computer, 1939 in den Bell-Laboratorien in New York gebaut (Ceruzzi 1939, S. 90), als Programmierer, Coder, Maschinen-Operator und Problemanalytiker beim MANIC Projekt 1948 - 1952 in Los Almanos. [...]
>
> Frauen programmierten und codierten in den USA 1949 im BINAC-Projekt [...] und am ‹Institute of Advanced Studies› zu Beginn der 50er Jahre. Zur gleichen Zeit arbeitete Kathleen Brittan an der Uni-

> versität London als Forschungsassistentin bei ihrem späteren Mann an der Entwicklung eines Computers und war dabei für den Entwurf und den Test der Programme zuständig. Ebenfalls zu Beginn der 50er Jahre programmierte und codierte Klara von Neumann – ihrem Mann John Neumann wird die Erfindung der Programmspeicherung zugeschrieben – in Los Almanos umfangreiche Probleme. [...]
>
> Grace M. Hopper begann ihre Software-Karriere 1944, 10 Jahre nach ihrer Promotion in Mathematik, als ‹Coder› für Mark I in Harvard. 1952 erarbeitet sie für UNIVAC eines der ersten ‹Compiler›-Programme, ein Schlüsselkonzept in der Entwicklung höherer Programmiersprachen, und war zu Beginn der 60er Jahre federführend in der Entwicklung der Programmiersprache COBOL. Betty Holberton, eine der ehemaligen ‹Computer› im Ballistischen Forschungslaboratorium und Programmiererin von ENIAC, war dabei ihre Mitarbeiterin. Jean Bartik, später an der Entwicklung von FORTRAN – der ersten höheren Programmiersprache – beteiligt, entwarf das logische Design für UNIVAC. Ebenfalls im UNIVAC-Projekt – und auch in anderen – programmierte Ruth Davies» (a. a. O., S. 85 ff.).

Diese Frauen fanden lange Zeit in der Geschichte der Computertechnik keine Erwähnung. Nicht nur das: Die Frauenarbeit in diesem Bereich insgesamt erfuhr eine Abwertung. 1979 beschäftigt sich der amerikanische Technikforscher Kraft mit der Geschichte des Programmierens. Er nimmt die große Anzahl von Frauen in diesem Bereich zwar wahr, versucht jedoch das Phänomen folgendermaßen zu verkleinern:

> «Die Erscheinung dieser großen Zahl von Frauen in der Programmierung ist ein Indikator für eine rapide Routinisierung und Dequalifizierung des Programmierens insgesamt» (zit. nach Hoffmann 1987, S. 89).

Ute Hoffmann weist nach, daß dieses Argument aus zwei Gründen nicht stichhaltig ist:

1. Es gibt einerseits Hinweise darauf, daß bis in die späten 50er Jahre sowohl in den USA als auch in Europa hochqualifizierte Mathematikerinnen in der Programmierung zu finden sind. Zum anderen war in der von Kraft ins Auge gefaßten Zeit Programmieren durchaus auch ein Beruf für qualifizierte Männer.

2. Tatsächlich dequalifiziert wurde in den 50er Jahren das Arbeitsfeld der Computer-Operatoren. Nach der Kraftschen Logik, die Frauenarbeit mit Routinisierung und Männerarbeit mit Qualifizierung zusammendenkt, hätte es hier einen steigenden Frauenanteil geben müssen. Das ist nicht der Fall. Ute Hoffmann schließt aus diesen Fakten zu recht, daß Kraft den Zusammenhang zwischen Profession und Geschlecht ideologisiert.

Worauf er hinaus will, wird in einem weiteren Zitat deutlich:

> «Die Verbreitung der Frauen in Computertätigkeiten zeigt an, daß Programmieren über weite Strecken jetzt eher als Bürotätigkeit zu gelten hat als das noch vor 30 Jahren angenommen wurde» (zit. nach Hoffmann 1987, S. 89).

Worin lag nach Krafts Meinung der historische Irrtum? Er sieht das so: Man überließ in den 40er Jahren den Frauen in den Computerlabors eine Mischtätigkeit, die Programmieren hieß, weil man diese Seite in der Computerentwicklung gründlich unterschätzte. Als Triumph der Ingenieurskunst galt die Rechenmaschine, die Hardware der Elektronik. Das Programm erschien dagegen als gering zu schätzender Ableger. Erst als die wirkliche Bedeutung der Software erkannt wurde, nahmen den Programmierentwurf diejenigen in die Hand, die dafür wissenschaftlich «qualifiziert» waren: die Männer. Dank der Recherchen von Ute Hoffmann wissen wir es besser: Es gab durchaus qualifizierte Frauen in diesem Feld. In den 40er Jahren bekamen sie hier eine Chance, weil Männer Mangelware waren. Als die Wissenschaftler aus dem Krieg zurückkamen, verdrängten sie die Konkurrentinnen aus den Forschungslabors.

Die alte gesellschaftliche Organisation des Geschlechterverhältnisses, das nicht nur die häuslichen, sondern auch die beruflichen Hierarchien bestimmte, setzte sich im Laufe der Zeit wieder durch: Männer gehören in die oberen, Frauen in die unteren Positionen.

Kraft formuliert eine Ideologie, die sich einerseits aus unbewußt gehaltenen gesellschaftlichen Entwicklungen speist und andererseits undurchschaute Vorurteile enthält. Den Kern des *objektiv* falschen Bewußtseins können wir als gesellschaftlichen Rationalisierungsprozeß entschlüsseln, der in der Vergangenheit liegt und durch die Gegenwart verdeckt wird.

Im Zuge der Computerentwicklung spaltet sich das «Programmieren» auf: in das Entwerfen und Codieren einerseits, die als qualifizierte

Tätigkeiten gelten, und in die Restarbeiten, die Ausführungs- und Bedienungsarbeiten andererseits, die den Status von Routinearbeiten bekommen. Ohne Rücksicht auf den realen Einsatz von Frauen in beiden Tätigkeitsbereichen wird ihre Arbeit undifferenziert dem zweiten Typus zugerechnet.

So wird der Programm-Entwurf, die Erfindung seiner logischen Struktur bzw. die Suche nach algorithmischen Problemlösungen zur Männersache, die Aufgaben, die an Bürotätigkeiten erinnern, zur Frauenarbeit. Auch die Redeweise, die Bürotätigkeiten unterschiedslos mit wenig qualifizierter Routinearbeit gleichsetzt, zeigt die Verdrängung eines beruflichen Rationalisierungsprozesses an: Daß die Büroarbeit im Kontor einmal eine angesehene Männerarbeit war, ist ebenso vergessen wie die Tatsache, daß die Sekretärin, die den Bürovorsteher ablöste, eine professionelle Ausbildung hatte, also eine qualifizierte Fachkraft war. Mit der Erfindung der Schreibmaschine und ihrer massenhaften Einführung in die Verwaltung entstanden die Schreibbüros, in denen weibliche Angestellte jetzt Routinetätigkeiten verrichten mußten. Die Büroarbeit war taylorisiert worden: Tätigkeitskomplexe wurden aufgespalten in einzelne Arbeitsschritte, und diese isolierten Arbeitseinheiten, für deren Ausführung wenig Vorkenntnisse erforderlich schienen, ließen sich als unqualifizierte Tätigkeiten einstufen. Wenn dann diese aufgespaltenen Arbeitsakte wieder zu einem Tätigkeitskomplex zusammengesetzt wurden, war dieser – als Summe wenig qualifizierter Einzelarbeiten – als ganzer entwertet (vgl. Gottschall 1990).

Daß vorwiegend Frauen auf solchen Arbeitsplätzen zu finden sind, hat mehr mit betrieblichen Einsatzstrategien, also männlichen Machtmitteln zu tun als mit dem Arbeitsvermögen der Betroffenen.

Begründet werden solche Einsatzstrategien mit der Familienbindung weiblicher Arbeitskräfte. Aus der Familienbindung wird geschlossen, weibliche Arbeitskräfte stünden nicht für langfristige Arbeitsverhältnisse zur Verfügung, was wiederum Anstrengungen zu ihrer Ausbildung als Fehlinvestitionen erscheinen läßt (vgl. Lappe 1981).

Hier haben wir es mit Rationalisierungen im Sinne von Rechtfertigungen zu tun, die an gesellschaftlich bereitgestellte Stereotype vom weiblichen Sozialcharakter anknüpfen (vgl. Knapp 1989).

Die Verdrängung der Frauen aus den oberen Etagen der Computer-Labors macht etwas Generelles deutlich: Sobald Frauen die Grenzen überschreiten, die männlich definierte Berufsfelder markieren, können wir gegen sie gerichtete Ausgrenzungsmechanismen beobachten. Auch dieser Strategie unterliegt – neben der beruflichen Verfolgung von Eigeninteressen – eine unbewußte Bedeutungsschicht. Wir können ihren Sinn am androzentrischen Verständnis von «Qualifikation» entziffern. Dafür hat Cynthia Cockburn einen Schlüssel geliefert. In ihren Untersuchungen (1983, 1985) hat sie folgendes aufgedeckt: Die Qualifikationen von Männern erhalten automatisch einen Bonus gegenüber denen von Frauen, wenn Männer sie in einer ihnen traditionell zugerechneten Zunft erworben haben. Dieser Geschlechtsbonus bleibt bestehen, auch wenn bisherige fachliche Anforderungen durch technische Entwicklungen überflüssig geworden sind oder wenn Frauen sich in ehemaligen Männerberufen längst bewährt haben. Die Aura «Männerkultur» stattet die Qualifikationen, die das maskuline Geschlecht auf dem Arbeitsmarkt anzubieten hat, automatisch mit etwas aus, was wir «Traditionszuschlag» nennen können.[1]

Der Vorgang, den Cynthia Cockburn beschreibt, vollzieht sich und wird wirksam, ohne je zur Sprache zu kommen. Ute Hoffmann hat eine solche Aufwertung, die durch die Beschwörung einer imaginären männlichen Aura zustande kommt, auch beim Berufsbild des Programmierers ausfindig gemacht. Sie zitiert:

> «Der Programmierer mußte ein findiger Kopf sein, wenn er sein Problem den Eigenarten des Computers anpassen wollte. [...] In den frühen 50er Jahren war Programmieren eine schwarze Kunst, angesiedelt in einem Arkanbereich der aus einem Programmierer, einem Problem und einem Computer bestand; vielleicht gehörte noch eine kleine Bibliothek von Sammel- und Unterprogrammen dazu. Es gab keine Programme, die sich einfach auf ähnliche Probleme hätten übertragen lassen. Generalisierbare Regeln des Programmierens waren noch nicht entwickelt. Ein Problem zu lösen bedeutete in jedem Einzelfall, einen neuen Weg einzuschlagen und der Erfolg eines Programms hing von den jeweils persönlichen technischen Fähigkeiten und dem Einfallsreichtum des Programmierers ab. Programmieren erforderte den vitalen Enthusiasmus des Pioniers, der unberührt geblieben war von der akademischen

1 Wenn hier von einem «Traditionszuschlag» gesprochen wird, so soll daran erinnert werden, daß der Geschlechterbonus nicht nur an ehemals «männlichen Qualifikationen» im Sinne von handwerklichen Fähigkeiten festhält. Unbewußt wird Bezug genommen auf berufsständische Traditionszusammenhänge. Darauf zielt der Begriff «Männerkultur» ab.

Gelehrsamkeit und Schlafmützigkeit. Der Programm-Erfinder der frühen 50er Jahre war zu ungeduldig, als daß er eine Idee zurückgehalten hätte bis daß sie ausgereift gewesen war und zu Papier gebracht worden wäre – Aktion, Fortschritt, den Rivalen ausstechen – das war wichtig. Zum Bild der lebhaften Persönlichkeit gehörte die Anerkennung in einer kleinen Bruderschaft der Programmierer, dazu gehörte eine Glanzleistung im Codieren und wohl auch die Fähigkeit, viel Alkohol zu vertragen» (a. a. O., S. 100, Übersetzung R. Becker-Schmidt).

In diesem Zitat scheint die «männliche Kultur» mächtig durch, auf die zurückgegriffen wird, um den Programmierer interessant zu machen:

> «Programmieren als ‹schwarze Kunst› – ein Hauch von Wildwestromantik umgibt die Bruderschaft einsamer, miteinander konkurrierender, gleichwohl nach außen verschworener Individualisten. Die frühen Programmiererinnen sind weitgehend stumm geblieben – das Profil der frühen Computerprogrammierung im computergeschichtlichen Diskurs, wie es auch Kraft übernimmt, ist das einer ‹Männerarbeit›. Die Präsenz von Frauen ist durch die Wahl der Metaphern ausgeblendet» (Hoffmann 1987, S. 100).

Die unbewußt gehaltenen Beimengungen im Qualifikationsbegriff, der sich auf sachliche Anforderungen nicht festlegen läßt, sind Waffen im Geschlechterkampf um berufliche Positionen (Cockburn 1985, S. 166). Die Erweiterung des Bedeutungsumfangs, den der Begriff «Qualifikation» durch solche imaginären Einbettungen erfährt, erinnert an pathologische Symbolbildungen, die wir aus der psychoanalytischen Praxis kennen.

Alfred Lorenzer hat an Beispielen gezeigt, wie solche privatsprachlichen Begriffskonstruktionen zustande kommen. Eines handelt vom kleinen Hans, einem berühmten Fall aus den Schriften Freuds. Der kleine Hans hat Konflikte mit seinen Eltern. Vor allem der Vater, mit dem er rivalisiert, erscheint bedrohlich. Die Ängste, die er vor der starken Autoritätsperson hat, werden auf Pferde projiziert. So entsteht im Unbewußten des kleinen Jungen ein Symbol «Pferd», das aus der bewußten Kommunikation ausgeschlossen ist.

> «Der Konflikt ist damit vom Vater abgezogen, die restlichen Vaterimagines und das Vaterbild als ganzes sind konfliktfrei geworden. Allerdings, das Gesamtsymbol ‹Vater› hat nunmehr eine Bedeu-

tungseinengung erfahren, und zwar in demselben Maße, als die Bedeutung ‹Pferd› ausgedehnt wurde. Beide Bedeutungsveränderungen entziehen sich jeder unmittelbaren Erfassung. Daß der kleine Hans, wenn er ‹Pferd› sagt, ‹Pferd – Vater› meint, ist weder ihm noch einem anderen Beobachter unmittelbar zugänglich» (Lorenzer 1973, S. 97).

Nicht Sprachlosigkeit, sondern eine eigentümliche Sprachverwirrung liegt hier Lorenzer zufolge vor. Der eine Teil des Sprachspiels, bedrohlicher Vater, ist unbewußt, aber psychisch-dynamisch dominant; über den anderen Teil, Pferd, wird mit Bewußtsein kommuniziert – trotzdem wird nicht gesagt, worum es wirklich geht. Der verdrängte Inhalt dieses Sprachspiels hat nur für den kleinen Hans Geltung – «Pferd» (unbewußt: bedrohlicher Vater) ist deshalb ein Symbol innerhalb seiner «Privatsprache». Gleichzeitig ist «Pferd» aber auch ein Wort der Umgangssprache, das allen anderen an der Kommunikation Beteiligten ganz unproblematisch erscheint. Es hat aber nicht für alle den gleichen Sinn.

In einer ähnlichen Situation können wir uns wiederfinden, wenn bei einem Bewerbungsverfahren Kandidaten und Kandidatinnen um eine Stelle in einer männlich definierten Disziplin konkurrieren und die Berufungskommission mit Kollegen besetzt ist, die auf eine Traditionswahrung bedacht sind. «Qualifikation» kann bei den androzentrisch denkenden Kollegen dann bedeuten: «Qualifikation + Herkunft aus der Männerkultur dieses Feldes», ohne daß dies so ohne weiteres thematisierbar wäre.

Auch in diesem Fall wird die Bedeutung von «Qualifikation» sich zum einen verengen: «Qualifikation unter Ausschluß von Weiblichkeit». Zum anderen wird sie sich gleichzeitig um das dem Ausgeschlossenen Entgegengesetzte erweitern: «Qualifikation + Zugehörigkeit zu dieser fachspezifischen Männerkultur».

Der Sinn dieser «Privatsprache» ist klar: Grenzverwischungen zwischen Männerdomänen und Frauenwelten sollen nicht vorkommen, Frauen aus den Sphären herausgehalten werden, die Männer zur Sicherung ihrer Privilegien für sich reservieren wollen. Wir können vermuten, daß solche Aus- und Abgrenzungsversuche auf Konflikten beruhen, die tiefer sitzen als die hier angesprochenen Rivalitäten um berufliche Positionen.

Wenden wir uns diesen Tiefenschichten zu, indem wir die eigene Kultur verlassen und uns von einer uns fremden den Spiegel vorhalten lassen.

3. Mechanismen des Unbewußtmachens: Mythologisierung des Geschlechterverhältnisses und Sexualisierung der Geschlechterdifferenz

3.1. Unsere Welt und die Welt der Baruya. Oder: das Sprechen über den Körper als Herrschaftsdiskurs

Maurice Godelier arbeitet in seiner ethnologischen Untersuchung *Die Produktion der großen Männer* (1987) Mechanismen der Frauenunterdrückung heraus, die nicht nur Licht auf den Patriarchalismus einer Stammesgesellschaft im Inneren Neuguineas werfen, sondern ebenso auf die – wie er es nennt – «Maschinerie der männlichen Herrschaft» in unserer eigenen Kultur.

Die irrationalen, aber kulturell überaus wirksamen Motive, auf denen auch bei uns der männliche Anspruch auf Vorherrschaft beruht, sind individuell und gesellschaftlich weitgehend verborgen: Unser entzaubertes Bewußtsein und unsere durchrationalisierte Welt sperren sich gegen die Einsicht, unbewußte Konflikte und Phantasmagorien, die sich an der Geschlechterdifferenz entzünden, könnten hinter sachlich erscheinenden Legitimationen von sozial sanktionierten Machtpositionen stecken, die von Vertretern des männlichen Geschlechts besetzt werden.

Bei den Baruya, einem Stamm, der bis 1951 von Weißen unbehelligt auf einer Insel im Norden Australiens lebte, ist das etwas anders: Wenn auch die Privilegien und Monopole der Männer mit Hilfe einer verzerrten, umgedeuteten Geschichtsschreibung gerechtfertigt werden, so ist doch der Geschlechterkampf in Riten und Vorstellungen, magischen Praktiken und Mythen präsent. Im Kult drücken sich die Rivalitäten zwischen «Männlichkeit» und «Weiblichkeit» aus, hinter denen – bewußt oder unbewußt – die Frage steht, welches der beiden Geschlechter für die generative Reproduktion des Stammes von größerer sozialer Bedeutung sei.

Gleichzeitig lassen sich die Prozesse transparent machen, in denen die gesellschaftlich-kulturelle Relevanz weiblichen Wissens und weiblicher Praxen verdrängt wird. Sie nachzuvollziehen setzt allerdings voraus, sich auf einen Diskurs einzulassen, dem wissenschaftlich nachzugehen in unserem «aufgeklärten» Zeitalter in hohem Maße tabuisiert ist. Godelier schreibt über diesen Diskurs:

> «[...] bei den Baruya wie in unserer Kultur liefern die Sexualität, die Unterschiede in den Formen, Substanzen und Funktionen des Körpers, die anatomischen und physiologischen Unterschiede, die aus den unterschiedlichen Funktionen der Geschlechter im Prozeß der Produktion des Lebens entstehen, ständig neues Material, mit dem Botschaften, Diskurse erzeugt werden, die alle zwischen Männern und Frauen bestehenden sozialen Ungleichheiten interpretieren und rechtfertigen...» (Godelier 1987, S. 12).

Anders als die Baruya hören wir jedoch nicht mehr auf solche Reden, weil wir sie immer schon als Biologismus, als Ideologie durchschauen, die die Geschlechterhierarchie durch Rückgriff auf Naturalisierungen affirmieren. Selbst die Psychoanalyse, die einzige Wissenschaft, die von der sozial wirksamen Kraft der Libido weiß, tut sich schwer, Sexualisierungen zu verstehen, wenn diese von Realitäten sprechen, die nicht unmittelbar dem Triebleben zugehören.

Die Tabuisierung solcher Diskurse hat zwei Konsequenzen. Zum einen wird die Bedeutung negiert, die der Geschlechterdifferenz im Sinne unterschiedlicher Körpermorphologien und damit auch unterschiedlicher Imaginationen über das Körperselbst zukommt. An solchen Imaginationen entzünden sich jedoch sexuelle Phantasien, die das Liebesleben ganz wesentlich anregen. Es liegt auf der Hand, daß zur Unterdrückung weiblicher Sexualität die Dominanz von männlichen Körperbedürfnissen und der Egozentrismus von Männerphantasien gehören.

Zum anderen nehmen wir nicht zur Kenntnis, von welchen anderen Herrschaftskonflikten eigentlich die Rede ist, wenn scheinbar Sexualität zur Sprache kommt.[2]

Bei den Baruya regeln die Diskurse über weibliche und männliche Körpersubstanzen, über sexuelle Tabus und Verpflichtungen zwischen den Geschlechtern die sozialen Beziehungen, die Männer und Frauen im Austausch ihrer Emotionen und ihrer Arbeit miteinander eingehen. Sie bestimmen die Hierarchieverhältnisse, innerhalb derer die Produk-

---

2 Eine Ausnahme bildet hier Michel Foucault, auf den Godelier sich auch berufen kann (vgl. Foucault 1977).

tion der Lebensmittel und die Reproduktion des Lebens organisiert werden. Innerhalb dieser Diskurse formiert sich Gesellschaft: Es wird in ihnen verbindlich festgestellt, welche Plätze Männer und Frauen innerhalb der sozialen Rangordnung einzunehmen haben.

Das gesamte soziale Gefüge der Baruya steht im Zeichen der männlichen Herrschaft. Der Stamm lebt von landwirtschaftlichen Produkten (Taro, Schweinezucht, pflanzlicher Salzgewinn); Wild wird nur zu rituellen Zwecken verzehrt. Der Boden – Ackerland oder Jagdgebiete – gehört den Männern. Die Frauen, die am Ort des Ehemannes leben, erhalten zwar die Befugnis, ihr Leben lang die Erde ihrer Vorfahren zu bewirtschaften, aber nie das Recht, den Boden zu erben. Werkzeuge und Waffen werden ausschließlich von Männern erzeugt – sie allein sind auch deren Eigentümer. Selbst die Grabstöcke, mit denen die Frauen die Tarogärten bearbeiten, sind Geschenke der Väter.

Von der Jagd sind Frauen grundsätzlich ausgeschlossen – allerdings müssen ihnen die Männer das Fleisch des Wildes bei besonderen zeremoniellen Anlässen überlassen. Auch die Salzproduktion ist einzig und allein Männersache – Salz wird ebenfalls nur für Kultzwecke verwendet und ist das wichtigste Tauschmittel der Baruyas.

Während die Tätigkeiten der Männer (Roden, Jagen) eher auf Kooperation angelegt sind, verrichten die Frauen eher solche, die wenig gegenseitige Hilfestellungen und materielle Zusammenarbeit verlangen: Sie arbeiten eher individuell und führen Aufgaben aus, die täglich wiederkehren: Süßkartoffeln ernten, Schilf schneiden, Schweine füttern, Brennholz sammeln. Der Hausrat und das Gartengerät, das sie vom Vater oder Ehemann geschenkt bekommen haben, gehören jedoch ihnen allein. Auch über den Erlös der Schweine, deren Aufzucht ihnen obliegt, verfügen sie eigenständig (a. a. O., S. 27 ff.).

Die Hierarchisierung der Geschlechter setzt sich im geistigen Bereich fort. Es gibt neben den Schamanen auch Schamaninnen, die heilen und magische Praktiken ausüben. Aber dem Schamanen wird die größere Macht und auch der Zugang zu ausgedehnteren Machtbereichen zugeschrieben. Während die Erziehung der Töchter ganz den Müttern vorbehalten ist, wird ihnen die der Knaben entzogen, sobald diese neun Jahre alt sind. Von da an findet die Sozialisation der Söhne in die virile Stammeswelt im Männerhaus statt (a. a. O., S. 30 ff.).

Obwohl die Baruya-Frauen durchaus über Einflußsphären verfügen – das gilt vor allem für den Bereich der häuslichen, der ehelichen Beziehungen – und obwohl sie sehr wohl am kulturellen und kultischen Leben partizipieren, sie auch ihre eigenständigen Initiationsriten haben, läßt sich dennoch ein deutliches Machtgefälle gegenüber den Baruya-Männern nicht übersehen: Jene gebieten über das Eigentum, es herrscht Patrilokalität und eine patrilineare Erbfolge, sie besitzen das politische Monopol in der Außenvertretung sowohl des Clans wie des Stammes, sie entscheiden über Krieg und Frieden und behaupten in der Gestalt der Großen Schamanen, zu denen ausschließlich Männer gehören, die Überlegenheit im Kampf mit den Geistern. Die Verantwortlichkeit für alle Initiationen, die letztendlich über den Zugang zu den wichtigen Status- und Herrschaftspositionen (Jäger, Krieger, Großer Schamane, Salzhersteller) entscheiden, liegt in maskuliner Hand. Die Frauen stehen außer- und unterhalb der männlichen Rangordnung (a. a. O., S. 119 ff.). Und dennoch scheint die Herrschaft über das weibliche Geschlecht sich nicht sichern zu lassen ohne ständig neue Versuche, deren Zustimmung zu gewinnen. Das ist eine der Funktionen weiblicher Initiationsriten. Ich komme darauf später zurück.

Die Initiationsriten für beide Geschlechter sagen nicht nur etwas über die Gewaltsamkeit dieser Herrschaftssicherung aus; sie verraten auch manches über die Beunruhigung, die von der Geschlechterdifferenz ausgeht.

3.2. Die männlichen Initiationsriten und die Trennung der Geschlechter. Die Einsetzung männlicher Überlegenheitsgefühle und die Legitimationsversuche männlicher Suprematie

Wenn Godelier den Baruya-Männern die Frage stellte, warum sie für sich das Monopol auf die Kriegsführung, auf die Jagd, auf bestimmte Tätigkeiten von hohem Prestige, auf das Eigentum beanspruchen, so bekam er auf einer manifesten Ebene zwei Antworten: Die Männer sind stärker und beweglicher als die Frauen (Godelier, a. a. O., S. 301).

Wir haben es offensichtlich mit Rationalisierungen zu tun, die eine bestehende Arbeits- und Statusverteilung zu begründen suchen, die nicht Ausgangspunkt für die Organisation des Geschlechterverhältnisses ist, sondern eher ein Ergebnis.

Selbstverständlich ist es nicht die körperliche Konstitution, die die Frauen daran hindert, Werkzeuge zu produzieren. Es wäre für sie keine Schwierigkeit, die Grabstöcke, mit denen sie die Gärten pflügen und die Früchte ernten, selbst herzustellen. Der Rekurs auf die Körperkraft hat die Funktion, ein scheinbar sachliches Argument zur Hand zu haben, um Frauen vom Eigentum an Produktionsmitteln auszuschließen – ein Glied in der langen Kette von Ausschließungen, die das weibliche Geschlecht in die Abhängigkeit von Vätern und Ehegefährten brachte.[3]

Es leuchtet nicht ein, warum Schamaninnen bei ihrer Reise zu den Geistern nicht die lokalen Grenzen ihres Stammesgebietes ebenso beweglich überwinden können wie die Schamanen, die angeblich in weitere Räume vordringen. Sicherlich haben wir es mit einer Behauptung zu tun, die die Männer als die Stärkeren im Kampf mit der Geisterwelt erweisen sollen. Vielleicht sollen die Schamaninnen jedoch darauf vereidigt werden, in ihren Trancen und Zeitreisen – wenigstens offiziell – die Grenzen des Stammes und damit die patriarchalische Ordnung nicht zu überschreiten.

Wenn Baruya-Männer legitimieren wollen, warum sie das weibliche Geschlecht bei jeder sich bietenden Gelegenheit herabzusetzen suchen, dann malen sie aus, wie gefährlich der von ihnen nicht kontrollierte sexuelle Kontakt mit Frauen sei – deren Menstruationsblut zerstöre die Kraft des Spermas, die Sekrete, die aus der Vagina auf die Erde fielen, nährten die bösen Geister, die Unheil über den Stamm brächten (vgl. Godelier, a. a. O., S. 30 ff.; S. 80 ff.). Godelier entziffert dieses Reden als Herrschaftsdiskurs: Probleme der sozialen Hierarchie werden in Phantasien über Sexualität überführt; kollektive Interpretationen der körperlichen Geschlechterdifferenz als Begründung für Machtverhältnisse eingesetzt, deren historische Wurzeln woanders liegen:

> «Denn in jeder Kultur werden Unterschiede, die die Sexualität für jedes Geschlecht mit sich bringt (Unterschied der Organe, Unterschied der Körpersubstanzen), zu den Termini, zum Lexikon der Reden, die die Sexualität unaufhörlich über die soziale und kosmische Ordnung zu halten genötigt wird, sowie zu den Nachweisen, die diese Reden erbringen müssen. In den Gesellschaften, in denen es eine Herrschaft der Männer über die Frauen gibt und in denen ständig irgendwelche Formen ideologischer, gesellschaftlicher und materieller Gewalt der Männer über Frauen ausgeübt wird, ist die Sexualität unaufhörlich aufgerufen, eine Rede zu halten, die diese

3 Allerdings muß berücksichtigt werden, daß in der Verpflichtung der Männer, für ihre Frauen die Werkzeuge zu erstellen, auch ein Moment der Reziprozität steckt: Die Frauen klagen diese Verpflichtung durchaus ein.

> Herrschaft in den Augen der Männer, die sie ausüben, und der Frauen, die sie erleiden, als vollkommen ‹legitim› erscheinen läßt» (a. a. O., S. 303).

Sexualität als Rationalisierung und Ideologisierung von etwas anderem, das verdrängt werden soll: Diese Sichtweise macht verständlich, warum Sexualität im Netz gesellschaftlicher Verknüpfungen immer mehrere Orte annimmt – den leiblichen Körper, den sozialen Corpus, die übersinnliche Welt. Sexuelle Tabus haben nicht nur den Sinn, die geschlechtlichen Beziehungen zu verregeln, die Fortpflanzung zu vergesellschaften oder Triebenergien nicht-sexuellen Zielen zuzuführen – der Arbeit, der Befestigung sozialer Beziehungen, Sublimierungen kultischer Art. Sexualität wird selbst repressiv, indem sie sich in andere Dienste nehmen läßt. Sie leitet Diskurse über soziale Tabus, mit denen sie unmittelbar nichts zu tun hat. In solcher Dienstbarkeit transportiert sie soziale Unterdrückung, deren Grund sie nicht ist. Das schlägt auf sie selbst zurück, verformt und zensiert sie. Der Körper wird zum Schauplatz von Machtkämpfen, macht aber nicht anschaulich, worauf sie sich beziehen:

> «[...] aufgrund der Tatsache, daß dieser Diskurs ein Diskurs des Körpers ist, treibt und zwängt er alle Formen der Unterdrückung und Ausbeutung in die Sexualität hinein. Doch indem er sie im Körper verbirgt, verwandelt und verdunkelt er sie, und in diesem Sinn ist Sexualität nicht nur entfremdet, sondern kann so ‹entfremdend› werden» (a. a. O., S. 307).

Das «Fremdgehen» der Sexualität hat also nicht einfach nur eine rationalisierende Funktion in dem Sinn, daß die Männer sich als die in jeder Hinsicht potenteren erklären und so ihre Herrschaft über die Frauen und ihren Anspruch auf Dominanz in allen sozialen Bereichen legitimieren. Die Verschiebung von gesellschaftlichen Beziehungen auf sexuelle bezweckt etwas sehr viel Grundsätzlicheres: Das Unbewußtmachen von historisch entstandenen Konflikten, von genealogischen Zusammenhängen und lebensgeschichtlichen Abhängigkeiten.

Mechanismen des Unsichtbarmachens (Verschiebung, Verstellung, Verdeckung), die gesellschaftlich-kollektive Unbewußtheit erzeugen, und Rationalisierungen, die usurpierte Macht als ursprüngliche begründen sollen, wirken in diesen Diskursen ähnlich zusammen wie Enthistorisierung und partikularen Interessen dienende Scheinargumentation in unseren modernen Ideologien. Dazu gehört auch hier –

als Ergebnis und Bedingung – das Dritte: die *materielle* Fundierung von Herrschaft.

Bei den Baruya ist die Geschlechterbeziehung eingebettet in ein Netz institutioneller Gegebenheiten, die neben dem Frauentausch[4] und der Organisation der Nachkommenschaft die Arbeitsteilung, die Verteilung von Lebens- und Kultmitteln, den Zugang zu rituellen Zusammenschlüssen und wichtigen Ämtern regeln. Materielle und generative Reproduktion und Zirkulation bilden einen verstetigten objektiven Zusammenhang, der jeder Generation schon vorgegeben ist, ehe sie ihn erneut tradiert. Die geschlechtshierarchische Arbeitsteilung ist ein Moment dieses Ganzen, in dem Geschlechterverhältnisse und Produktionsverhältnisse aufeinander bezogen sind. Godelier betont: Die geschlechtshierarchische Arbeitsteilung

> «[...] ist nicht der Ausgangspunkt der sozialen Verhältnisse, die die Produktion organisieren. Sie ist selbst ein Endprodukt, das Ergebnis sowohl eines bestimmmten Zustands der materiellen und intellektuellen Produktionskräfte, dank derer eine Gesellschaft auf ihre Umwelt direkt einwirkt, um die Existenzmittel aus ihr zu gewinnen, als auch des Platzes der Geschlechter gegenüber den Ressourcen, kurz: ihrer jeweiligen Beziehungen zu den Produktionsbedingungen» (a. a. O., S. 302).

Wir müssen ergänzen: auch zu den generativen Reproduktionsbedingungen.

Der generative und materielle Erhalt des sozialen Ganzen umfaßt zwei Strukturebenen: eine objektive und eine subjektive. Nicht nur Generativität, Arbeit und Kooperation erzeugen Gesellschaft. Die ideelle Konzeptualisierung von Sozialem ist für sie ebenso konstitutiv. Nach Godelier impliziert auch Denken soziales Handeln, aus dem Objektivität entsteht:

> «Alles wäre einfach, wenn das Denken sich einfach darauf beschränkte, die Gesellschaft wiederzuspiegeln, zu repräsentieren, aber alle Schwierigkeiten der wissenschaftlichen Analyse des ideellen Teils des Realen rühren daher, daß das Denken die Gesellschaft nicht nur repräsentiert, sondern selbst produziert» (a. a. O., S. 303).

4 Es gibt auch bei den Baruya – wie bei anderen Stämmen Neuguineas – einen Zusammenhang zwischen dem Samentausch im Männerhaus und dem Frauentausch. Auf diesen Zusammenhang gehe ich hier nicht ein (vgl. Lindenbaum 1987).

Bei den Baruya läßt sich diese doppelte Wirksamkeit von Denkweisen, nämlich ideelle und materielle Fakten zu schaffen, besonders deutlich am System männlicher Initiationen ablesen: In den Akten der Initiation, die sich periodisch wiederholen, bis der einzelne Vater geworden ist, werden die Bewußtseinsformen verinnerlicht, aus denen heraus Männer Frauen mit der subjektiven Kraft internalisierter Überzeugungen unterdrücken. Außerdem erschaffen die Rituale gleichzeitig die objektiven sozialen Strukturen, in denen sich die Ungleichheit zwischen den Geschlechtern institutionalisiert. Zur Restauration der etablierten Geschlechterhierarchie gehört ihre Erneuerung von Generation zu Generation innerhalb und außerhalb der Subjekte.

In den Riten und Mythen dieses Männerkultes sind die Interpretationen gespeichert, die als ideologische Rechtfertigungen der bestehenden Gesellschaftsordnung dienen. Sie stellen ein Denkgebäude dar, welches – als Fundament lebenslanger Erziehung – in jeder Generation aufs Neue männliche Überlegensheitsgefühle erzeugt. Die virile Sozialisation ist eine Einverleibung der Jungen in Männerbünde: Die Initiationen in die verschiedenen Stufen des Mannesalters suggerieren eine soziale Geburt, die sich ausschließlich dem maskulinen Geschlecht verdankt. Ganz wesentliches rituelles Ziel ist die Reinigung der Söhne von allen mütterlichen Einflüssen aus der Kindheit.[5]

Außerdem formieren sich die Initiationsriten zu einer «Maschinerie der männlichen Herrschaft» (Godelier) in historisch-materieller Gestalt: Sie produziert und reproduziert das Machtgefälle zwischen Män-

5 Auf diesen Zusammenhang haben auch – unter psychoanalytischer Perspektive – Theodor Lidz und Ruth Willmanns-Lidz (1989) hingewiesen. Sie untersuchten verschiedene männliche Initiations-Rituale von Stämmen aus Papua Neuguinea und fanden heraus, daß viele kultische Handlungen von extremer Angst vor weiblicher Sexualität und von Furcht vor Verunreinigung durch die Berührung mit dem weiblichen Geschlecht zeugen. Rituale werden entwickelt, «weil in beiden Bereichen die Kinder in der häuslichen Sphäre der Mutter aufgezogen werden, einem kleinen Matriarchat inmitten einer patriarchalen Gesellschaft. Hier erfuhren die Knaben die anhaltende und stark erotisierende Pflege durch die Mutter, und von ihr erwarben sie auch ihre innerste Identität. Es fehlte ein Vaterbild, das sich als Leitfigur zwischen den Knaben und seine Mutter hätte stellen können, um so ein männliches Vorbild zu liefern, das der Knabe nachahmen kann. Unter solchen Sozialisationsbedingungen bedarf es der Rituale, die den Knaben entfeminisieren und ihn in einem Mann verwandeln. Das geschieht in Initiationen, in einem Männlichkeitskult voller Geheimnisse, die dazu dienen, die weiblichen Fähigkeiten Kinder zu gebären und aufzuziehen auszugleichen» (Lidz/Willmanns-Lidz 1989, S. 171; Übersetzung R. Becker-Schmidt). Wir werden sehen, daß nicht nur die gebärende und nährende Mutter bedrohlich ist und daß diese Bedrohung nicht nur eine ontogenetische ist.

nern und Frauen. Sie besiegelt die Trennung und Hierarchisierung der Geschlechter. Sie befestigt die Formen geschlechtlicher Arbeitsteilung, auch im Bereich magischer Praktiken. Im Initiationsgeschehen werden ererbte Kompetenzen weitergegeben und Verantwortlichkeiten an bestimmte, dafür für befähigt erachtete Personengruppen delegiert. All dies hat soziale Gliederung zum objektiven Ergebnis. Wenden wir uns im folgenden intensiver den Bewußtseinsstrukturen zu, wie sie sich in den Mythen ausdrücken.

Die Mythen der Baruya sind doppelsinnig: Sie verbergen und enthüllen, sie sprechen und versprechen sich. Die Baruya-Männer behaupten, es sei ein maskuliner Gott gewesen, der das Universum, die Welt erschaffen habe. Von ihm, der Sonne, stammen sie in direkter Linie ab. Und so haben auch nur sie Teil an der Schöpfungskraft der Sonne. Folgerichtig wohnt allein dem Samen der Baruya-Männer die Fähigkeit inne, Leben zu erzeugen und zu erhalten: Substantielles Lebensmittel ist das Sperma (Godelier, a. a. O., S. 3; S. 80).

Der Sinn dieses Mythos, demzufolge aller Ursprung in der Maskulinität liegt, ist sonnenklar: Es geht darum, die weibliche Linie in der Stammesgenealogie zu tilgen. Frauen sollen keine Zeugungskraft und keine Zeugenschaft haben. Die soziale Unterlegenheit wird aus ihrer angeblich sexuellen abgeleitet. In diesem Unterfangen, das weibliche Geschlecht zu entwirklichen, indem man ihm die generative Bedeutsamkeit entzieht, sind zwei Mechanismen am Werk. Die Geschlechterdifferenz wird phallokratisch sexualisiert: Die Überbewertung der männlichen Potenz, die die weibliche überblendet, legitimiert die Macht der Männer über die Frauen, die doch eine historische Genese hat und Ausdruck gesellschaftlicher Ungleichheit ist. Desweiteren erfährt der weibliche Körper – seine Substanzen, seine Erregbarkeit – eine derartige Dämonisierung, daß die Notwendigkeit einer sozialen Kontrolle durch die Männlichkeit glaubhaft erscheint. Frauen repäsentieren in diesem mythischen Denken weniger «Natur» als vielmehr die Welt der bösen Geister.

Aber diese Männerphantasien, die sich in Sexualität kleiden, kennen nicht nur eine Version der Vergangenheit. Die Ursprungsmythen sind voller widersprüchlicher Varianten. In ihnen scheint durch, daß die Abstammungsgeschichte keine männlich autonome sein kann. Die Baruya-Männer erzählen auch Legenden, denen zufolge die Frauen zuerst da waren: Frauen brachten die Männer zur Welt, in die Welt.

Die weibliche Fähigkeit zu gebären und die Bedeutung der Frauen für die Aufrechterhaltung der Generationenfolge lassen sich nicht gänzlich verleugnen, nicht völlig verdrängen. Die Überlieferungen sind in sich kontrovers. Die Geschichten verändern sich zudem, je nachdem, ob sie zum offiziellen Geheimwissen der Männer oder der Frauen gehören.

Diese Unstimmigkeiten werden von den Baruya weder geglättet noch unterdrückt. Insofern sind ihre Mythen beides: Mittel des Vergessenmachens und Medien der Spurensicherung für die Erinnerung, Umdeutung und Wiederkehr des Verdrängten. Dennoch halten die Initiationsriten im Männerhaus am androzentrischen Ursprungsmythos fest. Die rationalisierende Funktion dieser Mythen ist nicht zu übersehen.

Es ist Rationalisierungen eigen, Sachverhalte dadurch zu verschleiern, daß man sie auf abwegige Art und Weise zu erklären sucht. «Abwegig» ist hier wortwörtlich zu vertehen: Der Erklärungsversuch lenkt von einem Konflikt ab, dessen Tragweite undurchsichtig bleiben soll. Die Baruya-Männer führen diese Strategie recht eindrucksvoll vor: Sie unterschlagen die Relevanz der weiblichen Fruchtbarkeit für den Erhalt der Gattung, ziehen alle Aufmerksamkeit auf sich und erklären sich für autark. Damit machen sie die Frage danach, inwieweit beide Geschlechter für den Erhalt der Gattung voneinander abhängig sind, zu einem Anathema. Sie erdichten für sich eine männliche Abstammungsgeschichte. Das ist die Legitimation ihrer Monopolisierung von Macht und deren Absicherung durch eine geschlechtshierarchische Arbeitsteilung.

Rationalisierungen sind als argumentative Scheingefechte, die Herrschaft legitimieren sollen, Teil von Ideologien. Aber Ideologien sind mehr als Diskurse, d. h. gesellschaftlich relevante Deutungen über soziale Sachverhalte. Sie repräsentieren eine gesellschaftliche Wirklichkeit, die das Gedächtnis dafür verloren hat, wie sie historisch zu dem geworden ist, was sie heute darstellt. Gesellschaftliche Veränderungen verdecken die Vorgeschichte, aus der aktuelle Konflikte erwachsen sind und fortdauern. Solche Verstellungen strukturell-objektiver Art, die auch jenseits des Bewußtseins vorhanden sind, lassen sich auch bei den Baruya ausfindig machen.

Mario Erdheim und Brigitta Hug (1990) haben in ihrem Aufsatz *Männerbünde aus ethnopsychoanalytischer Sicht* auf eine Tendenz aufmerksam gemacht, die für die soziale Gliederung in Stammesgesellschaften

– für die Organisation des Geschlechterverhältnisses zumal – außerordentlich folgenreich ist:

> «Die ‹Herstellung der lebensnotwendigen Dinge› [erscheint] als zwar zum Überleben nützlich und notwendig, aber bar eines tieferen Sinnes. Sinnvoll – sakral –, das waren die heiligen Rituale, der Tanz, die Musik, die Feste, die im Männerhaus gefeiert [werden]» (Erdheim/Hug 1990, S. 55).

Es geht ihnen um die Bedeutung, die der Unterscheidung zwischen profaner und sinnstiftender Arbeit für die Hierarchisierung von Praxisfeldern und gesellschaftlichen Positionen zukommt. Erdheim und Hug sehen im Kriegsgeschehen, in das allein die Männer einbezogen sind, eine wesentliche Aktivität, die als sinnstiftend gelten kann. Die Kraft, von der das Überleben aller abhängt, ist nicht die Arbeit, «sondern etwas, was sich der Mann durch Töten aneignen kann» (a. a. O., S. 55).

Auch bei den Baruya kommt dem Kampf gegen die Feinde eine konstitutive Bedeutung zu, aus der die Männer – zumal die Krieger – großes Prestige beziehen. Mächtiger als die Krieger sind jedoch die Meister der Initiationen – in diesem rituellen Bereich findet nämlich die eigentliche Umwertung der Geschlechter statt. Die Knaben werden – im Unterschied zu den Mädchen – nach ihrer Überführung ins Männerhaus hier noch einmal geboren. Im Männerhaus findet die wesentliche – die seelische und soziale – Geburt der Knaben statt. Sie vollzieht sich im Medium homosexueller Rituale: Jedem Knaben wird abgfordert, regelmäßig den Samenerguß seines Betreuers zu trinken, der ihm bis zu seiner Mannbarkeit zur Seite gestellt wird. Das Sperma ist es, was ihm Leben, Kraft, Wachstum, Geist und Männlichkeit verleiht. Es tritt an die Stelle der Muttermilch; der Penis ersetzt die Mutterbrust.

An den Baruya können wir studieren, daß die Deklassierung der Frauen nicht nur – wie Erdheim und Hug es sehen – durch die Dissoziation von materieller und sinngebender Arbeit zustande kommt. In dieser Stammesgesellschaft geht es sehr viel grundsätzlicher darum, die Funktion des weiblichen Geschlechts in seiner generativen und sozialisierenden Potenz herabzusetzen. Diese Potenz umfaßt mehr, als der Begriff «Arbeit» ausdrückt, nämlich die Fähigkeit, Beziehungen einzugehen und aufrechtzuerhalten, die durch Sexualität, Körperlichkeit und ambivalente Gefühle wie Zuneigung und Haß vermittelt sind. Für eine feministische Theoriebildung, der es um die gesellschaftliche

Stellung von Frauen geht, könnte die Wahrnehmung einer solchen Akzentverschiebung von Bedeutung sein. In der Frauenforschung gibt es die Neigung, in der hierarchisch organisierten geschlechtlichen Arbeitsteilung den Springquell der Frauenunterdrückung zu suchen und die Dissoziation von Hausarbeit und Erwerbsarbeit für die soziale Ungleichstellung des weiblichen Geschlechts hauptursächlich verantwortlich zu machen. Von einzelnen Feministinnen ist dieser Focus «Arbeit» noch verstärkt worden, in dem alles mögliche – Liebe, Sexualität, Beziehungsfähigkeit – unter diesen Begriff subsumiert wurde. Patriarchalische Herrschaft wird so alleine auf geschlechtliche Arbeitsteilung zurückgeführt. Bei den Baruya geht es aber nicht um «Arbeitsteilung» im eigentlichen Sinne, sondern um einen Konflikt anderer Art: Wem obliegt die Zeugenschaft der Gattung, wer bestimmt in Verbindung mit der generativen Potenz die Kulturentwicklung? Der Konflikt liegt nicht im Bereich der Arbeit, sondern im Bereich der physischen, psychischen und sozialen Generativität, von der die gesellschaftliche Reproduktion abhängt. Den Frauen wird nicht nur die Erziehung der Knaben zu Männern als sinnvolle Arbeit entzogen. Unbewußt gemacht wird, daß die Knaben den Müttern ihr Leben verdanken. Die weibliche Gebärfähigkeit wird ihrer Bedeutung für den Erhalt der Gattung beraubt. In die Welt gebracht werden von den Baruya-Frauen – wenn man den Männern glaubt – eigentlich nur Töchter, Wesen ohne Potenz und Geschichtsmächtigkeit. Sie werden später zwar die Gefäße für die biologische Zeugung sein – zur seelischen und geistigen Menschwerdung bedarf es aber des Spermas der Männer.

Die Kette der Generationen wird auf sakrale Weise im Männerhaus geschmiedet. An diesem Geheimwissen, das um die Substantialität des Spermas kreist, dürfen die Frauen nicht teilhaben. Nur die Initiationsriten, die dem männlichen Geschlecht gelten, sollen das Überleben des Stammes garantieren. So sind die Frauen nicht nur vom zeremoniellen Geschehen im Männerhaus ausgeschlossen, sondern auch aus der Tradierung und Neubelebung der Stammesgeschichte. Folgerichtig kennt das männliche Bewußtsein nur eine männliche Abstammungslinie an. Die weibliche Genealogie wird zum Verschwinden gebracht.

Die soziale Bedeutung des Männerhauses symbolisiert also nicht nur die politische Macht des maskulinen Geschlechts. Es kreiert auch nicht nur das männerbündische System, auf dem diese beruht. Seine Relevanz ist weiterreichend: Das dort angesiedelte Initiationsgeschehen produziert eine geschlechtshierarchische Ordnung eigener Art, nämlich eine Funktionsteilung in der generativen Reproduktion. Unterschieden wird nicht nur zwischen einer Frauenwelt und einer Männerwelt; diese impliziert vielmehr die Scheidung zwischen einer profanen und einer sakralen Geburt des männlichen Geschlechts. Die sakrale, den Männern vorbehaltene, ist die wesentliche (Godelier, a. a. O., S. 5). Bei der Entwertung des weiblichen Geschlechts geht es folglich nicht in erster Linie darum, die Frauen – wie Erdheim und Hug schreiben – im Bereich der Ökonomie zu entmachten, um über sie als Arbeitskräfte bestimmen zu können; von Belang ist auch nicht einfach die männliche Kontrolle über die Nachkommenschaft und die Durchsetzung einer patrilinearen Erbfolge. Etabliert wird hier das Bewußtsein einer männlichen Selbstzeugung. In der Behauptung einer solchen Autopotenz wird die Genealogie des Stammes homosexuell vergesellschaftet. Diese Perspektive, aus der die Reproduktion des Lebens gesehen wird, bestimmt ganz wesentlich die soziale Organisation des Geschlechterverhältnisses. Aber wie andere Formen der geschlechtshierarchischen Arbeitsteilung ist auch die Funktionsteilung, die zwischen profaner und sakraler Geburt der Männlichkeit scheidet und in dieser Trennung die Notwendigkeit einer sexuellen Komplementarität in der Erzeugung menschlichen Lebens leugnet, nichts Primäres, sondern etwas Hergestelltes. Welchem Konflikt, welcher Asymmetrie der Geschlechter ist sie entsprungen?

3.3. Was das männliche Bewußtsein zu verdrängen sucht: die Mutter-Kind-Beziehung als Fundus von Sexualität, Subjektivität und Sozialität

Neben der Behauptung der Baruya-Männer, sie stammten in direkter Linie vom Sonnengott ab, gibt es – wie bereits gesagt – eine andere Lesart des Mythos vom Ursprung. Ihr zufolge rührt die Herrschaft der Männer daher, daß diese sich einst der Kräfte zu bemächtigen wußten, die vormals den Frauen eigen waren.

Diese weiblichen Kräfte wurden von allem Unheilvollen gereinigt und den männlichen hinzugefügt. Godelier kommentiert:

> «In den Augen des Beobachters, dem die Baruya-Kultur fremd ist, sieht es so aus, als ob diese schöpferischen Kräfte, die den Frauen geraubt sein sollen, außerhalb der Reden und der symbolischen Praktiken, die deren Existenz bekräftigen, nicht existieren, im Unterschied zur Erde oder zu den Waffen, von denen die Frauen sicht-

bar Tag für Tag getrennt sind und die außerhalb des Denkens existieren. Das bedeutet nicht, daß diese beiden Arten von Trennung einander entgegenstehen wie das Reale dem Imaginären, da das Imaginäre ein Teil des Realen und gesellschaftlich ebenso real ist wie die anderen Elemente des sozialen Lebens» (a. a. O., S. 300).

Godelier interpretiert die Anstrengung des männlichen Denkens, die eigene Rolle im Prozeß der Reproduktion des Lebens zu vergrößern und die der Frauen zu minimieren, als Ausdruck eines Gebärneides:

> «Mir scheint, daß diese Anstrengung dazu bestimmt ist, die soziale Bedeutung jenes unausweichlichen Faktums zu verringern, daß nämlich die Kinder im Bauch der Frauen gezeugt werden, daß sie aus ihrem Bauch geboren werden und dann mit ihrer Milch überleben» (a. a. O.).

Damit ist sicherlich eine Schicht des Konflikts benannt, der mit der Geschlechterdifferenz verbunden ist. Doch der Konflikt umfaßt mehr, als Godelier vermutet (a. a. O., S. 6.); genauer: der Begriff «Gebärneid» erfaßt nicht tiefgreifend genug, was aus dem männlichen Bewußtsein verdrängt werden muß, soll die Vorstellung maskuliner Überlegenheit erhalten bleiben.

Wo Sexualität und Fortpflanzung im gesellschaftlichen Bewußtsein nicht getrennt sind, weil der Koitus nicht nur mit Liebe und Körperlust assoziiert wird, sondern als Zeugungsakt ebenso das generative Prinzip vertritt, das den Bestand der Sippe, der Ethnie garantiert, repräsentiert auch sexuelle Potenz zweierlei: genitale Aktivität bzw. Körperlust sowie Urheberschaft, Erschaffung eines neuen Gliedes in der Generationenkette.

In dieser Doppelung, in der Individuelles und Kollektives, Psychisches und Soziales, Biologisches und Historisches ineinander verwoben sind, konfrontiert die Geschlechterdifferenz die männliche Vorstellungswelt mit einer Asymmetrie, die Bewußtsein und Unbewußtes in Bewegung hält.

Da ist zum einen die sichtbare Differenz, die Godelier anspricht: Die substantielle Bedeutung des weiblichen Körpers für Entstehung und Erhaltung neuen menschlichen Lebens wird in der Schwangerschaft, der Geburt, während der Stillzeit anschaulich; der männliche Zeugungsanteil bleibt dagegen im Geschlecht der Frau verborgen. Doch diese Asymmetrie wird durch eine zweite gravierend verstärkt:

Der junge Vater hat auch psychosozial für das neugeborene Kind nicht die gleiche zentrale Bedeutung wie die Mutter.

Es gibt also eine andere Dimension von Unsichtbarkeit, die Männer beunruhigt: Es ist der psychisch-soziale Einfluß, der in den frühen Phasen der menschlichen Entwicklung, der Subjektkonstitution von der Mutter ausgeht.

Überall dort, wo Frauen die Kinder nicht nur austragen, sondern in den ersten, besonders prägsamen Jahren auch betreuen, hinterlassen sie als Bezugspersonen tiefe, in ihren seelischen Verzweigungen unübersehbare Spuren. Da diese in die dunkle, der Erinnerung entglittene Vorzeit bewußterer Individuationsphasen eingeschrieben werden, erscheinen ihre Wirkungen als unwägbar, ja scheinbar schicksalhaft.

Mütter binden den Nachwuchs nicht nur durch Zuwendung und Fürsorge an sich. Sie lassen ihn auch im Medium einer imaginären Symbiose teilhaben am eigenen Wirklichkeitssinn, der für die Kinder Allmacht bedeutet. In der Phantasie wird diese zu einer ihnen selbst zugehörigen Omnipotenz. Die Regressionsneigung in eine Zeit, in der sich das Kleinkind noch eins mit der Mutter fühlt, sich nicht als von ihr getrennt erlebt, hat also zwei Quellen: die positive Spiegelungsmöglichkeit in der mütterlichen Zuwendung und die Ungebrochenheit narzißtischer Größenphantasien, die sich einer unbewußten Ineinssetzung mit der als allmächtig vorgestellten Mutter verdanken. Von daher ist die emotionale Gewalt der Mutterbindung zu verstehen, die im Innersten fortwirkt, auch wenn das erwachsen werdende Kind sich längst selbständig wähnt. Gleichzeitig impliziert die frühe Beziehung zur Mutter heftige aggressive Affekte und schmerzhafte Gefühle der Ohnmacht. Sich mit ihrer Macht zu identifizieren bedeutet auch, an ihrer Stelle sein zu wollen. Beseitigungswünsche, die der Mutter gelten, haben demnach ontogenetisch frühere Wurzeln als die ödipalen Rivalitäten. Abhängigkeitsängste und reale Einbrüche der narzißtischen Allmacht verstärken die aggressiven Impulse. Solche Ambivalenzkonflikte – mit Schuldgefühlen vermischt – setzen Abwehrmechanismen in Gang, zu denen die Verdrängung gehört.

Trotz dieser präödipalen Konflikte wird die Mutter auch zum ersten Liebesobjekt des Kindes – an sie heften sich die frühesten libidinösen Besetzungen; auf den Interaktionen zwischen mütterlichem und kindlichem Körper beruhen Lusterfahrungen, an denen sich Sexualität entzündet.

So stiftet die Mutter-Kind-Beziehung den Fundus, der Subjektivität und Gesellschaftlichkeit, aber auch Asozialität und Destruktivität enthält: Aus den primären Identifikationen speist sich das Selbst, das fähig ist zu lieben und zu hassen, das sich bindet und trennt, das sich dem anderen zuwendet und sich narzißtisch auf sich selbst bezieht, das erinnert und vergißt, begehrt und aufbegehrt.

Die Mutter-Kind-Dyade enthält folglich sowohl kulturstiftende als auch kulturbedrohende Tendenzen: Erziehung zur Sozialität und Entbindung des Trieblebens, das anarchisch ist. Gerade die Schärfe des Inzest-Tabus, das über die Mutter verhängt ist, deutet auf eine spezifische Brisanz in dieser Beziehung hin; in ihr konstituiert sich genau das, was später in Bezug auf sie verboten wird: Sexualität. Dieses Paradox wird aufgeladen durch ein zweites: Dieses erste Begehren, das im Gefälle zwischen kindlichem und erwachsenem Liebesleben entsteht, bleibt resistent gegen seine Aufhebung, weil es unstillbar ist. Kein Mensch darf und kein Mensch kann die Mutter im Sinne infantiler Sexualphantasien je besitzen. Alle späteren Liebesobjekte bleiben daher ein Stückweit Ersatz. So ist Sexualität ein Phänomen, das in seiner psychosozialen Genese an die Beziehung zum weiblichen Geschlecht gebunden ist. Das Gebot, auf die Mutter sexuell verzichten zu müssen, läßt sich nur durch Verdrängung der mächtigen Strebungen zu ihr hin befolgen.

Wenn wir also die Dämonisierung weiblicher Sexualität bei den Baruya-Männern verstehen wollen, müssen wir – neben den phylogenetischen Hintergründen für die Inthronisierung der männlichen Genealogie – auch die ontogenetischen Konflikte beachten, die in diesen frühen Verstrickungen mit dem weiblichen Geschlecht als mütterlichem angesiedelt sind. Die Mutter existiert doppelt: als reale und als imaginäre. Von der Mutter der Außenwelt kann man den Knaben trennen. Die inneren, phantasmagorischen Bilder von der Mutter, die im Unbewußten eingesenkt sind, lassen sich nicht tilgen. Was verdrängt wurde, kann wiederkehren. Was daher weibliche Sexualität für das männliche Geschlecht so giftig macht, ist die Versuchung zur Regression, die von den mütterlichen Introjekten ausgeht.

Es liegt wohl nicht allzu ferne, die Phantasien über die unheilstiftenden Körpersubstanzen der Frauen als Ausdruck der Abwehr zu denken – sowohl die verführerische Mutter der Kindheit gilt es zu bannen als auch die eigenen Aggressionen gegen sie. Das gelingt durch Verkehrung ins Gegenteil – was einmal gut war, die mütterliche Milch, wird schlecht gemacht. Aus einer sozialen Regel der Baruya läßt sich entnehmen, wie sehr die Männer fürchten, daß alte Sehnsüchte nach der Mutter der Kindheit neu entfacht werden können. Wenn ein Mann Vater geworden ist, darf er erst wieder zu seiner Frau und seinem Kind, wenn der Sohn laufen und mit einem kleinen Bogen spielen kann oder die Tochter bereits ein kleines Netz auf dem Kopf trägt. Das Bild von Mutter und Kind könnte Erinnerungen und Wünsche an die eigene Mutter wiederbeleben und den jungen Vater in die Regression treiben. Aber auch aggressive, eifersüchtige Impulse sind möglich, die sich gegen den Säugling richten (Godelier, a. a. O., S. 64).

Es ist aufschlußreich, den Spermakult unter einem bestimmten psychoanalytischen Aspekt zu betrachten: dem der Nachträglichkeit. Freud verwendet diesen Ausdruck in Verbindung mit seiner Konzeption der Zeitlichkeit und der psychischen Kausalität: selektive Wahrnehmungen, Eindrücke, Erinnerungsspuren werden später aufgrund neuer Erfahrungen und mit dem Erreichen einer anderen Entwicklungsstufe umgearbeitet. Frühzeitig verdrängte Erlebnisse oder solche, die vergessen wurden, weil sie unverstanden blieben, erhalten in der Konfrontation mit später erfolgenden ähnlichen Erlebnissen, die jetzt aber gedeutet werden können, einen neuen Sinn und eine neue psychische Wirksamkeit. Wir können den Mechanismus der Nachträglichkeit nach Laplanche/Pontalis als komplizierte «Erinnerungsarbeit», als Umschrift verstehen, in der unterschiedliche Mechanismen am Werk sind. Hinter dem Begriff «Nachträglichkeit» steckt Freuds Annahme, daß von Zeit zu Zeit das vorhandene Material von Erinnerungsspuren eine Umordnung erfährt.

Wir können das Sperma-Trinken-Müssen als ein Glied in einer Reihe von Ereignissen begreifen, die in einem komplexen Gefüge psychischer Operationen «umgeschrieben» werden: Die Umschrift ermöglicht den Wechsel vom ersten Liebesobjekt, der heterosexuell begehrten Mutter, zur homosexuellen Kultwelt der Männer und die Rückverwandlung dieser homosozialen Bindung in die heterosexuelle der erwachsenen Paarbeziehung nach Beendigung der Pubertät.

Das erste Ereignis, das im Unbewußten des Knaben Erinnerungsspuren hinterläßt, wäre das Milch-Trinken an der Mutterbrust. Die sexuelle Ähnlichkeit dieser Befriedigungssituation mit der geschlechtlichen Vereinigung, auf die Havelock Ellis hingewiesen hat, muß dem Säugling zunächst verborgen bleiben, so lustvoll er den Trinkakt auch erlebt. Diese Erinnerungsspur wird wiederbelebt, wenn der Knabe gezwungen wird, den Samenerguß aus dem Penis seines Betreuers zu trinken. Dem Neunjährigen ist die sexuelle Bedeutung des Penis sicherlich bekannt. Die traumatisierende Wirkung dieses Trinkzwangs ist doppelt: Sie sexualisiert die frühe orale Beziehung zur Mutter, die unter dem Inzestverbot nachverdrängt wird. Gleichzeitig macht die homosexuelle Färbung des Spermakultes, die ja als sexuelle gesellschaftlich auch tabuisiert wird, diesen Trinkakt so ambivalent, daß auch auf ihn mit Abwehr reagiert wird. (Homosexualität unter Erwachsenen ist bei den Baruya verpönt.) Tatsächlich berichtet Godelier von Fällen, wo Knaben bei dem Versuch, ihnen das Sperma gegen ihr Sträuben gewaltsam einzuflößen, das Genick gebrochen wurde.

Der tiefere, dem bewußten Nachvollzug verborgene Sinn dieses Rituals läge demnach darin, die Beziehung zwischen dem milchtrinkenden Kind und der stillenden Mutter durch Nachverdrängung vergessen zu machen. Gleichzeitig wird die aktuelle, generativ unproduktive, aber magisch wirksame homosoziale Bindung so sehr mit Abwehr aufgeladen, daß sie von den Knaben, wenn sie nach der Pubertät und der Mannbarkeitsriten in die Welt der heterosexuellen Geschlechterbeziehungen zurückkehren, aufgegeben werden kann.

Daß die Verdrängung des Weiblichen, die im Männerhaus inszeniert wird, nicht gelingt, zeigt ein weiteres Ereignis. Wenn die jungen Mädchen initiiert werden, kommt es bei den jungen Männern, die im Männerhaus leben, regelmäßig zu heftigen Aggressionsausbrüchen, die der Erklärung bedürfen. Godelier bleibt sie uns schuldig. Er beschreibt nur eindringlich, mit welcher Wut adoleszente Burschen, die in den letzten Phasen der Initiation stehen, die Frauen angreifen und auf sie einschlagen, wenn diese nach der Einweihung der Mädchen im Morgengrauen zu ihren Häusern zurückkehren. Die Frauen, sich und die weiblichen Initiierten verteidigend, schlagen ohne Hemmungen zurück, so daß oft die erwachsenen Männer eingreifen müssen, um unmäßiges Blutvergießen zu verhindern (Godelier, a. a. O., S. 78).

Die jungen Männer reagieren offensichtlich auf etwas im Initiationsgeschehen der Mädchen, was sie eigentlich gar nicht wissen dürften. Die Riten, die Mädchen zu jungen Frauen machen, werden vor den Männern nämlich streng geheim gehalten. Die Initiation der Mädchen enthält eine Besonderheit, die – wäre sie bekannt – dazu angetan ist, den Neid und die Wut der Jungen herauszufordern: Die Mädchen trinken Milch an der Brust einer jungen Frau, die zu dieser Zeit stillt.

Wir können vermuten, daß die Adoleszenten im Männerhaus imaginieren, was am Ort der Zeremonien geschieht. Sie sind über das Stattfinden des Festes informiert; sie wissen, daß die jungen Mädchen bei den Müttern sind, von denen sie so gewaltsam getrennt wurden. Es sind ihre zukünftigen Ehefrauen, die in die Welt des weiblichen Geschlechts und in die Welt der Heterosexualität eingeweiht werden. Es sind darüber hinaus ihre Schwestern, denen sie in der Kindheit zärtlich zugetan waren, die dort auf die Ehe mit einem anderen Mann vorbereitet werden. Es ist vorstellbar, daß die jungen Männer sich in einer solchen Situation, in der sie aus ihrer reinen Männerwelt aufgeschreckt werden, zurückphantasieren – zurück zu den Müttern, die auch sie einmal nährten und liebten. Aber es gibt kein konfliktfreies Abtauchen in diese Zeit der infantilen Sexualität mehr: Sie müssen die Trennung der Geschlechter realisieren. Aus der Welt der Frauen und der Mütter sind sie ausgegrenzt. Ihr Unbewußtes mag ihnen verraten, von welchem Ritual sie ausgeschlossen sind. Vielleicht steigen Bilder vom An-der-Brust-der-Mutter-Saugen in ihnen auf. Es gibt ein Bündel von Motiven, um in Wut zu geraten. Eine Vergegenwärtigung der Isolation im Männerhaus, wo die Adoleszenten allein auf männliche Bezugspersonen verwiesen sind, mag die Aggressionen verstärken: Die Inszenierung des Spermatrinkens gerät in Gefahr, ihre magische Kraft zu verlieren, weil es die Erinnerung an die lebens- und lustspendende Muttermilch nicht länger verdecken kann. So wäre es verständlich, daß sich diese Ansammlung von Unlustaffekten in wildem Umsichschlagen entlädt. Die ständige Herabsetzung des weiblichen Geschlechts im Männerhaus trägt das Ihre dazu bei.

Und ein letztes: An der Unstimmigkeit der Ursprungsmythen können sich zusätzlich Rivalitätskonflikte entzünden. Wie sollen die jungen Männer ausschließen, daß die Mädchen durch die Initiation nicht nur ins weibliche Erwachsenendasein geführt werden, sondern auch in die matrilineare Genealogie, eine Spur, die das männerbündische Kultwesen doch gerade zu verwischen trachtet?

3.4. Die andere Seite: die Initiation der Mädchen und ihre Bedeutung

Die Baruya-Männer setzen die Zeremonien der Frauen unaufhörlich herab. Auch Godelier ist sich nicht sicher, ob ihnen die gleiche Bedeutung zukommt wie den Pubertätsriten (Godelier, a. a. O., S. 74 ff.). Er gesteht den Zeremonien, die den Mädchen gelten, zwar den Status von Initiation zu, sieht in ihnen jedoch lediglich das Komplement zur männlichen Sicherung der Geschlechterhierarchie:

> «In Wahrheit erscheint die weibliche Initiation als die Ergänzung, die Verlängerung der männlichen Initiation in die Welt der Frauen; sie ist der Teil, der den Frauen vorbehalten ist, um dieselbe Ordnung, dasselbe Gesetz, das Gesetz der männlichen Herrschaft zu garantieren. Sie ist die Produktion der weiblichen Zustimmung zu der Ordnung, die sie beherrscht, durch die Frauen selbst. In gewisser Weise ist diese Zeremonie nur ein anderer Aspekt der Stärke der Männer – zudem ein wesentlicher Aspekt, da er das Werk der Frauen selbst ist –, die zu der aus Repression, welche die Männer ständig auf sie [und die Initianden] ausüben, entstandenen Stärke hinzukommt» (a. a. O., S. 79).

Godelier begründet diese Interpretation mit dem Hinweis auf eine Reihe gewaltsamer Rituale, die alle den Zweck verfolgen, die jungen Mädchen auf die Gesetze der Baruya-Gesellschaft einzuschwören: Das sind die Gebote, nach denen Männer über Frauen und Ältere über Jüngere herrschen. Das wichtigste Geheimnis, das den Initiandinnen offenbart wird, ist die Tatsache, daß sie in der Ehe das Sperma ihres Gefährten trinken müssen, das künftig ihre Kraft und die der zu gebärenden Kinder garantieren wird.

Das ist aber nur die eine Seite der Medaille. Es gibt Zeremonien, deren Sinn nicht so eindeutig ist, wie Godelier ihn deutet. Und es gibt andere, deren möglichen subversiven Gehalt er nicht in Erwägung zieht.[6]

---

6 Godeliers These, derzufolge durch die weiblichen Initiationsriten männliche Vorherrschaft internalisiert und darum von den Frauen angenommen werde, ist von feministischer Seite heftig widersprochen worden. Nicole-Claude Mathieu (1985) hält Godeliers Zustimmungsthese für falsch und gefährlich. Ihrer Meinung nach sind es die realen Machtverhältnisse, die eine offene Auflehnung der Frauen nicht zulassen. Wenn Frauen etwas verinnerlicht haben – so Nicole-Claude Mathieu –, dann die Angst vor männlicher Gewalt, die nicht so selten ausagiert wird, wie Godelier annimmt (vgl. Mathieu 1985).
In ihrem Essay *Quand céder n'est pas consentir. Des déterminantes materielles et psychiques de la conscience dominée des femmes, et de quelquesune de leurs interpretations en ethnologie* verweist Nicole-Claude Mathieu auf den Zusammenhang von Deformation und Kolonialismus, den Godelier ihrer Meinung nach angesichts der Situation der Baruya-Frauen nicht genügend beachtet (vgl. Langheiter 1989, S. 137-171).

Wenn das junge Mädchen zu einem gigantischen Scheiterhaufen gebracht wird und sie dicht am Rande der Flammen auf den Schenkeln ihrer Patin sitzen muß, dann wird sie zwar von der Hitze des Feuers furchtbar gequält – aber sie setzt sich – begleitet von einer weiblichen Bezugsperson, die der vorangehenden Generation angehört – einer Strahlung aus, die an die Macht der Sonne erinnert. Die Abstammung vom Gott «Sonne» hatten die Männer für sich reklamiert. Warum symbolisiert für Godelier diese Nähe zum Feuer nicht eine Beziehung auch der Frauen zur Sonne? Er deutet es durchaus als Symbol der Metamorphose, wenn die jungen Mädchen die Hitze ertragen müssen: «Dieses Feuer und diese Hitze sollen sie reinigen, das Wasser aus ihrem Körper treiben, sie hart und fest machen und ihnen eine neue, glänzende Haut geben» (a. a. O., S. 69). Einen metaphysischen Sinn, der etwas zu tun haben könnte mit den Ursprungsmythen, die um die Sonne kreisen, vermutet Godelier nicht. Er schildert eine andere Szene, die wir durchaus in Zusammenhang mit einem Geheimwissen bringen können, über das die Frauen verfügen:

> «In einem Gesang empfiehlt man der jungen Frau, ihrem Gatten Widerstand zu leisten, wenn er sie drängt, an einem verbotenen Ort oder zu einer verbotenen Zeit mit ihr zu schlafen, beispielsweise auf dem Weg zur Jagd oder an einem Tag, an dem man ein Schwein im Erdofen kochen will» (Godelier, a. a. O., S. 71).

Godelier sieht alle Zeremonien nur als Akte, die die männliche Herrschaft in das Bewußtsein der Frauen einpflanzen sollen. So auch diesen.

Mit den Schweinen hat es aber seine besondere Bewandtnis. Sie werden den Frauen nicht nur zur Aufzucht und zum Verkauf überlassen. Neben diesem materiellen Wert haben sie auch einen ideellen:

> «Eine Frau gibt ihren Schweinen Namen von Bächen oder Bergen, die ihrer Sippe gehören und das Territorium ihrer Vorfahren abstecken. Sie verwendet Sühneformeln, die sie von ihrer Mutter erhalten hat und ihren Töchtern weitergeben wird, wenn eines ihrer Mutterschweine Junge bekommen hat und sie jedes Ferkel mit okkerfarbenem Lehm bestreicht, der magische Kräfte hat: so werden sie besser gedeihen, kräftiger und fetter werden» (a. a. O., S. 39).

Der Lehm, aus dem der Erdofen gemacht ist, und das Schwein, dessen Namen an matrilineare Herkunft erinnert, sind Indizes weiblichen

Wissens, das in den Initiationen der Mädchen aktualisiert und tradiert wird.

In den Zusammenhang der subversiven Aufrechterhaltung matrilinearer Genealogie gehören auch die Szenen, die kein Baruya-Mann gesehen hat und die in Erfahrung zu bringen er nicht wagen würde: die Waschungen der jungen Mädchen frühmorgens an einem kleinen, nur den Frauen vorbehaltenen Fluß, sowie die Stillszenen, wo junge Frauen ihre Milch an die initiierten Mädchen geben – die Mütter stellvertretend und diese Stellvertretung an die nächste Generation weiterreichend.[7] Die vollständige Unbewußtmachung der weiblichen Kultur gelingt nicht – bei den Frauen nicht und nicht bei den Männern. Godelier konstatiert das – er hält an der weiblichen Macht und an der Ambivalenz der Frauen fest, auch wenn er der Überlegenheit der Männer eine differenziertere Beachtung schenkt. Angesichts der weiblichen Initiation schreibt er:

> «Daß aber die Frauen, wenn auch nur für kurze Zeit, für sich allein sein können, daß sie ohne direkte männliche Kontrolle handeln, denken und sprechen, löst bei den Männern widersprüchliche Reaktionen aus, in denen ihre Angst zum Ausdruck kommt, diese Freiheit könnte zu weit gehen und sie bedrohen» (a. a. O., S. 77).

Diese Komplexität und Widersprüchlichkeit im Geschlechterverhältnis selbst von Stammesgesellschaften wirft noch einmal Licht auf das, was Erdheim und Hug die Produktion von Unbewußtheit nennen. Dieses Konzept ist zu einfach, weil es zu strikt zwischen Akteuren und Objekten eines Prozesses scheidet. In dem bereits zitierten Aufsatz heißt es:

> Die rituelle Homosexualität «[...] inszeniert mit dem ganzen emotionalen Aufwand der rituell gezügelten Sexualität die Verleugnung der Komplementarität zwischen den Geschlechtern und die vollständige Unabhängigkeit der Männer von den Frauen. Wie Barbara Bohle in ihrem Beitrag zusammenfaßt, sind es nun die Männer selber, welche Männer produzieren: ‹Die Männer schaffen sich auf diese Weise die ideologischen Voraussetzungen, um die ‹Kreation›

7 Nicole-Claude Mathieu interpretiert die Zeremonie des Milchtrinkens als einen Versuch – im Gegenzug zu den Männern –, ebenfalls einen Mythos zu erhalten: daß Frauen neues Leben ohne das männliche Geschlecht erschaffen (Mathieu 1985, S. 220).

und ‹Geburt› von Männern unabhängig von Frauen denken und durchführen zu können›» (Erdheim/Hug, a. a. O., S. 55).

Das erinnert an Priestertrug: Die Männer kennen das Geheimnis; ihre Rituale sind ihr eigenes Spiel, das Geister beschwört, die es gar nicht gibt. Davon darf den Frauen nichts verraten werden (a. a. O., S. 53). Die Männer mußten die Frauen glauben machen, daß es Geister gäbe, sie mußten also falsches Wissen produzieren, um ihre Herrschaft sichern zu können. Erdheim und Hug schreiben:

> «Dieses Wissen hatte eine bestimmte Funktion, nämlich alle jene Phantasien, Wünsche, Vorstellungen oder Wahrnehmungen von Frauen, die im Widerspruch zu denjenigen der Männer traten, unbewußt zu machen. Konfrontiert mit der von den Männern inszenierten Realität mußten die Frauen lernen, ihre Vermutungen aufzugeben und sich anzupassen» (a. a. O., S. 55).

Die Initiationsriten und die Brüche in den Baruya-Mythen zeigen aber, daß die psychischen Operationen, die Unbewußtheit erzeugen sollen, sehr viel umfassender und auch ambivalenter sind als es das Priestertrugmodell nahelegt. Die Männer können nicht einseitig als Herrschende und damit als Produzenten von Unbewußtheit verstanden werden. Sie erfinden nicht einfach Rationalisierungen, die bei den Frauen jeden Widerstand brechen. Die Männer müssen selber verdrängen, was ihr Selbstbewußtsein bedroht. Es sind die eigenen unbewußten Angst- und Wunschphantasien, die umgeschrieben und dann als Ideologien nach außen projiziert werden: davon sprechen vor allem die Mythen der Baruya.

Was die Frauen angeht, so gelingt die Anpassung nicht vollständig. Sie verfügen über Rituale und magische Praktiken, die – verknüpft mit Alltagspraxis – ihr Wissen lebendig halten und über Generationen hinweg tradieren. Obwohl es unbewußt gemacht wird, kehrt es aus der Verdrängung wieder.

3.5. Ausblick: Technologie der Fortpflanzung und Männerphantasien

Die Herabsetzung des Weiblichen gehört zu unserer abendländischen Kultur ebenso wie die Männerphantasien, die die generative Reproduktion in Eigenregie übernehmen möchten. Beides ist aktuell geblieben. Bis in unsere Tage ist selbst Texten von reflektierten Autoren anzumerken, welchen Schrecken im maskulinen Bewußtsein die Geschlechterdifferenz auslöst.

In Theodor W. Adornos *Minima Moralia* findet sich die folgende Textstelle:

> «Wenn das psychoanalytische Theorem zutrifft, daß die Frauen ihre psychische Beschaffenheit als Folge von Kastration empfinden, so ahnen sie in ihrer Neurose die Wahrheit. Die sich als Wunde fühlt, wenn sie blutet, weiß mehr von sich als die, welche sich als Blume vorkommt, weil das ihrem Mann in den Kram paßt» (Adorno 1988, S. 120).

Diese Textstelle ist im Kontext, aber auch «für sich» zu interpretieren. Zunächst zum Kontext: Der Aphorismus *Seit ich ihn gesehen,* aus dem das Zitat stammt, handelt vom weiblichen Charakter – oder: vom Ideal der Weiblichkeit. Beides ist nach Adorno Produkt männlicher Gesellschaft, männlicher Gewalt: Frauen werden im Patriarchat denaturiert und deformiert. Durch Herrschaft modelliert ist beides so schlecht wie diese selbst. Der Zwang zur Anpassung bringt «jene Art Weiblichkeit» hervor, die Natürlichkeit, Unmittelbarkeit, Temperament vortäuscht, um Männer zu becircen und ihrem Bild von ihr zu entsprechen: «Die Weibchen sind die Männchen» (a. a. O., S. 120). Die ganze Gesellschaftlichkeit des weiblichen Geschlechts besteht für Adorno in der Vorspiegelung einer Natur, die es nicht gibt. Da ist kein Platz für eigenständige weibliche Praxis, Selbstbewußtsein, Opposition und Widerstand.

Adornos Intention ist ritterlich: Indem er sich jede Glorifizierung des Weiblichen verbietet, protestiert er gegen alle Demütigungen, die Frauen von Männern haben einstecken müssen, und gegen alle Unterwerfungsforderungen, die männliche Herrschaft an das weibliche Geschlecht stellt. Und doch ist die Aggressivität im Text nicht zu überhören. Sie kommt vor allem in der zitierten Passage zum Ausdruck, die für mein Empfinden auch sprachlich entgleist. Welche Frau fühlt sich schon als Blume, und welchem Mann «paßt das in den Kram»? Dies ist jedoch nicht Angelpunkt meiner Irritation. Adorno, der sonst ein durchaus kritisches Verhältnis zu Freud hat, übernimmt hier blank das psychoanalytische Theorem der «kastrierten Frau». Und nicht nur das: Der männliche Blick auf den weiblichen Körper wird zur Wahrnehmung, die angeblich die Frau von sich selber hat: Das weibliche Geschlecht, nicht das männliche, interpretiert seines Erachtens die eigene physische Beschaffenheit als Verstümmelung, als beschnittene.

Noch merkwürdiger ist für mich, daß Adorno seine Vorstellung von der weiblichen Kastration mit der Menstruation in Verbindung bringt. Ohne auch nur einen Moment zu zögern, meint er, sich in die Psyche einer Frau hineinversetzen zu können: Er «weiß», daß Frauen ihre Monatsregel als Verletzung empfinden und daß dies ihre gesellschaftliche Wahrheit ist. Im Kontext einer weiblichen Kultur sind die Assoziationen aber ganz andere: Mit dem Eintreten der Menstruation wird dem weiblichen Geschlecht nicht etwas weggenommen, sondern es kündigt sich die Fähigkeit an, neues Leben zur Welt zu bringen. Diese Differenz wird von Adorno unterdrückt.

Wir können dem Text die unbewußten Motive für jene Unterdrükkung nicht unmittelbar entnehmen. Aber wir bemerken die Vehemenz in der Negativierung weiblicher Geschlechtlichkeit. Wird auf die Frau die eigene Kastrationsangst projiziert? Leben infantile, tiefverdrängte Aggressionen gegen die Mutter auf, an deren Andersheit die primäre Identifikation zerschellen mußte, gegenüber der man auch Schuldgefühle hatte, weil man sie durch Einverleibung beseitigen wollte?

Lassen wir diese Fragen unbeantwortet. Sicherlich müssen wir davon ausgehen, daß präödipale und ödipale Konflikte bei den Baruya anders ausgetragen werden und damit auch zu anderen psychischen Differenzierungen führen als bei Männern (und Frauen) unseres Kulturkreises: In der Intimität der bürgerlichen Kleinfamilie bringt die Exklusivität der Mutter-Kind-Beziehung spezifische Ablösungsprobleme mit sich, und auch die ödipalen Auseinandersetzungen mit den Eltern verlaufen privater und personenzentrierter. Dennoch stoßen wir entwicklungspsychologisch auf ähnliche Spuren in der Abwehr und Abwertung weiblicher Sexualität und weiblicher Einflußsphären, die im Kehrbild einer absoluten Ohnmacht aufscheinen.

Auch kulturgeschichtlich gibt es erstaunliche Parallelen zwischen einem abendländischen Androzentrismus, der den Frauen jegliche prokreative Produktivität abspricht, und den Zeugungstheorien der Baruya.

Gerburg Treusch-Dieter (1990) hat in ihrem Aufsatzband *Von der sexuellen Rebellion zur Gen- und Reproduktionstechnologie* diskursanalytisch herausgearbeitet, daß es seit der Antike eine «staunenswerte Stabilität in der Wissenschaftsgeschichte von der Zeugung» gibt.[8] Seit der Antike finden wir im Abendland das vor, was uns in den Baruya-Mythen entgegenschlug: Die Codierung der Geschlechterdifferenz nach einem dualistischen und hierarchischen Muster, das alle Vollkommenheit und Aktivität den Männern zuschreibt und die Frauen bis zur Minderwertigkeit passiviert. Treusch-Dieter bezieht sich auf Aristoteles, wenn sie zusammenfaßt:

> «1.) das Männliche ist durch Vollkommenheit, das Weibliche durch Unvollkommenheit ausgezeichnet, womit sich eine unterschiedliche Qualität des Samens verbindet (der männliche ist heiß und dick, der weibliche kalt und dünn etc.); 2.) das Männliche erscheint als das unstoffliche Prinzip, das Weibliche dagegen als das stoffliche. Auf der Basis dieses Dualismus wird die Frage nach Ursprung und Wesen des Zeugungsstoffes beantwortet: Das Männliche ist mit der Zeugungskraft eines unstofflichen Prinzips begabt, während das an den Stoff gebundene Weibliche, selbst wenn es Samen hat, über keinerlei Zeugungskraft verfügt. Es ist rezeptiv und nutritiv, empfangend und ernährend» (zit. nach Treusch-Dieter 1990, S. 48).

Als Passives ist das Weibliche beherrschbar, aber es hat auch dämonische Züge. Schon bei Aristoteles erscheint «das Weibchen» – wie bei Adorno – als «verkrüppeltes Männchen».

Treusch-Dieter kann zeigen, wie sich die aristotelische Zeugungstheorie bis ins 19. Jahrhundert hält. Mit der Entkoppelung von Sexualität und Fortpflanzung zerfallen laut Treusch-Dieter diese Zeugungstheorien. Sie werden ein- und überholt von einer Technologisierung der generativen Reproduktion, die sich nicht mehr auf Philosophie sondern auf die Naturwissenschaften stützt.

Heute kommt der männliche Wunsch, den Aischylos ausgesprochen hat, einer brisanten Realisation nahe:

> «[...] nicht ist die Mutter ihres Kindes Zeugerin [...] es zeugt der Vater, denn der Vater kann ohne Mutter sein» (zit. nach Treusch-Dieter, a. a. O., S. 48).

Mit der Entwicklung der In-Vitro-Fertilisation und den Brutmaschinen für Menschenkinder wird nicht nur der Uterus überflüssig; denkbar sind Eingriffe in die Genstruktur von Keimzellen geworden: Am Hori-

---

8 Vgl. auch: Joachim Söder-Mahlmann (1991) *Vom Wert der Zeichen. Eine kulturanthropologische Studie über Computerfaszination und Gesellschaftsentwicklung.* Dissertation Universität Hannover. Ich beziehe mich hier auf seine Literaturstudien zum Thema «Technikträume» (Söder-Mahlmann 1991, S. 34 ff.), gehe jedoch über seine These des männlichen Gebärneids hinaus.

zont erscheint also auch die Möglichkeit, menschliche Embryos zu clonen – ihr Geschlecht, ihre genetische Ausstattung. Soweit diese Wissenschaft männlich ist, macht sich der Mann zum Schöpfer von Leben. In den «Träumen der Genetik» finden wir ganz ähnliche Männerphantasien vor, wie sie uns in der Welt der Baruya begegnen: Es soll der maskuline Geist sein, der Leben erzeugt (Godelier, a. a. O., S. 10).

Aber mit der Differenz in der gesellschaftlich-technologischen Entwicklung sind auch unterschiedliche Akzente in der Phantasieproduktion gesetzt. Die Manipulation des menschlichen Erbgutes soll «bessere Menschen in einer besseren Welt» schaffen (Weß 1989, S. 9). Die Verbindung von Computertechnik und Neurologie macht ganz neue Wunschvorstellungen möglich. In seinem 1984 erschienenen Buch *The Enchanted Loom* schreibt der Kosmologe Robert Jastrow:

> «Was wir bis jetzt erreicht haben, sind kleine Schritte, aber sie bestimmen die Richtung. Wenn Wissenschaftler heute einige Signale des Gehirns dechiffrieren können, sollten sie morgen fähig sein, mehr Signale zu dechiffrieren. Eventuell werden sie fähig sein, im Geist (mind) eines Menschen zu lesen. Wenn die Wissenschaften vom Gehirn diesen Punkt erreichen, wird ein kühner Forscher fähig sein, die Inhalte seines Geistes in das metallene Gitterwerk eines Computers zu transferieren. Da der Geist die Essenz des Daseins ist, können wir sagen, daß dieser Wissenschaftler in den Computer eingegangen ist und nun in ihm wohnt. Endlich ist das menschliche Gehirn, behaust in einem Computer, von der Schwäche des menschlichen Lebens befreit [...] Es herrscht nun über sein eigenes Schicksal. Die Maschine ist der Leib, er selbst der Leib der Maschine [...] Mir scheint, daß dies die reife Form des intelligenten Lebens im Universum ist. Beheimatet in einem unzerstörbaren Gitterwerk aus Silizium, nicht länger eingefangen in den kurzen Zyklus des Lebens und Sterbens eines biologischen Organismus, könnte eine solche Art des Lebens ewig existieren» (Weß 1989, S. 166 ff.).

Gemessen an den Mythen der Baruya sind die Ideologien, Rationalisierungen und Verdrängungen, die diese Phantasien speisen, komplexer zusammengesetzt. Vielleicht sind sie auch schwieriger zu entziffern, weil sie uns näher sind und uns unmittelbarer bedrängen als die Denkmodelle einer Stammesgesellschaft in Neuguinea.

Im Mittelpunkt der Männerphantasien unserer Kultur steht nicht mehr ein Stoff, das Sperma, der deutlich von weiblichen Substanzen abgegrenzt wird. Was weiterentwickelt wird, ist der abendländische Dualismus zwischen Geist und Körper, der immer schon zur Ideologie der Geschlechterdifferenz gehörte. Evelyn Fox Keller (1985) hat das in exemplarischer Weise für die europäische und US-amerikanische Wissenschaftsgeschichte nachgezeichnet. Aber auch die Reichweite der Phantasien, die in *einer* Schicht von Komplexen der Geschlechterrivalität angestiftet sind, ist eine andere. In der «postbiologischen» Zukunft geht es um mehr als nur um die Erschaffung des Menschen durch den männlichen Logos. Hans Moravec, Direktor des Mobile Robert Laboratory der Carnegie Mellou University, beschreibt in seinem Buch *Mind Children* die folgenden Zukunftsvisionen:

> «Die kommende Revolution mag den menschlichen Geist ebenso effektiv befreien, wie sie die menschliche Kultur befreit. In der gegenwärtigen Verfassung sind wir unpraktische Mischungen, teilweise Biologie, teilweise Kultur, in vielen unserer biologischen Merkmale nicht mehr angepaßt an die Erfindungen unseres Geistes. [...] Es ist einfach, sich einen von den Fesseln an einen sterblichen Körper befreiten Geist vorzustellen – der Glaube an ein Leben nach dem Tode ist Allgemeingut. Aber es ist nicht nötig, mystische oder religiöse Vorstellungen anzunehmen, um diese Möglichkeit zu akzeptieren» (Moravec 1988, S. 4).

Hinter diesen Phantasien, in denen sich ein männliches Unbewußtes von Körperlichkeit und Sterblichkeit zu befreien sucht, stecken auch andere Impulse als nur die des Gebärneides. Es geht um mehr als um die bloße Kontrolle der weiblichen Prokreation. Wahnhafte Vorstellungen von der absoluten Steuerbarkeit, die sich der Natur und der Gesellschaft gleichermaßen bemächtigen, sind hier am Werk. Gentechnologie und Computertechnologie, Biologie und Elektronik verschmelzen zu einem Potential gigantischer Möglichkeiten. Robert Proske (1968) entwirft in der Figur des «Saucer Man» einen kybernetischen Organismus, ein Gehirn, das körperlos in einem elektromagnetischen Feld überleben kann:

> «Dr. Coles Entwurf des ‹Saucer Man› [...] war durch die Tatsache bestimmt worden, daß es der Wissenschaft inzwischen gelungen war, ein Gehirn längere Zeit außerhalb des Körpers reaktionsfähig zu erhalten, und zudem entdeckt worden war, daß Gehirne, wenn ihnen nur der nötige Sauerstoff zugeführt würde (das Gehirn verbraucht 25% des Sauerstoffs, den ein Mensch aufnimmt), langsa-

mer alterten als der übrige Körper. Deshalb schlug Dr. Cole vor, aus dem Organismus des Menschen überhaupt nur noch sein Gehirn zu verwenden. Alle anderen Teile des Körpers wären durch mechanische und elektrische Apparaturen zu ersetzen, die vergleichsweise so gut wie unzerstörbar und nicht mehr dem Prozeß des Alterns ausgesetzt sind. Das Gehirn könnte in einer Kapsel schwimmen, würde sich auf elektromagnetischen Feldern vorwärtsbewegen und mit Hilfe von Licht-, Radio- oder Tonsignalen mit seiner Umwelt in Verbindung treten. ‹Wir müssen uns klar sein›, schreibt Dr. Cole in seiner 1963 veröffentlichten Studie *The next Fifty Years in Space,* ‹daß es einen Trend auf den *Saucer Man* hin gibt und daß immer schnellere Fortschritte gemacht werden, ihn zu schaffen. Einige, wenn nicht die Mehrheit der Menschen werden fast mit Sicherheit diesen Weg gehen. Einge werden ‹Saucer› werden, weil ihre Organe abgenutzt sind, andere werden als ‹Saucers› bestimmte Aufgaben erfüllen, etwa als Soldaten oder Astronauten, weil sie sich mit hohen Geschwindigkeiten durch die Athmosphäre, unter Wasser und im Raum bewegen können, weil sie das Klima anderer Planeten, Feuer und radioaktive Strahlung aushalten und enorme Beschleunigungen überstehen›» (Proske 1968, S. 275 ff.).

Der Traum von der Unsterblichkeit weist über die Geschlechterdifferenz als Trennungsproblematik hinaus: Auf sie mögen andere traumatische Trennungen projiziert werden – vor allem die zwischen Leben und Tod.

Während sich unbewußte, verdrängt gehaltene Wünsche an der Science-fiction-Produktion ablesen lassen, ist der ideologische Kern, der in der Legitimation der gegenwärtigen gentechnologischen Entwicklung steckt, nicht so einfach bestimmbar.

In der Verteidigung der Reproduktionstechnologie vermischen sich Ideologien und Rationalisierungen verschiedener Observanz: Ökonomische Interessen machen sich ebenso geltend wie Kontrollbedürfnisse über die weibliche Generativität, bevölkerungs- und gesundheitspolitische Strategien und Autonomiebestrebungen eines männlich dominierten Forschungsbetriebs, der um des uneingeschränkten Experimentierens willen die Freiheit der Wissenschaft trotz unübersehbarer menschlicher und gesellschaftlicher Folgen fordert. Mit dem Hinweis auf *denkbare* Fortschritte, die in weiter Zukunft liegen, werden Eingriffe in Genstrukturen bei Pflanze, Tier und Mensch legitimiert, die mit hohen Risiken, mit Mißerfolgen und auch eindeutigen Mißbildungen erkauft sind. Versprochen wird die Befreiung der Menschen von genetisch bedingten Krankheiten, die Früherkennung von «unwertem Leben», globale Kontrollmöglichkeiten des Bevölkerungswachstums, Bereitstellung von Nahrungsmitteln durch neue Züchtungen. Es würde die Grenzen dieses Aufsatzes sprengen, wollte ich hier genauer herausarbeiten, welche Risiken bei der Beschwörung dieses Fortschritts unterschlagen, übersehen oder unterbelichtet werden – erst eine solche Anstrengung könnte allerdings die ideologischen Implikationen dieser Entwicklung bestimmen. Eines liegt jedoch auf der Hand: Angesichts der neuen eugenischen Möglichkeiten ist eine Bevölkerungsgruppe besonders gefährdet – die der Frauen. Von ihnen wird die Unterwerfung unter Kontroll- und Screeningverfahren zum Zwecke der Vorsorge und die Einwilligung in fremdbestimmte Eingriffe im Dienste der Wahrung «einwandfreien» Erbgutes am ehesten abverlangt werden.

Dennoch ist die Bedrohung umfassender: Der neuen technologischen Entwicklung, in der sich Biologie und Elektronik verbünden, geht es nicht um die Lösung sozialer Probleme, sondern in erster Linie um die Entschlüsselung von Geheimwissen, die sich in der Logizität von Codes erschöpfen. Das geben jedenfalls die Entwürfe vom «Neuen Menschen» preis, die ich hier zitiere. Sie präsentieren Monstren, in denen der allbeherrschende Geist über den hinfälligen Körper triumphiert.

Es liegt noch im Dunkeln, warum solche Albträume, in denen sich Größenwahn mit Destruktivität verbindet, als öffentliche Verlautbarungen in erster Linie von Männern produziert werden. Es ist jedoch zu vermuten, daß es in ihnen nicht nur um die Abschaffung der Mutterschaft als Zeugenschaft geht. Gerburg Treusch-Dieter, auf die Koinzidenz von Biotechnologie und atomarer Vernichtungstechnologie anspielend, deutet dies an: Auch «Gesellschaftlichkeit» wird angegriffen. Sie schreibt:

> «Wird der Zeitpunkt, an dem die beiden Vernichtungsstrategien in Relation zueinander treten, noch einmal unter der Perspektive aufgenommen, daß heute die potentielle Enteignung der Individuen vom körperlichen ‹Zeugungsakt› ansteht, so ergibt sich eine interessante Koinzidenz: Denn nur drei Jahre nach dem Abwurf der Hiroshimabombe wird in der Sexualwissenschaft die oben erwähnte Normenverschiebung zwischen Fortpflanzung und Orgasmus vorgenommen. Sie aber ist für beides konstitutiv: für die geschichtliche Entkoppelung von Fortpflanzung und Sexualität ebenso wie

für die Fortpflanzungstechnologie. Diese könnte entsprechend ihren Möglichkeiten – denen der Akkumulation oder des Einfrierens von Ei- und Samenzellen, denen des ‹Zeugungsaktes› ohne geschlechtliche Vereinigung oder der In-vitro-Fertilisation, denen der Distribution oder des Embryotransfers – die Auflösung der Gesellschaft bedeuten, weil sie auf den Keimzellen der Familie und des Privateigentums basiert und mittels Erbschaftsrecht und Unterhaltspflicht juridisch strukturiert ist: Grundlagen, die die Fortpflanzungstechnologie in Frage stellt. Wird diese jedoch außerdem mit der Gentechnik verbunden – und zwar sowohl mit ihrem ganzen auf die Bewältigung der ökologischen Krise gerichteten Umfang, wie mit ihrem methodischen Zentrum der Erbinformation, das den Eingriff in die ‹Erbsubstanz› aller ‹verwertbaren› Lebewesen, inclusive des menschlichen, unvermeidlich macht –, dann kommt zustande, was heute allenthalben ‹biologische Revolution› genannt wird» (Treusch-Dieter, a. a. O., S. 191).

Es wäre reizvoll, die diskursanalytischen Überlegungen von Gerburg Treusch-Dieter zur Gen- und Reproduktionstechnologie, die eine Machtanalyse in der Foucaultschen Tradition darstellen, durch eine historisch-materialistische und eine sozialpsychologische zu ergänzen. Vielleicht verlöre sie dann ihre bedrohliche Geschlossenheit. Diskurse lassen sich bruchlos so aufeinander beziehen, daß sie *einen* Sinn ergeben, in *eine* Richtung weisen.

Es ist fraglich, ob auch die Institutionen, die an der Entwicklung der Gen- und Reproduktionstechnologie beteiligt sind, und die Verhaltenspotentiale, die sie tragen oder ihr Widerstand leisten, tatsächlich in einem so widerspruchsfreien Verhältnis zueinander stehen, wie es in den Texten von Treusch-Dieter erscheint. Aber eine solche Auseinandersetzung würde bedeuten, einen neuen Aufsatz zu schreiben.

Literatur

ADORNO, Theodor W. (1988): *Minima Moralia. Reflexionen aus dem beschädigten Leben.* Frankfurt a. M.

ADORNO, Theodor W. / HORKHEIMER, Max (1947): *Dialektik der Aufklärung. Philosophische Fragmente.* Amsterdam

ADORNO, Theodor W. / HORKHEIMER, Max (1956): *Soziologische Exkurse,* Bd. 4. Frankfurt a. M.

AG ETHNOLOGIE WIEN (1989): *Von fremden Frauen.* Frankfurt a. M.

BECKER-SCHMIDT, Regina (1991): *Identitätslogik und Gewalt. Zum Verhältnis von Kritischer Theorie und Feminismus.* In: Müller-Warden, Joachim / Welzer, Harald (Hgg.) (bearbeitete Fassung des gleichnamigen Aufsatzes aus: *Beiträge zur feministischen Theorie und Praxis,* 12/24, 1989, S. 51-64), a. a. O.

BENHABIB, Seyla (1990): *The Debate over Women and Moral Theory Revisited.* In: Nagl-Docekal, Herta (Hg.): a. a. O.

BENJAMIN, Jessica (1982): *Die Antinomien des patriarchalischen Denkens. Kritische Theorie und Psychoanalyse.* In: Bonss, Wolfgang / Honneth, Axel (Hgg.): a. a. O., S. 426-455

BENJAMIN, Walter (1978): *Über den Begriff der Geschichte.* In: *Gesammelte Schriften,* Bd. I. 2. Frankfurt a. M.

BONSS, Wolfgang / HONNETH, Axel (Hgg.) (1982): *Sozialforschung als Kritik. Zum sozialwissenschaftlichen Potential der Kritischen Theorie.* Frankfurt a. M.

BRÜCKNER, Peter (1982): *Psychologie und Geschichte.* Berlin

COCKBURN, Cynthia (1985): *Mashinery of Dominance. Women, men and technological know-how.* London

ERDHEIM, Mario (1982): *Die gesellschaftliche Produktion von Unbewußtheit. Eine Einführung in den ethnopsychoanalytischen Prozeß.* Frankfurt a. M.

ERDHEIM, Mario / HUG, Brigitta (1990): *Männerbünde aus ethnopsychoanalytischer Sicht.* In: Völger, G. / Welek, Karin von (Hgg.): a. a. O.

FOUCAULT, Michel (1977): *Sexualität und Wahrheit. Der Wille zum Wissen.* Frankfurt a. M.

FOX KELLER, Evelyn (1985): *Liebe, Macht und Erkenntnis. Männliche oder weibliche Wissenschaft?* München/Wien

GODELIER, Maurice (1987): *Die Produktion der Großen Männer.* Frankfurt a. M./New York

GOTTSCHALL (1990): *Frauenarbeit und Bürorationalisierung: Zur Entstehung geschlechtsspezifischer Trennungslinien in großbetrieblichen Verwaltungen.* Frankfurt a. M./New-York

HOFFMANN, Ute (1987): *Computerfrauen. Welchen Anteil haben Frauen an Computergeschichte und -arbeit?* München

HUBER, Johannes (1991): *Im Bannkreis der Sphinx. Gentechnik.* Wien/München/Zürich

JASTROW, Robert (1984): *The Enchanted Loom. Mind and Universe.* New York

KNAPP, Gudrun-Axeli (1989): «Zur Mikropolitik von ‹Technikdistanz›». In: *Das Argument,* 175, 31/3, S. 409-420

KRAHL, Hans-Jürgen (1971): *Konstitution und Klassenkampf. Zur historischen Dialektik von bürgerlicher Emanzipation und proletarischer Revolution.* Frankfurt a. M.

LANGHEITER, Eva (1989): *Hinnehmen - mitmachen - zustimmen? Anmerkungen zu M. Godeliers Hypothese von der Zustimmung der Unterdrückten zu ihrer Unterdrückung.* In: AG Ethnologie Wien: a. a. O.

LAPLANCHE, Jean / PONTALIS, Jean Bertrand (1973): *Das Vokabular der Psychoanalyse.* Frankfurt a. M.

LAPPE, Lothar (1981): *Die Arbeitssituation erwerbstätiger Frauen. Geschlechtsspezifische Arbeitsmarktsegmentation und ihre Folgen.* Frankfurt a. M./New York

LIDZ, Theodor / WILMANNS-LIDZ, Ruth (1989): *Oedipus in the Stone Age. A Psychoanalytic Study of Masculinization in Papua New Guinea.* Madison, Connecticut

LINDENBAUM, Shirley (1987): *The Mystificatin of Female labor.* In: Lollier, J. F. / Yanagisko, S. J. (Hgg.): a. a. O.

LOLLIER, J. F. / YANAGISKO, S. J. (Hgg.) (1987): *Gender and Kindship.* Stanford

LORENZER, Alfred (1973): *Sprachzerstörung und Rekonstruktion.* Frankfurt a. M.

MARX, Karl / ENGELS, Friedrich (1928): *Über Feuerbach. Aus dem literarischen Nachlaß,* hg. von Rjazanov, D., Marx-Engels-Archiv. Frankfurt a. M.

MATHIEU, Nicole-Claude (1985): *La raisonnement des femmes. Essais en anthropologie des sexes.* Paris

MORAVEC, Hans (1988): *Mind Children. The Future of Robot and Human Intelligence.* Cambridge

MÜLLER-WARDEN, Joachim / WELZER, Harald (Hgg.) (1991): *Fragmente Kritischer Theorie.* Tübingen

NAGL-DOCEKAL, Herta (1990): *Kritische und feministische Theorie.* Manuskript Wien

NAGL-DOCEKAL, Herta (Hg.) (1990): *Feministische Philosophie.* München/Wien

PROSKE, Robert (1968): *Auf der Suche nach der Welt von Morgen. Ein erster Überblick.* Köln

RUMPF, Mechthild (1989): *Spuren des Mütterlichen. Die widersprüchliche Bedeutung der Mutterrolle für die männliche Identitätsbildung in Kritischer Theorie und feministischer Wissenschaft.* Frankfurt a. M./Hannover

SCHEICH, Elvira (1989): *Naturbeherrschung und Weiblichkeit. Abstrakte Bewußtseinsstrukturen und unbewußte Gesellschaftlichkeit der objektiven Wissenschaften.* Dissertation Frankfurt a. M.

SÖDER-MAHLMANN, Joachim (1991): *Eine kulturanthropologische Studie über Computerfaszination und Gesellschaftsentwicklung.* Dissertation Universität Hannover

TREUSCH-DIETER, Gerburg (1990): *Von der sexuellen Rebellion zur Gen- und Reproduktionstechnologie.* Tübingen

VÖLGER, G. / WELEK, Karin von (Hgg.) (1990): *Männerbande Männerbünde. Zur Rolle des Mannes im Kulturvergleich,* Bd. 1. Köln (Rautenstrauch-Joest-Museum)

WESS, Lutz (1989): *Die Träume der Genetik. Genetische Utopien vom sozialen Fortschritt.* Nördlingen

Frigga Haug / Kornelia Hauser

MARXISTISCHE THEORIEN UND FEMINISTISCHER STANDPUNKT

Vorbemerkung

Die als «68er» in die Geschichte eingegangene Studentenrevolution hatte mit alternativem Studium und entsprechender Demontage des offiziellen Lehrangebots begonnen. Hauptlektüre waren Befreiungstheorien. Im Zentrum stand Marx. Wenig später folgte die Neue Frauenbewegung mit einer Kritik, die nicht so sehr der Bürgerlichkeit tradierter Theorien galt, als vielmehr ihrem Androzentrismus. Das schloß marxistische Theorie ein. Marxistische Feministinnen, Theoretikerinnen und Politikerinnen, die sich in beiden Befreiungsbewegungen (der sozialistischen und der feministischen) engagierten, artikulierten sich erst seit der zweiten Hälfte der 70er Jahre. In dieser Weise kann man auch erst von einer 15jährigen Tradition eines solchen wissenschaftlichen Ansatzes im Feminismus sprechen. Er umfaßt auch Beiträge, deren Kritik an Marx und marxistischer Tradition feministisch radikal ist, die aber gleichwohl an einem sozialistischen Befreiungsprojekt festhalten. Da der Begriff «sozialistisch» (heute, 1992) seit dem Zusammenbruch der meisten Staatssozialismen es schwer hat, noch in seinen utopischen und wissenschaftlichen Dimensionen gelesen zu werden, definieren wir an dieser Stelle: Sozialismus soll für ein Gesellschaftsprojekt stehen, in dem die Produktionen des Lebens und der Mittel zu seiner Erhaltung gemeinschaftlich, d. h. ohne Herrschaft geregelt werden.

Betroffenheit, Parteilichkeit, Respektlosigkeit sind wesentliche Beweggründe eines wissenschaftlichen Feminismus. Sie verhindern bläßliche Abstraktion, Pseudoobjektivität und devotes Nachbeten; und sie sind notwendig, wenn die weibliche Abwesenheit in den herkömmlichen Wissenschaften überhaupt irgendwann durch Anwesenheit ersetzt sein soll. Zugleich ergeben sich Schwierigkeiten für einen Bericht über «Marxismus-Feminismus», wie er als spezifische Orientierung, eine Art «Schule» in diesem Band repräsentiert sein sollte. Der Wunsch, objektiv darzustellen, was, wann, wie mit welchem Nutzen, welcher Kritik und Fragestellung diskutiert und erforscht wurde, kollidiert mit eigener Geschichte. Schließlich gibt es nicht «einen» Marxismus-Feminismus, sondern Streit und Auseinandersetzung auch hier. Außerdem gibt es nicht nur Kritik am Marxismus und den Versuch, marxistische Theorie feministisch umzubauen oder/und in Frage zu stellen. Es gibt auch von Anfang an eigene Forschung, also empirisches Neuland, das in dieser «Tradition» besichtigt werden will. Die Herausforderungen beziehen sich auf Theorie, Methode, Politik. Die Darstellung steht vor dem Problem, wie der eigene Anteil so aufzunehmen ist, daß er sich nicht dadurch in einem Bericht in den Vordergrund rückt, daß z. B. nur auf eigene Arbeiten verwiesen wird. Auf der anderen Seite läßt sich ein solch «objektiver» Bericht nicht schreiben, wenn man tatsächlich auf allen Ebenen als Subjekt eingegriffen hat. Wir haben uns daher entschlossen, diesen Aufsatz zum Teil als subjektiven Bericht zu schreiben und hier explizit eigene Eingriffe in marxistisch-feministische Diskussion und einige Forschungsvorschläge in diesem Bereich darzustellen. Wir haben dafür drei Schwerpunkte unserer Arbeit ausgewählt, die unterschiedliche Traditionslinien und Brüche und entsprechend ganz verschiedenartige Auseinandersetzungen und Eingriffe dokumentieren:

1. Anknüpfung an Marx' Vergesellschaftungsmodell und Weiterentwicklung zu einer Theorie weiblicher Sozialisation – ein Eingriff in Frauenforschung und traditionellen Marxismus

2. Anknüpfung an Kritische Psychologie und Entwicklung einer eigenen Methode zur Arbeit mit weiblichen Erfahrungen – ein Eingriff in feministische Diskussion und in Kategorienbildung in der Kritischen Psychologie

3. Anknüpfung an Marx' und Engels'Auffassung von Familienarbeit – ein Eingriff in feministische Diskussion um Arbeit und marxistische Auffassung von kapitalistischem Zivilisationsmodell.

Die einzelnen Teile sind wegen ihres unterschiedlichen Gegenstandes und auch wechselnder Abstraktionsebene uneinheitlich. Insofern ist es uns nicht gelungen, eine Forschungslinie in einem Guß darzustellen. Wir stehen noch mitten in einer Arbeit, deren einzelne Bereiche wir in der schnellen Geschichte des Legitimationsentzugs sozialistischen Denkens zum Teil neu denken, zum anderen Teil erst noch zusammenfügen müssen. So bitten wir die Leserinnen auch darum, diese Rekonstruktion bei der Lektüre mitzumachen. Unser Text ist sowohl ein Bericht über marxistisch-feministische Forschungen und ihre Geschichte als auch Zeugnis unserer subjektiven Eingebundenheit, über uns selbst als ein Beispiel solch wissenschaftlichen Zugangs.

1. Sozialisation und Vergesellschaftung oder: Wenn wir uns nicht selbst befreien, bleibt es für uns ohne Folgen

Die ersten aus der Frauenbewegung geschriebenen nachholenden Sozialisationsbücher konnten sich auf den theoretischen Rückhalt der damals beliebten Milieutheorien beziehen. Vereinfacht gesprochen erlaubten es milieutheoretische Studien, Erklärungsversuche zu überwinden, welche die Ungleichheit in der Gesellschaft mit natürlichen Unterschieden (Begabung/Vererbung) begründen wollten. Die neuen Milieutheorien zahlten dafür allerdings den Preis, Menschen nun ausschließlich als Produkt ihrer Umwelt zu begreifen, als durch und durch formbar und erziehbar. Solche Ansätze, die überwiegend in der Beschäftigung mit Arbeitersozialisation formuliert wurden, waren mit ihren unterschiedlichen lerntheoretischen Annahmen die theoretische Grundlage, auf der Erklärungen für die soziale Produktion von Frauen gesucht wurden. Die (von Simone de Beauvoir inspirierte) Ausgangsfrage hieß: Wie werden Frauen dazu gebracht, die ihnen zugedachte Rolle in der Gesellschaft zu übernehmen, und wie werden ihnen die als typisch weiblich bekannten «Eigenschaften» anerzogen? Die ersten Versuche in der neuen Frauenbewegung, das Schweigen über die weibliche Vergesellschaftung mit Fragen zu umstellen (Belotti 1975; Scheu 1977), endeten mit der Suche nach den Schuldigen weiblicher Formierung. Herausgearbeitet wurde die Verantwortung der Mütter für die Unterordnung der Töchter. Da blieb wenig Bewegung für die kleinen Mädchen selber, als ob die Beschränkung des Bewegungsraumes in der Wirklichkeit den Zuschnitt der Theorie bestimmt hätte.

Problematisch an den frühen Studien zur weiblichen Sozialisation ist a) die Unterstellung, daß Menschen/Frauen geradezu beliebig formbar seien; b) die damit einhergehende Annahme, daß interessierte Agenten am Werk seien – Männer oder Mütter – die diesen Formierungsprozeß betreiben; c) daß die einzelnen durch die Tatsache, daß sie in die Gesellschaft hineinwachsen, sozialisiert, ihrem ursprünglichen Wesen fremd werden. Letztere Annahme vernachlässigt u. a. den Umstand, daß «der Mensch» nicht nur Resultat von Gesellschaft ist, sondern auch deren Voraussetzung.

Die Ausgangsfrage dieser sozialisationstheoretischen Versuche scheint uns nach wie vor aktuell.[1] Zum einen bleibt es wichtig, danach zu fragen, wie es kommt, daß Frauen – wenn auch nach Klassen, Schichten und Kulturen unterschieden – doch eine Reihe von Verhaltensweisen und Haltungen teilen, deren Entstehung nicht selbstverständlich scheint. Die Frage gewinnt an Interesse, weil die marginale Stellung von Frauen in den Gesellschaften, die wir kennen, damit zusammenhängen muß. Es ist also Befreiungsenergie an die Erforschung gebunden. Zum anderen bleibt in anerkannten Sozialisationstheorien heute nach wie vor die weibliche Sozialisation unberücksichtigt. Aus diesen beiden Motiven haben wir vor 12 Jahren damit begonnen, empirische Forschungen zur weiblichen Sozialisation durchzuführen. Theoretisch wichtig waren dabei insbesondere vier Marxsche Sätze, die wie eine Art Leitfaden unsere Forschungen bestimmten, die wir mit Leben zu füllen versuchten. Aus den Feuerbachthesen:

> 1. «Der Hauptmangel alles bisherigen Materialismus [...] ist, daß der Gegenstand, die Wirklichkeit, Sinnlichkeit nur unter der Form des Objekts oder der Anschauung gefaßt wird; nicht aber als sinnlich menschliche Tätigkeit, Praxis; nicht subjektiv» (MEW 3, S. 5).

Hier fühlten wir uns nicht nur aufgefordert, Praxis, Erfahrung, Tätigkeit zur Grundlage einer Wissenschaft von Frauen zu machen, sondern zudem auch die alte Teilung in forschende Subjekte und zu erforschende Objekte radikal in Frage zu stellen. Zugleich nahmen wir uns so auch heraus, uns selbst und unsere Integration in Gesellschaft als Forschungsaufgabe einzubeziehen.

> 2. «Das Zusammenfallen des Ändern[s] der Umstände und der menschlichen Tätigkeit oder Selbstveränderung kann nur als revo-

1 In der Folge beziehen wir uns nicht auf Kritik und Weiterentwicklung dieser frühen feministischen Artikulationen, sondern stellen unseren eigenen theoretisch-methodischen Eingriff in den Mittelpunkt unserer Darstellung.

lutionäre Praxis gefaßt und rationell verstanden werden» (MEW 3, S. 6).

Anders als in der Marxismus-Tradition legte uns dieser Satz nicht an die Fessel, ausschließlich in revolutionären Zeiten Selbstveränderung für möglich und im übrigen die Beschäftigung mit uns selbst für kleinbürgerlich und illegitim zu halten. Umgekehrt fühlten wir uns bestärkt, die Verwobenheit von Persönlichkeit, Gesellschaftsstruktur und menschenmöglicher Veränderung in ihrem Zusammenhang als «revolutionäre Aufgabe» zu fassen; in dieser Weise dachten wir uns Änderungen unserer selbst als ebenso notwendig wie krisenhaft, als Bruch.

> 3. «Aber das menschliche Wesen ist kein dem einzelnen Individuum innewohnendes Abstraktum. In seiner Wirklichkeit ist es das ensemble der gesellschaftlichen Verhältnisse» (MEW 3, S. 6).

Dieser Satz steht am Anfang jeder sich in marxistischer Tradition begreifenden Psychologie. Er stellt die Annahmen bisheriger Persönlichkeitstheorie auf die Füße, weil er den Blick nicht nach Innen, auf ein menschliches Wesen, welches den einzelnen gewissermaßen als Kern gegeben ist, richtet, sondern umgekehrt radikal nach außen lenkt. Der Blick in die menschlichen Gesellschaften zeigt, wozu Menschen fähig sind. Allerdings macht eine solche Ausrichtung die Erforschung menschlicher Psyche nicht überflüssig, verwandelt Psychologie nicht in Soziologie. Die Wendung, den menschlichen Vergesellschaftungsprozeß, menschliche Geschichte als Niederschrift über Menschen selbst zu studieren, ist eine Orientierung, die es erlaubt, die Geschichte der Unterdrückten und damit auch der Frauen zugleich als Herrschaft wie als Möglichkeit und Alternative (als Nicht-Identisches) zu erforschen.

Den vierten Leitfaden zitieren wir in der Version von Rosa Luxemburg:

> «Die Menschen machen ihre Geschichte nicht aus freien Stücken, aber sie machen sie selbst.»

Diesen einfachen Satz lasen wir, übertragen auf Frauen, in der damaligen Situation (Ende der 70er Jahre) als einen mehrfachen Paradigmenwechsel. In der autonomen Frauenbewegung und der ihr verpflichteten Forschung waren zu diesem Zeitpunkt eine große Anzahl an Unterdrückungsdaten zusammengetragen und ins allgemeine Bewußtsein gehoben worden. Frauendiskriminierung wurde in vielfältigen Bereichen entdeckt und nachgewiesen:

- in Arbeitsteilung und Beruf und im Ansehen von Frauen (Frauenarbeit als Synonym für unqualifizierte Arbeit)
- in der alleinigen Verpflichtung auf Haus- und Kinderarbeit
- in der Ausschließung aus der offiziellen Politik
- in der Unterwerfung unter Gewalt
- in der Werbung;

...kurz: Es gab Beweise übergenug, welche Frauen als Opfer der gesellschaftlichen Verhältnisse und der Männer zeigten. Begriffe wie: Ausschließung, Marginalisierung, Unterdrückung, Sozialisierung sind selbst Worte, die auf Frauen einseitig als Opfer blicken. Die Gefühle von Wut und Lähmung, die sich bei so viel Unrecht einstellen, überdecken das Unerklärliche: Warum wehren sich Frauen, die doch die Mehrheit der Menschen sind, nicht, sondern lassen offenbar Männer alleine die Geschichte machen seit Jahrhunderten? Und unklar in dieser Vorstellung vom bloßen Opferstatus von Frauen bleibt, wie sie überhaupt zur Veränderung ihrer Lage beitragen könnten, wenn man zuvor unterstellt, daß sie ihr völlig ausgeliefert seien.

Der oben zitierte Satz (von Marx, Lassalle, Luxemburg, wenn auch mit unterschiedlicher Betonung, verwandt) unterstellt dagegen, übertragen auf Frauen, daß auch sie ihre eigene Geschichte machen, daß sie also an der Reproduktion ihrer Unterdrückung beteiligt sind. Jede Unterdrückung, die nicht mit äußerem Zwang arbeitet, muß mit der Zustimmung der Beteiligten arbeiten. Es bleibt sonst übrigens auch im Dunkeln, warum Befreiung möglich und notwendig ist und vor allem, wer sie vollbringen soll, wie also – um es allgemeiner auszusprechen – eigentlich Frauen als Opfer und Objekte in den Status von tätigen Subjekten kommen. In anderen Worten: Die Auffassung, daß Frauen ausschließlich Opfer seien, schweigt darüber, wie sie aus der Position derer, über die gehandelt wird, in die Position von selber Handelnden gelangen können. Geht man dagegen davon aus, Menschen und also auch Frauen seien selbsttätig an eigener Entwicklung beteiligt, so folgt: Die einzelnen Frauen finden selbstverständlich die Unterdrückungsstrukturen, die gesellschaftlichen Verhältnisse, in die sie hineinwachsen, in denen ihnen eine nicht-aufgerichtete Haltung zugemutet wird, zunächst fertig vor. Aber diese Strukturen existieren nur weiter, wenn sie von denen, die in ihnen leben, immer wieder hergestellt werden. Daß dies so ist, heißt auch, daß diese Strukturen von denen, die sie in ihrem eigenen Leben reproduzieren, geändert werden können. Dies scheint im übrigen die einzige Möglichkeit, in der Veränderung gedacht werden kann. In jedem Tun steckt also ein Stück Einwilligung. Auch das Sich-Opfern ist eine Tat und kein Schicksal.

Muten wir uns zu, eine solche Einwilligung in Unterdrückung mitzudenken, so erhebt sich die Frage nach dem Wie solcher Zustimmungsakte. Eine thesenhafte Antwort: Im Prozeß der Vergesellschaftung – gemeinhin Sozialisation genannt – vollzieht sich nicht, wie in einer Reihe von Sozialisationstheorien behauptet wird, eine einfache Prägung, in deren Verlauf bestimmte Charaktereigenschaften den Individuen aufgedrückt werden, sondern der Vergesellschaftungsprozeß ist selber eine Aktivität, in der auf jeder Stufe Einwilligung hergestellt werden muß. Eine solche Auffassung widerspricht der bloßen Opferrolle von Frauen ebenso wie der Vorstellung von der einseitigen Formung.

Die heftige Diskussion, die innerhalb der «den Marxismus» verwaltenden Institutionen und Organisationen über diese Thesen geführt wurde, zeigte darüber hinaus, daß der Gedanke von der Beteiligung an Unterdrückung und Befreiung dem herkömmlichen Politikmodell der Stellvertretung widersprach und statt dessen unterstellte, daß Politik eine Sache von allen sei. Unruhe in Richtung basisdemokratischer Modelle wurde befürchtet. Empörung richtete sich auch gegen das Antideterministische und Subjektive, also dagegen, daß Frauenunterdrükkung nicht bloß als Folge kapitalistischer Produktionsverhältnisse, sondern darin auch als subjektive Tat gesehen wurde. Die Vorstellungen von Gesellschaftsveränderung und Selbstveränderung gerieten damit in ein neues Spannungsfeld.[2]

Unsere theoretische Verschiebung läßt sich sozialisationstheoretisch etwa folgendermaßen formulieren:

1. Da alle Menschen gesellschaftliche Wesen sind, die sich ihre Gesellschaftlichkeit aber erst aneignen, also lernen müssen, können wir davon ausgehen, daß es nicht der Umstand ist, überhaupt gesell-

---

2 Gegen Ende der 70er Jahre wurde in Frankreich das Problem der «Komplizenschaft» von Frauen diskutiert; hier wird ähnlich wie heute bei Thürmer-Rohr mit ihrem Konzept der Mittäterschaft im großen und ganzen davon ausgegangen, daß Männer die Geschichte machen, Frauen ihnen aber dabei helfen bzw. nicht einschreiten.

schaftlich zu werden, der die einzelnen behindert, sondern daß die Behinderung, die sie erfahren, eine unvollkommene Aneignung von Gesellschaft ist. Sie werden nicht wirklich kompetent. Dies gilt für alle Menschen, hat aber für Frauen eine besondere Bewandtnis, da ihnen das historisch herrschende Maß an möglichen Eingriffen in die gesellschaftlichen Bedingungen ihres Handelns zusätzlich durch patriarchalische Strukturen verwehrt ist.

2. Wir gehen davon aus, daß die einzelnen weder ihrem je eigenen Wesen nach noch unter Zwang so werden, wie sie später sind. Sie sind nicht einfach begabt oder unbegabt, sie werden nicht so sehr erzogen, geformt, deformiert oder angepaßt, sondern das Hineinwachsen in Gesellschaft ist selbst ein aktiver Prozess, Tätigkeit der einzelnen. Es ist ein Prozess der Einarbeitung in Strukturen, Erwartungen, Normen und Werte. Diese Auffassung erlaubt es, die Geschichte der Individuen zu untersuchen, geschlechtsspezifisch und nach Klasse und Schicht verschieden. Die einzelnen können so aufgefaßt werden als Resultate von Erfahrungen aus vergangenem praktischem Umgang mit Dingen und Verhältnissen. Daher ziehen wir es vor, von Vergesellschaftung, statt von Sozialisation zu sprechen.

3. Die einzelnen arbeiten sich in die vorhandenen Strukturen und Orte hinein; sie versuchen sich an die Bedingungen ihres Handelns anzupassen oder/und diese selbst mitzubestimmen und zu verändern. Der Maßstab, nach dem sie dieses tun, ist vermutlich der Versuch, handlungsfähig zu werden oder zu bleiben. Die in der Kritischen Psychologie ausgearbeitete Kategorie der Handlungsfähigkeit scheint uns für Sozialisations-/Vergesellschaftungsforschung zentral zu sein. Hier wird davon ausgegangen, daß die Entwicklung der einzelnen, also das Heranwachsen von Kindern und jede weitere Entwicklung, ein Prozeß ständiger Verunsicherung ist. Man lernt etwas, erreicht eine Position von Wissen und Handlungsfähigkeit und ist geneigt, auf dieser Stufe gesichert stehen zu bleiben. Um weiter zu wachsen, muß die eben erreichte alte Position verlassen werden. Das ist ein Prozeß der Verunsicherung oder anders: ein Konflikt. Das Erreichen der nächsten Stufe setzt die Lösung des Entwicklungskonfliktes voraus und bietet selbst eine höhere Stufe von neuer Sicherheit und Handlungsfähigkeit. Für diesen Prozeß, in dem Entwicklung auf Verunsicherung und Konflikt basiert, gibt

es gesellschaftliche Strukturen oder Instanzen wie Familie, Eltern, Lehrer usw., die diesen Prozeß emotional absichern, also die einzelnen dabei unterstützen, von Stufe zu Stufe zu kommen. Daß Entwicklung überhaupt in dieser Weise konfliktreich vonstatten geht, beinhaltet die Möglichkeit von Nicht-Entwicklung. Solange in den verschiedenen Gesellschaftsformationen Unterdrückung und Ausbeutung herrschen, ist eine umfassende Kompetenz der einzelnen Gesellschaftsmitglieder ohnehin ausgeschlossen, wird durch die Verhältnisse verunmöglicht, durch die herrschenden Instanzen verhindert. Gleichwohl können sich diese Gesellschaften nur reproduzieren, wenn die einzelnen – pointiert gesprochen – auch ihre eigene reduzierte Kompetenz selbst einverständig herstellen und leben.

Was soll es nützen, angesichts der Unterdrückung von Frauen einen Standpunkt einzunehmen, der von ihrer Eigenaktivität dabei ausgeht? Anders gesprochen: Wem hilft solche Analyse, die behauptet, Frauenunterdrückung ließe sich nur verstehen, wenn man nachvollziehe, daß Frauen Schritt um Schritt dieser Praxis des Unterdrücktwerdens selber zugestimmt haben? Eine erste Antwort: Wenn wir etwas verändern wollen, wenn Frauenbewegung etwas verändern und erreichen will, werden wir feststellen, daß unsere alten Persönlichkeitsstrukturen der Veränderung im Wege stehen. Gehen wir davon aus, daß die Rede von der Unterdrückung der Frauen nicht bloße Phrase ist, sondern daß Frauen auch praktisch ein unterdrücktes Leben führen, daß sie ihre Unterdrückung als Tätigkeit selber Tag für Tag leben müssen, so werden wir auch annehmen müssen, daß die Resultate einer solchen Praxis ihre Persönlichkeiten strukturieren. Wenn Frauen in bestimmten Bereichen unfähig gehalten werden, können sie nur handlungsfähig werden, indem sie Teile ihrer eigenen Persönlichkeit mit zur Disposition und in Frage stellen. Dieses wiederum ist eine allgemeine Eigenschaft von Lernprozessen. Im Versuch, kompetenter zu werden, unabhängiger, mehr Bereiche des eigenen Lebens zu kontrollieren, werden Frauen bald auf Bereiche stoßen, in denen sie die erstrebte Kompetenz nicht erreichen können. Im allgemeinen sind es alle Bereiche, welche die Herrschaftsstrukturen der Gesamtgesellschaft sichern; bei den Frauen, in unseren Verhältnissen sind es zusätzlich Bereiche, in denen Entscheidungen und Regelungen Männern vorbehalten sind, die den Prozeß der individuellen Vergesellschaftung schon sehr viel früher behindern. Die geheimen Verbote für Frauen, sich hier zu entwickeln, «erwachsen» zu werden, müßten die Einzelnen verrückt machen, krank, handlungsunfähig, wenn sie sich auf jedem Schritt bewußt wären, daß sie in diesen Bereichen nicht kompetent werden dürfen. Zwar werden genügend Menschen in unseren Verhältnissen verrückt und krank – und dies gilt auch insbesondere für Frauen –, aber diejenigen, die handlungsfähig bleiben, entwickeln andere Verfahren in ihrem Vergesellschaftungsprozeß: Sie werden die einzelnen Bereiche, in denen ihnen Kompetenz nicht zugestanden und nicht ermöglicht wird, uminterpretieren, verdrängen, nicht wahrnehmen, aus dem Bewußtsein ausgrenzen. Diese Deutungen bilden einen Teil der Persönlichkeitsstruktur mit dem Resultat, daß unter Umständen die ausgegrenzten Bereiche als nicht vorhanden vorkommen, emotional nicht besetzt scheinen, in den Gefühlen der Frauen keinen Platz haben, als langweilig empfunden werden.

Wenn Frauen die Bedingungen und Verhältnisse verändern wollen, unter denen sie leiden, stehen sie vor dem Problem, die von ihnen schon mit dieser Inkompetenz einverständig besetzten Bereiche in ihren eigenen Persönlichkeiten umzubauen, einiges anders wahrzunehmen, d. h. auch ihre Gefühle verändern zu müssen.[3] Dies ist ein großer Verunsicherungsprozeß, eine Krise, die sich allein nicht aushalten läßt. Sie läßt sich nur durchstehen, wenn irgendwo eine Absicherung stattfindet.

Genügen dafür vorhandene politische Organisationen, Gruppen, genügt also ein politisches Kollektiv? Dies scheint uns für Frauen nicht ausreichend, weil in diesem Prozeß der Umorganisierung der eigenen Gefühle, der krisenhaften Überführung der bisherigen Lebensstrukturen in neue, Männer, mit denen Frauen zusammen in diesen Kollektiven und Organisationen sind oder wären, ein zusätzliches Spannungsmoment hineinbringen, das Umorientierung erschwert. Schließlich sind Männer auch Nutznießer dieser vorher anders gesetzten Persönlichkeitsstrukturen. Sie können also gar nicht unvoreingenommen «unterstützen, absichern», wenn Frauen sich z. B. ablösen von der Notwendigkeit, unbedingt eine «persönliche Beziehung» zu haben, die über allen anderen gesellschaftlichen Aktivitäten stehen soll; wenn sie Familie weniger wichtig nehmen, wenn sie mitentscheiden wollen und ihre Stimme erheben. Diese Veränderungsprozesse zu ermöglichen

---

3 Alexandra Kollontai stellte u. a. dieses Problem in den Mittelpunkt ihrer Frauenbefreiungsvorstellungen. Ein wesentlicher Punkt war ihr z. B. die Befreiung aus dem «Liebesgefängnis» in die «Einsamkeit». Die Notwendigkeit solcher Einsamkeit nahmen Virginia Woolf und später Rossana Rossanda wieder auf.

und durchzusetzen, sind das historische Recht und die Notwendigkeit der Frauenbewegung.

Betrachten wir die Gesellschaft «von oben», also ihre soziale Struktur, so lassen sich Orte, Positionen, Plätze die für die Mädchen der unterschiedlichen Schichten vorgesehen sind, erkennen und bestimmen. Sie sind daher in jede konkrete Analyse einzubeziehen. Dabei können die Erfahrungen der einzelnen Frauen und Frauengruppen durchaus gegensätzlich sein – kann Überarbeit auf der einen, Unterbeschäftigung auf der anderen Seite auftreten – ohne doch grundsätzlich in Frage zu stellen, daß dem weiblichen Geschlecht als Ganzem gesellschaftliche Unterordnung zuteil wird.

Unter der Voraussetzung von Selbsttätigkeit in der Entwicklung, stellt sich die Frage nach der weiblichen Vergesellschaftung noch schärfer: Warum ertragen Frauen ihre untergeordnete Lage, warum entwickeln sie keine alternativen Strategien, warum protestieren sie nicht alle gegen ihnen angetanes Unrecht, gegen Gewalt; warum verklären sie Überarbeit als Opferbereitschaft. Kurz: Warum entwickeln sie Tugenden, die ihnen eine untergeordnete Position in der Gesellschaft sicherstellen?

Die Fragen stellen sich auf empirischem Feld. Die Vorannahme, daß es die Mädchen selber sind, die aktiv ihre Persönlichkeiten bauen, verlangt, daß die Erforschung weiblicher Sozialisation/Vergesellschaftung unter Einschluß der Erforschten geschieht (vgl. auch in anderem Zusammenhang Mies 1978, Becker-Schmidt 1984).

2. Theorie und Erfahrung: Kollektive Erinnerungsarbeit als Methode

In der sozialwissenschaftlichen Frauenforschung sind die Mühen nachzulesen, die der Versuch mit sich bringt, die Subjekte der Unterdrückung sprechen zu lassen, Erfahrungen in ihrer Widersprüchlichkeit auszuwerten, ja den Erfahrungsbegriff erst noch aus den Fängen einer naturalistischen Authentizitätsauffassung oder deduktionistischen Irrelevanz zu gewinnen (vgl. zusammenfassend Harding 1990). Das Problematische bei der Arbeit mit Erfahrungen scheint uns, daß sie sich jedweder eindeutigen Bearbeitung entzieht: Wer die gemachten Erfahrungen von Individuen ernstnimmt, hat mit dem (sozialwissenschaftlichen) Urteil zu kämpfen, es handle sich bloß um Einzelfälle, d. h. die Erfahrungen seien nicht verallgemeinerbar. Wer sie aus theoretischen Annahmen herleitet, wird hören, daß das «Subjektive» fehle. Der gesellschaftliche Individualisierungsschub (Beck/Beck-Gernsheim 1990) gibt für die widersprüchlichen Herangehensweisen den Stoff ab, der noch analysiert werden muß. Wenn bestimmte Erfahrung – verdichtet als Altersweisheit, individuell vererbte Tradition, letztlich auch individualisiertes Wissen – zunehmend weniger gilt, und das, was gilt, noch krisenhaft angeeignet wird, müßte sich das im wissenschaftlichen Begreifen der neuen «Erfahrungen», ihrem individuellen und gesellschaftlichen Stellenwert niederschlagen. Der Prozeß selbst ist widersprüchlich angelegt und paradox: Es kommt auf die einzelnen an, aber nicht auf ihre Erfahrungen. Information – etwas erfahren – ist alles; aber nicht ihre «Verdichtung» in einem Individiuum? Die Erfahrungen mit den Erfahrungen werden umgebaut: Wer an seinen Erfahrungen hängt, d. h. ihnen z. B nach-denkt, ist langsamer als die, die «flexibel» sind. Die «neue» Gesellschaft verlangt von den einzelnen (geistige, räumliche) Mobilität, Flexibilität und Eingriffe ins Geschehen.[4]

Die Arbeit mit Erfahrungen in befreiender Perspektive umfaßt in unserer Vorstellung drei Ebenen: die gesellschaftliche Anordnung; die Organisation von Erfahrungen; die individuelle Aneignung. Solche Auseinandersetzung ist fruchtbar unter der Annahme, daß individuelle Erfahrung und deren Organisation in einer bestimmten Anordnung geschehen, mit dieser aber nicht identisch sind. Die Anordnung selbst ist nicht notwendig unmittelbar erfahrbar. Z. B. kann der herrschaftliche Charakter der kapitalistischen Profitmaximierung als relativer Wohlstand und gefühlte Freiheit konkret individuell gelebt werden. Die Organisation der Erfahrung entnennt die Herrschaft. Sozialwissenschaften sind in diesem Zusammenhang als Aufklärungskraft gefragt, die «Unsichtbarkeit» der Anordnung (bzw. ihre Unbewußtheit) als eigenen Vergesellschaftungseffekt zu erklären.

Werden die Ebenen nicht auseinandergehalten, kann weder genug über die Anordnung noch über die Erfahrungen begriffen werden. Z. B. unternimmt Christina Thürmer-Rohr den Versuch, aus den großen gesellschaftlichen Problemen – Atomkraftwerke, Patriarchat, Nato-Doppelbeschluß, Umweltzerstörung – auf die daraus folgende

4 Sehr gutes «Anschauungsmaterial» bietet der Anschluß der ehemaligen DDR an die ehemalige BRD. Unabhängig von den alten Erfahrungen wurde von staatlicher Seite sowohl eine «Erinnerungsfolie» für die DDR-Erfahrungen aufgedrängt (STASI und SED-Herrschaft) als auch ein System «eingeführt».

gewaltsame Modellierung von individuellen weiblichen Erfahrungen zu schließen. Sie fragt «nach der systematischen Funktionalisierung der Frau für die Macht-Taten des Mannes, einer Funktionalisierung, in die die Frau als Handelnde, als Tätige eingebaut ist und sich selbst einbaut (1987, S. 213). Der Zustand der Gesellschaft gibt ihr Auskunft über den Zustand der Erfahrungs-Organisation bzw. scheint mit ihr identisch zu sein. Aber die Anordnung der Gesellschaft, in diesem Fall die Bedingtheit von Kernkraftwerken, Patriarchat usw. gerät auf diese Weise genausowenig in den Blick, wie die konkreten Erfahrungen, durch die sich die Probleme alltäglich vermitteln.

Lerke Gravenhorst geht umgekehrt vor: Sie sieht, daß «die gemeinte Ganzheit im Patriarchat eine [ist], die als männliche Herrschaft strukturiert ist und sich in zerstörerischer Kraft gegen beide Geschlechter richtet, am stärksten gegen Frauen» (1988, S. 23) und stellt dem die individuellen Erfahrungen von Männern und Frauen gegenüber, die Zeugnis davon geben, daß die Geschlechter aufeinander angewiesen sind innerhalb dieses Patriarchats. Hier fehlen noch die in die Persönlichkeit eingegangenen gesellschaftlichen Erfahrungen als Voraussetzung dieser Abhängigkeit.

Zu den Erfahrungen zählen auch Theorien – als Verdichtung und Explikation von Erfahrungen und deren Modellierung. Die Wissenssoziologin Dorothy Smith radikalisiert diesen Sachverhalt, indem sie bei Frauen eine grundsätzliche Entfremdung von Erfahrungen durch männliche Begriffsschemata feststellt (Smith 1981; vgl. auch Harding 1990, S. 166 ff.). Die Begründung findet sie in der Arbeitsstruktur der Wissenschaften, die systematisch die «Routineaspekte der Wartung des Körpers» (Smith 1989, S. 393 f.) ausblende. Der Vorschlag von Smith reicht weit, da er Forschungssubjekt und Forschungsobjekt auf eine erkenntnistheoretische Stufe stellt. Mit dem Marxschen Ideologiebegriff umgreift sie die gesellschaftliche materielle und symbolische Verfaßtheit individueller Erfahrungen. Sie liest Marx nicht in der Tradition des «notwendig falschen Bewußtseins», die davon ausging, daß das Wesen der gesellschaftlichen Verhältnisse «falsch» erscheint und das Bewußtsein ein Abbild dieses Scheins sei. Smith geht von verkehrten Verhältnissen aus, auf die das Bewußtsein «richtig» reagiert. Ihr Ausgangspunkt ist der systemisch eingebaute blinde Fleck in der Wissensproduktion, der – wird er von Feministinnen sichtbar gemacht – nicht nur neues Wissen, sondern andere Wissensarten hervorbringen wird. Schuldig bleibt Smith – die emphatisch die Aufgabe von Soziologinnen als Explikatorinnen des Impliziten beschreibt (1981, S. 403 f.) – die/eine Methode, mit der die Aneignung von Erfahrungen untersucht werden kann.

In Erweiterung und Umarbeitung solchen Umgangs mit weiblichen Erfahrungen setzten wir den Versuch, Praxen, Erfahrungen, Anstrengungen der Frauen, sich widerständig in Gesellschaft einzurichten, in den Mittelpunkt unserer Forschung zu stellen.

Das Theorieproblem

Unter der Voraussetzung, daß Selbst- und Gesellschaftsveränderung zwei Dimensionen desselben Prozesses sind, braucht es Wissen über die individuelle Persönlichkeitsentwicklung und über die bestehende gesellschaftliche Anordnung. In der Kritischen Psychologie wird der Versuch unternommen, Begriffe, Begreifensinstrumente auf kategorialer Ebene für diesen Prozeß zur Verfügung zu stellen (vgl. zusammenfassend: Holzkamp 1983). Ihre Kategorien sind allesamt so gebildet, daß sie einen Zusammenhang von Persönlichkeitsentwicklung zum Ensemble der Gesellschaft herstellen, und von daher Subjektivität an eine Befreiungsperspektive binden. Immer geht es um die Bedingungen des Handelns und das Verhältnis der einzelnen zu ihnen. Die Menschen finden Gesellschaft vor, aber sie arbeiten sich in sie hinein, eignen sie sich an, werden handlungsfähig, restriktiv oder ausgreifend. Die wesentlichen forschungsleitenden Begriffe sind zugleich in Gegensätzen formuliert, z. B. «restriktive/verallgemeinerte Handlungsfähigkeit», «interaktive/kooperative Beziehungen, «Fremdbestimmung/Selbstbestimmung».

Die Gegensätze stehen in einem Spannungsverhältnis, in dem menschliche Entwicklung denkbar ist. In dieser Weise ist der Versuchung vorgebaut, Individuen statisch zu denken, Haltungen als Eigenschaften wahrzunehmen. Es ist statt dessen möglich, die einzelnen in ständiger Bewegung zu sehen. Die Anordnung des Forschungsfeldes zwischen zwei analytisch bestimmten Polen des Handelns macht also auf der Ebene der Kategorien mit der Vorstellung ernst, daß die Menschen die Verhältnisse, in denen sie leben, selbst mitproduzieren und verändern müssen. Insofern sind die einzelnen niemals als bloße Opfer ihrer Verhältnisse gedacht, sondern stets als Menschen mit alternativen Handlungsmöglichkeiten. Die Begriffe sind also orientierend und beugen einer bloßen Willkür der Interpretation, die sich vom Material hin und her treiben läßt, vor. Tatsächlich kann man in unserer Bearbeitung in den beiden Bänden *Kritische Psychologie der Frauen* (Haug/Hauser 1985; 1986) feststellen, daß der Grad beliebiger Interpretation bei der Arbeit mit den eigenen Erinnerungen zunimmt, je weiter sich die einzelnen Autorinnen von dem disziplinierenden Zugriff kritisch-psychologischer Begriffe entfernten. Selbstverständlich ist ein solcher Zugriff mit Kategorien aufs Material auch eine Einschränkung. Die Kategorien schärfen den Blick in eine Fragerichtung, aber sie erlauben darum auch nicht, außerhalb der Fragen liegende mögliche Antworten zu erkennen. Wir denken, das Recht, mit dem sie dies tun, ist das Interesse an der Handlungsfähigkeit der Menschen. In dieser Weise haben wir positiv mit den Begriffen der Kritischen Psychologie gearbeitet.

Auf der anderen Seite sperrten sich unsere Materialien auf eigentümliche Weise gegen den kategorialen Zugriff. Sie antworteten gewissermaßen spiegelverkehrt. Wir möchten das im folgenden an einem Begriffspaar verdeutlichen. Holzkamp hat in der *Grundlegung der Psychologie* die Kategorie «restriktive/verallgemeinerte Handlungsfähigkeit» ausgearbeitet (1983, S. 459, S. 461 ff., S. 467, S. 471 f., S. 491 ff., S. 500 ff., S. 506 f.). Er versucht mit diesem Begriffspaar individualhistorisch zu fassen, wie etwa ein Kind sich einerseits unter bestimmten Bedingungen in Unterdrückungszusammenhängen einrichtet (restriktive Handlungsfähigkeit erwirbt) bzw. andererseits Verfügungserweiterung durch subjektiven Widerstand vornimmt. Er schlägt vor, sich die kindlichen Versuche, eine der beiden Handlungsfähigkeiten anzustreben, in einem «Unterstützungsrahmen» zu denken, der gewöhnlich durch die Erwachsenen gebildet wird (Holzkamp 1983, S. 461 f.). Für das Kind stehen seine Handlungen in einem «Verfügungsrahmen», in den es sich «einpassen», bzw. den es zu überwinden trachtet. Es «paßt sich an», «arrangiert sich», «verzichtet», oder es leistet «Widerstand» (a. a. O., S. 462). Holzkamp führt schließlich vor, wie der restriktive Handlungstypus, auf Bedrohungen zu reagieren, sich zu einer Methode verfestigt, ein Umstand, der die Aufarbeitung der eigenen Kindheit zur notwendigen Voraussetzung für eine begriffene bewußte Zukunft macht. Wenn verschiedene Anpassungs-, Arrangement-, Verzichtsleistungen erfolgreich durchprobiert worden sind, dann, so seine Auffassung, entwickeln die Kleinen eine Methode dafür, mit der sie so verwachsen, daß sie sie auch als Erwachsene nicht lassen können, selbst wenn die elterlichen Unterstützungsrahmen gar nicht mehr notwendig sind. In dieser Weise entwickeln sie habitualisierte Formen der

Konfliktlösungen, in denen sie sich anpassen an übermächtig gedachte Erwachsene, die gar nicht mehr da sind. Holzkamp schlußfolgert, daß infolgedessen mit Vergangenheit gearbeitet werden muß, wenn in der Gegenwart und für die Zukunft Handlungsfähigkeit verbessert werden soll. Vergangenheit aufzuarbeiten kann dann auch heißen, daß man weniger angepaßt, selbstbewußter in eine begriffene Zukunft schreiten kann.

Problematisch ist uns die klare Alternative, die diesen beiden Formen von Handlungsfähigkeit in unserer Gesellschaft auch praktisch zukommen soll. Holzkamp unterstützt seine Argumentation mit einer Fülle von Alltagsmaterialien, die alle einleuchtend scheinen. Aber in unseren eigenen Frauen- und Mädchengeschichten waren solche Zuordnungen eher hinderlich. Zum Beispiel trafen wir auf eine Menge Widerstand bei den heranwachsenden Mädchen. Er richtete sich gegen den «Verfügungsrahmen». Sich anpassen, sich einrichten usw. waren kaum je Verfahrensweisen des Umgangs mit der eigenen Entwicklung. Nehmen wir z. B. das spannungsreiche Verhältnis zur Familienform. Hier fanden wir weniger, daß Frauen deswegen eine Familie wählen, weil sie sich nach und nach in die Familie eingepaßt hätten. Sie wollten nicht werden wie ihre Mütter, sondern ganz im Gegenteil: Familiengründung geschah aus Widerstand gegen die Elternfamilie, aus dem Motiv, selbst eine neue, viel bessere Familie herstellen zu wollen. Allgemein können wir formulieren, daß gerade bestimmte Formen von Widerstand sich schließlich als Handlungen erweisen, in denen die vorhandenen gesellschaftlichen Strukturen reproduziert und in denen – um mit Holzkamp zu sprechen – «restriktive Handlungsfähigkeit» erreicht wurde. Gerade Widerstand kann also zur Anpassung führen.

Holzkamp argumentiert zu recht, daß historisch erarbeitete Kategorien nicht aufgrund von Aktualempirie geändert werden können, sondern ein Zweifel oder eine Frage müssen auf der Ebene formuliert werden, in der die Kategorien gebildet wurden. Auf der Kategorienebene geht es um den Prozeß des Erwerbs von «erweiterter Handlungsfähigkeit» und die Behinderungen, die speziell in der bürgerlichen Gesellschaft der/dem einzelnen dabei in den Weg gelegt werden, daß sie in «Selbstfeindschaft», auf «volle Menschlichkeit» verzichten. Holzkamp besteht auf den möglichen Alternativen der widerständigen «Rahmenerweiterung».

Marx benutzte an den meisten Stellen, an denen Holzkamp von «Rahmen» spricht, den Begriff der «Form». Diese Kategorie ist für

Marx' Vorstellung von Widersprüchen und von Entwicklung ganz zentral. Die Menschen, denkt er, handeln widersprüchlich in bestimmten Formen, z. B. in der Familie, solange bis die Widersprüche unerträglich werden und die Form gesprengt wird. Eine neue Bewegungsform für die Widersprüche muß gefunden werden. Eine häufig auftauchende Figur bei Marx ist, daß unter bestimmten gesellschaftlichen Verhältnissen etwas in der Form seines Gegenteils auftritt. Wir könnten z. B. formulieren: In der Privatform der Familie erscheint der widerständige Versuch der Frauen, «verallgemeinerte Handlungsfähigkeit» zu erreichen, in der Form ihres Gegenteils als «restriktive Handlungsfähigkeit». Dieser unerträgliche Zustand kann von den Frauen begriffen werden, seine Änderung aber setzt die Sprengung der Privatform voraus. Dies kann nur kollektiv geschehen, aber es muß geschehen. (Zwar finden sich in der bürgerlichen Gesellschaft alle Individuen zunächst in der Privatform vergesellschaftet, aber nur den Frauen ist es eigentümlich, daß sie sich auch in ihr reproduzieren können). Auch Holzkamp geht davon aus, daß «verallgemeinerte Handlungsfähigkeit» kollektiv, also «die Erweiterung der Verfügung über die Lebensbedingungen» ein Werk vieler sein muß. Aber die Art, wie die Begriffe gegensätzlich unangefochten alternativ stehen, macht, daß es so aussieht, als ob die einzelnen in den vorhandenen Formen so oder so leben könnten. Entweder arrangieren sie sich mit den «Herrschenden», oder sie erweitern ihre Handlungsfähigkeit, indem sie «gegen den Strom der Selbstverständlichkeiten unmittelbaren Welt- und Selbstbezugs anschwimmmen» (Holzkamp 1983, S. 501). Die Schreibweise, die wir als konkretistische Abstraktion kennzeichnen möchten, weil hier sehr theoretische Zusammenhänge durch sehr alltägliche praktische Wendungen eine Veranschaulichung erhalten, die ihnen auf dieser Ebene der Darstellung nicht zukommt, macht, daß sich die Alternativen moralisch lesen: Entweder ist man ein Opportunist oder ein Widerständler! Aber der Reim, den wir uns als LeserInnen von Holzkamp machen, gehört nicht in die Prosa der Kategorialanalyse. Diese erlaubt eigentlich solche Typisierungen auf der empirischen Ebene nicht.

Wir möchten daher für die Weiterarbeit mit und in der Kritischen Psychologie vorschlagen, das Verfahren, für die Empirie gegensätzliche Begriffspaare auf der Kategorialebene zu bilden, zunächst beizubehalten. Ihre Entgegengesetztheit sollte das analytische Werkzeug schärfen. Bevor jedoch das empirische Material selbst in diesem theoretischen Rahmen aufgearbeitet wird, scheint uns eine Analyse der

Formen, in denen die Menschen ihr Leben konkret historisch produzieren, unumgänglich. Von daher könnte man in unserem Beispiel – verkürzt gesprochen – untersuchen, wie Anstrengungen von Frauen, Handlungsfähigkeit zu erweitern, sich in den Formen der bürgerlichen Gesellschaft zugleich in ihr Gegenteil verkehren, und wie praktische Alternativen, Handlungsfähigkeiten zu erweitern, ohne die Restriktionen zu bedienen, geradezu notwendig zur kollektiven Veränderung der Formen führen müssem. Die Begriffe «restriktiv / verallgemeinert» stünden so nicht in einem einfachen Gegensatz, sondern in einem Entwicklungswiderspruch, in dialektischer Verschränkung. Ihre Alternative wäre zunächst nur eine im Denken, praktisch geworden stünden dagegen jeweils die Formen zur Veränderung an, in denen Handlungsfähigkeit erworben wird. Ein solches Verständnis der gegensätzlichen Begriffe scheint uns notwendig für alle Kategorien, die wir genannt haben:[5] «Selbstbestimmung / Fremdbestimmung», «interaktiv / kooperativ» usw.: Was bedeutet dies praktisch? Zumindest für die Frauenforschung denken wir, daß auf diese Weise das in der Kategorie der «Erweiterung der Handlungsfähigkeit» nahegelegte Verständnis, dies sei ein Prozeß allmählichen, kontinuierlichen Wachstums, ersetzt werden muß durch die Vorstellung von Brüchen. Dann wäre die begreifende kollektive Kraft auf die Bewältigung des Bruchs mit den alten Formen und die womöglich bewußte Herstellung alternativer Formen des Lebens gerichtet.

Man könnte an dieser Stelle einwenden, solche Überlegungen gehörten doch in eine Befreiungstheorie, Holzkamp dagegen gehe es um individuelle Vergesellschaftung, nämlich um den Prozeß des Erwachsenwerdens in unserer Gesellschaft. Wir denken, daß es ein Verdienst Holzkamps ist, diesen Unterschied in seiner Theorie nicht zu machen, etwa zu behaupten die Psychoanalyse sei gut für die Kindheit und der Marxismus für die Erwachsenen, sondern, daß er Vergesellschaftung als umfassenden Prozeß begreifbar machen wollte. Von daher scheint es uns umgekehrt richtig, jene dramatischen Widersprüche und Brüche, die wir in der Befreiung für unumgänglich erachten, auch im Vergesellschaftungsprozeß der Kinder anzunehmen. Kindliche Entwicklung also auch nicht als Prozeß kontinuierlich wachsender Verfügung über die Lebensbedingungen anzunehmen, sondern als Diskontinui-

---

5 Holzkamp hat im übrigen inzwischen seine Auffassung über diese gegensätzlichen Begriffspaare (um Handlungsfähigkeit) präzisiert und teilweise geändert vgl. dazu *Forum Kritische Psychologie* 26, 1990.

tät, als Übergang mit Sprüngen und Brüchen. Und von daher – dies eine letzte Sprachkritik – scheint es uns auch nicht klug, mit Herrschaftsbegriffen zu arbeiten wie «Verfügen», «Kontrollieren» usw., sondern mit Produktionsbegriffen wie «Tätigkeit», «Eingreifen» usw.; denn schließlich geht es uns ja nicht einfach um die Aneignung von Vorhandenem, wie das bei Holzkamp zuweilen durchscheint, auch nicht um «kollektive Inbesitznahme», wie er schreibt, sondern um die Zerstörung alter Formen und um Neuschöpfung. Wo Kultur und herrschendes Milieu uns gefangenhalten, wollen wir etwas Neues gemeinsam produzieren und damit zu neuen Menschen werden.

Das Erfahrungsproblem

Die Erforschung der Subjektkonstitution birgt methodologische und methodische Probleme. Die Frage des Standpunktes, die Notwendigkeit der Parteilichkeit, das Subjekt-Objekt-Verhältnis im Forschungsprozeß sind in feministischen Diskursen zentrale Elemente geworden. Gegen die traditionellen Wissenschaftsbegründungen ist ihnen eine Ganzheitlichkeit des Herangehens gemeinsam, welche die Einbeziehung von Erfahrung und Sinnlichkeit vorsieht.

Sobald Fragen des Unbewußten, der psychischen Entwicklung, des individuellen Gewordenseins beantwortet werden sollen, wird im Feminismus häufig auf die Psychoanalyse zurückgegriffen und darin auf die Konstruktion einer «wahren Vergangenheit», die es herauszuarbeiten gälte. Gegen diese für unsere Untersuchungen eher hinderliche Gedankenform, die die Selbsttätigkeit der Individuen selbst noch bei der Konstruktion eigener Vergangenheit eher ausblendet, entwickelten wir mit kritisch-psychologischen Einsichten ein dynamisches Konzept von Vergangenheit-Gegenwart-Zukunft. Zentral ist darin die veränderbare Selbst- und Weltsicht der einzelnen, die vom gegenwärtigen Wissen, von der aktuellen Einsicht bestimmt wird. Wir unterstellen, daß die Sicht auf die eigene Vergangenheit – und damit die Bedeutung der Vergangenheit – abhängig ist von der jeweiligen individuellen Befindlichkeit, die wiederum den Blick auf die Zukunft bestimmt. Holzkamp faßt diese Bewegung als Spannungsverhältnis von Real- und Phänomenalbiographie (Holzkamp 1983, S. 332 ff.); anstelle der «wahren Vergangenheit» rücken so die Verarbeitungsweisen ins Zentrum, und die Agenturen (Wissenschaften, Moral, Kirche, Traditionen usw.), durch die hindurch die Mittel der Verarbeitung gewonnen werden. Sie sind der Stoff, aus dem die soziale Konstruktion des Geschlechts gewonnen wird, durch den wir uns als Frauen bestimmen.

Kollektive Erinnerungsarbeit verstehen wir zunächst einmal als sozialwissenschaftliche Methode, mit der wir das Wissen über die weibliche Vergesellschaftung vergrößern wollen. Die Empirie geschieht unter Einschluß der Erforschten in den Forschungsprozeß. Auch für die einzelnen soll damit Begreifen an die Stelle von Bewußtlosigkeit gesetzt werden, um eine größere Handlungsfähigkeit zu erreichen. Freilich ist damit auch eine größere Verunsicherung verbunden. Erinnerungsarbeit geschieht unter der Annahme, daß die «Persönlichkeit» ein Gedächtnis hat. Darunter verstehen wir, daß im Prozess des Heranwachsens aus der Fülle des Lebens bestimmte Situationen, Aspekte, Dimensionen als bedeutungsvoll gespeichert werden; daß Handlungen, Wege, die gewählt wurden, als die richtigen interpretiert und mit Bedeutung belegt werden. Eine Selektion findet statt. Die Erinnerung baut oder konstruiert eine Person ohne Widersprüche, eine stimmige Person aus der Gegenwart ins Rückwärts. Es entsteht so eine «Persönlichkeit» mit Behinderungen, mit Unmöglichkeiten, mit Fesseln und Leid. Soweit dies so ist, kann eine Veränderung des Persönlichkeitsgedächtnisses, eine Erschütterung der Person die Möglichkeit von Neukonstruktion eröffnen. Die Erinnerung macht mit uns Politik; mit Erinnerungsarbeit versuchen wir, Gegenstrategien zu entwerfen.

Die Erinnerung erweist sich als viel umfangreicher als die Bestandteile, die wir als passend alltäglich für richtig halten. Haben wir erst einmal begonnen, uns detailliert zu erinnern, entsteht ein Reichtum an Bildern, Verknüpfungen, Alternativen. Gewordenes wird erkennbar. Wir sehen auch, wie wir es konstruiert haben. Die Macht der Bilder in uns wird veränderbar; Brüche und Unstimmigkeiten, Alternativen werden sichtbar. Positives Wissen wird erzielbar über solche Verknüpfungen. Gleichzeitig lassen sich im Kollektiv Angebote entwickeln, sich anders, z. B. kraftvoller, wahrzunehmen.

Die Methode entwickelten wir im wesentlichen im Laufe des Arbeitsprozesses – und zwar aus der Arbeit mit den Geschichten, die die einzelnen schreiben. Wir wechseln an dieser Stelle die Ebene der Darstellung und skizzieren einige uns wesentliche Aspekte unseres methodischen Vorgehens, um auf diese Weise nur im Resultat ein Stück der vorhergehenden Theoriearbeit zu zeigen (das theoretische Problem bzw. die jeweiligen Anknüpfungen sind in Klammern angegeben), ohne sie selbst an dieser Stelle darstellen zu müssen:

1. Im Unterschied zur Biographieforschung, der unsere Methode am ähnlichsten scheint, fordern wir die einzelnen im Kollektiv auf, keine Biographie oder Längsschnittgeschichte zu schreiben, da diese die Konstruktion, die die einzelnen von sich haben, nur bestätigen, die Ideologie sozusagen in ihrer Wirkung zeigen würde, und nicht, wie sie gemacht wurde. Statt dessen schreiben wir Einzelszenen zu Themen, die uns wichtig sind (Umgang mit dem Ideologieproblem und der Frage der eigenen Konstruktion von Persönlichkeitsgeschichte).

2. Wir bearbeiten die Szenen im Kollektiv, dies sowohl wegen der gemeinsamen Phantasie, wegen der Vergleichbarkeit, der Wiedererkennung und damit Verallgemeinerbarkeit, als auch, um das Erstaunen produktiv zu nutzen, das die Einheit von Gleichheit und Fremdheit in den individuellen Szenen hervorruft (Soziologische Phantasie und das Problem der Verallgemeinerung von Einzelfällen).

3. Wir bearbeiten die Sprache und ihren Floskelcharakter und begreifen, wie sehr Klischees und metaphorische Wendungen, aber auch alltagssprachliche lange gekannte Sätze uns sprechen, statt daß wir uns ihrer bedienen (Sprachtheorie).

4. Wir suchen nach den Interessen, den Motiven der geschilderten handelnden Personen. Sie fehlen zumeist zugunsten von Schwarz-Weiß-Konstruktionen, die dazu dienen, die eigene Person in den Fängen dunkler Mächte aufzuzeigen; sich als die eigene Geschichte erleidend darzustellen und Befreiung nur durch andere zu denken (durch Prinzen z. B., jedenfalls durch den «Richtigen», auf den gewartet werden muß; oder dadurch daß «bessere Eltern», «einfühlsamere Vorgesetzte» erhofft werden) (Diskursanalyse).

5. Wir suchen nach Leerstellen, nach Brüchen und Widersprüchen und bitten die Autorin, jeweils an den strategischen Punkten auf unsere Fragen in einer zweiten Fassung der Szene zu antworten.

6. Wir fragen insbesondere nach der Rolle der Gefühle bei den einzelnen Handlungen, weil sie sich als ein starker Anker, der die Handlungen begründet und hält, erweisen (Verhältnis von Emotion und Kognition).

7. Aus den gleichen Motiven, aus denen in der Frauenbewegung die einzelnen Frauen aufgefordert waren, in der ersten Person zu sprechen und zu schreiben und so sich selbst ernster zu nehmen, schreiben wir in der dritten Person, weil wir die Erfahrung gemacht haben, daß die einzelnen – solange sie in der ersten Person schreiben – nicht sorgfältig mit sich umgehen. Zum genauen Schreiben brauchen wir die Distanz, uns als historische Personen zu sehen, historisch zu leben (Diskussion über Verfremdung und Historisierung als Mittel der Entselbstverständlichung).

8. Schließlich erzählen wir nicht, sondern schreiben die Szenen auf, da nicht die Personen, sondern die Konstruktion Gegenstand der Bearbeitung ist. Von daher arbeiten wir immer auch gegen eine Psychologisierung und Therapeutisierung der einzelnen Personen im Kollektiv (Materialanalyse).

9. Wir beziehen den Zustand unseres Alltagsverstandes in die Bearbeitung ein; d.h. wir gehen davon aus, daß unsere Köpfe eine chaotische Sammlung von Erfahrungen, Meinungen aus der herrschenden Kultur, Theorien und Ratgeberliteratur beherbergen. Es ist uns wichtig, bei der Arbeit mit unseren Erinnerungen, unsere Köpfe mitzubearbeiten. Insofern schließt Erinnerungsarbeit die Kritik der herrschenden Theorien im Untersuchungsfeld ebenso ein, wie die der herrschenden Kultur, die Analyse von Alltagsmeinungen, Sprichwörtern und Moral. Zusätzliche Mittel zur eigenen Erinnerung sind Märchen, Bilder, Massenmedien.

Erinnerungsarbeit verstehen wir demnach als Teil einer Befreiungsstrategie und -politik als massenhafte Kulturarbeit. Im Kollektiv erst kann es uns gelingen, das kulturelle Netz zu zerstören, das alle hält und das von allen gehalten wird. Gegen die gesellschaftliche Organisation zunehmender Vereinzelung stellen wir uns eingreifende Sozialwissenschaft auch als Praxisform von kollektiven Erfahrungen vor. Der Versuch, der damit gemacht werden kann, ist Kulturzerstörung und Neuschöpfung im gleichen Prozeß. Dies scheint uns auch die einzige Möglichkeit der Selbstveränderung zu sein, so daß wir uns unsere Erinnerungsarbeit nur vorstellen können in Bewegung, also in und durch die Frauenbewegung. Und uns interessiert das Massenhafte, und die Wirksamkeit der kulturellen Einbindung. Indem sie für alle Frauen gilt, kann sie auch für die einzelnen wirksam werden und nur darum kann sie von vielen veränderbar sein. Es geht darum, eine andere Kultur zu schaffen, nicht nur einen anderen Menschen. Die einzelnen verändern sich, indem sie sich an dieser Veränderung beteiligen.

3. Feministischer Eingriff in marxistische Auffassung von Familienarbeit und kapitalistisches Zivilisationsmodell

Bis hierher befaßten wir uns mit Frauen-Subjekten und ihrer Bewegung. Die Frage danach, wie Frauenalltag und -erfahrung zu verstehen sei, schließt erkenntnistheoretische Fragen ebenso ein wie methodische. Wir übernahmen das Marxsche Paradigma, daß eine bestimmte Produktionsweise zu untersuchen zugleich die Analyse empirischer Praxen als auch der Gedankenformen über sie notwendig macht, daß es also einen Zusammenhang gibt zwischen herrschender Praxis und «objektiven» Gedankenformen. Damit bewegten wir uns in marxistischer Theorie als gedanklichem Rahmen und gingen zugleich über sie hinaus, weil die Leerstellen, die sie in bezug auf Erfahrung und Tätigkeit von Frauen aufweist, auch kritisch stimmen müssen gegen die gedanklichen Konstruktionen, zumindest, soweit sie den Zusammenhang und die Reproduktion von Gesellschaften als ganze betreffen.

Solches Unbehagen marxistisch geschulter Feministinnen gegenüber einer Reihe von Kategorien und Theoremen im Marxschen Denken haben international zu einer jetzt schon zwei Jahrzehnte währenden fruchtbaren Diskussion geführt, die nach der Entlastung marxistischer Theorie von den Realitäten der ehemaligen sozialistischen Länder neu belebt werden kann.

Wir möchten in diesem letzten Abschnitt jetzt die Fragen um weibliche Vergesellschaftung und ihre begriffliche Erfassung verlassen und vor dem Hintergrund der – innerhalb marxistisch-feministischer Auseinandersetzungen – lange währenden Debatte um den Marxschen Arbeitsbegriff und die Frage der Hausarbeit eine eigene exemplarische Kritik an der Marx-Engelsschen Weise, die Tätigkeiten von Frauen zu erfassen mit ihren Konsequenzen, die dies für das Verständnis von Gesellschaft hat, vorstellen.

Da die bisherigen Diskussionen im Feminismus sich wesentlich um den Begriff der Arbeit als Moment der Werttheorie und um die vergessene Hausarbeit in der Analyse der gesellschaftlichen Reproduktion kümmerten, möchten wir umgekehrt dort ansetzen, wo Engels oder Marx ausdrücklich auf Haus- oder Familienarbeit sich beziehen.

In seinem Vorwort zu *Ursprung der Familie* skizziert Engels, was unter «Produktion und Reproduktion des unmittelbaren Lebens» (MEW 21, S. 27) zu verstehen sei:

> «Einerseits die Erzeugung von Lebensmitteln, von Gegenständen der Nahrung, Kleidung, Wohnung und den dazu erforderlichen Werkzeugen; andrerseits die Erzeugung von Menschen selbst, die Fortpflanzung der Gattung» (MEW 21, S. 28).

Er nennt beides «Produktionen» und liefert in dieser Weise einen Ausgangspunkt für eine Theorie von Frauenunterdrückung, deren Ausarbeitung er selbst jedoch durch die folgenden Bestimmungen verstellt, in denen er die beiden Produktionsarten in der weiteren Entwicklung bestimmt als «einerseits [...] Arbeit, andererseits [...] Familie» (MEW 21, S. 28). Indem er solcherart eine Trennung vornimmt in Arbeit, der Nahrung, Kleidung, Wohnung usw. zugehörig sein sollen, und Familie, bleibt ihm für letztere und damit auch für eine Theorie von Frauenunterdrückung nichts als die Organisation biologischer Prozesse und ihre Verrechtlichung und Verstaatlichung. Familienarbeit kann nicht gedacht werden. Folgerichtig untersucht er in Ursprung der Familie die Organisationen der Fortpflanzung, und nicht, in welchem Verhältnis die in der Familie verrichteten Arbeiten zur Gesamtarbeit und zur Reproduktion von Gesellschaft stehen. Dabei war Engels an anderer Stelle, im Zusammenhang mit der Fortentwicklung von Gesellschaft, durchaus klar, daß in Familie auch gearbeitet wird. Im historischen Rückblick sagt er im *Anti-Dühring:*

> «Alle Entwicklung der menschlichen Gesellschaft über die Stufe tierischer Wildheit hinaus fängt an von dem Tage, wo die Arbeit der Familie mehr Produkte schuf, als zu ihrem Unterhalt notwendig waren, von dem Tage, wo ein Teil der Arbeit auf die Erzeugung nicht mehr von bloßen Lebensmitteln, sondern von Produktionsmitteln verwandt werden konnte» (MEW 20, S. 180).

Engels interessiert sich hier nicht weiter dafür, welche Bedeutung dieser Prozeß für den zurückbleibenden Teil, den er «Erzeugung von bloßen Lebensmitteln» nennt, hat, sondern blickt allein auf den gesellschaftlichen Fortschritt, der aus dem Überschuß des Arbeitsprodukts über die Unterhaltungskosten der Arbeit kommt, als Grundlage aller «gesellschaftlichen, politischen und intellektuellen Fortentwicklung» (MEW 20, S. 180).

Anders Marx. Im Kapital kennt er durchaus, wenn auch nur am Rande, die Familienarbeit. So bezeichnet er zum einen jene für die Manufaktur typische Organisation von Arbeit, die in kleinen durch Familien betriebenen Werkstätten geschah und die wir bis heute aus der Landwirtschaft kennen. Sie bedeutet die Verwandlung der Lebenszeit aller Familienmitglieder inclusive der Kinder in Arbeitszeit. Im Zusammenhang mit der Durchsetzung der Fabrikgesetzgebung schreibt er über die:

> «Regulation der sog. Hausarbeit [...] als direkter Eingriff in die patris potestas [...] die elterliche Autorität, ein Schritt, wovor das zartfühlende englische Parlament lang zurückzubeben affektierte. Die Gewalt der Tatsachen zwang jedoch, endlich anzuerkennen, daß die große Industrie mit der ökonomischen Grundlage des alten Familienwesens und der ihr entsprechenden Familienarbeit auch die alten Familienverhältnisse selbst auflöst» (MEW 20, S. 180).

Marx spricht hier u. a. über «das Recht der Kinder», sein Gegenstand ist die Zersetzung der Familie durch Warenproduktion und damit der Zusammenstoß zweier unterschiedlicher Produktions- und Lebensweisen: die Marktlogik, die den freien Warenbesitzer voraussetzt, und die Familienarbeit mit der relativen Rechtlosigkeit der Frauen und Kinder. An anderer Stelle schreibt er:

> «Der Arbeiter verkaufte früher seine eigne Arbeitskraft, worüber er als formell freie Person verfügte. Er verkauft jetzt Weib und Kind. Er wird Sklavenhändler» (MEW 20, S. 418) und in der Fußnote: «[...] findet man [...] wahrhaft empörende und durchaus sklavenhändlerische Züge der Arbeitereltern mit Bezug auf den Kinderschacher» (MEW 20, S. 418).

Marx zitiert eine große Zahl von Fabrikberichten insbesondere über Kinderarbeit, die allesamt zeigen, wie die «Sphären des Handwerks und der Hausarbeit sich in relativ kurzer Zeit zu Jammerhöhlen gestalten» (MEW 20, S. 514), und kommt dann zu dem bekannten perspektivischen Satz:

> «So furchtbar und ekelhaft nun die Auflösung des alten Familienwesens innerhalb des kapitalistischen Systems erscheint, so schafft nichtsdestoweniger die große Industrie mit der entscheidenden

> Rolle, die sie den Weibern, jungen Personen und Kindern beiderlei Geschlechts in gesellschaftlich organisierten Produktionsprozeßen jenseits der Sphäre des Hauswesens zuweist, die neue ökonomische Grundlage für eine höhere Form der Familie und des Verhältnisses beider Geschlechter» (MEW 23, S. 514).

Marx' Blick ist nach vorn auf die Organisation der gesellschaftlichen Produktion gerichtet und auf die notwendige Beseitigung alter behindernder Formen. Tatsächlich rückt hier überhaupt nicht in seine Betrachtung, was in der Familie außer der Produktion von Waren noch gearbeitet wird und demnach auch nicht, in welcher Weise diese Arbeiten der Hege und Pflege von Mensch und Natur in den Vergesellschaftungsprozeß eingehen. Unter Hausarbeit versteht er hier die innerhäusliche Erwerbsarbeit. Eine Erwähnung des Familienarbeitsbereichs außerhalb und in Konflikt mit der außerhäuslichen Erwerbsarbeit findet sich schließlich in zwei Fußnoten. Er schreibt über den Bericht aus der Baumwollkrise im Amerikanischen Bürgerkrieg:

> «Hygienisch habe die Krise, abgesehn von der Verbannung der Arbeiter aus der Fabrikatmosphäre, vielerlei andre Vorteile. Die Arbeiterfrauen fänden jetzt die nötige Muße, ihren Kindern die Brust zu reichen, statt sie mit Godfreys Cordial (einem Opiat) zu vergiften. Sie hätten die Zeit gewonnen, kochen zu lernen. Unglücklicherweise fiel diese Kochkunst in einen Augenblick, wo sie nichts zu essen hatten. Aber man sieht, wie das Kapital die für die Konsumtion nötige Familienarbeit usurpiert hat zu seiner Selbstverwertung» (MEW 23, S. 416 f., Fn. 120).

Der begriffliche Vorschlag «für die Konsumtion nötige Familienarbeit» erlaubt es, Familienarbeiten zusätzlich zu Arbeiten in der Erwerbsform zu fassen, jedoch ist auch in dieser Anordnung die im gleichen Zitat enthaltene Beobachtung, daß «die Muße» fehlte, den Säugling zu stillen, weshalb er schädlich «ernährt» wurde, übergangen. Anders gesprochen: Es gibt keinen Ansatzpunkt für die Frage, was eigentlich mit jenen Lebensqualitäten geschieht, die durch Zeiteinsparung, wie sie das Gesetz der Ökonomie erzwingt, zerstört werden. Marx behandelt diese Frage z. B. des Stillens sehr knapp wiederum als Frage des Lohnes:

> «Da gewisse Funktionen der Familie, z. B. Warten und Säugen der Kinder usw., nicht ganz unterdrückt werden können, müssen die

vom Kapital konfiszierten Familienmütter mehr oder minder Stellvertreter dingen. Die Arbeiten, welche der Familienkonsum erheischt, wie Nähen, Flicken usw., müssen durch Kauf fertiger Waren ersetzt werden. Der verminderten Ausgabe von häuslicher Arbeit entspricht also vermehrte Geldausgabe» (MEW 23, 417, Fn. 121).

Marx' Interesse gilt hier dem Umstand, daß die Einbeziehung der Frauen in den kapitalistischen Produktionsprozeß keine Mehreinnahme für die Familien bedeutet, sich also nicht wirklich lohnt. Gleichwohl läßt die verschiedentliche Erwähnung von Substituten Raum für weitergehende Analysen.

Im Zusammenhang mit der Analyse der Arbeitsteilung finden wir Ansätze zu einer Theorie von Familienarbeit:

«Für die Betrachtung gemeinsamer, d. h. unmittelbar vergesellschafteter Arbeit brauchen wir nicht zurückzugehen zu der naturwüchsigen Form derselben, welche uns an der Geschichtsschwelle aller Kulturvölker begegnet. Ein näherliegendes Beispiel bildet die ländlich patriarchalische Industrie einer Bauernfamilie, die für den eignen Bedarf Korn, Vieh, Garn, Leinwand, Kleidungsstücke usw. produziert. Diese verschiedenen Dinge treten der Familie als verschiedne Produkte ihrer Familienarbeit gegenüber, aber nicht sich selbst wechselseitig als Waren. Die verschiedenen Arbeiten [...] sind in ihrer Naturalform gesellschaftliche Funktionen, weil Funktionen der Familie, die ihre eigne naturwüchsige Teilung der Arbeit besitzt so gut wie die Warenproduktion [...] Die durch die Zeitdauer gemeßne Verausgabung der individuellen Arbeitskräfte erscheint hier aber von Haus aus als gesellschaftliche Bestimmung der Arbeiten selbst, weil die individuellen Arbeitskräfte von Haus aus nur als Organe der gemeinsamen Arbeitskraft der Familie wirken» (MEW 23, S. 92).

Es ist erstaunlich, daß Marx diesen Befund, daß die einzelnen Produkte nicht primär nach der verausgabten Zeit gemessen und von daher als mehr oder weniger wert erachtet und verglichen sind, nicht in seinen Folgen für die geschlechtsspezifische Arbeitsteilung und für das gesamte Zivilisationsmodell weiter untersucht hat. Schließlich macht das Kalkül der verausgabten Zeit den Wert auch zu einem Fluch, vor dem die Produkte geschützt werden müssen, sodaß gesellschaftlich sich schließlich nur bewähren kann, was möglichst wenig lebendige Zeit verschlingt – dies das Modell des Fortschritts und der Verarmung in einem. Zugleich erhalten wir hier auch einen Hinweis auf die Sehnsucht, die der Familie noch heute gilt und ihr Dauer verleiht als den Ort, an dem nicht nur kostengünstig und arbeitssparend kalkuliert produziert werden muß.

Es gibt bei Marx keine Analyse der Problematik, die sich aus der Unterordnung aller nicht der Lohnform unterliegenden Tätigkeiten unter die Logik des Kosten-Nutzen-Kalküls ergibt – dies sowohl für die Entwicklung der Menschen selbst und ihrer Bedürfnisse als auch für das, was als gesellschaftlich sinnvoll und anerkannt gilt. Seine Begeisterung für eine umfassende Ökonomisierung unterstellt alle Arbeit und ihre Bewertung im Grunde jenem Rationalisierungskonzept, das er für notwendig erachtet, um weiteren «Lebensansprüchen» genügen zu können:

> «Je mehr die Produktivkraft der Arbeit wächst, um so mehr kann der Arbeitstag verkürzt werden, und je mehr der Arbeitstag verkürzt wird, desto mehr kann die Intensität der Arbeit wachsen. Gesellschaftlich betrachtet wächst die Produktivität der Arbeit auch mit ihrer Ökonomie. Dies schließt nicht nur die Ökonomisierung der Produktionsmittel ein, sondern die Vermeidung aller nutzlosen Arbeit» (MEW 23, S. 552).

In den ausführlichen Analysen zur Arbeit im Kapitalismus kommt die geschlechtsspezifische Arbeitsteilung nurmehr am Rande vor. Ihr Zustandekommen skizziert er als zunächst «naturwüchsig», eine Teilung auf «rein physiologischer Grundlage», die durch den Austausch in voneinander abhängige Zweige gerät (MEW 23, S. 372). Er verfolgt die Anordnung dieser Bereiche, die für das kapitalistische Zivilisationsmodell zentral ist, nicht weiter. Daß Marx seine insbesondere in der Deutschen Ideologie skizzierten Überlegungen zum Herrschaftscharakter der geschlechtsspezifischen Arbeitsteilung («Die freilich noch sehr rohe latente Sklaverei in der Familie ist das erste Eigentum [...] Verfügung über fremde Arbeitskraft» (MEW 3, S. 32)) nicht weiter verfolgte, ist um so merkwürdiger, als sich auf dieser Grundlage eine Gesellschaftsformation entwickelte, in der gesellschaftlich im wesentlichen produziert wird, was Profit bringen kann, so daß alle Arbeiten, die dieser Zeitlogik nicht folgen können, nicht rationalisierbar, automatisierbar, beschleunigbar sind – wie das Hegen und Pflegen von Mensch und Natur – liegengelassen, zerstört oder der unentgeltlichen

Pflege von Frauen überlassen werden. Wir können heute wohl davon ausgehen, daß die Krisen der unbeherrschten und ungehemmten Produktivkraftentwicklung und des Raubbaus an der Natur und ihren Ressourcen mit dieser Logik und Bereichsordnung, der sich die Frauenunterdrückung verdankt, zusammenhängen.

Im Marxismus gab es keine weiteren Analysen zum Verhältnis von Familienarbeit und Lohnarbeit – Untersuchungen zur Frauenarbeit in der Familie wurden spezielle Domänen von Ethnologen (vgl. etwa Meillassoux). Rosa Luxemburg folgt in diesem Punkt ganz dem Marxschen Blick, Familie als etwas zu sehen, aus dem die Frauen schon «herausgerissen» sind (GW 3, S. 410 ff.). Auch Lenin interessiert Familie nur als Ort des Stumpfsinns, aus dem die Frauen herauszuholen sind.

Erst in den 80er Jahren wurden innerhalb der Frauenforschung Überlegungen aufgenommen, welche die Form der Familienarbeit mit einer Analyse gesellschaftlicher Verhältnisse verbanden. So schlugen etwa Maria Mies, Veronika Bennholdt-Thomsen, Claudia von Werlhof u. a. vor, eine Verallgemeinerung der Subsistenzarbeit könne eine Lösung der Weltproblematik erbringen, die sich aus der Warenproduktion entwickelte und bis zur Ausbeutung der Dritten Welt voranschritt.

Eine andere Diskussion im Feminismus entzündete sich an der Frage der vergessenen Hausarbeit in der Marxschen Wertlehre. Im Anschluß an Maria Rosa dalla Costa (1972) wird die Wertlehre um die als «produktiv» behauptete Hausarbeit erweitert, weil diese in der Form von persönlichen Dienstleistungen die Arbeitskraft als Ware reproduziere und damit hinter dem Rücken der industriellen Produktion für die Vergrößerung des Mehrwerts sorge. Die Rolle der Frau dabei sei in der Form der Familienarbeit unsichtbar gemacht. Auch Frauen produzierten mehr Wert als zu ihrer eigenen Reproduktion nötig sei, dessen kostenlose Aneignung in den Kapitalprofit eingehe und von Marx nicht berücksichtigt sei. Familie wird in dieser Analyse ein Zentrum gesellschaftlicher Produktion. Hausarbeit wurde ferner als «blinder Fleck in der Kritik der politischen Ökonomie» (v. Werlhof) herausgestellt. Schwerwiegender sei aber noch, daß Frauenlohndiskriminierung in der Wirklichkeit gerechtfertigt sei, weil Frauen weniger Wert schafften. Dies wird damit erklärt, daß Frauen Männer reproduzieren, ihre eigene Reproduktion aber von ihren Kräften abzuziehen sei. Insofern besäßen Männer faktisch mehr Wert für die Unternehmer, bzw. diese kauften mit der Ware Arbeitskraft Mann einen unsichtbaren Anteil Frauenarbeit ein (Pohl 1983). Eine praktische Konsequenz solcher Analysen war die Forderung nach Lohn für Hausarbeit, eine andere, diese Sphäre einfach abzuschaffen. Einen weiteren Akzent bringt Christel Neusüß (1984) in diese Debatte, indem sie herausarbeitet, daß die Ware Arbeitskraft überhaupt nicht umstandslos als Ware, die dem Arbeiter gehört, in die Analyse der Warenproduktion und Wertform eingehen könne, da so die Arbeit der Produzentinnen, der Mütter, und die Hausarbeit unsichtbar würden (Neusüß, 1984, S. 25). Die mehr als zehn Jahre währende internationale Debatte um Hausarbeit und Werttheorie hatte in ihrer Radikalität auch etwas seltsam Akademisches. Statt die Praxen aus dem einen Bereich (Hausarbeit) in die Theorie über den anderen (Lohnarbeit) zu zwingen, scheint es weiterführend, Trennung und Zusammenhang beider Bereiche, mit ihren unterschiedlichen Logiken und ihre Funktion für die Reproduktion der Gesellschaft zu untersuchen.

Blicken wir vom heutigen Standpunkt zurück auf eine Entwicklung der Menschheit, in der jeweils nur solche Tätigkeiten und die damit verknüpften Bedürfnisse sich entwickelten, die am Markt bestehen konnten, die also sich lohnten, was die Verausgabung von Zeit anging. Auf der Strecke blieben alle Produktionen und Tätigkeiten, deren Spezifika eine extensive Zeitverausgabung ohne entsprechend großes Produkt war. Es liegt in der Logik der Sache, daß der größte Teil der agrikulturellen Tätigkeiten, ebenso wie Wald- und Naturpflege, ja im Grunde auch das Aufziehen von Menschen, mit der Logik der Zeitreduktion unverträglich sind. (Einige Versuche der Industrialisierung der Agrikultur haben jene schauerlichen Produkte hervorgebracht, von denen Brecht mit knappen Worten prognostizierte: «Ihr werdet die Früchte nicht mehr am Geschmack erkennen.») Soweit die solcherart erzielten Produkte für das Überleben der Menschen auch kurzfristig unentbehrlich sind, treibt diese Entwicklung eine Spaltung der Menschheit voran in solche, die sich am Markt bewähren können, und solche «Teilmenschen», die unter dem Niveau der Durchschnittsmenschen tätig sind. Hierin kündigen sich die «dritten Welten» und ihre Verelendung an. In den Ländern der ersten Welt ist die Entwicklung komplizierter. Zum einen werden Frauen zum Teil ökonomisch abhängig gehalten, jedenfalls nicht in der Lage, sich selbst zu ernähren, soweit sie sich auf die «nicht lohnenden Tätigkeiten» einlassen müssen; das gilt ja selbst dann, wenn sie berufstätig sind. Ihre Stellung wird ökonomisch abgefedert durch einen Ehemann, wie er schon bei Marx und Engels als Ernährer der Familie auftritt. Ein großer Teil aber dieser, nennen wir sie «zeitraubenden» Tätigkeiten bleibt einfach ungetan. Hier entwickelt sich die Menschheit nicht. In dieser Weise geht der Prozeß der industriellen Produktivkraftentwicklung und der entsprechenden Bedürfnisse in den westlichen kapitalistischen Ländern einher mit einer ungeheuren Verrohung der Menschheit. Verbrechen, Drogen und Alkohol sind bloß die sichtbaren Zeichen eines Zivilisationsmodells, in dem die menschliche Entwicklung der Entwicklung einer aufs äußerste rationalisierten Arbeitszeitverausgabung und der nur so verfertigten Produkte/Bedürfnisse untergeordnet ist. Weit entfernt davon, daß der Fortschritt der materiellen Produktivkräfte die Menschen freisetzen würde, ihre eigene Entwicklung als Menschen in die Hand zu nehmen, bleibt diese gewissermaßen Abfallprodukt der allgemeinen industriellen Entwicklung und Frauenwerk. In diesem Zusammenhang erscheint es auch als logisch, daß Gorbatschow der Verwahrlosung der Jugend durch eine Rückkehr der Frauen in die Familien abzuhelfen hofft. In dieser Weise ist der Satz, daß am Grad der Frauenemanzipation der Grad der Entwicklung der Menschheit ablesbar sei, äußerst aktuell. Er betrifft die Beziehungen der Menschen untereinander, ihre Bedürfnisse, ihr Verhältnis zu ihrer Sinnlichkeit, zur sie umgebenden Natur, zum Werk ihrer Hände und Köpfe, ja zu sich selbst als menschliche Individuen.

Dieses Resultat verbindet die unterschiedlichen Überlegungen in den drei Abschnitten. Das Unbeachtete in den Analysen von Marx und von Engels erweist sich bei näherem Hinsehen als strategischer Widerspuch unserer Wachstumsgesellschaften. In ihr Überleben sind Frauen widersprüchlich eingespannt. In den Alltagserfahrungen von Mädchen/Frauen, in den wertesetzenden Ideologemen und legitimatorischen Theorien setzen sich diese Widersprüche durch als eine Art Verdoppelung. Fast alles, was allgemein gilt, gilt noch einmal besonders und anders für das weibliche Geschlecht. Solche Zerreißproben werden individuell lebbar in den Formen, in denen sie reproduziert werden und die jeweils eindeutigere Hierarchien in die widersprüchlichen Orientierungen bringen. Solche Formen sind etwa die Familie, die Fabrik, die Schule usw., aber auch die Erwerbsarbeit als Lohnarbeit, die Hausarbeit als Umsonstarbeit. In der Analyse von Vergesellschaftungsprozessen werden Fragen einer doppelten Orientierung, werden die Kategorien des Widerspruchs und der Form strategisch relevant. In der Erarbeitung von konkretem Wissen über die Reproduktion von

Frauenunterdrückung gewinnen wir zugleich Elemente einer allgemeinen Gesellschaftstheorie als Kritik an bisherigen Theorien, auch und gerade marxistischen. Feministische Kritik bedeutet, die falsche Allgemeinheit von Mann und Mensch ebenso zurückzuweisen wie die damit einhergehende Besonderheit des Weiblichen als Natur und gleichwohl oder gerade deswegen den Standpunkt dieses Besonderen selbstbewußt einzunehmen, um die praktischen und theoretischen Barrieren aufzudecken und zu überwinden, welche die Einschreibung des Weiblichen in ein noch zu erstreitendes Allgemeines verhindern. Die Durchführung solchen Vorhabens fordert uns auf allen Ebenen zugleich: auf der der Praxisformen wie der der gedanklichen Konstruktionen, auf der des Alltags, der Politik und Wissenschaften von beiden.

Literatur

ACKER, Joan (1989): «Making Gender Visible». In: WALLACE, Ruth (Hg.): a. a. O.

ATWOOD, Margret (1987): *Der Report der Magd.* Düsseldorf

BARRETT, Michèle (1982): «Marxist-Feminism and the Work of Karl Marx». In: METTHEWS, Betty (Hg.): a. a. O.

BARRETT, Michèle (1983): *Das unterstellte Geschlecht.* Berlin

BECK, Ulrich / BECK-GERNSHEIM, Elisabeth (1990): *Das normale Chaos der Liebe.* Frankfurt a. M.

BECKER-SCHMIDT, Regina (1984): «Probleme einer feministischen Theorie und Empirie in den Sozialwisenschaften». In: Zentraleinrichtung zur Förderung von Frauenstudien und Frauenforschung an der FU Berlin (Hg.): a. a. O., S. 224-238

BECKER-SCHMIDT, Regina (1987): «Frauen und Deklassierung. Geschlecht und Klasse». In: Beer, Ursula (Hg.): a. a. O., S. 187-235

BEER, Ursula (1987a): «Einleitung. ‹Herrschaft über Natur und Menschen› als Gegenstand feministischer Gesellschaftsanalyse und Wissenschaftskritik». In: Beer, Ursula (Hg.): a. a. O., S. 1-24

BEER, Ursula (1987b): «Objektivität und Parteilichkeit – ein Widerspruch in feministischer Forschung? Zur Erkenntnisproblematik von Gesellschaftsstruktur». In: Beer, Ursula (Hg): a. a. O., S. 142-186

BEER, Ursula (1990): *Geschlecht, Struktur, Geschichte.* Frankfurt a. M.

BEER, Ursula (Hg.) (1987): *Klasse Geschlecht. Feministische Gesellschaftsanalyse und Wissenschaftskritik.* Bielefeld

BELOTTI, Elena G. (1977): *Was geschieht mit kleinen Mädchen?* München

BENN, Stanley / GAUS, Gerald (Hgg.) (1983): *Public and Private in Social Life.* New York

BENNHOLDT-THOMSEN, Veronika (1981): «Subsidence Production and Extended Reproduction». In: Young, Kate u. a.: a. a. O.

BURGARD, Roswitha / KARSTEN, Gabriele (1975): *Die Märchenonkel der Frauenfrage: Friedrich Engels und August Bebel. Eine feministische Kritik an Klassikern der sozialistischen Theorie.* Berlin

COCKBURN, Cynthia (1989): *Die Herrschaftsmaschine. Geschlechterverhältnisse und technisches Know-how.* Berlin

COSTA, Maria Rosa dalla (1974): «The Housewife and her Labor under Capitalism». In: *New Left Review,* 1/2,

DANIELS, Arlene (1975): «Feminist perspectives in sociological research». In: Millmann, Marcia / Moss Kanter, Rosabeth (Hgg.): a. a. O.

DIETRICH, Gabriele (1984): «Die unvollendete Aufgabe einer marxistischen Fassung der Frauenfrage». In: Projekt Sozialistischer Feminismus: a. a. O., S. 24-41

DUNAYEVSKAJA, Raya (1982): *Rosa Luxemburg, Womens Liberation and Marxist Philosophy of Revolution.* New Jersey

EDWARDS, Anne (1989): «The Sex/Gender Distinction: «Has it Outlived its Usefullness?» In: *Australien Feminist Studies,* Summer

EHRENREICH, Barbara (1977): *Zum Verhältnis von Sozialismus und Feminismus.* Vortrag gehalten auf der 2. Internationalen Konferenz «Marxismus in der Welt», Cavtat, Jugoslawien 1976. In: Pelagea, 9

FOX KELLER, Evelyn (1986): *Liebe, Macht und Erkenntnis.* München

GAME, Anne / PRINGLE, Rosemary (1983): *Gender at Work.* Sydney

GARMARNIKOW, Eva u. a. (Hgg.) (1983): *The Public and the Private.* London

HARDING, Sandra (1990): *Feministische Wissenschaftstheorie. Zum Verhältnis von Wissenschaft und sozialem Geschlecht.* Berlin

HARTMANN, Heidi (1981): «The Unhappy Marriage of Marxism and Feminism». In: *Women and Revolution*

HAUG, Frigga (1981): «Männergeschichte, Frauenbefreiung, Sozialismus». In: *Das Argument,* 129, 23. Jg., Heft 5, S. 649-664

HAUG, Frigga (1990): «Ökonomie der Zeit, darin löst sich schließlich alle Ökonomie auf. Neue Herausforderungen an einen sozialistsichen Feminismus». In: *Das Argument,* 184,32. Jg., Heft 6, S. 879-894

HAUG, Frigga (Hg.) (1980): *Frauenformen.* Berlin

HAUG, Frigga (Hg.) (1990): *Sexualisierung der Körper,* 4. Auflage. Berlin (Argument-Sonderband, 90, zuerst 1983)

HAUG, Frigga / HAUSER, Kornelia (1984): «Geschlechterverhältnisse. Zur internationalen Diskussion um Marxismus-Feminismus». In: Projekt Sozialistischer Feminismus: a. a. O., S. 9-23, 42-102

HAUG, Frigga / HAUSER, Kornelia (1989): «Frauenerfahrung und Geschlechtsbegriff». In: *Das Argument,* 177, 31. Jg., Heft 5, S. 659-708

HAUG, Frigga / HAUSER, Kornelia (Hgg.) (1987a): *Subjekt Frau. Kritische Psychologie der Frauen, Bd. 1.* Berlin (Argument-Sonderband, 117)

HAUG, Frigga / HAUSER, Kornelia (Hgg.) (1987b): *Der Widerspenstigen Lähmung. Kritische Psychologie der Frauen, Bd. 2.* Berlin (Argument-Sonderband, 130)

HAUG, Frigga / HAUSER, Kornelia (Hgg.) (1988): *Küche und Staat.* Berlin

HAUG, Frigga / HAUSER, Kornelia (Hgg.) (1991): *Die andere Angst.* Berlin

HAUG, Wolfgang Fritz / ELFFERDING, Wieland (Hgg.) (1982): *Neue soziale Bewegungen und Marxismus.* Berlin

HAUSER, Kornelia (1987): *Strukturwandel des Privaten? Das «Geheimnis des Weibes» als Vergesellschaftungsrätsel.* Berlin

HOLZKAMP, Klaus (1983): *Grundlegung der Psychologie.* Frankfurt a. M.

INSTITUT für Marxistische Studien und Forschungen (Hg.) (1983): *Wir wollen alles! Beruf – Familie – Politik. Frauenarbeit und Frauenbewegung.* Frankfurt a. M.

IVEKOVIC, Rada (1984): «Noch einmal zum Marxismus und Feminismus». In: Projekt Sozialistischer Feminismus, a. a. O., S. 103-112

KNAPP, Gudrun-Axeli (1987): «Arbeitsteilung und Sozialisation: Konstellationen von Arbeitsvermögen und Arbeitskraft im Lebenszusammenhang von Frauen». In: Beer, Ursula (Hg.): a. a. O., S. 236-273

LEGER, Danièle (1982): *Le Féminisme en France.* Paris

LIST, Elisabeth / STUDER, Herlinde (Hgg.) (1989): *Denkverhältnisse.* Frankfurt a. M.

MARX-ENGELS-Werke (1953). Berlin (Ost)

MEILLASSOUX, Claude (1976): *Die wilden Früchte der Frau. Über häusliche Produktion und kapitalistische Wirtschaft.* Frankfurt a. M.

METTHEWS, Betty (Hg.) (1982): *Marx 100 Years on.* London

MIES, Maria (1978): «Methodische Postulate zur Frauenforschung - dargestellt am Beispiel der Gewalt gegen Frauen». In: *Beiträge zur feministischen Theorie und Praxis,* 1/1, S. 41-63

MIES, Maria (1981): *Marxistischer Sozialismus und Frauenemanzipation.* Den Haag

MIES, Maria (1983): *Subsistenzproduktion, Hausfrauisierung, Kolonisierung.* Köln

MILLMANN, Marcia / MOSS KANTER, Rosabeth (Hgg.) (1975): *Another Voice: Feminist Perspectives on Social Life and Social Science.* Garden City

NEUSÜSS, Christel (1985): *Die Kopfgeburten der Arbeiterbewegung. Marx auf die Füße gestellt.* Hamburg

PATEMAN, Carol (1983): «Feminist Critiques of the Public/Private Dichotomy». In: Benn, Stanley / Gaus, Gerald (Hgg.): a. a. O., S. 281-306

PASQUINELLI, Carla (1982): «Feministische Bewegung, neue Subjekte und Krise des Marxismus». In: Haug, Wolfgang Fritz / Elfferding, Wieland (Hgg.): a. a. O., S. 159-170

POHL, Sigrid (1983): «Frauenlohn und Werttheorie». In: *Das Argument,* 25. Jg., Heft 4, S. 525-535

PROJEKT Sozialistischer Feminismus (1984): *Geschlechterverhältnisse und Frauenpolitik.* Berlin (Argument Sonderband, 110)

REITER, R. (Hg.) (1975): *Feminist Studies / Critical Studies.* New York

RUBIN, Gayle (1975): «The Traffic in Women: Notes on a Political Economy of Sex«. In: Reiter, R. (Hg.): a. a. O.

SCHEU, Ursula (1980): *Wir werden nicht als Mädchen geboren, wir werden dazu gemacht. Zur frühkindlichen Erziehung in unserer Gesellschaft,* 6. Auflage. Frankfurt a. M. (zuerst 1977)

SMITH, Dorothy E. (1981): «The Experienced World as Problematic: A Feminist Method». Saskatoon (University of Saskatchewan, *Sorokin-Lecture 12*)

SMITH, Dorothy E. (1989): «Eine Soziologie für Frauen». In: List, Elisabeth / Studer, Herlinde (Hgg.): a. a. O., S. 353-422

STACEY, Judith / THORNE, Barrie (1985): «The Missing Feminist Revolution in Sociology.» In: *Social Problems,* 32/4

STOLLER, Robert (1968): *Sex and Gender.* London

THOMPSON, Denise (1990): «The ‹Sex/Gender› Distinction: A Reconstruction». In: *Australien Feminist Studies,*

VIANELLO, Mino / SIEMIENSKA, Renata u. a. (Hgg.) (1990): *Gender Inequality. A Comparative Study of Discrimination and Participation.* London

WALLACE, Ruth (Hg.) (1989): *Feminism and Sociological Theory.* Sage Publication. London

WERLHOF, Claudia von (1978): «Der blinde Fleck in der Politischen Ökonomie». In: *Beiträge zur feministischen Theorie und Praxis,* 1/1, S. 18-32

WERLHOF, Claudia von / MIES, Maria / BENNOLDT-THOMSEN, Veronika (1983): *Frauen, die letzte Kolonie. Zur Hausfrauisierung der Arbeit.* Reinbek

WILLIS, Paul (1977): *Spaß am Widerstand. Gegenkultur in der Arbeiterschule.* Frankfurt a. M.

YOUNG, Kate u. a. (1981): *Of Marriage and Market.* London

ZENTRALEINRICHTUNG zur Förderung von Frauenstudien und Frauenforschung an der FU Berlin (Hg.) (1984): *Methoden in der Frauenforschung. Symposium an der Freien Universität Berlin vom 30.11.-2.12.1983.* Berlin

Maya Nadig

DER ETHNOLOGISCHE WEG ZUR ERKENNTNIS

DAS WEIBLICHE SUBJEKT IN DER FEMINISTISCHEN WISSENSCHAFT

1. Die ethnopsychoanalytischen Grundprinzipien und ihre Nähe zur feministischen Forschung

In den letzten Jahren wurde in der Frauenforschung zunehmend das Verhältnis von Ähnlichkeit und Differenz zwischen Frauen diskutiert. Die intellektuellen Feministinnen aus der weißen Mittelschicht haben sich, angeregt durch vielfältige Kritiken von Frauen aus der Dritten Welt (vgl. Viezzer 1977),[1] zu fragen begonnen, ob sie in ihrer politisch inspirierten Überbetonung der Gemeinsamkeit von Frauen als Opfer der patriarchalen Gewalt- und Machtverhältnisse nicht von einem falschen universalistischen Frauenbild ausgingen, das den kulturellen und ökonomischen Differenzen unter Frauen nicht gerecht würde. Ethnische und kulturelle Unterschiede, Klassendifferenzen, verschiedene sexuelle Ausrichtungen sowie die historisch bedingten Fremdheiten zwischen den Generationen sind in diesem Verständnis der Frauenrolle zu kurz gekommen.

Verbunden mit der Suche nach neuen und differenzierteren Konzepten zur gesellschaftlichen Lage der Frau tauchte auch die methodische Frage nach dem sorgfältigeren Umgang mit Fremdheit und Differenz in der Forschungspraxis auf. Immer wieder stellt sich das Problem der Beschaffenheit einer Forschungsart, die Unterschiede nicht nivelliert, aber auch Ähnlichkeiten in den Lebensverhältnissen und Einstellungen von Frauen nicht unterschlägt.

1 Die bolivianische Minenarbeiterfrau Domitila Barrios de Chungara formulierte in diesem Buch ihre Kritik am radikalen Feminismus der amerikanischen intellektuellen Frauen in einer Weise, die aus der heutigen Sicht voll bestätigt wird.

Die Ethnopsychoanalyse ist einer der Ansätze, die für die feministische Diskussion eine Rolle gespielt haben, weil sie das Problem Fremdheit/Vertrautheit in einer spezifischen wissenschaftlichen Tradition von Psychoanalyse und Ethnologie reflektiert hat. Das Besondere an diesem Ansatz ist der Reflexionsprozeß, der durch die wechselseitige Fremdheitswahrnehmung und die dadurch ausgelösten emotionalen Irritationen in Gang gesetzt wird. Gleichzeitig wird der Forschungsprozeß durch die Beziehung, die sich zwischen Forscherin und Informantin entwickelt, getragen, d. h. durch das Vertrauen, das sich durch das persönliche Sicheinlassen und gemeinsame Raumteilen entwikkelt.

Die Ethnopsychoanalyse versucht, die Befindlichkeit der Subjekte in der Gesellschaft zu verstehen, indem sie nicht nur auf die Subjektivität der Gesprächspartnerinnen in der Feldforschung eingeht, sondern auch die vielfältigen gesellschaftlichen, politischen und institutionellen Elemente der Forschungssituation beachtet. Gegenstand der Ethnopsychoanalyse ist das Unbewußte im Subjekt, insofern es einer Gruppe, Institution, Ethnie und Kultur angehört. Die Ethnopsychoanalyse geht dem sozialen und psychischen Verhältnis zwischen Subjekt und Gesellschaft in seinen bewußten und unbewußten Anteilen nach; ihr geht es also darum, die Subjektivität eines Individuums zu erfassen und gleichzeitig diesen Ausdruck eines Menschen als die Ausgestaltung gesellschaftlicher Möglichkeiten zu verstehen. Die besondere Wahl, die ein Individuum unter verschiedenen gesellschaftlichen Möglichkeiten vornimmt, ist mit seiner spezifischen Position im sozialen und ökonomischen Gefüge, mit seinen kulturellen und lebensgeschichtlichen Erfahrungen sowie mit seinen Anlagen zu erklären. Die Ethnopsychoanalyse will keine klare Grenze zwischen Subjekt und gesellschaftlicher Objektivität ziehen, sondern ist bestrebt, beide in ihrem besonderen Verhältnis zueinander zu erkennen.

Die ethnopsychoanalytische Forschungssituation

Die Methode der Ethnopsychoanalyse basiert auf dem psychoanalytischen Verfahren. Die gesellschaftspolitische Stellung und die Subjektivität der Forscherin sowie die Arbeitsverhältnisse in der Untersuchung werden beachtet, weil sie die Produktion der Forschungsdaten beeinflussen. Auch die Forscherinnen sind durch ihre sozialen Erfahrungen geprägt, in ihrer Wahrnehmung spezifisch sensibilisiert oder bestimmten Sachverhalten gegenüber resistent. Gleichzeitig aber sagen unsere emotionalen Reaktionen auf die Forschungssituation, die Feldforschung und die Begegnung mit fremden Frauen und Männern auch etwas über die latenten Strukturen der untersuchten Verhältnisse aus – insofern können die eigenen emotionalen Bewegungen, d. h. die eigene Gegenübertragung, auch als Erkenntnisinstrument benützt werden. Daraus erwächst das Anliegen, eine möglichst große Transparenz die Entstehungs- und Arbeitsbedingungen einer Untersuchung zu bringen, um zu vermitteln, durch welche Prozesse, Subjekte und Erfahrungen die Erkenntnis gewachsen ist. Diese Transparenz ist wissenschaftspolitisch um so wichtiger, als die meisten Forschungsberichte die konkreten Bedingungen des Produktionsprozesses, unter denen die Resultate entstehen, beiseite schieben, obwohl gerade diese Bedingungen wichtig sind, um das Ergebnis zu verstehen.

Indem in der traditionellen Sozialforschung meist von der Subjektivität der Forscherin und den Begleitumständen der Arbeit abgesehen wird, erhalten die Ergebnisse den Schein objektiver, in sich geschlossener Tatsachen, die die Wahrheit darstellen. Die personen-, lokal- und institutionsspezifischen Einflüsse und Verzerrungen der Arbeit sind nicht nachvollziehbar.

Ein Forschungsbericht ist aber immer auch von der sozialen Situation seiner Produzentinnen geprägt Es hängt sehr stark von der Ausdauer, den Lebensumständen und den Einstellungen der Forscherinnen ab, ob und wann sie einzelne Untersuchungsschritte abbrechen oder vertiefen und welche Theorien sie verarbeiten oder beiseite lassen. Außerdem ist ein Forschungsbericht auch durch seinen institutionellen Rahmen und Entstehungszusammenhang bedingt. Oft wäre es vom wissenschaftlichen Ablauf her gar nicht gegeben, die Untersuchung zu dem Zeitpunkt abzuschließen, zu dem sie de facto abgeschlossen werden muß. Aber jedes bezahlte Projekt kommt an den Punkt, an dem es durch die Finanzierung, den zeitlichen Arbeitsvertrag und die Vorgaben des Geldgebers geboten ist, eine Zäsur zu machen. Die Resultate werden dadurch wesentlich beeinflußt, obwohl diese Zäsur einer ganz anderen Logik entspringt als der Logik der Erkenntnis: Unterschiedliche Logiken stoßen aufeinander. Diese institutionellen, persönlichen und ökonomischen Aspekte, die Bestandteil jeder wissenschaftlichen Untersuchung sind, werden kaum erwähnt. Auf diese Weise entsteht der Anschein geplanter Geschlossenheit und Zielstrebigkeit. Diese vorgetäuschte Endgültigkeit der Ergebnisse nährt die Idealisierungen und Illusionen über die Potenz der Wissenschaft. Im Grunde ist das, was als Ergebnis präsentiert wird, niemals nur eine Antwort auf wissenschaftliche Fragen, sondern auch eine Antwort auf die Entstehungsbedingungen, die Ereignisse, die Zufälle, die institutionellen Grenzen und vertraglichen Bedingungen eines solchen Projektes.

Es ist ein allgemeines Merkmal der ethnologischen und vor allem der ethnopsychoanalytischen Untersuchungsmethode, daß die Fragen und die erkenntnisleitenden Kategorien nicht von vornherein festgelegt und in Form von Hypothesen und Fragestellungen formuliert sind. Sie entstehen erst im Laufe der Erhebung der Daten – im Zusammenleben mit den anderen Menschen, in den Gesprächen, aus den inneren Erschütterungen, die dies alles in der Forscherin auslöst. Die theoretische und strukturelle Ordnung der Untersuchung und der Auswertung entsteht aus den Forschungserfahrungen und vor allem aus der Struktur der erhobenen Daten. Und diese können, weil sie nicht von vornherein standardisiert oder strukturiert sind, nicht vorausgesehen werden. Auch ist es nicht sinnvoll, sich vor dem Untersuchungsbeginn allzu viele präzise Vorstellungen zu machen und Fragen zu formulieren, um mit diesem festgelegten Raster das Material durchzukämmen. Im Gegenteil: Es geht gerade darum, das Material von innen heraus in seiner gewachsenen Struktur sprechen zu lassen und zu erkennen. Die einzige Möglichkeit, einen authentischen Bezug zu dieser Struktur zu finden, ist die eigene Subjektivität, die emotional und rational reagiert. Dies bedeutet, daß sich die Forscherin bei der Auswertung sehr unmittelbar in Form von mehrmaliger Lektüre auf das Material einläßt und sich erlaubt, irritiert, abgestoßen, erstaunt und erfreut zu reagieren. Zugleich wird sie zu Ideen, Hypothesen und theoretischen Schlüssen angeregt. Sie muß diese emotionalen und rationalen Bewegungen festhalten und in ihrem Ganzen als Ausdruck kultureller Strukturen zu verstehen suchen.

Das vorläufige Eintauchen in das Unvorhersehbare der Feldforschung und das Sicheinlaßen auf das vorläufige Chaos der erhobenen Daten erfordert von den Forscherinnen enorm viel Spannkraft, Selbstsicherheit, Erfahrung und Geduld. In gewisser Weise tritt die Forscherin als Person zurück und macht sich vorübergehend zum Gefäß, zu einem *«container»*, wie Bion (1967) sagt. In der Funktion des Gefäßes nimmt sie auf und nimmt wahr, läßt sie sich durchdringen und anfüllen von dem, was ein anderes Subjekt von sich zeigt. Dies bedeutet, daß wissenschaftliche Überlegenheit, Distanz und Sicherheit manchmal verlorengehen. Phasenweise treten an deren Stelle die Gefühle unserer Gesprächspartnerinnen, die wir in uns aufgenommen haben. Was wir auch erfahren, ist die reale Ohnmacht, die jeder Wissenschaftler seinem Material gegenüber empfindet, die er oder sie – wie Georges Devereux (1967) es so schön dargestellt hat – mit viel methodischem und theoretischem Aufwand zu bannen sucht. Gemessen am klassisch soziologischen Vorgehen erscheint diese Form der Auswertung verwirrt und unklar – und so wird während des Auswertungsprozesses von verschiedenen Seiten auch darauf reagiert werden. In einer «normalen» wissenschaftlichen Umgebung kommt ein Wissenschaftler, der in dieser Weise vorgeht, unter einen enormen Druck: Die impliziten Regeln der «Wissenschaft», die alle Beteiligten vertreten, verlangen immer wieder jene methodische und theoretische «Klarheit», die durch eine Anpassung an die klassischen wissenschaftlichen Standards hergestellt zu sein scheint.

In einem ethnopsychoanalytischen Projekt geht es immer wieder darum, das Grundanliegen dieses Ansatzes zu verteidigen, der in scheinbar «unwissenschaftlicher» Weise das Material für sich sprechen lassen möchte. In diesen Momenten des Drucks, der Spannungen und Entwertungen drücken sich hergebrachte wissenschaftspolitische Strukturen aus, von denen wir selber in keiner Weise frei sind.

Jede unbewußte Identifikation mit dem institutionalisierten wissenschaftlichen Denken stützt die Erhaltung des narzißtischen Gleichgewichtes und die Selbstsicherheit der Wissenschaftlerin. Die daraus resultierende wissenschaftliche Vernunft und Klarheit wird zur Abwehr von neuen Erfahrungs- und Erkenntnisweisen eingesetzt. Eine lebendige Form der sozialen Vernunft wird verhindert. Das hat zur Folge, daß der nichtentfremdete Umgang mit der Suche nach Wahrheit existentielle und einschneidende Konsequenzen haben kann, Folgen, die die bisherigen Lebensorientierungen und den bisherigen Lebensstil aus dem Geleise werfen (vgl. Nadig/Erdheim 1980; Nadig 1986a). Das Eintauchen in die Forschungserfahrungen kann den Prozeß des sozialen Sterbens[2] auslösen, d. h. er kann die Persönlichkeit der Forscherin erschüttern und in ihren festgefahrenen Strukturen bewegen – es hat eine Veränderung der sozialen und manchmal auch der persönlichen Identität zur Folge.

Die ethnopsychoanalytische Beziehung ist eine regelmäßige und bewußt von der eigenen Gegenübertragung begleitete Beziehung zwischen EthnologInnen und ihren GesprächspartnerInnen.

In der Psychoanalyse wird entlang der Beziehungsdynamik, die sich in Form von Widerstand, Übertragung und Gegenübertragung entwickelt, die Art und Weise faßbar, in der die AnalysandInnen als Subjekte auf gesellschaftliche Gegebenheiten reagieren und in der die gesellschaftlichen Institutionen auf ihr individuelles Bewußtsein und Unbewußtsein einwirken.

Die ethnopsychoanalytische Beziehung entwickelt sich ähnlich wie die psychoanalytische, allerdings mit anderen Schwerpunkten. Die ethnopsychoanalytischen Gespräche stellen eine Form von gesellschaftlicher Interaktion auf einer libidinösen Ebene dar: Menschen, die verschiedenen Kulturen angehören, agieren und reagieren kulturspezifisch aufeinander. Die in der Beziehung ausgelösten emotionalen und libidinösen Bewegungen werden in einer Weise strukturiert, die für die Kultur, der jede Teilnehmerin angehört, typisch ist. Die psychischen Bewegungen zwischen den EthnologInnen und ihren InformantInnen bilden das wichtigste Material. Die Inhalte, anhand derer diese Bewegungen ausgedrückt werden, verweisen auf die kulturspezifische Seite der InformantInnen und die sozialen Strukturen ihrer Umgebung. Das Aufeinanderstoßen zweier kultureller Kommunikationsmuster löst bei der Ethnologin subjektive Irritationen aus, die sie unweigerlich in den oszillierenden Prozeß zwischen die empathisch-identifikatorische Annäherung und den reflexiv abgrenzenden Rückzug hineinführen. Ohne diesen Oszillationsprozeß könnte sie die kulturspezifische Umgangsweise des Gegenübers gar nicht wahrnehmen, sie müßte sie – aus Selbstschutz – als neurotische und individuelle Abwehrformen deuten (vgl. Morgenthaler 1977, 1978). Die Pathologisierung des Anderen würde im Dienst der eigenen Abwehr eingesetzt werden müssen. Neben der Pathologisierung und Entwertung tauchen

2 Das soziale Sterben ist jener Prozeß, der die klassen-, kultur- und geschlechtsspezifischen Rollenidentifikationen zerfallen läßt, so daß unbewußte Verdrängungen und die dazugehörige rationalisierende Ideologie bewußt werden können. Alteingesessene Identitätsstützen kommen ins Wanken, und die darin eingebauten Größenphantasien werden bewußt, auch sie zerfallen. Die Energie, mit der die Phantasien unbewußt gehalten wurden, befreit sich, und die wissenschaftliche Arbeit muß nicht mehr als Abwehr eingesetzt werden (vgl. Nadig 1984).

bei der Feldforschung weitere Abwehrmechanismen besonders häufig auf: Zur Verleugnung einer Realität, die Angst auslöst, weil sie fremd, schrecklich, verführerisch erscheint, eignen sich sowohl die Verherrlichung durch Idealisierung und Exotisierung als auch der Rückzug der Ethnologin in Arbeitsstörungen und Krankheit. Eine Reihe von Prozessen, denen die Ethnologin sowohl beim Studium der fremden Kulturen als auch bei der Ausarbeitung ihrer Ergebnisse in der eigenen Kultur ausgesetzt ist, lassen sich als Prozesse der Unbewußtmachung beschreiben: Verdrängung, Verleugnung, Reaktionsbildungen, Isolieren und Ungeschehenmachen usw.; d. h., es können die bekannten Abwehrmechanismen benützt werden, um die im Rahmen der wissenschaftlichen Tätigkeit erworbenen Erfahrungen unbewußt zu machen. Werden diese Abwehrmechanismen institutionell abgestützt, so läßt sich von einer gesellschaftlichen Produktion von Unbewußtheit sprechen. Sie ist ein zentrales Thema der Ethnopsychoanalyse, die – im Sinne einer Selbstanalyse – diese Mechanismen auch bei sich selbst studiert und gleichzeitig im Rahmen der Kultur, sowohl der eigenen, wie der fremden, untersucht.

Der ethnopsychoanalytische Prozeß setzt sich vorwiegend mit dem Zusammenstoß zweier Kulturen und zweier Subjekte auseinander. So wie die Übertragungen meiner GesprächspartnerInnen auf mich nicht primär aus Vater-, Mutter- oder Geschwisterrollen bestanden, sondern aus historisch erfahrenen sozialen Machtverhältnissen und institutionellen Rollen, so bestehen sie nicht primär aus nur persönlichen oder kindheitsspezifischen Erfahrungen, sondern auch aus der Wiederholung kulturspezifischer Umgangsformen mit Fremden, Autoritätspersonen, später aber auch mit Personen aus der eigenen Gruppe, mit Freundinnen usw. In den subjektiven Funktionsweisen können teilweise kulturtypische psychische Probleme der Angehörigen einer seit vielen Jahren unter ähnlichen sozialen Bedingungen lebenden Gruppe (Ethnie, Geschlecht, Altersgruppe usw.) verstanden werden.

Die Bedeutung der ethnopsychoanalytischen Theorie und Methode für die feministische Forschung

Kritische Ethnologie, gesellschaftlich interessierte Psychoanalyse und feministische Sozialwissenschaft stehen sich nahe, da sie in ähnlich gelagerten Gegenstandsbereichen Erkenntnis gewinnen wollen: am Fremden, am Unbeachteten, am Unterdrückten. Es sind Bereiche, die in der herrschenden Kultur keinen Raum haben; sie wurden verdrängt, unsichtbar gemacht oder ideologisiert; es geht um Zusammenhänge, die uns selber unbekannt, in uns tabuisiert sind und an die wir nicht selbstverständlich und mit adäquatem Vorwissen herangehen können. Vorurteile und Verbote, die geistesgeschichtlich, theoretisch, terminologisch und moralisch tief verankert sind, erschweren den Zugang zu den gesuchten Bereichen und deren Realität.

Die Beschaffenheit dieser Interessen und die Schwierigkeiten, die sich bei ihrer Bewältigung ergeben, haben sich in den drei Wissenschaftszweigen ähnliche methodische und theoretische Postulate entwickelt. Eines verlangt, Diskriminierung, Verzerrung und Ideologie in existierenden Lebenszusammenhängen und in Theorien zu erkennen. Damit hängt die Frage nach der Beteiligung an Werten und Gefühlen der dominanten Kultur zusammen. Die Gefahr von Projektion, Ethnozentrismus, Sexismus und sonstigen Abwehrmechanismen im Forschungs- und Erkenntnisprozeß verweist EthnologInnen, PsychoanalytikerInnen und feministische Wissenschaftlerinnen immer nachhaltiger auf die Bedeutung der eigenen Subjektivität und Involviertheit in die herrschenden Normen. Die subjektive Dimension wird um so wichtiger, je weniger es möglich ist, sich auf die althergebrachten oder kritischen Theorien der jeweiligen Wissenschaftszweige zu stützen.

Der Forschungsbereich soll als lebendiges soziales Feld, in welchem Subjekte Beziehungen zueinander haben, wahrgenommen werden. Über die Arbeit mit quantitativen Methoden in der Sozialwissenschaft, zum Beispiel zur Erforschung demographischer Verhältnisse, werde ich hier nicht sprechen. Solche Daten sind eine Basis, auf der die hermeneutischen und kulturanalytischen Ansätze aufbauen.

Unter feministischer Wissenschaft verstehen wir den Versuch, in einer männerdominierten Gesellschaft, die sexistische Wissenschaft betreibt, die Lebenszusammenhänge der Frauen in den spezifischen Geschlechter-, Klassen- und Produktionsverhältnissen so zu untersuchen, daß die Belange der Frauen ihren adäquaten Raum erhalten und in unverzerrter Weise dargestellt und gedeutet werden. Feministische Wissenschaftlerinnen haben den emanzipatorischen und aufklärerischen Anspruch, Ideologie, Unterdrückung und Unbewußtmachung im Lebenszusammenhang der Frau in Praxis und Theorie aufzuspüren und aufzuzeigen.

Der Anspruch, als Unterdrückte in und von der herrschenden Gesellschaft zu leben, von ihr geprägt zu sein und gleichzeitig gegen sie zu denken, zu handeln, wahrzunehmen und die Resultate dieses Tuns auch noch so darzustellen, daß sie verstanden werden, erfordert von Frauen eine höchst komplexe Pendelbewegung zwischen Identifikation mit und Abgrenzung von dominierenden Institutionen; es erfordert, sich zugleich auf das Etablierte einzulassen als auch sich von ihm zu distanzieren, um zu überprüfen, was in dieser Bewegung erfahrbar wurde. Es geht allerdings nicht nur um das Oszillieren zwischen Einfühlen und Abgrenzen, sondern auch um ein Zuhören, Fühlen und Denken mit einem an der eigenen Subjektivität geschärften sowie mit einem durch Theorie und Wissen geschulten Sensorium. Nur so können etablierte Relevanz- und Werthierarchien aufgebrochen und Wissenszusammenhänge neu konstruiert werden. Bleibt frau in einer einseitigen Sicht der Anklage und Gegenposition stecken, so umgeht sie die Pendelbewegung zwischen Einlassen und Abgrenzung und damit die unangenehme Erkenntnis, daß sie selber Teil des angeklagten Systems ist oder daß dieses partiell auch wünschenswerte Aspekte beinhaltet.

Gleichzeitig untersuchen Wissenschaftlerinnen in unterschiedlichem Ausmaß die Prämissen, auf deren Boden Wissen konstruiert wurde. Es wird von einer «Neukonstruktion des Wissens», von einer «epistemologischen Revolution» gesprochen. Was bei den Methodendiskussionen noch offen und vage bleibt, ist in der konkreten theoretischen Arbeit von Feministinnen mit außerordentlichem Erfolg vorangetrieben worden. Die systematische Überprüfung herrschender Theorien an der eigenen sozialen und persönlichen, subjektiven Erfahrung als Frau hat eine neue Blickweise und Sinninterpretation ermöglicht.

Der ethnopsychoanalytische Ansatz, der – unter Berücksichtigung der unbewußten Komponenten in Kultur und Subjekt – immer auch mit dem kritischen und selbstreflexiven Einsatz der eigenen Subjektivität arbeitet, erscheint mir besonders geeignet, diese komplexen Fragestellungen anzugehen. Er stellt für diese Verbindung von Subjektivität und Gesellschaft in ganz konsequenter Weise sowohl eine Methode als auch eine Theorie zur Verfügung.

2. Die Tradition der Ethnopsychoanalyse

Ausgehend von den eben beschriebenen Problemen, mit denen die Ethnopsychoanalyse konfrontiert ist, wollen wir die Frage aufwerfen, zu welchen Traditionen sie sich bekennt, welche sie weiterführt und welche sie als zu vermeidende Sackgassen betrachtet.

Psychoanalyse als Methode der Therapie

Freud arbeitete zwar nicht von Anfang an mit dem expliziten und deklarierten Einsatz der eigenen Subjektivität im Therapieprozeß, aber er mußte sehr bald erkennen, daß seine Behandlungen schweren Verzerrungen und Fehldeutungen unterliegen konnten, wenn er nicht gleichzeitig die wachsende Beziehung zwischen ihm und seiner Analysandin beachtete, deutete und seine eigenen diesbezüglichen Gefühle ernst nahm. Das sorgfältige Erarbeiten der sich entwickelnden Beziehung und der eigenen subjektiven Involviertheit (Gegenübertragung) stellt gleichzeitig einen Erkenntnisprozeß und einen therapeutischen Prozeß dar – gemeinsames Verstehen und mögliche therapeutische Wirkungen sind nicht voneinander zu trennen. Primäres Ziel dieses psychoanalytischen Vorgehens ist es, die subjektive Sinnstruktur der AnalysandInnen und die Art und Weise, in der sie mit innerer und äußerer Realität umgehen, herauszuarbeiten. Weil die PsychoanalytikerInnen bei dieser Suche nach dem Unbewußten ständig auf Tabus und Grenzen der eigenen Kultur stoßen, die durch Identifikation verinnerlicht und verdrängt sind, unterziehen sie sich in ihrer Ausbildung selber einer Analyse, in welcher das eigene Unbewußte erforscht und seine Funktionsweisen bewußtgemacht werden sollen. Die eigene Analyse schützt zwar nicht vor weiteren Verinnerlichungen und Abwehrmechanismen, aber sie ermöglicht doch ein flexibleres Verhältnis zum eigenen Unbewußten, zu dem auch in Selbstanalyse ein Zugang gefunden werden kann.[3]

Die Freudsche Psychoanalyse (im Gegensatz z. B. zur Psychologie von C. G. Jung) interessiert sich nicht so sehr für das Unbewußte «an und für sich», sondern mehr für sein Verhältnis zum Bewußtsein (Freud 1923, S. 244 f.); sie untersucht deshalb vor allem, wie und warum etwas, das Inhalt des Bewußtseins gewesen war, unbewußt gemacht werden mußte. Der Psychoanalytiker fragt: Was ist dem Indivi-

3 Im Laufe der 70er Jahre wurde es immer wichtiger, sich mit den gesellschaftlichen Implikationen der Psychoanalyse, mit ihrer Praxis, Theorie und Identität auseinanderzusetzen. Wichtige Anstöße gingen dabei von sozialwissenschaftlichen Theorieansätzen aus (vgl. Parin 1969; Lorenzer u. a., 1971; Dahmer 1982; Erdheim 1982; Parin und Parin-Matthèy 1983; Lohmann 1983, 1984; Institutsgruppe der Univ. Salzburg 1984).

duum bewußtseinsfähig, was nicht? Was muß das Individuum, weil gewisse Wahrnehmungen oder Phantasien von der Struktur seines Bewußtseins nicht aufgenommen werden können, mit Hilfe seiner Abwehrmechanismen verdrängen, verleugnen, abspalten, ins Gegenteil verkehren usw. Die Kultur, die etwa über die Sprache oder die Erziehung die Struktur des Bewußtseins bestimmt, nimmt Einfluß auf das, was bewußtseinsfähig werden darf und was ausgeschlossen werden soll. Die zensierende Funktion ist aber keine totale. Das Individuum kann Verhältnisse wahrnehmen, die kulturell unerwünscht sind, und sie in die Realität umzusetzen versuchen – dieser Umstand ist eine der wesentlichen Voraussetzungen für den Kulturwandel. Andererseits können Wahrnehmungen oder Phantasien kulturell durchaus gestattet sein, müssen aber vom Individuum, aufgrund seiner persönlichen Geschichte unbewußt gemacht werden. Die therapeutisch ausgerichtete Psychoanalyse hat sich vor allem auf die letzte, die Idiosynkrasien des Individuums betreffende Problemstellung beschränkt.

Als die Zürcher Psychoanalytiker Paul Parin und Goldy Parin-Matthèy zusammen mit Fritz Morgenthaler Ende der 50er Jahre ihre Untersuchungen bei den Dogon in Westafrika anfingen, war das Neue daran, daß sie das psychoanalytische Verfahren als Methode der Feldforschung anwandten. Während früher die psychoanalytische Methode lediglich als Therapie oder im Zusammenhang mit der Ausbildung zum Psychoanalytiker als sogenannte Lehranalyse zur Anwendung kam, wurde sie nun unmittelbar zur Gewinnung der Daten über die fremde Kultur eingesetzt.

Ebenso wie Freud seine Kulturtheorie letztlich aus seiner therapeutischen Praxis entwickelt hatte, wurde es in der Ethnopsychoanalyse möglich, das Verhältnis zwischen der Kultur und dem Unbewußten von der psychoanalytisch aufgebauten Feldforschung her theoretisch zu begreifen. Es ist daran zu erinnern, daß es Freuds Leistung gewesen war, das «therapeutische Dreieck» (Pouillon 1972) neu zu definieren:

Theorie der Krankheit

Arzt ——— Patient

Die einzelnen Elemente dieses Dreiecks sind voneinander abhängig: Die Struktur und Definition des Arzt-Patienten-Verhältnisses bestimmen die daraus entwickelte Krankheitstheorie, und je nachdem, welche Krankheitslehre vorherrscht, wird sich ein bestimmtes Verhältnis zwischen Arzt und Patient ergeben.

Indem Freud die therapeutische Methode von der Hypnose über die Suggestion zur freien Assoziation abwandelte, gelang es ihm, fest etablierte Machtstrukturen zwischen dem Psychiater und dem Patienten aufzulösen und auf diese Weise Einblick in das Unbewußte des Arztes und des Patienten zu gewinnen. Auf diese Weise war Freud auch imstande, eine neue Theorie von Krankheit, welche Psychisches und Somatisches in ein neues Verhältnis setzte, zu entwickeln. Als jedoch die psychoanalytische Theorie auf sozialwissenschaftliche Phänomene übertragen wurde, ohne daß sich auch das Verhältnis zwischen dem Forscher und seinem Informanten an Freuds neuen Erkenntnissen orientierte, wurde das Erklärungspotential der Psychoanalyse auf eine manchmal geradezu mechanisch anmutende Anwendung der Metatheorie auf kulturelle Phänomene eingeschränkt. Freuds Thesen – z. B. über die Bedeutung des Ödipuskomplexes für die Kultur – wurden auf fremde Kulturen, deren Kenntnis man sich literarisch, historisch oder ethnographisch erarbeitet hatte, «übertragen» (Rank 1912, 1917; Reik 1919). Zwischen den «therapeutischen» Daten einerseits und den «kulturwissenschaftlichen» andererseits baute sich nach und nach eine beträchtliche Spannung auf, die sich auf die Frage hin zuspitzte, ob es statthaft sei, zwischen «Kranken» (etwa den Wiener Neurotikern) und «Gesunden» (z. B. die «Wilden» Neuguineas) Vergleiche zu ziehen (Kroeber 1920). In dieser ersten Phase beschränkte sich die Ethnopsychoanalyse darauf, psychoanalytische Theorien an fremden Kulturen zu erproben.

Mit dem Thema «Frau» erging es den PsychoanalytikerInnen ähnlich wie den EthnologInnen. Zwar trug schon Freud mehr und differenzierter als seine Zeitgenossen dem Unterschied zwischen den Geschlechtern Rechnung und stellte die gröbsten Vorurteile über die Frau in Frage, die zu seiner Zeit mit Erfolg von Otto Weininger und anderen verbreitet wurden. Interessant ist es aber, daß ihm dieser differenzierte Umgang mit Frauen vor allem in der direkten Kommunikation gelang. In der Darstellung seiner Hysteriefälle ist ein sorgfältiges Hinhören und genaues Wahrnehmen seiner Patientinnen spürbar. Im Verhältnis zu den biologistischen und verächtlichen Frauendarstellungen der zeitgenössischen Psychiater war die Psychoanalyse von ihrer Methode und den Fragestellungen zur Weiblichkeit her diesen weit voraus. In der theoretischen Verarbeitung dieser Erfahrungen mit Frauen gelang es zwar, die gröbsten Vorurteile zu vermeiden, die tieferen aber teilten die Psychoanalytiker mit ihrer Zeit. So blieb die Frau für Freud letztlich ein «dark continent», und die Einschätzungen von Mutterschaft, Weiblichkeit und gesellschaftlich aktiven Frauen blieben einer androzentrischen Sichtweise verhaftet – auch bei den Psychoanalytikerinnen. Erst die Frauenbewegung der 60er Jahre begann die Konstruktion der Weiblichkeit in der psychoanalytischen Theorie grundsätzlich in Frage zu stellen, die der 70er Jahre verwendete das psychoanalytische methodische und theoretische Potential, um eine Psychologie der Frau neu und unter Einbezug feministischer Erkenntnisse zu formulieren (vgl. Mitscherlich 1975; Mitchell 1976; Chodorow 1978; Hagemann-White 1979; Gambaroff 1984). Die mangelnde Einsicht in die gesellschaftlich bedingte Ausgrenzung der Frau aus den herrschenden Bereichen der Kultur hatte diese Aufarbeitung zu einem früheren Zeitpunkt verhindert.

Trotz dieser Kritiken und einiger notwendiger feministischer Revisionen der psychoanalytischen Theorien der Weiblichkeit hat die Frauenforschung auch Möglichkeiten der produktiven Anknüpfung an diese Tradition gefunden: Die Erfahrungsbildung innerhalb der psychoanalytischen Beziehung und die Beachtung von Übertragung und Gegenübertragung im Setting sind zwei grundlegende Aspekte des psychoanalytischen Forschens und Arbeitens. Diese beiden methodischen Eckpfeiler der Psychoanalyse sind hervorragend geeignet, um sie in die feministische Erkenntnisarbeit aufzunehmen: das Ernstnehmen der Subjektivität der Beteiligten und das Ernstnehmen von Nicht-Identität und Differenz.

Psychoanalyse als Methode der Feldforschung

Die substantielle, nicht nur theoretische Verknüpfung von psychoanalytischer Methode und sozialwissenschaftlicher Forschung haben die Ethnopsychoanalytiker Paul Parin, Goldy Parin-Matthèy und Fritz Morgenthaler geleistet. Mit ihren Arbeiten erreichte die Ethnopsychoanalyse ein neues Niveau und einen höheren Grad an Komplexität: Sie war nicht mehr ein lediglich interpretierendes Verfahren, sondern setzte das psychoanalytische Verfahren direkt ein, um das Unbewußte im Rahmen der Kultur zu studieren. Methodologisches Neuland erschloß auch das bereits in den 40er Jahren entworfene Buch von Georges Devereux *Angst und Methode in den Verhaltenswissenschaften* (engl. 1967, dt.

1973). Er löste das psychoanalytische Theorem der Übertragung-Gegenübertragung aus dem therapeutischen Rahmen und bezog es auf die sozialwissenschaftliche Forschung. Als Ansatzpunkt nannte er die «persönliche Verstrickung des Verhaltenswissenschaftlers mit seinem Material und die Realitätsverzerrungen, die diese Gegenübertragungsreaktionen nach sich ziehen» (1967, S. 28). Als auslösendes Moment für diese Gegenübertragung wirkt die Angst, die die fremde Kultur in ihrem Beobachter hervorruft. Angst bedeutet hier im Sinne Freuds die Reaktion auf eine – von inneren und äußeren Faktoren bedingte – unbekannte Situation, die das Individuum nicht bewältigen kann. In der Feldforschung ist schwer zu bewältigen, was die Informanten dem Ethnologen über ihre Kultur sagen, weil die in diesen Informationen beinhalteten Normen, Tabus und Werteinstellungen oft denen des Forschers widersprechen und seine eigenen unbewußten Tabus verletzen. Deshalb forderte Devereux, daß der Wissenschaftler dazu kommen müsse, «sich die Einsicht zu eigen zu machen, daß seine Daten genau so viel Angst erregen, wie klinische Daten, und daß er seiner Angst ins Gesicht sehen muß, um der Versuchung zu widerstehen, Teile seines Materials zu verdunkeln» (1967, S. 127).

In Analogie zu Pouillons therapeutischem Dreieck könnte man von einem Dreieck der Sozial- und Kulturforschung sprechen:

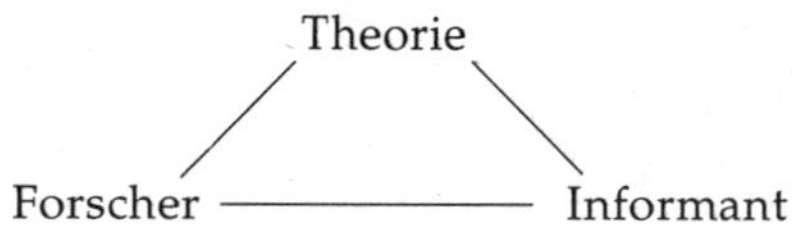

Wenn das Verhältnis zwischen Forscher und Informanten in dem Sinne objektiviert werden soll, daß die Subjektivität des einen wie des anderen ausgeklammert bleibt, werden Theorien auf der Grundlage quantifizierbarer Daten produziert. Das subjektive Moment kann von diesen Theorien nicht erfaßt werden. Da die Subjektivität das uns heute einzig bekannte Medium ist, um das Unbewußte überhaupt wahrzunehmen, können die objektivierenden, quantitativen Methoden auch nicht die unbewußte Dimension kultureller Phänomene aufdecken (Leithäuser und Volmerg 1988).

Ausgangspunkt der ethnopsychoanalytischen Untersuchungen ist stets das Subjekt. In der Psychoanalyse geschieht die Erforschung des Unbewußten anhand der psychoanalytischen Beziehung: Entlang der Beziehungsdynamik, die sich in Form von Widerstand, Übertragung und Gegenübertragung entwickelt, wird die Art und Weise faßbar, in der der Analysand als Subjekt auf die gesellschaftlichen Gegebenheiten reagiert und wie die Institutionen auf das individuelle Bewußtsein und Unbewußtsein einwirken. In der ethnopsychoanalytischen Beziehung bilden die psychischen Bewegungen zwischen der Ethnologin und ihrer Informantin ebenfalls das wichtigste Material. Parin, Parin-Matthèy und Morgenthaler zeigen in ihren Arbeiten, wie sie in den Gesprächen mit Afrikanern nach den bewußten und unbewußten Antagonismen in ihrer Kultur forschen, indem sie sich in eine libidinöse Beziehung mit ihnen einlassen.

Die kulturtheoretische Tradition der Psychoanalyse hat ein unterschiedliches Verhältnis zur Gesellschaft gezeigt. Charakteristisch für sie ist die Verknüpfung von Kulturtheorie und Fallgeschichte, so wie sie Freud in seinem Werk initiierte. Ihre Weiterentwicklung im Rahmen der orthodoxen Psychoanalyse (Ferenczi 1924; Roheim 1950) führte allerdings, wie Zinser (1977) aufwies, zu einer Reduktion der sozio-ökonomischen Geschichte auf Triebgeschichte. Sowohl die Arbeits- wie die Machtverhältnisse fanden keine Berücksichtigung; übrig blieb nur die frühe Mutter-Kind-Beziehung, aus der die kulturellen Beziehungen abgeleitet wurden (Renggli 1974). Zur Korrektur solcher reduktionistischen Tendenzen war die Auseinandersetzung mit dem Theorie- und Kulturverständnis der Frankfurter Schule eine wichtige Herausforderung (Fromm 1932; Adorno 1946; Marcuse 1955). Ihre Unzulänglichkeit erwies sich aber auf der methodischen Ebene, in ihrem Absehen von den psychoanalytisch erarbeiteten Fallgeschichten, welche schließlich zu Fehlinterpretationen des Verhältnisses Individuum-Kultur führten (Überschätzung der Bedeutung der frühen Kindheit, etwa in der Theorie des «autoritären Charakters»). Es ist den Angehörigen der Frankfurter Schule nicht gelungen, den Forschungsprozeß auch als ein Verhältnis zwischen zwei Subjekten zu verstehen – als eine Beziehung von zwei konkreten Menschen, die miteinander bestimmte Daten erzeugen. Die Subjektivität des Forschers und die Forschungssituation sind nicht Thema dieses Ansatzes geworden. Damit bleibt die Gefahr erhalten, daß psychoanalytische Kategorien relativ willkürlich und schwer nachvollziehbar über bestimmte soziale Verhältnisse, Inhalte oder Menschengruppen gestülpt werden können.

Ein weiterer Bereich, in dem Psychoanalyse und Ethnologie anfänglich recht fruchtbar miteinander kooperierten, war die von der analytischen Entwicklungspsychologie angeregte Sozialisationsforschung. Am New Yorker *Institute of Psychoanalysis* hielten 1936/37 A. Kardiner, Psychiater und Psychoanalytiker, sowie die Ethnologin Cora DuBois Seminare, an denen auch Edward Sapir, Ruth Benedict und Margaret Mead teilnahmen (Barnouw 1973, S. 148). Ergebnis dieser Seminare waren Kardiners Bücher *The Individual and His Society* (1939) und *The Psychological Frontiers of Society* (Kardiner u. a. 1945). Zusammen mit dem Ethnologen Ralph Linton entwickelte Kardiner das in der Sozialpsychologie einflußreiche Konzept der «typischen Grundpersönlichkeit» («basic personality type»):

> «Die für irgendeine Gesellschaft typische Grundpersönlichkeit ist jene Persönlichkeitskonfiguration, welche von der Mehrzahl der Gesellschaftsangehörigen geteilt wird als Ergebnis der frühkindlichen Erfahrungen, die sie gemeinsam haben» (Kardiner u. a. 1945, S. VII).

Kultur erschien auf Erziehung reduziert. Zwar sind kulturelle Verhaltensweisen tatsächlich erlernbar, Kardiner aber hob einseitig die (passive) Anpassung des Individuums an die Kultur hervor und übersah die konflikthaften Beziehungen, die zwischen beiden bestehen. Er orientierte sich an einem homöostatischen Gesellschaftsmodell, in welchem die integrativen sozialen Kräfte im Mittelpunkt des Interesses standen (Kardiner und Preble 1974, S. 250) und worin Konflikte nur als Störungen begriffen werden konnten. Es war bezeichnend, daß Kardiner – ähnlich wie die «Culture-and-Personality»-Schule – Freuds Kulturtheorie, in welcher der Konflikt zwischen Individuum und Gesellschaft eine zentrale Rolle spielte, in ein harmonisierendes Modell umwandelte. Diese Sozialisationsforschung geriet zunehmend in eine Sackgasse, als sie die Prämisse nicht aufgeben konnte, daß die gesamte Kultur aus den Schicksalen der frühen Kindheit, und das bedeutet auch, aus der Familienstruktur ableitbar wäre.

Einen großen Einfluß auf die Sozialisationsforschung übte der Psychoanalytiker Erik Homburger Erikson aus. Besonders mit seinen Begriffen «Identität» und «Identitätskrise», die er auch kulturvergleichend erarbeitete, regte er zahlreiche Forschungen an. In Cambridge lernte er Margaret Mead, Gregory Bateson und Ruth Benedict kennen.

1950 publizierte er seine ethnologischen Forschungen in seinem Buch *Kindheit und Gesellschaft*, in welchem er den Zusammenhang zwischen Lebenszyklus und Gesellschaftsverhältnissen darstellte:

> «Wir wissen jetzt, daß der Primitive seine eigene erwachsene Normalität, seine eigene Form der Neurosen und Psychosen hat, und daß er, was am wichtigsten ist, auch seine eigenen Variationen der Kindheit besitzt» (1950, S. 107).

An Eriksons Arbeiten wurden einerseits sein Indianerbild, das der Marginalisierung und Ausbeutung durch die weißen Amerikaner nicht Rechnung trug (Elrod u. a. 1978), und andererseits seine harmonisierende Kulturinterpretation kritisiert. Indem Erikson in seiner Theorie den Schwerpunkt von der Sexualität auf die Identität verlagerte, neutralisierte er die Widersprüche zwischen Individuum und Gesellschaft und entschärfte damit auch seinen Begriff der Krise.

Im Verhältnis zwischen Ethnopsychiatrie und Ethnopsychoanalyse taucht eine ähnliche Ambivalenz auf, wie im Verhältnis zwischen Psychiatrie und Psychoanalyse: Ebenso wie die Psychiatrie die Psychoanalyse auf die Behandlung geistiger Störungen einengen wollte, ebenso tendiert die Ethnopsychiatrie dazu, den ethnopsychoanalytischen Blick auf die Krankheit zu beschränken. Während für die Ethnopsychiatrie das entscheidende Kategorienraster, mittels der sie ihr Material ordnet, das Verhältnis «normal/anormal» ist (Devereux 1974), ist es für die Ethnopsychoanalyse das Verhältnis «bewußt/unbewußt». Solange die Psychoanalyse im Bann der Psychiatrie verblieb, erschien sie lediglich als Therapie, und das bedeutete, daß die psychoanalytische Methode nur in ihrer therapeutischen Eigenschaft eingesetzt werden konnte. Dabei entstanden wichtige Arbeiten (Münsterberger 1951; Devereux 1961; 1969; Boyer 1979, 1980). Die Zukunft der Ethnopsychoanalyse hängt jedoch davon ab, ob es möglich sein wird, die psychoanalytische Methode auch jenseits der Krankheit zum Studium der Kultur einsetzen zu können.

Der Gegenstandsbereich der Ethnologie beschäftigt sich mit dem Verhältnis zwischen Zentrum und Peripherie, hegemonialer und marginaler Kultur, das meist von der Seite der Unterdrückten aus untersucht wird: in fremden Kulturen, marginalen Gruppen und unterdrückten Kasten oder Klassen. Alle ethnologischen ForscherInnen müssen sich mit der Tatsache abgeben, daß das Aufeinanderstoßen zweier Kulturen in der teilnehmenden Beobachtung ein erkenntnistheoretisches und ein methodisches Problem darstellt. So schreibt Löffler:

> «Die Schwierigkeiten beginnen, sobald wir feststellen, daß wir in fremden Kulturen nicht nur die uns bekannten Phänomene in veränderter Zuordnung vorfinden, sondern auch Phänomene, die uns bekannt sind, fehlen. Da wir nun aber in unserer Kultur groß geworden sind, mit unseren Kategorien verstehen gelernt haben, besteht die Gefahr, daß wir die fremden Phänomene unseren Vor-Urteilen folgend, falsch interpretieren. Und dies gilt nicht nur einmal, sondern in bezug auf jede fremde Kultur aufs neue. Wie aber kann man Hunderte und Tausende ungleicher Phänomene vergleichen, wenn man immer damit rechnen muss, daß selbst gleich Scheinendes nicht als solches bewiesen werden kann, sondern das Ergebnis einer Täuschung durch Vorurteile ist» (Löffler 1976, S. 31)

Der Versuch, diese Problematik mit einer «objektiven» oder metrischen Technik lösen zu wollen, wäre absurd, ebenso aber die kulturrelativistische Position, die jede einzelne Kultur zu einer einzigartigen und unvergleichlichen Einheit hochstilisiert.

Die interpretative Ethnologie hat wegen dieses Dilemmas auf harte Daten, endgültige Urteile und feste Wahrheiten verzichtet und konzentriert sich auf die differenzierte Darstellung des Kulturschocks, die präzise Beschreibung der erlebten Anteile der fremden Kultur, die nachvollziehbare Darlegung des Erkenntnis- und Theoriebildungsprozesses, die es Lesern und Leserinnen erlaubt, den unvermeidlichen Einfluß der Subjektivität und der Kulturzentriertheit der Forscherin nachzuvollziehen. Geertz schreibt:

> «Die Gültigkeit unserer Interpretationen kann nicht [...] auf der Stringenz beruhen, mit der sie zusammengefügt sind, oder auf der Sicherheit, mit der sie vorgetragen werden. Nichts hat meiner Meinung nach mehr zur Diskreditierung von Kulturanalysen beigetragen als die Erstellung einwandfreier Abbildungen von formalen Ordnungen, an deren Existenz niemand so recht glauben kann [...] Eine gute Interpretation von was auch immer [...] versetzt uns mitten hinein in das, was interpretiert wird» (Geertz 1973, S. 26).

Clifford Geertz fordert «dichte Beschreibungen», die einen Zugang zur Gedankenwelt der untersuchten Subjekte erschließen:

> «Unsere Aufgabe ist eine doppelte: Sie besteht darin, Vorstellungsstrukturen, die die Handlungen unserer Subjekte bestimmen [...] aufzudecken und zum anderen ein analytisches Begriffssystem zu entwickeln, das geeignet ist, die typischen Eigenschaften dieser Strukturen gegenüber anderen Determinanten menschlichen Verhaltens herauszustellen» (Geertz 1973, S. 29).

Die Erarbeitung subjektiver Sinnstrukturen erfordert die Arbeit mit Individuen, einzelnen Menschen aus einer Kultur, die Erarbeitung von Lebensgeschichten und Alltagsabläufen. Es war Georges Devereux, der darauf hingewiesen hat, daß die Art und Weise, in der die EthnologInnen sich mit ihren GesprächspartnerInnen in eine Beziehung einlassen, die Beschaffenheit der Information beeinflußt.

Es war innerhalb der ethnologischen Forschung schwer möglich, die von E. P. Thompson und von SozialhistorikerInnen angeprangerte Spaltung von struktureller oder soziologistischer Makroanalyse und individualisierende und psychologisierende Mikroanalyse durchzuhalten. Die eigene Fremdheit in der anderen Kultur erschwerte statistische Vorgehen und rein strukturelle Sichtweisen. Die teilnehmende Beobachtung förderte den direkten zwischenmenschlichen Kontakt, in welchem sich Überlegenheit und Abhängigkeit auf beiden Seiten die Waage hielten.

Bemerkenswert an der Ethnologie ist, daß sie die Bedeutung des kulturellen Raumes der Frau relativ wenig verdrängt hat. Klassenlose Gesellschaften werden oft durch Verwandtschaftsverhältnisse und Heiraten strukturiert, nicht über Staatsapparate und Klassen. Deshalb war es seit jeher notwendig, Frauen und Männer explizit voneinander zu unterscheiden, ihre Arbeits- und Lebensbereiche getrennt zu untersuchen. Dies hat nicht verhindert, daß aufgrund der herrschenden Diskriminierung der Frau auch in der Ethnologie Verzerrungen und Auslassungen gemacht worden sind, jedoch in weit geringerem Ausmaß als in anderen Wissenschaftszweigen. Feministische Ethnologinnen haben seit den 50er Jahren an diesen Verzerrungen gearbeitet und das Bias aufgezeigt, das nicht nur die ethnologischen Daten, die von Männern erhoben wurden, betrifft, sondern auch die der Frauen. Denn auch sie wurden in einer von Männern entwickelten Wissenschaft ausgebildet und mußten deren Fragestellungen, Sichtweisen und Theorien übernehmen.

Eine feministisch orientierte Ethnologie geht davon aus, daß es keineswegs klar ist, was genau «ein Mann», «eine Frau» ist, daß es keine eindeutige Bestimmung gibt, die das festlegen könnte. Denn selbst biologische Definitionen sind ideologische Konstrukte, die von der jeweiligen Epoche und Kultur abhängig sind, in der sie gebraucht werden. Aus dieser Einsicht heraus wird nicht mehr einfach «die Situation der Frau» untersucht, sondern die Qualität der Beziehung zwischen den Geschlechtern, in der sich die jeweiligen Rollenzuschreibungen und Geschlechterdifferenzierungen entwickeln. Diese Geschlechterbilder sind zu verstehen als Ausdruck von sozialen Beziehungen und von Prestigehierarchien; sie sind sozialpolitische und kulturhistorische Produkte (vgl. Rosaldo 1980; MacCormack und Strathern 1980; Ortner/Whitehead 1981).

Ich verstehe den Lebensraum und die sozialen Bilder von Frauen als Produkt bestimmter gesellschaftlicher Verhältnisse. Es scheint mir sinnvoll, den von Marcel Mauss (1925) geprägten Begriff des «fait social total» auf «die Frau» in einer bestimmten Kultur anzuwenden und sie als ein «auf die Gesamtheit der Kultur bezogenes Phänomen» zu betrachten. Damit kann «die Frau» nie als eine bekannte Größe vorausgesetzt werden, sondern muß als Teil der ökonomischen, rechtlichen, biologischen, religiösen, psychologischen, ideologischen, politischen usw. Verhältnisse analysiert werden. Ihre Situation entsteht im und durch das Zusammenwirken der gesellschaftlichen Kräfte; die Art, in der sich diese Kräfte überschneiden, läßt ein eng gewobenes Netz von Zeichen und Bedeutungen entstehen, die im alltäglichen Handeln gesetzt, gelebt und konstruiert werden. Diese Zeichen und Codes gilt es wahrzunehmen und in der Weise zu lesen, daß das Verhältnis aller sie betreffenden gesellschaftlichen Strukturen mitberücksichtigt wird – das Verhältnis zum Raum, zum Körper, zur Arbeit, zum Alltag usw. Insofern kann die Frau selber zu einem räumlichen, biologischen, alltäglichen oder ökonomischen Faktum werden. Ändert sich das Verhältnis der gesellschaftlichen Kräfte zueinander, so verändern sich die sozialen Räume und die Bilder, die der Frau zugewiesen werden oder die die Frauen sich schaffen.

3. Eine Fallgeschichte mit Kommentaren

Ich möchte ein Beispiel aus einer ethnopsychoanalytischen Untersuchung in der Schweiz bringen. Sie hat den Titel: «Formen gelebter

Frauenkultur am Beispiel des Zürcher Oberlandes. Ethnopsychoanalytische Fallstudien in drei Generationen.»[4]

Meine Mitarbeiterin und ich haben drei Monate lang in einem Dorf gelebt, zwanzig Kilometer von Zürich entfernt, dort klassische Feldforschung gemacht und mit jeweils zehn Frauen ethnopsychoanalytische Gespräche geführt. Der Ort hat 8000 Einwohner und gehört zum weiteren Einzugsbereich von Zürich.

Wir haben, der ethnopsychoanalytischen Methode folgend, mehrmals mit derselben Person gesprochen, was unserem Gegenüber Raum und Zeit gegeben hat, sich darzustellen, und auch uns als Ethnologinnen Raum und Zeit gegeben hat, wirklich etwas von unserem Gegenüber – einer Fremden bei uns – zu verstehen. Die Anwendung dieser Methode setzt sehr genaue Kenntnisse und Erfahrungen voraus. Sonst ist es kaum möglich, nicht in plakative und oberflächliche Interpretation und Anwendung von psychoanalytischer Terminologie gegenüber den Gesprächspartnerinnen zu verfallen, die ihnen nicht gerecht wird, sondern mehr einem Überstülpen eines imposant wirkenden Theoriegefüges gleichkommt. Maria Gubelmann und ich haben beide sowohl eine ethnologische als auch eine psychoanalytische Ausbildung gemacht und verfügen über Feldforschungserfahrungen und acht bzw. vierzehn Jahre eigene psychoanalytische Praxiserfahrung. Diese Erfahrung und die jahrelangen Supervisionen in der psychoanalytischen Ausbildung haben es uns erlaubt, uns im komplexen Gewirr der sozialen Daten und der Übertragung und Gegenübertragung einigermaßen zu orientieren. Trotzdem waren angesichts der Vielfalt der Gespräche regelmäßige Supervisionen bei vier Analytikerinnen unerläßlich.

Zu Beginn unserer Untersuchung sind wir als Fremde aufgetaucht und haben das erfahren, was man Fremden zeigt. Jede Generation hat eine andere Form, sich mit der Fremden auseinanderzusetzen, und gerade in dieser Form konnten wir erkennen, wie die Leitbilder für Frauen verschiedenen Alters aussehen: Die jungen Frauen waren freundlich und aufgeschlossen, sie schienen zuerst unbeschwert zu sein und stellten ihre Welt auch als problemlos und widerspruchsfrei dar. Viele

---

4 Die Arbeit wurde bezahlt vom Schweizerischen Nationalfonds. Die bezahlte Arbeit dauerte vom April 1988 bis Oktober 1990, die effektive Arbeit dauerte bis Februar 1991. Wir waren eine Gruppe von vier Frauen: Maria Gubelmann, Anne Gilbert, Verena Mühlberger und ich. Maria Gubelmann und ich machten Feldforschung mit teilnehmender Beobachtung und ethnopsychoanalytischen Gesprächen; Anne Gilbert und Verena Mühlberger machten Feldforschung mit teilnehmender Beobachtung und nahmen Tagesabläufe von Frauen auf.

Frauen mittleren Alters zeigten sich als sozial-kritisch eingestellte Frauen. Abwartender und abwägender waren die älteren Frauen, die allerdings von Anfang an auch der Widersprüchlichkeit ihrer Welt Platz ließen.

Als wir miteinander bekannt wurden und sich Vertrauen einstellte, tauchten ganz andere Seiten aus dem Lebenszusammenhang unserer Gesprächspartnerinnen auf: mehr Widersprüche bei den Jungen und eine reiche Vielfalt an Wünschen und Fähigkeiten bei den Älteren. Dies waren dann offenbar Dinge, die im normalen öffentlichen Leben nicht so leicht Platz haben.

Die folgende Fallgeschichte soll verdeutlichen, auf welchen Ebenen wir das Material aufnahmen, wie wir sowohl im Subjekt als auch in der Gesellschaft auf latente und unsichtbare Strukturen stießen. Ich habe Frau Aebershold als Beispiel gewählt, weil in ihrer Geschichte etwas manifest wird, was in der normalen Frauenbiographie nur latent vorhanden ist, weder sichtbar noch sprachlich benennbar, aber determinierend:

- die rigide und omnipräsente Sexualmoral gegenüber der Frau;
- das Einschreiten staatlicher Institutionen zur Verteidigung dieser Moral, wenn gegen sie verstoßen wurde;
- die einschränkende Wirkung dieser sozialen Instanzen auf die Biographie einer Frau.

Die Biographie von Anna Aebershold

Frau Aebershold ist 58 Jahre alt, eine verschlossene, zurückhaltende und streng wirkende Frau, schmal und knabenhaft. Sie hat wenig Kontakt im Dorf, obwohl sie seit über 25 Jahren dort lebt. Unser Kontakt entsteht zufällig, als sie auf einer gemeinsamen Wanderung fast stürzt. Wir kommen ins Gespräch und machen schließlich regelmäßige Sitzungen.

Frau Aebershold ist die jüngste Tochter eines Handwerkers in Frauenfeld, der in den 30er Jahren arbeitslos war und Gelegenheitsarbeiten verrichtete. Die Familie war sehr arm, und Anna mußte mit fünfzehn bereits als Dienstmädchen in einer Pension arbeiten. Dann kam sie zu einer kinderreichen Familie auf einen Bauernhof. Mit siebzehn, das war 1947, wird sie vom erheblich älteren Bauern schwanger. Die illegale Abtreibung zu der ihr der Bauer verhalf, wurde durch die empörte

Anklage der Mutter gegen ihn bekannt. Zur Abklärung wurde Anna – nicht der Bauer – von der Polizei festgenommen, verhört und festgehalten. Sie erzählte, was geschah: Der anerkannte und reiche Bauer, den sie offensichtlich liebte, bekam immer mehr Angst um seinen Ruf und drohte, sie zu erschießen, wenn sie die Aussage nicht wiederrufe. Anna ließ sich überzeugen und behauptete, sie habe am Jahrmarkt jemanden getroffen, den sie nicht kannte. Man (die Gemeinde) bringt sie in ein Töchterheim (eine Art Haushaltschule), wo sie als Weißnäherin eingesetzt wird. Der Bauer Michael, ebenfalls in sie verliebt und von Schuldgefühlen getrieben, versucht sie dort zu besuchen. Daraufhin wird sie in die psychiatrische Anstalt in Wil zur Beobachtung gebracht und für unzurechnungsfähig erklärt. Von dort verlegt man sie in ein Mädchenerziehungsheim in ihrem Heimatkanton. Sie lebt dort ein Jahr lang, eingeschlossen mit anderen sogenannten «gefallenen» oder «schwererziehbaren» Mädchen. Mutter und Bruder reden der inzwischen 21jährigen zu, einen Vormund zu akzeptieren. Anna unterschreibt und kann nach einem Jahr das Erziehungsheim verlassen. Sie kommt zu einem anderen Bauern, dessen Frau, die ihre Geschichte kennt, sie moralisch verfolgt und beschimpft. Sie trifft später, schon volljährig, aus eigenem Antrieb erneut den Bauern Michael und wird wieder schwanger von ihm. Diesmal behält sie das Kind. Die Geburt findet im Frauenspital in Winterthur statt. Die zweite Schwangerschaft empört die Familie so sehr, daß sie von der Mutter und der Schwester verstoßen wird; beide wollen nichts mehr mit ihr zu tun haben. Der Kontakt bricht für mehrere Jahre ab. Sie bleibt völlig allein. Die Versöhnung mit der Mutter kommt nur langsam und zögernd zustande, die mit der Schwester, die früher ihr uneheliches Kind zur Adoption frei gegeben hatte, dauert noch länger. Anna kann nach der Geburt noch zwei Monate mit dem Töchterchen Theres zusammen im Frauenspital bleiben und dort mit Waschen und Bügeln ihren Lebensunterhalt verdienen, was ihr ermöglicht, ihre Tochter zu stillen. Sie war sehr stolz auf das kleine Mädchen, das spürt man heute noch.

Dann muß sie Geld verdienen. Um eine Stelle annehmen zu können, ist sie gezwungen, das Kind in Pflege geben. Sie tritt eine private Dienststelle bei einer Familie in Wald an. Dort bleibt sie mehrere Jahre; in den Ferien der Dienstfamilie kann sie das Kind zu sich nehmen. Später arbeitet sie eine Zeitlang in einer Fabrik in Wald, wo sie Freundinnen findet, die sie heute noch einmal im Jahr trifft.

Mit dreißig lernt sie, ebenfalls in dieser Fabrik, einen sehr aufgeschlossenen und unkomplizierten Handwerker kennen. Er will sie heiraten und möchte, daß Annas Tochter so bald wie möglich zu ihnen zieht. Erst jetzt, nach der Heirat, wird ihre Vormundschaft aufgelöst. Sie arbeitet noch ein halbes Jahr in der Fabrik. Dann zieht Theres zu ihnen. Eineinhalb Jahre später bekommen sie und ihr Mann gemeinsam noch einen Sohn. Als der Kleine etwa vier Jahre alt ist, arbeitet Frau Aebershold als Aushilfe in der Fabrikskantine. Sie kann die Kinder dorthin mitnehmen. Theres geht bereits zur Schule. An diese Zeit und die Zusammenarbeit mit den Frauen in der Kantine erinnert sich Anna sehr gern. Sie treffen sich heute noch regelmäßig.

Abgesehen von dieser sporadischen Arbeit hat Frau Aebershold in den letzten 25 Jahren keine längere Lohnarbeit mehr verrichtet, sondern die Familie versorgt. Später, als die Kinder aus dem Haus gingen, hat sie bei der *Pro Senectute* mitgearbeitet und ältere Menschen, «Senioren», versorgt. Wegen eines Rückenleidens mußte sie aber diese Arbeit nach einiger Zeit wieder aufgeben.

Die Ehe ist freundlich, aber sie erlebt sie als eingefahren. Frau Aebershold beschäftigt sich viel mit ihren Kindern, die mittlerweile aus dem Haus sind und die sie sehr liebt. Die Beziehung zur Älteren ist kompliziert; sie machen sich gegenseitig Vorwürfe wegen der schwierigen Verhältnisse nach der Geburt, was Schuldgefühle hervorruft; die Beziehung zum Jüngeren, der aktiv-kritisch in der Asylpolitik engagiert ist, ist herzlich und voller Identifikationen: In seinem Engagement sieht Frau Aebershold auch einen Teil ihrer kritischen Gedanken ausgedrückt und fühlt sich in ihrer schweren Geschichte symbolisch verstanden.

Die Familie ist vor zwanzig Jahren in das Dorf gezogen, weil Herr Aebershold eine bessere Anstellung in einem kleinen Betrieb gefunden hat. Sie wohnen jetzt in einem betriebseigenen, ruhiggelegenen Block in einer geräumigen Parterrewohnung mit Garten. Frau Aebershold fürchtet sich sehr vor der Pensionierung des Mannes und dem damit verbundenen Umzug in eine kleinere Wohnung. Damit wird sie den gehegten und gepflegten Garten verlieren. Sie lebt ziemlich zurückgezogen, außer einigen Nachbarschaftskontakten pflegt sie die Beziehung zu ihrer Schwester und zu ihrem Bruder. Einmal jährlich organisiert sie mit viel Spaß ein großes Familienfest, an dem alle Verwandten der Mutterlinie anwesend sind. Ebenso wichtig sind ihr ihre beiden Haustiere: ein kleiner Papagei und ein Kätzchen, die sich herzlich lieben, täglich beieinandersitzen und miteinander «turteln». Sonst ist sie Mitglied in verschiedenen Wandervereinen (Zürcher Oberland, SBB Zürich) und nimmt regelmäßig an den angebotenen Wanderungen, oft zusammen mit der Schwester, teil. Im großen und ganzen empfindet Frau Aebershold ihr Leben als zu eingeschränkt und langweilig, die Hausarbeit und die Gartenpflege allein befriedigen sie nicht. Sie hat das Bedürfnis, noch mehr Kontakte zu knüpfen, und ist dabei, es zu tun.

Der Verlauf unserer Beziehung ist bedeutungsvoll:

1. Habitualisierter Selbstschutz: Aus der Distanz erscheint mir Frau Aebershold unscheinbar und abweisend. Unzugänglich und in sich verstrickt geht sie vor sich hin: ein Bild der Selbstgenügsamkeit und Abgeschiedenheit. Mit der Welt hat sie abgeschlossen. Sie vermittelt auch Unlust, man hat keine Lust, sie kennenzulernen, sie wirkt streng und abweisend. Als Fremde und Außenseiterin erfahre ich, wie sie sich in der Öffentlichkeit, die sie als höchst feindlich erlebt, schützt.

2. Verborgene Lebendigkeit: Wir lernen uns zufällig kennen, weil sie über einen Holzpflock stolpert. Wir kommen ins Gespräch, und gehen zusammen weiter. Wenn sie plaudert, ist es so, als ob ein Schleier gelüftet würde. Sie ist klug, kritisch, lebendig und überraschend zutraulich. Es war schön, sie kennenzulernen.

   Sie scheint ständig auf der Suche nach einem wirklichen Partner zu sein. Ihr Vitalitäts- und Triebüberschuß kommt sofort zum Vorschein und manifestiert sich, sie erlebt mich hoffnungsvoll als Person, mit der ihre Lebendigkeit ungestraft zu teilen wäre (siehe der Vater, der Bauer, die Nachbarin, die Kinder, der Mann).

3. Vorsichtige Annäherung: Anna lädt mich und meine Kollegin Maria ein. Sie holt uns in ihre Wohnung, zeigt uns die Wohnung und Fotos: die Familiengeschichte, die Kinder, die Haustiere (Katze und Papagei). Wir ahnen ihre Einsamkeit. Sie freut sich sehr, und es beginnt ein zutrauliches Mitteilen ihrer Welten, sie beginnt uns zu «verführen». Sie ist damit einverstanden, daß ich sie regelmäßig besuche, um mit ihr zu sprechen.

4.-7. Systematische Probe meiner Tragfähigkeit und systematische Balance zwischen Nähe und Distanz: Frau Aebershold verschiebt unsere Treffen drei Mal wegen Krankheit und beginnt jedes Gespräch, sei es telefonisch oder direkt, mit der ausführlichen Klage über ihre Beschwerden. Sie teilt mir damit mit, wie verletzt und wie schwer traumatisiert sie ist. Sie fragt indirekt an, ob ich es mit einer derartig verletzten Frau aushalte. Gleichzeitig setzt sie mich mit ihren Klagen in Distanz. Ich kann sie nicht besuchen, werde abgeschreckt, verschoben und auch angeödet. Mit meinem Verhalten zeige ich, daß ich sie trotzdem sehen will. Die Krankheit dient als Regulator der inneren Befindlichkeit und der Beziehungen nach außen.

8. Versuch der Auflösung der beginnenden Beziehung: Frau Aebershold ruft mich nach vier Begegnungen an und teilt mir mit, daß sie die Beziehung abbrechen wolle, das sei besser so. Ich erschrecke sehr. Die Beziehung hatte versprochen, so zu werden, wie ich sie mir vorgestellt und gewünscht hatte. Frau Aebershold erzählte viel und gern, und ich hörte ihren lebendigen und teilweise humorvollen Überlegungen gerne zu. Ich erwartete, daß sich unsere Beziehung intensivieren würde. Ich nehme an, daß Frau Aebershold in dieser Phase Angst vor Verrat, Traumatisierung und Verletzung spürt. Letztlich weiß sie doch nicht so genau, wer ich bin und was ich will. Sie setzt die habitualisierten Schutzmechanismen in Gang und versucht, die Beziehung abzubrechen. Sie macht mit mir das, was man mit ihr gemacht hatte. Schließlich erlaubt sie mir, sie noch einmal zu besuchen, um den Abbruch der Beziehung zu besprechen.

9. Klärung: Ich besuche Frau Aebershold in ihrer Wohnung. Sie erklärt mir, daß sie denkt, ich sei von einer Sekte und wolle sie missionieren. Sie habe sich immer so merkwürdig wohl gefühlt, wenn wir redeten, da stimme etwas nicht.

   Ich erkläre ihr noch einmal den Zusammenhang und die Fragestellung unserer Untersuchung und zeige ihr entsprechende Briefe von der Universität und dem Nationalfonds. Frau Aebershold gefällt dies, und sie vereinbart einen Termin mit mir.

   Sie fürchtet sich in dem Augenblick, in dem sie offen und verletzlich war, vor mir genauso, wie sie sich vor den enttäuschenden Erfahrungen in ihrem Leben gefürchtet hatte: Sie fürchtet mich als moralische und verfolgende Mutter oder Schwester und als moralische und verfolgende Institution (Sekte, Religion als Symbol des Über-Ichs und der Moral). Mit diesen Instanzen muß man versuchen zu brechen. Was ihr aber nie ganz gelungen ist und mit mir auch nicht gelingt. Sie kann ein differenziertes Bild von mir behalten, muß mich nicht total vernichten.

10. Vollständiges Einlassen und Ausfüllen des Raumes, der zwischen uns gewachsen ist: Wir haben den Verdacht und die Ängste von Frau Aebershold besprochen. Danach wollte sie mich wieder sehen. Erst nachdem unsere Beziehung durch die Krise des Mißtrauens, des Selbstschutzes und des Rückzuges hindurch gegangen ist, kann sie wirklich von sich selber sprechen. «Jetzt kann ich es ihnen ja sagen», meint sie und erzählt die erschütternde Geschichte einer Handwerkstochter aus Frauenfeld in den 30er Jahren, deren Vater arbeitslos war, die Hunger und Not kennenlernt, und mit sechzehn in den Landdienst kommt. Es folgt die erschütternde Geschichte des Verrats durch den Bauern, von dem ihr ältestes Kind stammt. Frau Aebershold ist besorgt, ob das Tonband richtig aufnimmt. Ich werde zur Zeugin, zum möglichen Sprachrohr, zum Gerechtigkeits- oder zum Racheengel, der ihre Klage in die Welt hinausschreien wird. Es kommen alte Hoffnungen auf eine gute Freundin, einen guten Beistand zum Zuge, der sie bei ihrem Widerstandsversuch stützt.[5]

11.-12. Verarbeitung und Festigung der geheimnisbeladenen Beziehung: Wir sprechen intensiv über die letzte Stunde und die Ereignisse im Leben von Frau Aebershold. Sie fragt, ob es nicht falsch war, mir solche persönlichen Dinge zu erzählen, sie hat die Befürchtung, daß ich ihre Geschichte nicht ertrage oder verurteilen muß. Jetzt vertieft und differenziert sie viele Einzelheiten, vor allem die Beziehung zu ihrer Schwester. Dann spricht sie viel über ihre Schuldgefühle ihrer Tochter Theres gegenüber und fragt sich, ob es sich hätte verhindern lassen können, sie wegzugeben. Sie leidet sehr unter den Vorwürfen von Theres und ist immer wieder unsicher, ob die schöne «uneheliche» Tochter gut geraten sei.
Sie plant mit Theres eine Reise ins Elsaß und ist ängstlich und freudig, ob diese erste gemeinsame Unternehmung gut ausgehen kann.
Verarbeitung, Vertiefung und Differenzierung der traumatischen Geschichte in der Beziehung zu mir: In dem Raum des Vertrauens und der Zuverlässigkeit unserer Beziehung kann Frau Aebershold

5 Sie hat noch keine eigenen Formen, Kanäle oder Räume gefunden, in denen sie ihre Subjektivität, ihre Wut und Kritik umsetzt und sozial manifestiert.

eine eigenere und von den Über-Ich-Stimmen abgelöstere, ihrem Selbst nähere Interpretation ihrer Geschichte finden. Die Distanz und meine Bemerkungen erlauben gleichzeitig eine objektivere Sicht der damaligen Sexualmoral und Repression.

13. Stolz und Unsicherheit über unsere Beziehung, ihre neue Errungenschaft: Frau Aebershold will mich ihrem Mann und ihrem Sohn zeigen, stolz, aber auch fragend, was die wohl von Frau Nadig denken mögen. Gleichzeitig zeigt sie mir auch stolz ihre Familie, den aufgeschlossenen und gebildeten Mann und den aufgeklärten und «grünen» Sohn. Frau Aebershold ist ihren eigenen Gefühlen gegenüber skeptisch, will sich absichern, mir gegenüber eine ausgewogene Position finden, d. h. auch eine erwachsene Position, vor allem jetzt, wo wir uns bald nicht mehr sehen werden.

14. Begegnung, 8. 7. 1988 (mit Tonband): Ich komme am Freitag morgen zu Frau Aebershold. Wir sprechen sofort über unsere letzte Begegnung. Fredi und ihr Mann waren sehr «zufrieden» mit mir, sie konnten sich offenbar vorstellen, daß Frau Aebershold gerne mit mir spricht und sich auch verstanden fühlt. Sie meint, Fredi habe ein bißchen zurückgezogen dagesessen, im großen ganzen sei sie aber zufrieden gewesen. Ihr Mann sei sehr informiert, sage ich. Ja, wenn es um Politik gehe, wisse er viel; er lese auch viel; kaum zu Hause, lege er sich aufs Sofa und lese in einer der vielen Zeitschriften, die er abonniert habe. Fredi sei da wie der Vater, er lese auch ständig. Sie selber lese nicht so viel, sie informiere sich aber ganz gerne über den Fernseher. Und deswegen machten sie und ihr Mann auch gerne Kulturreisen in ihren Ferien. Sie erzählt vom Burgund, wohin sie letzte Woche gefahren sei und von der letztjährigen Ferienreise nach Weimar. Das Konzentrationslager in Buchenwald habe sie tief beeindruckt und erschreckt. Sie könne es nicht aushalten, dort in der Gegend zu leben, die tägliche Erinnerung an diese Schrecken sei zu stark. So etwas hätte einfach nicht passieren dürfen, sagt sie.

    In den diesjährigen Ferien war Frau Aebershold fast überrascht, als sie immer wieder merken mußte, wie freundlich und zuvorkommend ihr Mann sie behandelte. Eigentlich habe sie Glück, so einen aufgeschlossenen Mann zu finden. Aber natürlich habe er auch seine Fehler.

Anna Aebershold: «Ja, ja, aber dann das Tschutten [Fußballspiel]. Er braucht das irgendwie, er hat ja weiters keine Hobbies, außer daß er schauen geht, wie sie ‹tschutten›. Jetzt ist momentan Sommerpause, und wenn es dann wieder anfängt, dann geht er halt wieder. Mit dem muß ich mich abfinden. Und ich habe mich mit dem abgefunden.

Und dann gibt es die Zeiten, wo er ganz in den Zeitungen lebt [...] da geht er also auf. Ich sehe das manchmal, wenn er heimkommt, dann ist natürlich die Zeitung an erster Stelle. Und dann will er Znacht (Abendessen) und nach dem Znacht geht er wieder in die Stube und liest halt wieder die Zeitung [...] Jaja. Und dann kommt die Tagesschau. Dann wird die Tagesschau geschaut und der Sport. Und wenn die Tagesschau fertig ist, dann nimmt er wieder die Zeitung. Und wenn ich etwas sage, wegen einem Film schauen, meint er, ja du kannst schon schauen, wenn du willst, das ist mir egal, außer es käme einmal Fußball. Dann sage ich dann noch ‹gleitig›: ‹Ja, wenn du Fußball schauen willst, dann schau du nur!› Wir haben ja noch die Möglichkeit auszuweichen, weil wir immer noch den alten Fernseher haben und der geht ja noch gut, oder. [...] Ja ja, er lebt auch sehr gesund, ich kann einfach nichts sagen[...][6] Er ist ein Besonderer. Nach der Lehre ging er nach Norwegen und lebte dort über ein Jahr. Dann hielt es ihn nicht lange in der Schweiz, und er ging nach Frankreich für zwei Jahre, und als er mich kennenlernte, sagte er, wenn ich dich nicht getroffen hätte, wäre ich nach Kanada ausgewandert.»[7]

Dann versucht sich Frau Aebershold noch einmal vorzustellen, wie das Leben sein wird, wenn ihr Mann pensioniert sei. Es sei nicht auszumalen, er könne doch nicht immer auf dem Sofa liegen und lesen.

---

6 In gewisser Weise beschreibt Frau Aebershold eine durchschnittliche Rollenverteilung in ihrer Ehe und sie beschreibt, daß es für sie manchmal frustrierend ist, daß ihr aber nichts anderes übrig bleibt, als sich damit abzufinden. Da waren die Erzählungen über das Familienleben mit den kleinen Kindern ganz anders. Damals war sie in ihrem Element, ausgefüllt und glücklich. Mit dem Wegzug der Kinder beginnt eine neue und schwierige Phase der Umstellung. Sie beginnt eigene Kontakte außerhalb der Familie zu suchen. Auch unsere Beziehung ist ein Ausdruck davon.

7 Ihr Mann ist ein Besonderer, er ist neugierig, wissensdurstig und eigenwillig in seinen Ansichten; er war auch viel unterwegs und hat verschiedene kulturelle Möglichkeiten erfahren, sein Leben zu führen. Von da her überrascht es nicht, daß die beiden sich gefunden haben. Sie sind beide in gewisser Weise außergewöhnlich und leben in einem teilweise gebrochenen Verhältnis zu den geltenden Normen.

Die geplante Reise mit Theres nächste Woche beschäftigt Frau Aebershold sehr: «Wie wird das werden!»[8] Sie fühlt sich oft sehr hilflos und verletzt, wenn Theres sie so anfährt und ungeduldig ist. Dann wird sie verschlossen, und Theres fühlt sich abgewiesen. Es sei so schwierig. Wir reden darüber, daß Theres genau so verletzt ist wie sie. Als sie jung war und in der Kantine in Wald arbeitete, waren die Kontakte viel einfacher.

Anna Aebershold: «Ich hätte so gerne auch [...] eigentlich immer schaffen wollen. Eben, bevor wir verheiratet waren, habe ich auch in Wald gearbeitet. Ich war ja in der Kantine. Und dann, als wir heirateten, sagte ich: ‹Ja, ich gehe doch weiterhin arbeiten, das ist besser, als zu Hause rumzuhängen. Was meinst du, soll ich weiter in die Kantine, oder soll ich in der Produktion für eine Stelle schauen?› Dann hat er aber gemeint: ‹Du, in der Kantine, da verdienst du ja überhaupt nichts! Das ist ja verrückt, was du da arbeiten mußt.› [...] ‹Ja, aber, das ist so›, meinte ich. Und da weiß ich schon, der Mann hat gesagt: ‹Nein, Du mußt nicht in der Kantine arbeiten.› Trotzdem, ich wäre gern gegangen; die Arbeit hat mir eben schaurig zugesagt.»[9]

Maya Nadig: «Ja. Man hat Kontakt und ist nicht alleine...»

Anna Aebershold: «Ja, es war genau wegen dem, daß ich gerne in die Kantine arbeiten gegangen wäre. Man hat alle gekannt, und so.[10] [..] Aber es ist lustig, in dem Jahr, als wir heirateten, im 59, da sind alle Mädchen, plötzlich eine nach der anderen weg und haben geheiratet. Ich weiß nicht, das waren so viele hintereinander [...] alle sind gegangen. Sogar die Köchin noch. Und mit den meisten, die dort gearbeitet haben, habe ich heute noch Kontakt. Zum Beispiel eben, die Köchin, die wohnt jetzt in Wetzikon. Und jetzt ruft sie ab und zu an, wann kommst du wieder mal rauf und so[11]. Oder

8 Sie erinnert sich an die früheren Zeiten, wo sie Kontakte und Beziehungen hatte und diese dann auch verloren gingen, so wie jetzt, wo sie unsere Gespräche genießt und sie wieder verlieren muß.

9 Damals war es üblich, daß ein Mann, der etwas auf sich hält und es vermag, die Frau nicht arbeiten läßt. In vielen Gesprächen ist aber deutlich geworden, daß die Frauen diese außerfamiliäre Arbeit sehr schätzten, weil sie andere Beziehungen und Perspektiven ermöglicht.

10 Der außerfamiliäre Arbeitszusammenhang bedeutete befriedigende Beziehungen, in denen Erweiterungen der eigenen Identität stattfinden können.

11 Sie hatte zwar die Kontakte in der Kantine verloren, weil sie aufhörte zu arbeiten, aber sie kennt die Frauen teilweise heute noch. Vielleicht muß unsere Beziehung mit meinem Wegzug auch nicht ganz abbrechen?

die eine, die so manches Jahr dort war, die haben sie natürlich ein wenig ausgenutzt. Sie war dann nicht mehr die Jüngste, und die haben sie überall im Betrieb ein wenig ausgenutzt. Dort ein wenig arbeiten, dort ein wenig schaffen. Und die ist dann gesprungen. Sie hat nur gesagt, ich bin froh, wenn ich von zu Hause weg kann und wenigstens schaffen kann. Sie war ja auch nie richtig zu Hause gewesen. Sie war bei Pflegeeltern. Aber die haben sie herumdirigiert, als wäre sie der letzte Dreck. Ja, das war so traurig. So haben sie es mit ihr gemacht. Jetzt hat sie es aber schön. Jetzt ist sie [...] jetzt hat sie einen Freund bei sich, und sie haben es so schön miteinander. Und ich mag es ihr gönnen.»[12]

So arbeitete Frau Aebershold noch in der Kantine, bis Fredi geboren wurde. Später arbeitete sie als Aushilfe. Auch das gefiel ihr wieder ausnehmend gut. «Wir hatten es immer lustig miteinander», erinnert sie sich. «Der Mann hatte immer viel gearbeitet, vor allem, als er noch Gemeinderat wurde, war er viel unterwegs. Ja das war schon etwas Besonderes, als der Mann Gemeinderat wurde.»

Anna Aebershold: «Ja und eben diese Nachbarin in Wald, diese von viel früher, die hatte dann Probleme damit. Das war gerade am Anfang, als er frisch im Gemeinderat war; da ist sie eines Abends dem Mann entgegengelaufen, weil sie wußte, jetzt hat er dann Feierabend, ist ihm entgegengelaufen und hat ihm wüst gesagt: ‹Ihre Frau sagt mir nicht einmal mehr Grüezi, seit Sie im Gemeinderat sind!› Dann ist er heimgekommen und hat es mir erzählt. Sage ich, also was die wieder für einen Blödsinn zusammenschwätzt. Wie kommt sie auf so eine Idee. Ich trüge den Kopf höher, und ich weiß nicht, was alles.»[13]

Maya Nadig: «Ja, das macht neidisch.»

Anna Aebershold: «Ja. Andere machten das dann mehr aus Jux, ‹Grüezi Frau Gemeinderat!›. Aber das habe ich nicht gerne gehört, oder – ich meine, ich bin es ja nicht. Und wegen der Schulpflege: Die Kinder sind begeistert gewesen, als er in die Schulpflege kam. Und die Examen mußte er natürlich alle besuchen. Er war bei der Primarschule, und die Kinder hatten natürlich einen Höllenstolz,

---

12 Die Freundin hatte es auch so schwer wie sie, und schließlich hat sich alles zum Guten gewendet; heute hat sie es schön mit ihrem Freund. Wieder erinnert Frau Aebershold eine versöhnliche Geschichte.

13 Vertikale Bewegungen verändern die Beziehungen und ihre Wertigkeit – innen und außen.

wenn dann einmal der Vater vorbeikam. Jaja. Oder. Dann hat er jeweils auch einen ‹Weggen› bekommen am Examen. Und den hat er natürlich für die Kinder heimgebracht.»

Maya Nadig: «Ja. Sind sie nicht auch stolz gewesen?»

Anna Aebershold: «Wohl, wohl. Schon aber. Man kann es nicht so zeigen, oder, und man ist es sich ja auch nicht so gewohnt, oder. Das hat doch keinen Sinn[14] [...] Ich weiß nur. Ich glaube, das erste oder das zweite Jahr, als er im Gemeinderat war, da haben die Männer eine Einladung bekommen in ein Theater, nach Zürich sogar. Und da waren die Frauen auch herzlich eingeladen. Und ich, mir war wind und weh! Ich habe gedacht, alle anderen sind doch ein wenig höher gestellt. Ich komme mir so blöd vor. Und was anziehen in ein Theater! Ich hatte doch keine Ahnung, was anziehen. (Die Stubenuhr schlägt. Frau Aebershold springt auf.) Jechtes, bin ich jetzt versumt (verspätet)? Nein, ich hab noch einen Augenblick. Ja, man ist dann.[15] Ja, was haben sie gebracht – ‹Figaros Hochzeit›.»

Maya Nadig: «Ah, in der Oper?»

Anna Aebershold: «Ja, und ich habe gesagt, so etwas. Das ist das Schönste, was ich je in meinem Leben gesehen habe. Das hat mir so gefallen. Aber der Mann, er sagt, ihm sage so etwas gar nicht zu, er ging einfach mit, damit ich mitgehen kann.»

Frau Aebershold denkt wieder an die bevorstehenden Ferien mit der Tochter und fragt sich, welche Kleider sie mitnehmen soll. «Wenn ich zurückkomme, sind sie nicht mehr da» , sagt sie zu mir. «Sie müssen mir ihre Adresse geben, dann kann ich Ihnen mal schreiben.» Ich hole ein kleines Adreßkärtchen aus der Tasche.[16]

Anna Aebershold: «Ahja [...] danke. Oh, da muß man Sie ja mit Frau Doktor ansprechen.»

Maya Nadig: «Nein, das müssen Sie nicht.»

Anna Aebershold: «Aber was heißt jetzt Dr. phil.?»

Maya Nadig: «Philosophie, also Geisteswissenschaften...»

---

14 Frau Aebershold ist da ganz vorsichtig, sie möchte sich keine Probleme aufladen, für diese Spannungen fühlt sie sich nicht stark genug; sie schätzt die kontinuierliche Ausgewogenheit.

15 Hier bricht der konkrete Haushaltsrhythmus mit seinen Pflichten in das Gespräch ein. Frau Aebershold erschrickt, weil sie das Mittagessen für den Mann vergessen könnte.

16 Unser Abschied, der vorher im Gespräch schon latent vorhanden war, wird jetzt konkret angesprochen und eine mögliche Kontinuität unserer Beziehung wird eingeleitet.

Anna Aebershold: «Das ist mehr so Schreibenzeug, oder?... Und das sagen Sie mir erst jetzt, da hätte ich Sie ganz anders behandeln sollen...»
Maya Nadig: «Wieso?»
Anna Aebershold: «Jah! Ja, eben so jemand Gescheiter.»[17]
Maya Nadig: «Ich bin nicht gescheiter, ich habe einfach ein Buch geschrieben über die Frauen in Mexiko.»
Anna Aebershold: «Aber machen sie dann nachher trotzdem weiter, wenn dann das Kind da ist? Mit dem Projekt?»
Maya Nadig: «Ja ich hoffe, daß ich zu Hause arbeiten und auswerten kann... ich werde dann noch oft an Sie denken müssen.»[18]
Jetzt erkundigt sich Frau Aebershold intensiv nach meinem Befinden , nach meinen Plänen und der Zukunft des Kindes. Beim Vergleich der Unterschiede im Umgang mit Kindern von früher zu heute macht sie sich wieder schwere Vorwürfe über die möglichen Fehler, die sie in der Erziehung begangen haben könnte. Dieses Thema beschäftigt sie immer neu; sie interessiert sich sehr für das heutige Wissen und die heutigen Möglichkeiten, mit einem Kind umzugehen.
Dann ist unsere Zeit um, und wir beginnen uns zu verabschieden. Wir bedanken uns beide gegenseitig herzlich für die Gespräche. Frau Aebershold schenkt mir noch eine dicke schöne Kerze, und ich verspreche ihr, nach der Geburt meines Kindes eine Anzeige zu schicken.

Gedanken zu dem letzten Gespräch

Abschied. Dieses war unser letztes Gespräch vor meiner Abreise aus dem Dorf. Es ist ein Abschiedsgespräch, in dem eine sanfte Wellenbewegung zwischen Trauer und Versöhnung stattfindet. Frau Aebershold erinnert sich abwechslungsweise an versöhnliche, positive Ereignisse und an traurige, konfliktträchtige; darauf folgen wieder die freudigeren Gedanken. Ich möchte die aufeinanderfolgenden Themen in

17 Plötzlich steht eine vertikale Differenz zwischen uns, die an diejenige zwischen ihr und den Nachbarinnen erinnert, als ihr Mann Gemeinderat wurde. Diese Differenz könnte Fremdheit und Distanz schaffen, aber sie ist schnell wieder vergessen, so wie früher schon, denn im Brief von der Universität waren die Titel auch erwähnt.

18 Sie erkundigt sich, ob mit der Geburt alles abbricht, mein Interesse am Projekt und mein Interesse an ihr. Und ich versichere ihr, daß es noch lange weiter gehen wird. Wieder wird Kontinuität geplant.

diesem Gespräch kurz aufzählen, um diese Wellenbewegung zu veranschaulichen:

- ihre Familie war zufrieden mit mir beim letzten Besuch;
- das Konzentrationslager Buchenwald war schrecklich;
- der Mann war so freundlich in den Ferien;
- im Alltag aber ist er ihr fern, er liest und schaut Fußball;
- gleichzeitig ist er ein besonderer Mensch;
- die Pensionierung und die Reise mit Theres machen Angst, es sind ungewisse Veränderungen;
- früher hatte sie sehr schöne Kontakte bei der Arbeit;
- durch die Heirat und die Geburt hörten diese Kontakte auf, es war ein Verlust – aber es gibt auch Kontinuität, einige haben bis heute weiter gedauert;
- eine Freundin hatte ein elendes Leben früher;
- heute geht es ihr gut mit ihrem Freund – der Mann war Gemeinderat, und das ist etwas Besonderes;
- aber dieser Aufstieg, diese Veränderung brachte auch Probleme mit den Nachbarinnen;
- und Schönes daneben, nämlich einen herrlichen Opernbesuch;
- wir werden uns auch trennen und nicht mehr sehen, und ich bin so anders mit meinem Titel;
- aber wir erzeugen eine Kontinuität durch Adressentausch und die Weiterarbeit am Projekt;
- noch einmal fragt sich Frau Aebershold, ob sie eine schlechte Mutter war
- sie ist interessiert an mehr Wissen darüber;
- und dann kommt ein freundlicher Abschied und Frau Aebershold macht mir ein Geschenk.

In dieser Pendelbewegung kreist Frau Aebershold unseren Abschied ein und hebt ihn auf in Trauer und Versöhnung; es ist beides gleichzeitig da. Auch das böse Selbstbild ist ausgeglichen und hat kein Übergewicht mehr. Wir tauschen Geschenke; ich verspreche, am Projekt weiterzuarbeiten, gebe ihr meine Adresse, und sie gibt mir eine große dikke Kerze, die sehr lange brennen wird. Die Inhalte, die das Thema des Abschieds tragen, sind Alltagsgeschichten im Rahmen der Familie und der unmittelbaren Umgebung. Frau Aebershold beginnt, sich wieder am Alltag und ihrer konkreten heutigen Realität zu orientieren. Die Erzählungen aus ihrer Kindheit und Jugend waren wie eine große Reise, die wir zusammen in die Vergangenheit und in die inneren Verletzungen unternommen hatten. Jetzt sind wir wieder im Hier und Jetzt angekommen, und so können wir uns auch trennen.

Aus einer Postkarte und später im Gespräch erfahre ich, daß die gemeinsame Reise mit Theres sehr gelungen war. Sie haben es genossen und über vieles geredet.

Die Qualität unserer Beziehung

In unserer Beziehung vollzog sich – im Rahmen der Übertragung und Gegenübertragung – ein Prozeß, der über das hinausging, was sich in konventionellen Begegnungen ergibt. Das hängt damit zusammen, daß ich als Ethnologin und Psychoanalytikerin auch unkonventionell reagierte. So spiegelte sich im Spiel unserer Beziehung die Geschichte eines Individuums wieder, das einer bestimmten sozialen Gruppe und Klasse angehört.

Es kamen die verschiedenen sozialen Schutzmechanismen zum Ausdruck, die einer Frau in der Lage von Frau Aebershold zur Verfügung stehen. Dann stellten sich sukzessive ihre biographischen Erfahrungen und die dazugehörigen Emotionen dar – zum Vorschein kam die Geschichte ihrer Subjektivität: ihre Wünsche, Hoffnungen und Träume, die sich an den Grenzen ihrer Epoche und sozialen Klasse brachen. Hinter dem Erscheinungsbild einer verhärmten und strengen Frau wurde eine ich-starke, lebenslustige Persönlichkeit sichtbar, die für diese Seiten keinen sozialen Raum gefunden hat. Es wird deutlich, wie schwer die institutionellen Eingriffe, die sie dank ihrer psychischen Stabilität nicht brechen konnten, in ihrem Leben gewogen haben. Von außen betrachtet führt sie einfach das durchschnittliche Leben einer älteren Arbeiterfrau; von innen gesehen wird deutlich, bis zu welchem Ausmaß äußere und fremde Gewalteinwirkungen notwendig waren, um diese zur Schau gestellte Durchschnittlichkeit zu erzeugen.

Unsere Gespräche stellen eine Art Frauenraum dar, in dem sich langsam Vertrauen und gemeinsames Verstehen entwickelten. Es ist eindrucksvoll zu sehen, wie Frau Aebershold diesen Raum zuerst ausprobierte und testete, um ihn dann für die Auseinandersetzung mit ihrer persönlichen und sozialen Geschichte zu benützen. In dieser Auseinandersetzung verschob sich zusehends die Grenze, die Frau Aebershold bislang zwischen dem Privaten und dem Öffentlichen gezogen hatte. Ich meine damit, daß Frau Aebershold sich langsam vom individualisierten moralischen Bild der bösen Frau und Mutter distanzieren konnte und entdeckte, daß sie im Rahmen ihrer sozialen Möglichkeiten eine ziemlich gute Frau und Mutter war und ist. Gleichzeitig führte dies dazu, daß sie auch mehr und mehr eine Vorstellung und Sprache für die gesellschaftlich bedingten Seiten ihrer Geschichte fand. Die Gespräche im Frauenraum, der von einer positiven Grundeinstellung gegenüber dem Frauenschicksal geprägt ist, ermöglichten eine Revision und Neuordnung ihres Selbstbildes als Frau und eine Versöhnung mit ihrer Rolle in diesem Frauenschicksal. Sie ermöglichten auch den Anfang der Revision ihrer schuldbeladenen und schwierigen Beziehung zu ihrer Tochter Theres.

Die persönlichen Erfahrungen von Anna Aebershold

Sie erlebte eine schwierige und ambivalente Mutterbeziehung. Ihre Mutter war eine gebrochene, strenge und Über-Ich-hafte Frau, die sehr heftig auf Annas Schicksal reagierte. Die Mutter hatte selber ein uneheliches Kind, das sie weggeben mußte. Die Beziehung zu ihrer Schwester, die auf die kleinere offensichtlich nach wie vor sehr eifersüchtig ist und ihr immer noch Schuldgefühle zu machen versucht, ist ebenfalls noch schwierig. Der Vater war oft abwesend, aber sie hatte eine positive und idealisierende Beziehung zu ihm.

In der Pubertät, der Phase der Lösung und Triebaktivität, war Frau Aebershold im Landdienst beim Bauern Michael und entwickelte eine sehnsüchtige und hoffnungsvolle Vaterübertragung auf ihn. Sie sucht zärtliche primäre Liebe und findet einen «triebhaften» Mann, der sie ausnützt, verrät und doch wieder festhält. Das Bedürfnis nach einer stabilen primären Liebe war bei ihr so groß, daß sie den Verrat verdrängt und innerlich an der guten Liebe zum Bauern (resp. Vater) festhält. Diese Abspaltung und die dazugehörige Verletzung ist bis heute lebendig und unverheilt geblieben, von daher noch ganz frisch. Sie versucht sie täglich aufzuheben und wiedergutzumachen, indem sie die beiden Haustiere – den Papagei und das Kätzchen –, die eine totale Liebe bis in den Tod leben, zusammenbringt.

Psychodynamisch kommt es einer Katastrophe gleich, daß gerade in der Pubertät und Adoleszenz, wo sich ein junger Mensch von der Familie abzusetzen beginnt und einen Ort und eine Rolle in der öffentlichen Gesellschaft sucht, etwas geschah, was die Gesellschaft und Familie zu einer derartig vernichtenden Reaktion legitimierte. Der massive Eingriff der Obrigkeiten in das Leben des jungen Mädchens – Festnahme, Verhöre, psychiatrische Klinik, Töchterheim, Erziehungsheim, Vormundschaft, Trennung vom Kind usw. – all dies stellte in der Entwicklung des jungen Mädchens eine unüberwindliche Barriere dar, die ihre erwachenden Entfaltungs- und Expansionsbedürfnisse lähmte und mit dem Siegel der Schlechtigkeit versah. Diese negative Wertung ihrer Lebendigkeit wurde durch die Verdammung der Mutter und den Verrat des Bauern verstärkt. Die erotische Bindung an den väterlichen Bauern und die spätere moralische und institutionelle Verfolgung hatten es ihr nicht erlaubt, die Adoleszenz zu vollziehen. Sie mußte sich bis zu einem gewissen Grade auf der Stufe eines frühpubertären Mädchens, das nicht zur Frau werden darf, zurückziehen, sich sozial einsperren und einschränken. Das fühlte ich manchmal an ihrem Körper und Gang: Sie ist schmal, mädchenhaft und leichtfüßig. Es erfolgte gleichsam eine Amputation der sozialen Erwachsenheit. Anna Aebershold mußte sich teilweise mit dem bösen Bild, das die Mutter und die Gesellschaft von ihr zeichneten, identifizieren: Sie erlebte sich selber als schlechte Frau, als das Paradigma der schlechten Frau, der nicht vergeben wurde. Die Beziehung zur Tochter Theres ist Ausdruck dieser Schwierigkeiten. Aus Schuldgefühlen hatte sie lange Angst, ihr ihre ganze Geschichte zu erzählen. So steht und stand viel Unausgesprochenes zwischen ihnen, was die Beziehung belastet hat, weil es ja gerade jene Themen waren, um die es zwischen ihnen beiden immer ging. Es wird deutlich, wie schwer es ist, aus dem eigenen «Schicksal» und den eigenen Schuldgefühlen auszusteigen. So entsteht eine Art von schicksalhafter Schuldverstrickung der Matrilinie dieser Familie, die über Generationen hin weiter geht.

All dies macht sie oft krank und schwach. Und gleichzeitig spricht sie von den alten Kartoffeln, die «wie verrückt» keimen. Unter dem Schutzmantel ihrer Zurückgezogenheit ist sie lebendig, intakt und lebensgierig wie immer; diese Seite muß mühsam geschützt und unterdrückt werden, denn sie führt zu Katastrophen.

Die psychosomatischen Leiden, die ab und zu auftauchen und ihre Unternehmungen stören bzw. verhindern, bringen ihre widersprüchliche Befindlichkeit zum Ausdruck.

Frau Aebershold ist in ihrer Einstellung zur sozialen Umgebung zwischen zwei Tendenzen hin- und hergerissen: dem totalen Selbstschutz, Rückzug und Verzicht auf Welt und Beziehung und der ständigen Suche nach einer Wiedergutmachung ihrer Verletzungen und der Entfaltung ihrer Lebenslust.

Die kulturellen Muster, die Frau Aebershold heute benutzt

Um die Frage nach den spezifischen Frauenräumen bzw. nach der Frauenkultur zu beantworten, versuchen wir herauszuarbeiten, in welchen sozialen Zusammenhängen sich eine Frau bewegt und welche persönlichen Wünsche und Emotionen sie dort unterbringen kann. Im Zusammenhang mit der spezifischen Lebensgeschichte und der Persönlichkeitsstruktur kann so etwas über die subjektive und objektive Qualität dieser Räume und ihrer kulturellen Inhalte ausgesagt werden.

Frau Aebershold hat sich verschiedene vitale Impulse und Bedürfnisse erhalten – Neugier, Entfaltungsdrang und Lebenslust, die aber stark kontrolliert und gezügelt werden müssen; Beziehungs- und Liebesbedürfnisse, die ebenfalls sehr vorsichtig dosiert und eingebettet werden, und ihre Kritik und Wut auf eine Welt, die ihr sehr bittere Erfahrungen zumutete. Wir gehen davon aus, daß es für ein Individuum von größter Bedeutung ist, die eigene Subjektivität nicht nur familiär, sondern auch sozial zu manifestieren.

Betrachtet man, was Frau Aebershold in ihrer Kindheit und Jugend mitbekommen und was sie an Unterstützung vermißt hat, stellt ihr Umgang mit ihrer familiären und gesellschaftlichen Erfahrung eine sehr adäquate Lösung dar: Sie zieht sich zurück, bricht Beziehungen, die intensiver werden, ab, verzichtet auf öffentliche Aktivitäten; sie läßt sich auf nichts Intensiveres ein. Aber sie pflegt mit größter Liebe die Beziehung zwischen ihrem kleinen Papagei und dem Kätzchen, pflegt teilnehmend in den beiden Haustiere die Darstellung einer ungestörten Liebe, die sie nie erleben konnte. Diese symbolische Darstellung findet im Schutz der Wohnung, der Familie statt.

Die Beziehungs- und Liebesbedürfnisse (Wiedergutmachung) von Frau Aebershold können fast nur im familiären Zusammenhang ausgelebt und symbolisch dargestellt werden. Die Haustiere bieten eine sehr typische und sozial akzeptierte Möglichkeit, mit den eigenen Emotionen umzugehen, sie zu regulieren und zu äußern. Dasselbe gilt für den Garten: Die Pflege von Pflanzen im Zyklus der Jahreszeiten und der Natur ermöglicht die Regulierung und den Ausgleich eigener Rhythmen und Emotionen.

Die Einbindung in die Familie selber vermittelt eine emotionale, soziale und rechtliche Verortung: Zugehörigkeit, Beziehungsnetze, Sinngebung, gesicherte Kontinuität und einen eindeutigen sozialen Status. Die weitere Verwandtschaft, die Schwester und der Bruder wurden nach dem Auszug der Kinder wichtig, als Frau Aebershold zunehmend in eine Krise kam. Die vielfältigen nachbarschaftlichen Beziehungen sind ebenfalls in den Alltag eingebettete Kontakte, die oft auch eine freundliche Emotionalität und ein gegenseitiges sich miteinander Beschäftigen, Geben und Nehmen erfordern.

Die Neugier und der Entfaltungsdrang waren schwieriger unterzubringen. Früher kamen sie in der Kantinenarbeit und in den dortigen Kontakten auf ihre Kosten. Die regelmäßige Lohnarbeit in institutionellen Verhältnissen ermöglichten Beziehungen innerhalb eines sachlichen Rahmens und einer unverbindlichen Kontinuität.

Später schrieb sie sich in den Quartier-Frauenverein ein. Sie geht zur Generalversammlung, fühlt sich dort aber nicht besonders wohl. Die jährlichen Ausflüge besucht sie regelmäßig und trifft dort auch Bekannte. Die beiden Wandervereine, in denen sie Mitglied ist, stellen ebenfalls eine Möglichkeit dar, etwas mit anderen Leuten zu unternehmen, ohne sich zu stark engagieren zu müssen, ohne sich zu nahe zu kommen und ohne feste Bindungen einzugehen. Sie machen es möglich, unterwegs zu sein, in der Welt und der Öffentlichkeit draußen, ohne die Verantwortung zu übernehmen und ohne ausgesetzt zu sein. Und sie bieten die Chance, Leute locker zu treffen und wieder zu verlassen. Sie erlauben ihr, sich zu bewegen, zu reisen, zu sehen, ihre Neugier in Bezug auf Menschen und Natur zu befriedigen. So gesehen, stellen sie einen geschützten Öffentlichkeitsraum dar.

Die Gratwanderung zwischen einer eigenen Position und Anpassung

Eine eigene Position bestünde darin, Raum und Echo für die persönlichen Bedürfnisse, Lebenslust und Fähigkeiten zu finden, aber auch für die Wut über vieles und die Kritik an bestimmten Verhältnissen. Demgegenüber steht die Position der Selbstkontrolle und der Anpassung, auf die Frau Aebershold aufgrund ihrer sozialen Erfahrungen sehr sorgsam achtet. Die Gratwanderung zwischen beiden Positionen bedeutet, daß ein möglichst großes Ausmaß an Selbstverwirklichung gesucht wird, ohne daß das Individuum aus den sozial akzeptierten Zusammenhängen herausfällt.

Sie suchte die Ehe, weil sie ihr wieder den Status der anständigen Frau, eine soziale Sicherheit und Ruhe verschaffte. Gleichzeitig bedeutete die Ehe, daß der Mann ihr von der Arbeit abriet, sie relativ isoliert blieb und sich manchmal als Dienstmagd benützt fühlte. Sie konnte keinen sozialen Raum in der Öffentlichkeit finden, der für sie neue Sichtweisen ermöglicht hätte.

Zum Teil sperrt sie sich ein. Eingeschüchtert und triebkontrolliert engt sie sich ein. Alles wirkt streng an ihr, außer der Frisur – sie hat einen wilden blond-grauen Lockenkopf –, den alten Kartoffeln in ihrem Keller, die besonders treiben, und der Lust an Unternehmungen und aufmüpfigen Geschichten.

In diesem Zusammenhang haben die jährlichen Familienfeste, die Frau Aebershold mit den Angehörigen ihrer Familie mütterlicherseits organisiert, eine herausragende Bedeutung. Sie stellen eine selbstbestimmte und kreative Gestaltung einer familiären Öffentlichkeit dar. Dort erzeugt Frau Aebershold in der Frauenlinie, also unter symbolischem Ausschluß der «verräterischen» Männer, eine historische Perspektive und Kontinuität. Damit werden die vielen Momente ihrer Lebensgeschichte, die sie vom Weg des idealen Frauen-Curriculums abbringen, wiedergutgemacht, in einen größeren Zusammenhang gestellt und ausgeglichen.

Insgesamt hat sie sich mit ihrem Schicksal abgefunden und eine für sich zufriedenstellende Lösung gefunden, sie lebt ein ruhiges (für sie zu ruhiges) und respektiertes Leben, neben einem respektierten und klugen Mann und gut geratenen Kindern. Der Mann und der Sohn rächen sie quasi mit sozialkritischen Einstellungen; sie akzeptieren das, was die Gesellschaft mit ihr gemacht hat, nicht, und das ist doch auch eine Genugtuung für sie.

Geboren wurde sie im Milieu einer Handwerkerfamilie, die in den 30er Jahren an der damaligen Arbeitslosigkeit litt und zum Subproletariat absank. Sie erlebte klassenspezifische Not in Form von Hunger, Armut und Mangel an Arbeit, dann aber auch in der Form eines Mangels an Kontinuität, sozialer Abgesichertheit, Bildungsmöglichkeiten und ganz besonders in Form des mangelnden Schutzes der Frau. Alle Frauen ihrer Familie hatten Probleme mit ihrem ersten Kind und ertrugen teilweise die sozialen Sanktionen, die darauf folgten – sei es der Verlust des Kindes oder der Ehre, Verfolgung und Diskriminierung.

Vor kurzem erklärte mir Anna Aebershold, daß ihre Mutter sich kurz nach der Geburt ihrer ersten Tochter von ihrem Mann scheiden ließ, weil er sie schlecht behandelte. Sie war dann gezwungen, so viel zu arbeiten, daß sie schließlich, der Not gehorchend, ihre Tochter zur Adoption freigab. Aber auch in der zweiten Ehe war – vor allem im Winter, wenn die Bauern keine Hilfskräfte brauchten – die Not so groß, daß Frau Aebersholds Mutter voll arbeitete und deshalb ihre beiden ersten Kinder während der Woche im Waisen- und Armenhaus abgeben mußte. Eine Krippe gab es damals noch nicht.

Auch Anna erhielt keine Ausbildung, sondern mußte früh einfache Lohnarbeit als Dienstmädchen in der Pension und beim Bauern in einem schutzlosen, familiären Abhängigkeitsverhältnis leisten. Das private, nicht-institutionelle Arbeitsverhältnis bedeutete, daß familiäre Übergriffe möglich waren: Verführung, sexuelle Ausbeutung, Verleumdung, Rechtlosigkeit und moralische Verfolgung. Diese stehen im Gegensatz zu institutionellen Arbeitsverhältnissen wie in der Fabrik oder in Anstellung, wo Gewerkschaften und minimale Rechtsregelungen sowie der Respekt der Persönlichkeit vorhanden sind.

Dann erfuhr sie den ungeschützten Abort und die tragische Umkehrung der Hilfeversuche der Mutter. Die Klage der Mutter gegen den Bauern wendete sich gegen die Tochter. Sie und nicht er wurde als die Schuldige verfolgt, eingesperrt und entmündigt. Nicht ihr, sondern dem Mann wurde Glauben geschenkt.

Dies ist neben der bekannten geschlechtsspezifischen Diskriminierung bei Sexualdelikten auch eine Folge der sozialen Klasse. Anna machte konkrete Erfahrungen mit den Repressionsinstanzen, die der Gesellschaft zur Verfügung standen, um «gefallene Frauen (Mädchen)» zu strafen und von den «Anständigen» zu separieren. Sie erfährt eine sechsfache Verfolgung und Entmündigung:

- Die Anklage der Unzucht mit Minderjährigen und abhängigen Personen gegen den Bauern wird gegen das junge Mädchen gewendet;
- Festnahme und Verhör durch die Polizei;
- Einlieferung in eine Haushaltschule;
- Nach drängenden Besuchen des Bauern wieder Wendung gegen das Mädchen und Einlieferung in Psychiatrie: Erklärung der Unzurechnungsfähigkeit;
- Freiheitsentzug und Strafmaßnahme in Erziehungsheim;
- Entmündigung durch Einsetzung eines (weiblichen) Vormundes.

Die erneute uneheliche Schwangerschaft führt zum Verstoß durch die eigene Familie. Als «Gefallene» bringt sie ihr Kind zur Welt und muß die Kosten für die Geburt durch Hilfsarbeit abdienen. Dann muß sie sich als arbeitende Mutter vom Kind trennen; es kommt für sechs Jahre in eine Pflegefamilie.

Die Mutterschaft von Frau Aebershold ist ein extremes Beispiel für die gesellschaftliche Spaltung von Mutterschaft und öffentlicher Kultur: Als ledige Mutter hatte sie keinerlei Anrecht auf soziale und kulturelle Unterstützung ihres Status als Mutter oder bei dem Versuch, Kind und Lohnarbeit zu vereinbaren: Um zu arbeiten, mußte sie das Kind weggeben. Eine Kombination dieser beiden Rollen war als ledige Mutter fast nicht denkbar. Später, als sie heiratete, wurde der Mutterstatus im Rahmen der Ehe und Familie möglich, die Berufstätigkeit allerdings wurde ganz abgebrochen.

Erst die Eheschließung löste die soziale Diskriminierung auf: Die Frau Vormund gab die Einwilligung in die Heirat. Erst danach – sie war über dreißig – wurde das Vormundschaftsverhältnis aufgelöst. Rechtlich gesehen war sie jetzt einem Manne untergeordnet.

Im Leben von Frau Aebershold sind die zeitspezifischen Diskriminierungs-mechanismen gegenüber der Frau massiv manifest geworden: die allgegenwärtige Sexualmoral, der patriarchale Rechtsumgang, die vielschichtige institutionelle Repression, die strukturelle und rechtliche Entmündigung und schließlich die Akzeptanz der Ehe als Ersatz für die Vormundschaft.

Die «gefallene Frau» wird als Exempel statuiert

In den Gesprächen mit weiteren Frauen aus dieser Generation haben wir verstanden, daß in der Geschichte von Anna Aebershold etwas sichtbar wird, was in der Geschichte der anderen Frauen latent geblieben ist: die vernichtende und im Notfall unerbittliche Moralität gegenüber einer jungen Frau, die sich ihren Platz in der Gesellschaft sucht. Die manifeste Gewalt, die in Anna Aebersholds Leben und dem Leben ihrer nächsten weiblichen Verwandten die Grenzen ihrer Entfaltung markiert, war als latente Drohung im Leben jeder Frau ihres Alters vorhanden; nur war die Brutalität dieser Drohung in der Oberschicht besser gepuffert und gepolstert durch ökonomischen Wohlstand und soziale Integration. Auf diese Weise sind vor allem Frauen der Unterschicht damit in manifeste Konflikte geraten.

Die Geschichte von Anna Aebershold zeigt die Enge der Grenzen, die das Erlaubte und das Unerlaubte abstecken. Alle Frauen, die zu jener Zeit aufgewachsen sind – selbst ihre Töchter sind davon beeinflußt – kennen diese Normen und Grenzen. Die Kenntnis von solchen «Fällen» wie der der Anna Aebershold gehörte zur psychohygienischen Erziehung aller pubertierenden Mädchen – auch noch nach dem Zweiten Weltkrieg. Diese Geschichten bildeten den unausgesprochenen Hintergrund, vor dem Mädchen und Frauen ihre Entscheidungen planten und ihre Triebkontrolle einrichteten. So war jede von ihnen gezwungen, sich bei jedem Schritt, den sie außerhalb der Famlie tat, zu fragen, ob sie Grenzen überschreitet oder nicht, und was das zur Folge haben könnte. Die Lebensgeschichte dieser Frauen gleicht einer Gratwanderung auf dem engen Pfad der Moralität für die Frau, die meist einer Gratwanderung auf der Grenze zwischen Öffentlichkeit und Familie gleichkommt, aber auch zwischen Triebbedürfnissen und Anpassung. Sie vollbrachten den inneren und sozialen Balanceakt zwischen dem Wunsch, ein Maximum an Triebbefriedigung und Selbstentfaltung zu finden, und einer notwendigen Anpassung und Selbstverleugnung unter dem ständigen Druck und der Angst, im buchstäblichen Sinne des Wortes aus dem Rahmen zu fallen, d. h. eine «Gefallene» zu werden.

Methodische Differenzierungen

Es könnte so aussehen, als ob in den Gesprächen mit Frau Aebershold gar keine Fremdheit vorhanden wäre, weil wir derselben Kultur angehören. Bis zu einem gewissen Grade hat dies auch seine Richtigkeit. Gleichzeitig ist aber doch auch ein enormes Ausmaß an Fremdheit vorhanden, das sich nicht nur im Klassen- und Generationenunterschied äußert, sondern auch in der jeweiligen Identität als Frau. Zudem bringen der spezifische Verlauf unserer Beziehung und die Versuche von Frau Aebershold, die wachsende Nähe zu bewältigen, ein beträchtliches Ausmaß an «Störung» und Irritation, kurz an Fremdheit, in Gang. Fremdheit zeigt sich nicht immer im Exotischen und offensichtlich Anderen, sondern entsteht ununterbrochen in jeder Beziehung, in der verschiedene Menschen frei miteinander kommunizieren.

Bei der ethnopsychoanalytischen Arbeit in der eigenen Kultur ist das Erkenntnisprinzip des Fremden in seiner basalen Grundsätzlichkeit relativiert. Jene eindeutigen Irritationen gegenüber dem exotisch Unbekannten, die die Forscherin in der Dritten Welt auf das verweisen, was sie noch nicht kennt, kommen weniger häufig vor.

In der eigenen Kultur ist zwar auch manches schicht-, milieu- oder regionalbedingt anders, die beiden Gesprächspartnerinnen allerdings haben doch grundsätzlich an derselben Kultur, Sprache und Gesellschaftsstruktur teil. Aus diesem Grund scheinen die Gespräche schneller intim und direkt zu sein, wenn die Person der Forscherin akzeptiert worden ist. Die gemeinsame Teilhabe an derselben Kultur und an einem gemeinsamen kulturellen Unbewußten erzeugt zwischen Frauen oft ein implizites, tendenziell intimes Selbstverständnis, das methodisch gefährlich ist und sehr sorgfältig gehandhabt werden muß.

Es hat sich gezeigt, daß in der eigenen Gesellschaft nicht nur der Befremdungsschock in die Irre führen kann, sondern auch die Irritation vor dem allzu Bekannten. Sie äußert sich in einem nicht immer bewußten Distanzierungs-, Abgrenzungs- oder Absetzungswunsch, der sich auch in Entwertung und Herabminderung des Interesses äußern kann. Wir haben entdeckt, daß oft gerade an diesen Punkten der Distanzierung zentrale, gesellschaftlich unbewußt gemachte Konflikte zu entdecken sind. Wenn zum Beispiel Frauen oder Frauengruppen sich allzusehr über unsere eigenen «aufgeklärten» Tabugrenzen hinausbewegten, drückte sich unsere Irritation in Distanz und eventuell in Desinteresse aus. Die Irritationen verlaufen entlang einer anderen Achse, da das «Fremde» und «Bekannte» sich hier anders definieren. Hier herrschen gemeinsam geteiltes kulturelles Unbewußtes und gemeinsam geteilte Abwehrmechanismen vor; es fehlt gerade die fundamentale kulturelle Verschieden- und Fremdheit. Die Gefahr besteht in der gemeinsamen unbewußten Übereinstimmung gegenüber einem Phänomen, die sich bei beiden als blinder Fleck und als Tabu auswirkt. Das Aufspüren dieses eigenen und gemeinsamen Unbewußten verläuft nicht wie in der Psychoanalyse über die Irritation am Neurotischen im Gegenüber, sondern vor allem über die Irritation den eigenen Entwertungen und eigenen Rationalisierungen gegenüber.

Trotzdem bleibt bei genauem Hinsehen das Fremde der zentrale Leitfaden in den ethnopsychoanalytischen Gesprächen. Frau Aebershold ist mir auf vielen Ebenen fremd – durch ihre Zurückgezogenheit, ihre verschlossene Abkehr, aber auch durch ihre Lebensinhalte: die Haustiere und den Wanderverein und durch die Art und Weise, wie sie Familie und öffentlichen Kultur trennt. In all diesen Dingen sind wir weit voneinander entfernt und uns vielleicht fremder, als ich es mit zwei meiner mexikanischen Gesprächspartnerinnen empfunden habe, die in ihrer «Lebensgier» ständig damit beschäftigt waren, die für Frauen gesetzten Grenzen zu überschreiten.

Das Leben der Forscherinnen im Dorf und die Art der Kontakte gestalteten sich anders als in Zentralamerika: Wir tauchten nicht als Fremde und Exotinnen im Dorf auf, sondern erschienen als unauffällige Schweizerinnen unter Schweizern; wir waren für niemanden als Anthropologinnen durch Hautfarbe, Größe und Verhalten erkenntlich. Wir konnten uns nicht auf einen Dorfplatz setzen und warten, wer auf uns zukommen würde. Dies zwang uns, selber aktiv, quasi aufdringlich zu werden und selbst unsere Gesprächspartnerinnen auszuwählen.

Wir hatten besonders Angst vor der Abweisung, Empörung oder Verschlossenheit von Schweizer Bürgern, denen wir zu nahetreten. Unsere Normen der Diskretion, Distanzhaltung und des Respektes vor der Privatheit machten uns große Mühe, denn wir mußten gerade diese verinnerlichten sozialen Grenzen gegenüber Menschen aus derselben Kultur, die dieselben Normen kennen, durchbrechen. Wir fühlten große Erleichterung und Dankbarkeit, wenn diese Reaktionen nicht eintraten. In der indianischen Gesellschaft kannten wir die gültigen Distanzgrenzen nicht und waren, weil wir fremd waren – für uns selber wie auch aus der Sicht der anderen – entschuldigt und wurden erst langsam eingeführt.

Die verblüffendste Erfahrung für uns war, daß neun von zehn Frauen sich sehr für uns interessierten und sich über unsere Annäherung und die Möglichkeit von Gesprächen freuten. Die meisten Frauen haben selten Besuch und sind auf die Organisation des Lebens ihrer Kinder orientiert. Alle betonten, daß ihnen noch nie jemand wirklich zugehört habe. Sie genossen es, daß wir für sie da waren. Wenn anfängliche Unklarheiten über unsere Identität und Funktion geklärt waren, entstanden offene, freundliche Beziehungen. Wir waren eher ängstlicher als sie.

In der Begegnung mit unseren Gesprächspartnerinnen bestand die häufigste Rollenübertragung nicht in einer Idealisierung oder Entwertung der mächtigen Fremden, sondern in einer realen Identifikation mit unserer Rolle und der Hoffnung auf eine kompetente Fachfrau, die sich wirklich anhört, welche Erfahrungen in einem Frauenleben gemacht worden sind, um es anklagend oder auch anerkennend hinauszuschreien oder darzustellen. Wir waren Figuren, die zwischen der häuslichen Sphäre der Frauen und der öffentlichen der Männer standen und somit Zugang zu zwei Welten hatten. Von daher sind wir mit bestimmten Rivalitätsproblemen beladen, vor allem aber mit vielen Hoffnungen und Erwartungen besetzt worden.

Im Alltag mußten wir uns immer neu die geringe Distanz zur eigenen Kultur bewußt machen. Zum Beispiel ließ das Leben in einer Dreizimmerblockwohnung mit der typischen Verteilung von Elternschlafzimmer, winzigem Kinderzimmer und Stube Erinnerungen an das Leben in einer ähnlichen Architektur in der eigenen Kindheit hochkommen, die je nachdem Einengung oder Geborgenheit bedeutete. Als dieser subjektive Zusammenhang verstanden wurde, als Erinnerungen an die eigene Adoleszenz in gleichen oder gerade ganz anderen Wohnformen bewußt wurden, konnte die emotionale Befindlichkeit unserer Gesprächspartnerinnen in ähnlichen Situationen authentischer nachvollzogen werden.

In der Industriegesellschaft leben die Frauen in sehr komplexen Alltagszusammenhängen, Zeitrhythmen und institutionellen Vernetzungen. Das bedingt auch einen anderen Gesprächsrhythmus, eine andere Einordnung der Gespräche mit der Forscherin. Die Begegnungen finden seltener statt, sind vom Alltag stark abgehoben und gleichen einer Ausnahmesituation. Sie erhalten anfangs leicht die Färbung eines besseren Besuches und damit eine hohe Wertung. Auf der Seite der Informantinnen gab es ebenfalls Unterschiede zu unseren Erfahrungen in der bäuerlichen oder suburbanen Gesellschaft.

Während in Mexiko oder Nicaragua die Bäuerinnen fast jeden Tag denselben Arbeits- und Zeitrhythmus haben, sieht hier jeder Tag anders aus, und es war fast unmöglich, die Frauen alle Tage oder alle zwei Tage zu sehen. Für die einstündigen Gespräche bildete sich ein Wochenrhythmus heraus. Die Frauen hier – seien es nun Mütter, die Alten im Altersheim, Halbberufstätige oder Alleinstehende – sind in familienübergreifende Stundenpläne, Unternehmungen und Pflichten eingebunden; ihre Tage sind voll ausgefüllt. Der Eindruck des Gehetztseins ist sehr häufig. In einer komplexen Gesellschaft sind fast alle Kontakte vermittelt, organisiert und lange geplant. Spontane Begegnungen finden höchstens im Haus oder im Laden – im Sommer auch noch auf dem Kinderspielplatz und in der Badeanstalt – statt.

In der Untersuchung der indianischen Gemeinschaft orientierten wir uns an der Theorie der Ethnie, ihrer Ökonomie, ihrer Sozialorganisation und den dort herrschenden Traditionen und Regeln. Dieser Rahmen war für alle Mitglieder der Gruppe im gleichen Maße gültig. In einer weiteren Perspektive kam die Position dieser Gruppe im politökonomischen System des Nationalstaates und des Kapitalismus dazu. Der primäre Rahmen war also relativ überschaubar und für alle Gesprächspartnerinnen derselbe.

Hier, in der eigenen Gesellschaft, ist das wesentlich komplizierter. Die Gesprächspartnerinnen gehören nicht nur verschiedenen Epochen mit unterschiedlichen Produktionsformen an, sondern auch verschiedenen Klassen, Schichten, Peergroups und modischen Strömungen. Es ist schwer möglich, sich auf einen einheitlichen theoretischen Rahmen zu beziehen. Dazu kommt, daß sich verschiedene klassische Ordnungsbegriffe bezüglich des Lebenszusammenhanges der Frau als unbrauchbar erwiesen haben, z B. der Klassenbegriff: Die Frauen sind häufig, unabhängig von den Klassen, in ihre Arbeit positiv oder negativ involviert oder mit ihrer Triebhaftigkeit in sozialen Räumen untergebracht, emanzipiert oder nicht usw. Dasselbe gilt für die Bildung, den sozialen Status, den Beruf des Mannes und anderes mehr. Auch wissenschaftlich herkömmliche Thesen und Zusammenhänge müssen im Zusammenhang mit der Frage nach der Subjektivität der Frau erst einmal in den Hintergrund gestellt werden, um sie später am Material noch einmal zu überprüfen. Dasselbe gilt auch für politische und soziale Ideologien.

Literatur

ADORNO, Theodor W. (1962): «Die revidierte Psychoanalyse». In: Horkheimer, Max / Adorno, Theodor W. (Hgg.): a. a. O.

BARNOUW, V. (1973): *Culture and Personnality,* 2. Auflage. Homewood, Illinois (zuerst 1963)

BION, W.R. (1990): *Lernen durch Erfahrung.* Frankfurt a. M. (zuerst 1967)

BOYER, Bryce L. (1980): «Die Psychoanalyse in der Ethnologie». In: *Psyche,* 34/8, S. 694-715

BOYER, Bryce L. (1982): *Kindheit und Mythos. Eine ethno-psychoanalytische Studie der Apachen.* Stuttgart (zuerst 1979)

CHODOROW, Nancy (1978): *The reproduction of mothering.* Berkeley

CWIENK, Dieter (Hg.) (1984): Verrückte Vernunft? Vorträge der 25. Steirischen Akademie. Graz (Technische Universität)

DAHMER, Helmut (1982): «Plädoyer für eine neue psychoanalytische Sozialpsychologie». In: *Libido und Gesellschaft. Studien über Freud und die Freudsche Linke.* Frankfurt a. M.

DEVEREUX, Georges (1961): *Mohave Ethnopsychiatry. The Psychic Disturbances of an Indian Tribe.* Washington

DEVEREUX, Georges (1969): *Reality and Dream. Psychotherapy of a Plain Indian.* New York

DEVEREUX, Georges (1973): *Angst und Methode in den Verhaltenswissenschaften vom Menschen.* München (zuerst 1967)

DEVEREUX, Georges (1974): *Normal und Anormal. Aufsätze zur allgemeinen Ethnopsychiatrie.* Frankfurt a. M.

ELROD, Norman u. a. (1978): *Der Wolf im Schafspelz. Erikson, die Ich-Psychoanalyse und das Anpassungsproblem.* Frankfurt a. M.

ERDHEIM, Mario (1982): *Die gesellschaftliche Produktion von Unbewußtheit. Eine Einführung in den ethnopsychoanalytischen Prozeß.* Frankfurt a. M.

ERIKSON, Erik H. (1971): *Kindheit und Gesellschaft, 4. Auflage.* Stuttgart (zuerst 1950)

FERENCZI, Sandor (1924): *Versuch einer Genitaltheorie.* Leipzig/Wien

FREUD, Anna (1978): *Das Ich und die Abwehrmechanismen.* München (zuerst 1936)

FREUD, Sigmund (1905): «Drei Abhandlungen zur Sexualtheorie». In: *Gesammelte Werke,* Bd. 5, S. 27-159

FREUD, Sigmund (1923): «Das Ich und das Es». In: *Gesammelte Werke,* Bd. 13, S. 235-289

FREUD, Sigmund (1930): «Das Unbehagen in der Kultur». In: *Gesammelte Werke,* Bd. 14, S. 419-506

FROMM, Erich (1970): «Über Methoden und Aufgaben einer analytischen Sozialpsychologie». In: *Analytische Sozialpsychologie und Gesellschaftstheorie.* Frankfurt a. M., S. 9-40 (zuerst 1932)

GAMBAROFF, Marin (1984): *Utopie der Treue.* Frankfurt a. M.

GEERTZ, Clifford (1983): *Dichte Beschreibung.* Frankfurt a. M. (zuerst 1973)

HAGEMANN-WHITE, Carol (1979): *Frauenbewegung und Psychoanalyse.* Basel/Frankfurt a. M.

HOFFMANN, S. O. (Hg.) (1983): *Deutung und Beziehung.* Frankfurt a. M.

HORKHEIMER, Max / ADORNO, Theodor W. (Hgg.) (1962): *Soziologica,* Bd. 2. Frankfurt a. M. (zuerst 1946)

INSTITUTSGRUPPE PSYCHOLOGIE der Universität Salzburg (Hg.) (1984): *Jenseits der Couch.* Frankfurt a. M.

KARDINER, A. (1939): *The Individual and His Society. The Psychodynamics of Primitive Social Organization.* New York

KARDINER, A. / PREBLE, E. (1974): *Wegbereiter der modernen Anthropologie.* Frankfurt a. M.

KARDINER, A. u. a. (1945): *The Psychological Frontiers of Society.* New York

KROEBER, A. L. (1920): «Totem and Taboo – An Ethnologic Psychoanalysis». In: *American Anthropologist,* 22, S. 48-55

LEITHÄUSER, Thomas / VOLMERG, Birgit (1988): *Psychoanalyse in der Sozialforschung.* Eine Einführung. Opladen

LÖFFLER, L. (1976): «Die Entwicklungsproblematik aus ethnologischer Sicht». In: Peter, H. P. / Hauser, J. A. (Hgg.): a. a. O.

LOHMANN, Hans-Martin (Hg.) (1983): *Das Unbehagen in der Psychoanalyse. Eine Streitschrift.* Frankfurt a. M.

LORENZER, Alfred u. a. (1971): *Psychoanalyse als Sozialwissenschaft.* Frankfurt a. M.

MACCORMACK, C. / STRATHERN, M. (Hgg.) (1980): *Nature, culture and gender.* Cambridge

MARCUSE, Herbert (1965): *Triebstruktur und Gesellschaft.* Frankfurt a. M. (zuerst 1955)

MAUSS, Marcel (1925): «Die Gabe. Form und Funktion des Austausches in archaischen Gesellschaften». In: *Soziologie und Anthroplogie, Bd. 2.* München

MITCHELL, Juliet (1976): *Psychoanalyse und Feminismus.* Frankfurt a. M.

MITSCHERLICH, Margarethe (1975): «Psychoanalyse der Weiblichkeit». In: *Psyche, 29,* S. 669-694

MORGENTHALER, Fritz (1977): «Verkehrsformen der Perversion und die Perversion der Verkehrsformen». In: *Kursbuch,* 49

MORGENTHALER, Fritz (1978): *Technik.* Frankfurt a. M.

MÜNSTERBERGER, W. (1974): «Oralität und Abhängigkeit. Charakterzüge unter Südchinesen». In: Münsterberger, W. (Hg.): a. a. O., S. 170-205

MÜNSTERBERGER, W. (Hg.) (1974): *Der Mensch und seine Kultur.* München (zuerst 1951)

NADIG, Maya (1984 a): «Die unbewußten Aspekte in der Kultur». In: Cwienk, Dieter (Hg.): a. a. O., S. 16l-l68

NADIG, Maya (1984 b): «Frauen in der Kultur – Macht und Ohnmacht». In: *Konkursbuch,* 12, S. 97-106

NADIG, Maya (1986): *Die verborgene Kultur der Frau.* Frankfurt a. M.

NADIG, Maya / ERDHEIM, Mario (1980): «Die Zerstörung der wissenschaftlichen Erfahrung durch das akademische Milieu». In: *Berliner Hefte,* 15, S. 32-52

ORTNER, Sherry / WHITEHEAD, Harriet (Hgg.) (1981): *Sexual meanings. The cultural construction of gender and sexuality.* Cambridge

PARIN, Paul (1978): «Freiheit und Unabhängigkeit. Zur Psychoanalyse des politischen Engagements». In: *Der Widerspruch im Subjekt. Ethnopsychoanalytische Studien.* Frankfurt a. M., S. 20-33 (zuerst 1969)

PARIN, Paul / MORGENTHALER, Fritz / PARIN-MATTHÈY, Goldy (1963): *Die Weissen denken zu viel. Psychoanlytische Untersuchungen bei den Dogon in Westafrika.* Zürich

PARIN, Paul / MORGENTHALER, Fritz / PARIN-MATTHÈY, Goldy (1971): *Fürchte deinen Nächsten wie dich selbst. Psychoanalyse und Gesellschaft am Modell der Agni in Westafrika.* Frankfurt a. M.

PARIN, Paul / PARIN-MATTHÈY, Goldy (1983): «Medicozentrismus in der Psychoanalyse». In: Hoffmann, S. O. (Hg.): a. a. O., S. 86-106

PETER, H. P. / HAUSER, J. A. (Hgg.) (1976): *Entwicklungsprobleme — interdisziplinär.* Bern/ Stuttgart

POUILLON, J. (1972): «Doctor and Patient: Same and/or Other (Ethnological Remarks)». In: *The Psychoanalytical Study of Society*, S. 9-32 (zuerst 1970)
RANK, Otto (1912): *Das Inzestmotiv in Dichtung und Sage.* Leipzig/Wien
RANK, Otto (1922): *Psychoanalytische Beiträge zur Mythenforschung* (1912-1914), 2. Auflage. Leipzig/Wien (zuerst 1917)
REIK, Thodor (1919): *Probleme der Religionspsychologie.* Leipzig/Wien
RENGGLI, Franz (1974): *Angst und Geborgenheit.* Reinbek
ROHEIM, Geza (1950): *Psychoanalyse und Anthropologie. Studien über die Kultur und das Unbewußte.* Frankfurt a. M.
ROSALDO, Marilyn (1980): «Use and abuse of anthroplogy: reflections on feminism and cross-cultural understanding». In: *Signs*, 3, S. 380-417
VIEZZER, N. (1977): *«Si me permiten hablar...» Testimonio de Domitila. Una mujer de las minas de Bolivia.* Mexico
ZINSER, H. (1977): *Zum Verhältnis von Mythos und Arbeit.* Wiesbaden

Regine Gildemeister / Angelika Wetterer

WIE GESCHLECHTER GEMACHT WERDEN

DIE SOZIALE KONSTRUKTION DER ZWEIGESCHLECHTLICHKEIT UND IHRE REIFIZIERUNG IN DER FRAUENFORSCHUNG

«...for if two sexes are quite inadequate, considering the vastness and variety of the world, how should we manage with one only?»
(Virginia Woolf, *A room of one's own*)

1. Die «Natur» der Zweigeschlechtlichkeit – Vorbemerkung

«Und Gott schuf den Menschen ihm zum Bilde, zum Bilde Gottes schuf er ihn; und schuf sie einen Mann und ein Weib» (1. Buch Mose, Vers 27).

Die Zweigeschlechtlichkeit des Menschen gilt seit Beginn der überlieferten Geschichtsschreibung als «Grundtatsache» und nicht weiter hinterfragbares Faktum. Die Begründungen dafür haben sich zwar verschoben, die Existenz von zwei (und nur zwei) Geschlechtern gilt heute nicht mehr als Resultat göttlicher Schöpfung, sondern als Bestandteil von Natur. An Selbstverständlichkeit hat die Zweigeschlechtlichkeit dadurch aber nicht verloren, und dafür scheint es auch kaum Anlaß zu geben, schließlich begegnen uns Menschen im Alltag unserer wie anderer Kulturen fortwährend und ausschließlich als Frauen und Männer, Mädchen und Jungen.

Auch in der Frauenforschung hat die theoretische Auseinandersetzung mit der Geschlechterdifferenz einen zentralen Stellenwert. Im Zuge der kritischen Auseinandersetzung mit den androzentrischen Verkürzungen der «main-/male-stream» Wissenschaft war das Insistieren auf der Differenz zunächst geradezu unumgänglich, wenn Frauen nicht länger als defizitäre Männer, etwa in Theorien über «den»

Industriearbeiter oder «den» Normalarbeitstag bloß mitgemeint sein sollten. Und in den Versuchen, die Lebensrealität von Frauen nicht nur in den Blick zu rücken, sondern das «Anderssein» der Frauen aufzuwerten, im Schritt von der Kritik der herkömmlichen Defizitansätze zur «Positivierung» des Weiblichen wird die Differenz fortgeschrieben als Ziel der Entwürfe, als politische Option der Frauenbewegung.

Bei diesen Ansätzen zur theoretischen Konzeptualisierung und Umwertung der Differenz wird hierzulande in aller Regel übersehen, daß sich im amerikanisch-englischsprachigen Bereich inzwischen eine breit gefächerte theoretische Erörterung entwickelt hat, die – jenseits des Koordinatensystems von Gleichheit und Differenz – die soziale Konstruktion der Zweigeschlechtlichkeit selbst ins Zentrum der Analyse stellt. Im Anschluß an Traditionen der Ethnomethodologie, des symbolischen Interaktionismus, der phänomenologischen Soziologie und der Kulturanthropologie wird dort die Frage gestellt, wie es zur sozialen Konstruktion der Zweigeschlechtlichkeit kommt: wie die Zweigeschlechtlichkeit im Alltagshandeln als «moral fact» (Garfinkel) hergestellt, statt von der Natur bereitgestellt wird, und wie ein «sameness taboo» (Lorber) fortwährend institutionalisiert wird, demzufolge Frauen und Männer zunächst einmal und in allen Belangen verschieden zu sein haben.

Die «klassischen» Texte, von denen diese Diskussion ausging – Garfinkels Fallstudie über die Transsexuelle Agnes (1967), aber auch Goffmans *Arrangement between the Sexes* (1977) –, sind bislang ebensowenig ins Deutsche übersetzt worden wie die grundlegende Studie von Suzanne J. Kessler und Wendy McKenna *Gender. An Ethnomethodological Approach* (1978). Und auch die Zeitschrift *Gender and Society*, in der seit 1986 theoretische und empirische Studien veröffentlicht werden, die der sozialen Konstruktion der Zweigeschlechtlichkeit in den verschiedensten sozialen Bereichen nachgehen, ist in bundesdeutschen Universitätsbibliotheken kaum zu beschaffen. Diese äußeren Anzeichen dafür, daß eine Theorietradition, die die Frage nach der Geschlechterdifferenz in sehr grundlegender Weise anders stellt als andere, bei uns kaum rezipiert wird, lassen sich ergänzen durch eine Beobachtung, die nachgerade für eine spezifische «Rezeptionssperre» in der deutschsprachigen feministischen Sozialwissenschaft spricht. Carol Hagemann-White hat schon 1984 in ihrer Untersuchung zur geschlechtsspezifischen Sozialisation *(Weiblich – männlich?)* deutlich gemacht, wie produktiv gerade die Frage nach der sozialen Konstruktion der Differenz für die Theoriebildung auch in der Frauenforschung sein könnte. Das Fragezeichen im Titel dieses Buches ist aber ganz offensichtlich bislang nur ebenso selten zur Kenntnis genommen worden wie der vier Jahre später im zweiten Band der Reihe «Forum Frauenforschung» veröffentlichte Aufsatz mit dem provokativen Titel: *Wir werden nicht zweigeschlechtlich geboren...* Soweit wir sehen, sind die theoretischen Überlegungen, die sie zu dieser Provokation veranlaßten, in der sozialwissenschaftlichen Theoriebildung innerhalb und außerhalb der Frauenforschung explizit kaum aufgegriffen worden. Das mag zum Teil damit zusammenhängen, daß sich die Theorie-Entwicklung im Kontext der Abarbeitung an marxistischen Traditionen zunächst vordringlich auf andere Problemstellungen konzentrierte. Nicht zu übersehen ist jedoch auch, daß in Teilen der deutschen Frauenforschung eine Präferenz für die Theoretisierung und, was wichtiger ist, für die Positivierung der Differenz zu beobachten ist, angesichts derer die Rede von einer «Rezeptionssperre» gegenüber alternativen Theorie-Entwürfen durchaus berechtigt erscheint.

Diese «Rezeptionssperre» hat im Vergleich zwischen deutschsprachigem und amerikanisch-englischsprachigem Bereich zu einer bemerkenswerten Ungleichzeitigkeit in der Relation zwischen Tradition und Traditionsbruch geführt: Während in der Gender-Forschung inzwischen subtile Einzelheiten der sozialen Konstruktion der Differenz diskutiert werden, argumentiert die Frauenforschung hierzulande noch häufig so, als könne man weiter unbesehen von der Zweigeschlechtlichkeit als einer Naturtatsache ausgehen und als wären auch politische Entwürfe nur im Rahmen des vorgegebenen Rasters «männlich-weiblich» möglich. Damit setzt die feministische Sozialwissenschaft möglicherweise unbeabsichtigt (weil unbemerkt) eine Tradition fort, die sie mit allen herkömmlichen Theorie-Entwürfen teilt: die Tradition des Denkens in zweigeschlechtlich strukturierten Deutungsmustern. Denen ist zwar in der Tat schwer zu entkommen, noch dazu im Rahmen einer Sprache, die weit durchgängiger als das Englische binär verfaßt ist. Betrachtet man aber die hiesigen Diskussionen auf der Folie der theoretischen Auseinandersetzungen, die um die soziale Konstruktion der Differenz in der Gender-Forschung geführt werden, so ist nicht zu übersehen, daß diese Fortsetzung einer Tradition binären Denkens zu Aporien in der Theoriebildung und zu einem ungewollten Konservativismus in der Grundstruktur der politischen Entwürfe geführt hat.

Um diese unseres Erachtens äußerst mißliche Lage zu verändern und um gleichzeitig plausibel zu machen, an welchen Punkten gerade ein Bruch mit der Tradition zweigeschlechtlich strukturierter Deutungsmuster überaus produktiv sein kann, haben wir unsere folgenden Ausführungen so aufgebaut, daß wir im ersten Schritt eben die theoretischen Aporien herausarbeiten werden, die mit einem Festhalten an der «natürlichen» Zweigeschlechtlichkeit in der Frauenforschung verbunden sind. Dabei gehen wir von einer Ausgangsüberlegung aus, die ebenso einfach wie folgenreich ist: Solange der konstruktive Charakter und die Konstruktionsweisen der Zweigeschlechtlichkeit im Alltagshandeln undurchschaut bleiben, besteht die Gefahr, daß sie auch in der Frauenforschung reproduziert werden. Damit partizipiert die Frauenforschung in einem sehr grundlegenden Bereich an Selbstverständlichkeiten des Alltagshandelns, statt sie zum Gegenstand kritischer Analyse zu machen. Wie wir im einzelnen zeigen werden, hat das auch zur Folge, daß sich noch die feministische Sozialwissenschaft an der sozialen Konstruktion der Zweigeschlechtlichkeit beteiligt, daß sie deren «natürliche» Selbstverständlichkeit weiter stützt und auf diese Weise, gewissermaßen als unbeabsichtigte Nebenfolge frauenforscherischen Handelns, zur «Naturalisierung» eines Herrschaftszusammenhangs beiträgt, den sie sonst in allen Belangen und mit gutem Grund heftig kritisiert.

Im zweiten Teil werden wir einige grundlegende Argumentationslinien einer Theorie der sozialen Konstruktion der Differenz entwickeln und dabei ausführlicher die theoretischen Traditionen thematisieren, auf die sich eine derartige Konzeption stützt. In dem Maße, in dem wir uns dabei mit der in einigen Teilen der Frauenforschung so nachdrücklichen Suche nach der «wahren» oder «wirklichen» Differenz (hinter der ideologisch instrumentalisierten) auseinandersetzten, schien uns diese eine auffallende Strukturanalogie zu den im Mittelalter gängigen Gottesbeweisen aufzuweisen. Die Versuche der Positivierung des «Weiblichen», die Suche nach den Emanzipationspotentialen, über die Frauen gerade aufgrund ihres «Andersseins» verfügen, stellten sich uns schließlich als eine feministische Variante der alten Frage dar, was «hinter dem Vorhang ist».

Da jedenfalls aus der Perspektive der hier vorgestellten Theorietradition «hinter dem Vorhang nichts ist», beschließen wir unsere Ausführungen mit der Überlegung, daß die Dekonstruktion der Differenz ein produktiverer Ansatz für eine feministische Theorie und Gesellschaftskritik und auch für eine feministische Politik wäre als die bisherigen Versuche, auch die Perspektiven der Frauenforschung noch im Rahmen des Koordinatensystems von Gleichheit und Differenz zu verorten.

2. Konstruktionsweisen der Zweigeschlechtlichkeit

2.1. «sex» und «gender»: Aporien einer Scheinlösung

Ein zentrales Anliegen der Frauenforschung bestand von Anfang an darin, den tradierten und im Alltagsbewußtsein immer noch fest verankerten «Natur der Frau»-Argumentationen ein entschiedenes und begründetes Nein entgegenzusetzen. Die Unterschiede zwischen den Geschlechtern und insbesondere die Unterdrückung und Diskriminierung von Frauen sollten als Ergebnis von Geschichte statt als Effekt natürlicher Unterschiede und damit als veränderbar begriffen werden. Geschlechtsspezifische Sozialisation und geschlechtsspezifische Arbeitsteilung waren entsprechend wesentliche Schwerpunkte empirischer Untersuchungen und theoretischer Reflexion.

Für dieses ideologiekritische Vorhaben schien auf den ersten Blick die aus den amerikanisch-englischsprachigen Diskussionen übernommene Unterscheidung zwischen «sex» und «gender» ein ebenso praktisches wie plausibles begriffliches Instrumentarium: «Sex» als biologisch zugeschriebener Status, determiniert durch Anatomie, Morphologie, Physiologie und Hormone, war hier schon auf der sprachlichen Ebene deutlich abgrenzbar von «gender» als erworbenem Status, von den sozial und kulturell geprägten «Geschlechtscharakteren», die im Verlauf von Sozialisationsprozessen angeeignet werden und die mit der geschlechtsspezifischen Arbeitsteilung korrespondieren, auf deren Erfordernisse hin sie strukturiert sind. Bedauerlich schien nur, daß die deutsche Sprache sich der sozialisationstheoretisch wie historisch einleuchtenden Differenzierung partiell widersetzt und nur die umständlichere und das Verbindende immer noch nahelegende Formulierung «biologisches Geschlecht» und «soziales Geschlecht» kennt.

Die Unterscheidung von «sex» als dem biologischen und «gender» als dem sozialen oder kulturellen Geschlecht ist allerdings bei näherer Betrachtung mit wenigstens zwei Aporien grundlegender Art verbunden, die hier eingangs etwas genauer betrachtet werden sollen, weil sie unmittelbar mit dem Problem der «natürlichen» Zweigeschlechtlichkeit zusammenhängen und uns so als Problemaufriß für die folgenden Überlegungen dienen können.

Eine erste Aporie wird deutlich, wenn man die sex/gender-Trennung auf ihren *strategischen Sinn* hin befragt. In der geläufigen Verwendung basiert die Unterscheidung zwischen «sex» und «gender» auf der Annahme, ein Teil der vorfindlichen Geschlechtsunterschiede wäre nach wie vor der Natur zuzuordnen, eben dem biologischen Geschlecht, und mündet so – entgegen der kritischen Intention – letztlich in einen bloß *verlagerten Biologismus*. Die häufig diskutierte Frage, wieviel denn im einzelnen durch die biologische Fixierung festgelegt ist und wo genau im Zuge von Sozialisationsprozessen die kulturelle Prägung einsetzt, zeigt dies ebenso wie die in durchaus kritischer Absicht unternommene Recherche danach, in welchen Belangen Frauen unterschiedlicher Kulturen sich voneinander unterscheiden und wo sich Ähnlichkeiten finden lassen, die in ihrer Universalität eventuell doch auf Natur verweisen. Beides vermag zwar die Grenze, jenseits derer das biologische Geschlecht lokalisiert wird, zu verschieben, dessen soziale Bedeutung zu relativieren. Aber die Annahme, daß es jenseits aller kulturellen Prägung eine Natur der Geschlechter gibt, die in allen Kulturen – wie auch immer vermittelt – zum Ausdruck kommt, bleibt in der Grundstruktur unangefochten.[1] Damit bleibt nicht zuletzt der strategische Sinn der Einführung der sex/gender-Differenzierung, der ja gerade in der Abwehr biologistischer Positionen liegen sollte, begrenzt. Der Einwand, daß es eben doch Frauen und Männer gibt und beide von Natur aus verschieden sind, ist gänzlich nicht zu entkräften.

Daß sich die Unterscheidung von biologischem und kulturellem Geschlecht auch anders fassen ließe, hat Judith Butler (1991) in ihren philosophisch-diskurstheoretischen *Gender troubles* deutlich gemacht, in denen sie u. a. den Versuch unternimmt, die Unterscheidung sex/gender «bis an ihre logischen Grenzen» zu treiben.[2] Wenn das kulturelle Geschlecht nicht länger als kausales Resultat des biologischen Geschlechts gelten soll, wenn die Trennung von «sex» und «gender» also

1 Für die Theorien geschlechtsspezifischer Sozialisation hat Carol Hagemann-White darauf wiederholt hingewiesen: «In ihrer Annahme, zwischen biologischem und sozialem Geschlecht unterscheiden zu können, blieben sie immer noch biologistisch, denn sie mußten einen – meist diffus abgegrenzten – Teil der kulturellen Vorstellungen über maßgebliche Merkmale der Geschlechtszuordnung als ‹Natur› festschreiben, um davon die bloß anerzogenen Eigenschaften und Erwartungen trennen zu können» (Hagemann-White 1988, S. 230; vgl. auch Hagemann-White 1984).

jene Bedeutung einnehmen soll, die von ihrer Einführung in das Repertoire feministischer Argumentationen erwartet wurde, müßten wir bereit sein, eine «grundlegende Diskontinuität zwischen den sexuell bestimmten Körpern (sex) und den kulturell bedingten Geschlechtsidentitäten (gender)» – man könnte sogar sagen: eine Kontingenz dieser Beziehung – zumindest als (Denk)Möglichkeit ins Auge zu fassen. Das hätte zwei Konsequenzen, die aus der Perspektive der deutschsprachigen feministischen Sozialwissenschaft wenigstens ungewöhnlich anmuten. Es gäbe keinen Grund mehr anzunehmen, «daß das Konstrukt ‹Männer› ausschließlich dem männlichen Körper zukommt, noch die Kategorie ‹Frauen› nur dem weiblichen Körper». Und ferner:

> «Selbst wenn die anatomische Morphologie und biologische Konstitution unproblematisch als binär erscheinen (was noch die Frage sein wird), gibt es keinen Grund für die Annahme, daß es ebenfalls bei zwei Geschlechtsidentitäten (gender) bleiben muß» (Butler 1991, S. 23).

Daß beide Konsequenzen in der Regel kaum ins Auge gefaßt oder zumindest als Denkanstoß genutzt wurden, verweist indirekt auf eine zweite Aporie, die mit der sex/gender-Trennung verknüpft ist und die aus einer *erkenntnistheoretisch nicht ausgewiesenen Prämisse* resultiert. Sie hängt mit einer stillschweigenden Parallelisierung von biologischem und sozialem Geschlecht zusammen und besteht deshalb nicht nur in einem verlagerten – weil in der Kategorie «sex» scheinbar abgespaltenen – Biologismus, sondern in einem *latenten Biologismus der Gesamtkonstruktion* «sex-gender». In der geläufigen Verwendung geht in sie als selbstverständliche und der Explikation nicht weiter bedürfende Vorannahme ein, daß biologisches wie soziales Geschlecht binär verfaßt sind, daß zwischen Natur und Kultur also zumindest in Hinblick

---

2 Judith Butlers Überlegungen stehen im Kontext der diskurstheoretischen Diskussionen, die Ruth Seifert in diesem Band genauer analysiert; ihr Bezugspunkt sind philosophische Texte zur Geschlechterdifferenz – von Simone de Beauvoir über Luce Irigaray bis hin zu Monique Wittig. Insofern ist der Bezugsrahmen ihrer Argumentation (und insbesondere der erkenntnistheoretische Status der Argumente) ein anderer als der hier verfolgte. Gleichwohl gelangt sie z. T. zu analogen Befunden wie wir im Anschluß an ethnomethodologische Ansätze, die die Konstruktion der Differenz an die interaktive Konstitution der sozialen Wirklichkeit binden. – Es würde einen eigenen Aufsatz erfordern, Analogien und Unterschiede zwischen beiden Ansätzen herauszuarbeiten, die sich bis hin zur Perspektive der Dekonstruktion verfolgen ließen.

auf die zweigeschlechtliche Strukturierung ein mimetisches Verhältnis besteht:

> «Given this perspective there are two sexes, male and female, and, correspondingly, two genders, masculine and feminine» (Kessler/McKenna 1978, S. 7).

Und zwar in allen Gesellschaften, denn zumindest zu dieser Universalisierung nötigt der Rückgriff auf eine zweigeschlechtlich strukturierte Natur. Die Frage nach kulturspezifisch unterschiedlichen Formen geschlechtsspezifischer Sozialisation oder geschlechtsspezifischer Arbeitsteilung wird in der Regel eben stillschweigend als Frage nach binär strukturierten Differenzierungs- und Segregationsprozessen gestellt. Und die kulturspezifischen Unterschiede erscheinen in Folge dessen stets als unterschiedliche Ausgestaltungen einer nicht weiter hinterfragbaren, weil von der Natur bereitgestellten Zweigeschlechtlichkeit. So gesehen reproduzieren die Antworten – unabhängig von der empirischen Vielfalt, die sie zum Vorschein bringen – notgedrungen immer die unexplizierte Prämisse der Fragestellung: daß es in Natur wie Kultur zwei Geschlechter gibt und der von Judith Butler als logische Denkmöglichkeit in Erwägung gezogene «Rollentausch» von biologischem und sozialem Geschlecht so wenig vorgesehen ist wie die Vervielfältigung zumindest der kulturellen Geschlechts-Identitäten.

Daß diese unexplizierte Prämisse einer genaueren Analyse nicht standhält, zeigt bereits ein Blick in die Ethnologie und Kulturanthropologie. Die als universell zweigeschlechtlich gedachte «Natur des Menschen» ist in keineswegs allen Kulturen so wahrgenommen worden. Es hat Kulturen gegeben, die ein drittes Geschlecht anerkannten. Es hat Kulturen gegeben, die bestimmten Menschen zugestanden, ihr Geschlecht zu wechseln, ohne dies mit einem Irrtum bei der anfänglichen Zuordnung begründen zu müssen. Und es hat Kulturen gegeben, bei denen die Geschlechtszugehörigkeit aufgrund der Ausführung der Geschlechtsrolle und unter Umständen unabhängig von den Körpermerkmalen erfolgte (Hagemann-White 1984, S. 229, im Anschluß an Kessler/McKenna 1978; Ortner/Whitehead 1981). Darüber hinaus wird man auch die in allen frühen Gesellschaften anzutreffenden Initiationsriten zumindest z. T. als Ausdruck der Annahme deuten können, daß «die Natur» allein keine sichere und zuverlässige Basis der Zuordnung bildet, daß sie der Explikation und Bestätigung und unter Umständen der Vereindeutigung bedarf (vgl. Tyrell 1986). Selbst wenn die meisten bekannten Gesellschaften kulturell zweigeschlechtlich verfaßt sind, gilt also zumindest die Koppelung von «sex» und «gender» als keineswegs so sicher und selbstverständlich, daß sie einfach als «naturwüchsig» gegeben vorausgesetzt werden kann, wie dies unsere «aufgeklärte» Parallelisierung unterstellt.

Die Fallstricke dieser Parallelisierung werden noch offensichtlicher, wenn man sie nach der Seite der «Natur» hin aufschlüsselt, die das Grundmuster der Zuordnung und Zweiteilung angeblich bereitstellt. Biologie und Physiologie erweisen sich dabei überraschenderweise eher als schlechte Ratgeber. Sie treffen eine weitaus weniger trennscharfe und weniger weitreichende Klassifizierung als manche Sozialwissenschaft (und das Alltagsbewußtsein) und entwerfen ein sehr viel differenzierteres Bild des scheinbar so wohlumrissenen binären biologischen Geschlechts. «Weibliches und männliches Geschlecht (sex)» – so resümieren Judith Lorber und Susan A. Farell neuere Ergebnisse von Biologie und Endokrinologie[3] – «werden nicht mehr als zwei entgegengesetzte, einander ausschließende Kategorien verstanden, sondern vielmehr als Kontinuum, bestehend aus dem genetischen Geschlecht, dem Keimdrüsengeschlecht und dem Hormongeschlecht» (Lorber/Farell 1991a, S. 7)[4], wobei die verschiedenen Faktoren, die zur Bestimmung des biologischen Geschlechts herangezogen werden können, weder notwendig miteinander übereinstimmen müssen, noch in ihrer Wirkungsweise unabhängig von der jeweiligen Umwelt sind (Fausto-Sterling 1985; vgl. zusammenfassend: Hagemann-White 1984, S. 29-42). Der Vergleich natur- und sozialwissenschaftlicher Kategorisierungen der Geschlechtszugehörigkeit führt mit anderen Worten zu dem unerwarteten Ergebnis, daß die Biologie keineswegs einlöst, was die Sozialwissenschaft in Übereinstimmung mit dem Alltagsbewußtsein als deren Vorgabe unterstellt und voraussetzt:

---

3 Längere Zitate aus dem Englischen haben wir, sofern eine Übersetzung ins Deutsche noch nicht vorliegt, selbst übersetzt. Für wichtige Verbesserungsvorschläge und fachkundigen Rat bei dieser Arbeit danken wir Carol Hagemann-White und Eva Maria Schulz-Jander.

4 Schon Margaret Mead hat notiert, daß man auch einfach den Augenschein zu Hilfe nehmen kann, um zu dem Schluß zu gelangen, die körperliche Ausstattung des Menschen lege eher ein Kontinuum nahe als eine rigide Zweiteilung: «In jeder menschlichen Gruppe ist es möglich, Männer und Frauen auf einer Skala so anzuordnen, daß zwischen einer sehr maskulinen und einer sehr femininen Gruppe sich andere einschieben, die in die Mitte zu gehören scheinen, weil sie weniger von den ausgesprochenen Merkmalen zeigen, die für das eine oder das andere Geschlecht kennzeichnend sind» (Mead 1958, S. 102).

> «Es ist nämlich eine der Eigentümlichkeiten gesellschaftlicher Wirklichkeitsinterpretation, daß ihr eine überlappende Verteilung [...] zu uneindeutig ist. Anstelle des gleitenden Mehr-oder-Weniger sucht sie ein rigoroses Entweder-Oder zu setzen» (Bischof 1980, S. 41).

Oder wie Carol Hagemann-White lapidar konstatiert:

> «Es gibt keine zufriedenstellende humanbiologische Definition der Geschlechtszugehörigkeit, die die Postulate der Alltagstheorien einlösen würde» (Hagemann-White 1988, S. 228).[5]

Die unbesehene Parallelisierung von «sex» und «gender», was die binäre Struktur des einen wie des anderen anbelangt, erweist sich angesichts dieser Ergebnisse also als Resultat eines Trugschlusses. Oder, anders formuliert: Die noch in feministischen Analysen als selbstverständlich biologisch vorgegeben gedachte Zweigeschlechtlichkeit des Menschen erweist sich als undurchschaute soziale Konstruktion, deren universalistische Implikationen nicht zuletzt ethnozentrische Vorurteile festschreiben. Der implizite Rückgriff auf Natur – eine im übrigen spezifisch neuzeitliche Variante nicht nur der Begründung, sondern auch der Legitimationsbeschaffung – verstellt den Blick darauf, daß uns diese immer schon im Modus sozial produzierten Wissens begegnet: Erkenntnistheoretisch gesehen gibt es keinen unmittelbaren Zugang zur «reinen», «wirklichen» oder «bloßen» Natur; und anthropologisch gesehen läßt sich über die «Natur» des Menschen nicht mehr, aber auch nicht weniger sagen, als daß sie gleichursprünglich mit Kultur ist.[6]

---

5 Und selbst wenn es sie geben würde, wäre ihr Status im übrigen nach wie vor zumindest unklar, denn welche *Bedeutung* sie für die soziale Konstruktion der Geschlechtlichkeit hätte, ließe sich daraus immer noch nicht ohne weiteres ableiten. Es gibt ja auch «natürlich vorgegebene» Unterschiede etwa des Körperbaus, an die sich historisch keine soziale Bedeutung geheftet hat. Das Argument, daß «die Natur» im Falle der Geschlechtlichkeit eher ein «Mehr-oder-Weniger» statt eines rigiden «Entweder-Oder» nahelegt, hat an dieser Stelle unserer Überlegungen denn auch nicht die Funktion, einen seinerseits biologisch fundierten «Gegenbeweis» zu führen, sondern soll auf die Brüchigkeit der Grundlage hinweisen, die die Logik der Zweigeschlechtlichkeit *für sich* beansprucht.

6 Daß insofern auch «Kultur und Geschlecht im modernen Sinne [...] gleichursprünglich [sind]» hat Claudia Honegger im Anschluß an Gehlen dargelegt und zum Ausgangspunkt ihrer historischen Rekonstruktion der Anthropologie als Wissenschaft vom Menschen gemacht (Honegger 1989, S. 142; vgl. Honegger 1991).

Die Frauenforschung hat zwar in ihrer Auseinandersetzung mit den gängigen «Natur-der-Frau»-Argumenten gerade *die* Denkfigur zum Gegenstand der Kritik gemacht, die gesellschaftlich produzierte Selbstverständlichkeiten in die Natur zurückverlagert und sie im nächsten Schritt aus dieser «naturwüchsig» wieder hervorgehen läßt. Aber die Grundstruktur der Zweigeschlechtlichkeit ist von der Radikalisierung dieses Denkansatzes – jedenfalls im deutschsprachigen Bereich – bislang weitgehend verschont geblieben. Dabei haben wir es hier im Prinzip mit genau demselben Argumentationsmuster zu tun, «funktioniert» auch die in kritischer Absicht eingeführte sex/gender-Trennung noch in der eigentlich bekannten Weise, daß bestimmte Elemente der sozialen Konstruktion der Differenz als Natur festgeschrieben (und ontologisiert) werden und «durch diese geglückte Selbst-Naturalisierung ihre Hegemonie festigen und ausdehnen» (Butler 1991, S. 60).[7] Die Unterscheidung und zugleich implizite Parallelisierung von «sex» und «gender» kann vor diesem Hintergrund nachgerade als Musterbeipiel einer geglückten «Selbst-Naturalisierung» betrachtet werden: Sie stellt ein begriffliches Instrumentarium bereit, mit dessen Hilfe (und impliziter Logik) die soziale Konstruktion der Zweigeschlechtlichkeit ihre Hegemonie bis ins Feld der schärfsten Kritikerinnen ihrer Folgen ausdehnt und festigt.

Will man den Aporien und Fallstricken der sex/gender-Unterscheidung entgehen, sind zwei Konsequenzen unerläßlich. Wir müßten, was die Natur der Geschlechtlichkeit anbelangt, bis auf weiteres von der «Null-Hypothese» ausgehen, «daß es keine notwendige, naturhaft vorgeschriebene Zweigeschlechtlichkeit gibt, sondern nur verschiedene kulturelle Konstruktionen von Geschlecht» (Hagemann-White 1988, S. 230). Und wir müssen bei der Analyse dieser kulturellen Konstruktion der (Zwei-)Geschlechtlichkeit in unterschiedlichen Gesellschaften und vordringlich in unserer eigenen davon ausgehen, daß die Beziehung zwischen biologischen und kulturellen Prozessen komplexer und vor allem reflexiver ist, als in der sex/gender-Trennung (und Parallelisierung) zunächst angenommen. Es bedarf eines sehr viel ge-

7 Diskurstheoretisch gesprochen, ließe sich diese «Denkbewegung» auf die kurze Formel bringen, daß alle Aussagen über «sex» (und zwar inclusive der parallelisierenden Gegenüberstellung von «sex» und «gender») Bestandteil des Diskurses über «gender» sind, aus dem es aus erkenntnistheoretischen Gründen keinen Ausweg in die ‹Wirklichkeit› gibt (vgl. Seifert in diesem Band). Auf die Aufschlüsselung des gleichen Sachverhalts im Rahmen unserer Argumentation werden wir in Abschnitt 3 dieses Beitrags eingehen.

naueren Blicks auf die Prozesse der kulturellen Konstruktion der (Zwei-)Geschlechtlichkeit und ihrer Naturalisierung, wenn man den Herstellungsmodus von Geschlecht und den ihm hartnäckig anhaftenden Schein der Natürlichkeit gleichermaßen der Analyse zugänglich machen will.

Im Anschluß an ethnomethodologische Argumentationen haben Candace West und Don H. Zimmerman eine Neufassung der sex/gender-Relation ausgearbeitet, die dem Kriterium der Reflexivität Rechnung trägt, ohne «natürliche» Vorgaben auskommt und die Konstruktion des Geschlechts deshalb an Interaktion bindet. Ihr Ansatz ist in dem Sinne «distinctively sociological», als sie von der interaktiven Konstruktion der sozialen Wirklichkeit ausgehen und konsequenterweise auch «Geschlecht» als soziale Konstruktion begreifen. Das macht es – nebenbei bemerkt – im Deutschen zunehmend schwierig, von der Geschlechts*zugehörigkeit* zu sprechen, weil man sie im strikten Sinne nur «hat», indem man sie «tut». Sie unterscheiden in einem ersten Schritt zwischen drei voneinander unabhängigen Faktoren, die bei der sozialen Konstruktion des Geschlechts eine Rolle spielen: dem *körperlichen Geschlecht,* das auf der Basis einer Geburtsklassifikation bestimmt wird (sex: birth classification), der *sozialen Zuordnung zu einem Geschlecht,* die sich an der sozial akzeptablen Darstellung der Geschlechtszugehörigkeit orientiert (sex category: social membership) und dem *sozialen Geschlecht,* das in Interaktionsprozessen intersubjektiv bestätigt, validiert wird (gender: processual validation of that membership). In einem zweiten Schritt bestimmen sie die Beziehung zwischen diesen Elementen als reflexiven Prozeß, in dem es zur (situations-spezifisch immer neuen) Konstituierung einer geschlechtlich bestimmten Person in einem je spezifischen sozialen Kontext kommt (gendered person in society):

> «Das körperliche Geschlecht (sex) wird durch die Anwendung sozial vereinbarter biologischer Kriterien festgelegt, welche eine Unterscheidung in weibliche und männliche Personen erlauben. Klassifikationskriterien können dabei die Genitalien zum Zeitpunkt der Geburt oder die Chromosomen sein, die im Zuge vorgeburtlicher Analyseverfahren festgestellt werden; beide müssen nicht notwendig übereinstimmen. Die soziale Zuordnung zu einem Geschlecht (sex category) wird zwar durch die Festlegung eines körperlichen Geschlechts erlangt. Im Alltag jedoch erfolgt die Zuordnung – und wird aufrechterhalten – aufgrund der sozial geforderten Darstel-

lungen einer erkennbaren Zugehörigkeit zur einen oder anderen Kategorie. In diesem Sinne kann man sagen, daß die soziale Zuordnung zu einem Geschlecht das entsprechende biologische Geschlecht unterstellt und in vielen Situationen ersetzt. Aber körperliches Geschlecht und soziale Geschlechtszugehörigkeit können sich auch voneinander unterscheiden, das heißt, es ist möglich, die soziale Zugehörigkeit zu einem Geschlecht für sich zu beanspruchen, auch wenn die körperlichen Merkmale fehlen. Das soziale Geschlecht (gender) ist hingegen ein Handeln: Es ist die Handhabung situationsgerechten Verhaltens im Lichte normativer Vorgaben und unter Berücksichtigung der Tätigkeiten, welche der eigenen Geschlechtskategorie angemessen sind. Geschlechtlich bestimmtes Alltagshandeln ergibt sich aus der sozialen Zugehörigkeit zu einem Geschlecht und bekräftigt den Anspruch auf diese Zugehörigkeit» (West/Zimmerman 1991, S. 14/15).

Wichtig und weiterführend an dieser begrifflichen Präzisierung sind drei Aspekte, die wir abschließend festhalten wollen, weil sie aus den Aporien der «naiven» sex/gender-Unterscheidung herausführen: 1. Die *analytische Unabhängigkeit* von körperlichem Geschlecht (sex), sozialer Zuordnung zu einem Geschlecht (sex category) und sozialem Geschlecht (gender) trägt der Einsicht Rechnung, daß die soziale Konstruktion der Zweigeschlechtlichkeit nicht unmittelbar aus der biologischen Ausstattung des Menschen abgeleitet werden kann. 2. Die wechselseitig *reflexive Beziehung* zwischen körperlichem Geschlecht und sozialer Geschlechtszuordnung bietet Ansatzpunkte, um herauszuarbeiten, wie Natur als kulturell gedeutete gleichwohl an zentraler Stelle – und sei es nur als Unterstellung – in die Konstitution des Geschlechts eingeht. 3. Die *interaktive und situationsspezifische Verortung* des Prozesses der Herstellung und Validierung von sozialem Geschlecht bewahrt schließlich vor dem Mißverständnis, das Geschlecht sei irgendwo im Individuum zu verankern, als Merkmal oder Eigenschaft von Personen dingfest zu machen, die im Alltagshandeln nur ihren Ausdruck finden.

Mit dem letzten Punkt ist ein Problemzusammenhang angesprochen, der noch einmal auf die Aporien und Dilemmata der «sex-gender»–Unterscheidung zurückverweist. Solange die Zweigeschlechtlichkeit als letztlich naturgegeben betrachtet und nicht als kulturelle Konstruktion begriffen wird, unterstellt jede weitere Auseinandersetzung mit der Kategorie «Geschlecht», das eine oder das andere Geschlecht sei etwas, was jede(r) zunächst einmal und unproblematisch «hat». Auch diese Annahme basiert bei genauerer Betrachtung auf der Übertragung einer Selbstverständlichkeit aus dem Alltagshandeln in die Theoriebildung. Während im Alltagshandeln die Interaktions-«Arbeit» unbemerkt bleibt, die das Geschlecht als soziale Realität zuallererst hervorbringt, bleibt in der Theoriebildung unbemerkt, daß immer schon gewußt wird, wonach man fragt.[8] Damit setzt die Theoriebildung aber genau die Prozesse als gegeben voraus, die ihren Gegenstand – das Geschlecht als soziale Realität – überhaupt hervorbringen. Der vermeintliche Anfang oder Ausgangspunkt einer Untersuchung ist bereits das Ergebnis sozialer Prozesse. Dies zu übersehen, hat zur Folge, daß selbst die kritisch ansetzenden feministischen Analysen zur Reifizierung und bloßen Verdoppelung der «natürlichen» Zweigeschlechtlichkeit beitragen (können).

2.2. *Geschlechtsspezifische Arbeitsteilung*

Daß die Interaktions-«Arbeit» in der Regel unbemerkt bleibt, die das Geschlecht als soziale Realität hervorbringt, gilt im übertragenen Sinne für alle sozialen Prozesse. Der Modus der Herstellung der Zweigeschlechtlichkeit verschwindet im Ergebnis, nicht zuletzt darin manifestiert sich die geglückte Selbst-Naturalisierung dieser sozialen Konstruktion. Auf der Phänomen-Ebene tritt uns die soziale Umwelt als immer schon binär codifizierte entgegen und wir neigen dazu, sie auch dort noch als zweigeschlechtlich strukturierte wahrzunehmen, wo sie Anlaß zu diesbezüglichen Irritationen bieten könnte. Das legt fortwährend den Kurz-Schluß nahe, darin manifestiere sich eine vorsoziale Unterscheidungsmöglichkeit von Frauen und Männern. Die Schwierigkeiten, diesem Kurz-Schluß zu entgehen, zeigen sich auch in be-

8 Dazu Suzanne Kessler und Wendy McKenna (in unserer Übersetzung): «Gegenstand aller Untersuchungen über menschliches Verhalten sind entweder Frauen oder Männer (bzw. Mädchen oder Jungen). Wenn eine Psychologin fragt: ‹Wie unterscheiden sich Mädchen von Jungen?›, übersieht sie/er die Tatsache, daß sie/er – um die Frage überhaupt stellen zu können – immer schon wissen muß, was Jungen und Mädchen sind. Bevor wir nach Geschlechtsunterschieden und -ähnlichkeiten und deren Entwicklung fragen können, müssen wir als bekannt voraussetzen, wer welchen Geschlechts ist. [...] Und wir werden nie behaupten können, daß diese Zuordnung (zum einem oder anderen Geschlecht) abschließend geklärt ist, indem immer mehr unterscheidende Merkmale zusammengestellt werden, denn um derartige Merkmale zusammenstellen zu können, mußten wir bereits vorher unterscheiden» (Kessler/McKenna 1978, S. IX).

stimmten Konzepten geschlechtsspezifischer Arbeitsteilung. Auch sie argumentieren z. T. auf der Grundlage impliziter Annahmen über die «natürliche» Zweigeschlechtlichkeit und damit auf der Grundlage der sex/gender-Unterscheidung, obwohl sie dem Anspruch und Selbstverständnis nach die Geschlechterdifferenz in ihrer jeweils vorfindlichen historischen Gestalt als Ergebnis sozialer Prozesse und spezifischer Interessen begreifen.

Die Gebährfähigkeit der Frauen und die Reproduktionsarbeit

Die traditionelle Theorie geschlechtsspezifischer Arbeitsteilung, derzufolge den Frauen aufgrund ihrer Gebärfähigkeit die reproduktiven Arbeiten zugewiesen waren und sind, arbeitet an ihrer entscheidenden Gelenkstelle – eben der Begründung der Zuweisung reproduktiver Tätigkeiten an Frauen – mit einem universalistischen Konzept «Frauen», das als vorsoziale Wirklichkeit gesetzt wird: Sie unterstellt, man könnte die Kategorie «Frauen» als gegeben voraussetzen, *bevor* sie durch historische Besonderung überhaupt zu einer unterscheidbaren geworden ist.[9] Dabei wäre doch zumindest zu bedenken, daß «selbst gesellschaftlich bedeutsame Merkmale wie das Gebären oder die als Zeichen der Gebärfähigkeit wahrgenommene Menstruation [...] weder für alle ‹Frauen› noch für irgendeine Frau immer [gelten]» (Hagemann-White 1988, S. 229). Schon deshalb bedarf die Tatsache, daß allen Frauen die reproduktiven Arbeiten zugewiesen wurden, mindestens ebenso der Erklärung wie die Tatsache, daß es bestenfalls die Vermutung der Möglichkeit des Gebärens sein könnte, die aus den unterschiedlichsten Frauen die Kategorie «Frauen» macht.

Der Einwand zielt nicht darauf ab, der Körperwahrnehmung die Relevanz für Prozesse der Zuschreibung wie der Selbstdefinition abzusprechen. Es geht uns vielmehr darum, den Blick dafür zu schärfen,

9 Insofern hat Ursula Beer in einer von ihr ganz unbeabsichtigten Weise recht, wenn sie in ihrer Auseinandersetzung mit Hildegard Heise vermerkt: «Als Frauenforscherin gerate ich mit der These der ‹Ursächlichkeit› der geschlechtsspezifischen Arbeitsteilung schnell in dieselbe Situation wie der Hase mit den zwei Igeln. Einer ist immer schon ‹da›» (Beer 1989, S. 305). Hinter dem «marxistischen Igel», der im Rahmen der für sie relevanten Bezugstheorie immer schon dasteht und sagt, in der Familie gäbe es keine «Arbeit», die da zu Ungunsten der Frauen «geteilt» würde, übersieht sie den noch viel geschwinderen Igel, der schon längst vorher da war und auch ihr eingeflüstert hat, daß es da – offenbar noch vor jeder geschlechtsspezifischen Arbeitsteilung – «Frauen» gab, denen etwas zugeteilt werden könnte.

daß die «dichotome Optik» (Hagemann-White), in der wir «Frauenkörper» und «Männerkörper» wahrnehmen, hoch voraussetzungsvoll ist. In der einfachen Übertragung dieser Optik auf die Anfänge oder Ursachen geschlechtsspezifischer Arbeitsteilung wird unterschlagen, daß eine so komplexe hypothetische Konstruktion, wie sie die «Vermutung der Möglichkeit des Gebärens» darstellt, bereits das Ergebnis einer Abstraktion und Klassifikation ist, die sich nur entschlüsseln läßt, wenn man nach der kulturellen Bedeutung fragt, die körperlichen Merkmalen im Zuge genau der sozialen Differenzierung zukommen, die sie erklären sollen.

> «Gender makes woman's procreative physiology the basis for a separate (and stigmatized) status, *not the other way round*» (Lorber 1991, S. 356; Hervorhebung von uns).

Daß Natur und Kultur gleichursprünglich sind, gewinnt genau an solchen Schlüsselstellen der Argumentation einen präzisen Sinn.

Die Schwierigkeiten mit der Analogiebildung Gebärfähigkeit/Reproduktionsarbeit setzen sich fort, wenn man genauer betrachtet, was alles historisch je verschieden zum Bereich der Reproduktionsarbeit gehörte. Abgesehen von Nähren, Sorgen, Pflegen usw. waren den Frauen all jene Tätigkeiten zugeordnet, die normalerweise nicht als «Arbeit» *klassifiziert* waren, auch wenn sie körperliche Schwerstarbeit bedeuteten. Und selbst wenn man die Tätigkeiten betrachtet, die dem Typisierungsschema «Mütterlichkeit» zu entsprechen scheinen, wird es spätestens dann schwierig, wenn man ihre konkrete Gestaltung und arbeitsinhaltliche Ausführung darauf zu reduzieren sucht oder wenn man von ihrer Einbindung in eine bestimmte Familien- und Beziehungsstruktur abstrahiert. Hinzu kommt, daß Frauen als mithelfende Familienangehörige nahezu unbegrenzt einsetzbar waren – sei es bei der Feldarbeit, beim Erzauswaschen oder bei Bergbauarbeiten, um nur wenige Beispiele zu nennen.

Die Relation von konkreten Inhalten zu der Geschlechtszugehörigkeit gelingt offenbar immer nur partiell. Oder: Auch der Bezug auf die Gebärfähigkeit der Frauen stiftet kein einheitliches, widerspruchsfreies *und* inhaltlich bestimmbares Prinzip, das die Tätigkeiten, die Frauen historisch je verschieden ausgeübt haben, verbindet.[10] Die Vergeschlechtlichung von Tätigkeiten erweist sich vielmehr – auf einer allgemeinen Ebene – als Ergebnis einer Geschlechtertrennung, die der geschlechtsspezifischen Arbeitsteilung immer schon vorausgeht (Godelier 1987; vgl. auch Becker-Schmidt 1987, S. 187). Und sie erweist sich – was die Ebene der historischen Konkretion anbelangt – als abhängig von dem jeweiligen *Kontext*, in dem die einzelnen Arbeiten angesiedelt sind. Nur eine Theorie geschlechtsspezifischer Arbeitsteilung, die beides gleichermaßen berücksichtigt, könnte das leisten, was Gudrun-Axeli Knapp im Anschluß an Gayle Rubin als doppelte Aufgabe feministischer Theoriebildung bezeichnet hat: «die Unterdrückung von Frauen in ihrer *endlosen Varietät* und *monotonen Ähnlichkeit* zu analysieren» (Knapp in diesem Band, S.291; Hervorhebung von uns).

Theoretische Konzeptualisierungen von «Weiblichkeit» und geschlechtsspezifische Segregation

Die Schwierigkeiten, die mit dieser Aufgabe immer dann verknüpft sind, wenn man sie auf der Folie der *Logik* der «sex/gender»-Unterscheidung zu bewältigen sucht, kehren in modifizierter Form in bestimmten Theorien der geschlechtsspezifischen Arbeitsteilung wieder, die ausschließlich historisch und soziologisch argumentieren, also ohne jeden expliziten Rückverweis auf Natur oder körperliche Merkmale von Frauen und Männern auskommen. Wir wollen uns hier der Kürze halber auf das Konzept des «weiblichen Arbeitsvermögens» (Beck-Gernsheim/Ostner 1978; zuletzt: Ostner 1990) beschränken, weil es in der Frauenforschung als allgemein bekannt vorausgesetzt werden kann..[11] Worauf es uns bei der kritischen Auseinandersetzung mit diesem Konzept ausschließlich ankommt, ist, eine (nicht nur) ihm inhärente Argumentationslogik zu verdeutlichen, die der der sex/gender-Unterscheidung insofern ähnlich ist, als bestimmte historische Aspekte geschlechtsspezifischer Arbeitsteilung im Zuge ihrer Genera-

10 Darauf hat im ersten Band der Reihe «Forum Frauenforschung» schon Regina Becker-Schmidt hingewiesen: «Der sicherlich relevante Verweis auf die Gebärfähigkeit [...] erklärt nicht, warum den Frauen in der Regel, neben Subsistenzarbeit, die Versorgung der (Klein)Kinder aufgebürdet wurde. Noch warum dieser für die Allgemeinheit überlebenswichtige Aufgabenbereich als gesellschaftlich notwendige Arbeit keine angemessene öffentliche Anerkennung fand» (Becker-Schmidt 1987, S. 187f.). – Eine ausführliche Auseinandersetzung mit der – auch aufgrund seiner Untersuchungen zu kurz greifenden – These, körperliche Unterschiede zwischen Frauen und Männern würden die geschlechtsspezifische Arbeitsteilung «erklären», und diese wiederum sei die «Ursache» der Herrschaft von Männern über Frauen, findet sich bei Godelier (1987).

11 Zur inzwischen vielfältigen Kritik an diesem Konzept, die hier nicht im einzelnen wiederholt werden soll, vgl. vor allem Knapp 1987, 1988 und 1989, sowie zusammenfassend: Gottschall 1990, Wetterer 1992a.

lisierung einen quasi natur-ähnlichen Status erhalten und auf diese Weise den Zugang zum (fortwährenden) Prozeß der sozialen Konstruktion von Geschlecht erneut verstellen. Diese Argumentationslogik findet sich in analoger Weise in all den Konzepten der Frauenforschung, die von einer generalisierten *und* zugleich inhaltlich bestimmten Konzeption der Geschlechterdifferenz ausgehen und die sich leicht daran erkennen lassen, daß sie mit der Kategorie «Weiblichkeit» argumentieren.[12]

Die mit der «Weiblichkeit» verquickten «gender troubles» – in dieser kaum übersetzbaren Mehrdeutigkeit, die dem Ausdruck im Englischen anhaftet – zeigen sich besonders deutlich, wenn man den Bereich der Erwerbs- und Berufsarbeit betrachtet. Hier tritt uns die zweigeschlechtliche Strukturierung der sozialen Realität als segregierter oder geschlechtsspezifischer Arbeitsmarkt entgegen, als Trennung in Frauenberufe und Männerberufe, Frauenarbeitsplätze und Männerarbeitsplätze. Und die Frage ist in der Tat, was die einen verbindet und von den anderen trennt: Wie kommt es zur sozialen Konstruktion von Frauenberufen (und Männerberufen) und allgemeiner zur geschlechtsspezifischen Segregation des Arbeitsmarktes?

Differenztheoretische Ansätze wie der des weiblichen Arbeitsvermögens arbeiten hier mit einem idealtypischen Konzept der Ähnlichkeit zwischen dem Arbeitsvermögen der Frauen auf der einen Seite, qualitativ bestimmbaren Merkmalen und Anforderungen der (verberuflichten) Arbeit auf der anderen Seite. Im typischen Frauenberuf treffen sich weibliches, auf den Reproduktionsbereich hin qualifiziertes Arbeitsvermögen von Frauen und hausarbeitsnahe Tätigkeitsanforderungen der verberuflichten Arbeit. Elisabeth Beck-Gernsheim und Ilona Ostner (1979) haben das am Beispiel der Krankenpflege zu zeigen versucht. Das «Weibliche»[13] fungiert in diesem Argumentationsrahmen als generalisierte *und* inhaltlich bestimmbare Qualität, mit der

12 Hierzu würden im Rahmen einer ausführlicheren Analyse also auch Konzepte wie das der «weiblichen Moral» (im Anschluß an Gilligan), die Suche nach einem «weiblichen Denken» oder – im Rahmen psychoanalytischer Theorien und hier in sehr vermittelter Weise – die Konzeption einer spezifisch «weiblichen Form der Objektbeziehung» (im Anschluß an Chodorow) gehören. Dabei wäre dann auch der von Carol Hagemann-White formulierte Einwand zu prüfen, daß erst die für den deutschsprachigen Bereich spezifische Orientierung an der «natürlichen Zweigeschlechtlichkeit» im Zuge der Rezeption der Ansätze von Gilligan und Chodorow dazu geführt hat, daß beide hierzulande für einen (die Zweigeschlechtlichkeit reifizierenden) Argumentationszusammenhang instrumentalisiert wurden (vgl. Hagemann-White 1988, S. 226).

idealtypisch alle Frauen (qua Reproduktionsbezogenheit) ausgestattet sind, die bestimmten Arbeitsinhalten und -formen eher zuzuordnen ist als anderen und die wegen dieser Korrespondenz das theoretische und praktische Verbindungsstück zwischen den Frauen und der Frauenarbeit darstellen soll; sie soll z. B. erklären, warum Frauen einen Frauenberuf «wählen».

Auch hier zeigt ein Blick in die Empirie, daß die Prozesse der Zuweisung und Kategorisierung von Frauenarbeit und Männerarbeit komplexer und in ihrer Komplexität auch widersprüchlicher sind als angenommen. Die inzwischen zahlreichen empirischen Untersuchungen über die Ähnlichkeiten, das Verbindende zwischen den Frauenberufen und Frauenarbeitsplätzen, führen durchweg zu dem Ergebnis, daß die Definitions- und Zuweisungsmuster von männlicher und weiblicher Arbeit – entgegen einem im Konzept des weiblichen Arbeitsvermögens theoretisierten allgemeinen Vorverständnis – keineswegs in erster Linie auf die Arbeitsinhalte bezogen bzw. aus ihnen abgeleitet sind (vgl. u. a. Teubner 1989; Rabe-Kleberg 1987). Was sich als strukturierendes Moment herauskristallisieren läßt, ist vielmehr die Bewertung und Positionierung der mehrheitlich von Frauen ausgeübten Tätigkeiten in der beruflichen und/oder betrieblichen Hierarchie:

> «Ein hoher Frauenanteil korreliert [...] mit einem geringen Sozialstatus. Dies gilt weitgehend unabhängig von den Arbeitsinhalten eines Berufs» (Teubner 1989, S. 34).

Und dies gilt quer durch alle Formen der Verberuflichung, vom Strukturwandel der Industriearbeit (Willms-Herget 1983 und 1985; Wegehaupt-Schneider 1985) bis hin zu Professionalisierungsprozessen, in deren Verlauf durch die Abspaltung und Unterordnung von Teiltätigkeiten genau jene Semi-Professionen entstanden, auf die sich Elisabeth Beck-Gernsheim und Ilona Ostner beziehen.

Was das Konzept des weiblichen Arbeitsvermögens als Erklärungsansatz für geschlechtsspezifische Segregationen des Arbeitsmarktes mit einem gewissen Maß an Plausibilität ausstattet, ist allerdings, daß Frauenberufe auf der «Selbstdarstellungs»-, Begründungs- und Legiti-

13 Streng genommen müßten wir im Rahmen unserer kritischen Re-Analyse das «Weibliche» ebenso wie das «Männliche» stets in Anführungszeichen schreiben. Weil das den Text auf die Dauer nicht lesbarer macht, verzichten wir darauf der Einfachheit halber im folgenden und bitten die geneigte Leserin darum, sich die distanzierenden Anführungszeichen stets selbst dazuzudenken.

mationsebene aus naheliegenden Gründen nicht an den geringen Sozialstatus, sondern an spezifische Aspekte der jeweiligen Tätigkeit und deren Korrespondenz mit weiblichen Eigenschaften und Orientierungen anknüpfen. So entsteht in einem Schritt, der historisch auf die «reale» Segregation erst folgt, «hinter dem Rücken der Beteiligten ein historischer Mythos» (Rabe-Kleberg 1987, S. 41) – der Mythos von der besonderen Eignung der Frauen für die Frauenberufe. Nimmt man diesen Mythos beim Wort und lokalisiert auf dieser Ebene die Erklärung geschlechtsspezifischer Segregationen, so vollzieht sich genau das, was wir oben als Selbst-Naturalisierung der sozialen (und kulturellen) Konstruktion der Differenz bezeichnet haben: Der Prozeß der Herstellung von Weiblichkeit ist im Ergebnis verschwunden. Und: Die Theorie reifiziert und verdoppelt die unexplizierte Prämisse der Fragestellung, zu deren Klärung sie dem Selbstverständnis nach beitragen wollte. Es kommt im Ergebnis eigentlich nichts anderes heraus, als was man vorher schon wußte. Daß Frauen über ein weibliches Arbeitsvermögen verfügen, kehrt auf der Antwortseite in Form des wissenschaftlich ausgewiesenen Ergebnisses wieder, daß die von Frauen ausgeübte Berufsarbeit als Realisierungsform eben dieses Arbeitsvermögens begriffen werden kann.[14] Allerdings – und das ist wichtig – verschwindet in der Kurzschlüssigkeit dieser Argumentation nicht nur der Herstellungsprozeß von Weiblichkeit im Ergebnis, sondern mit ihm die konkrete Vielfalt der Tätigkeiten, die Frauen ausüben.[15] Der Versuch, das

14 Die gleiche Struktur einer kurzschlüssigen Argumentation hat Carol Hagemann-White für den Bereich der geschlechtsspezifischen Sozialisation herausgearbeitet. Sie zeigt, zu welchen Verkürzungen und Verzerrungen es führt, wenn die zweigeschlechtliche Struktur der Fragestellung unter der Hand die Struktur der Ergebnisse mitproduziert: Die große Bandbreite an Unterschieden innerhalb je eines Geschlechts verschwindet ebenso aus dem Blick wie die Vielzahl von Ähnlichkeiten zwischen den Geschlechtern, und übrig bleiben – nunmehr gefaßt als empirische Ergebnisse zur geschlechtsspezifischen Sozialisation – eben (und nur) die Unterschiede zwischen Mädchen und Jungen (Hagemann-White 1984).

15 Daran ändert auch eine Modifikation des Konzepts vom «weiblichen Arbeitsvermögen» nichts, die Ilona Ostner kürzlich vorgeschlagen hat, um der mehrfach formulierten Kritik zu begegnen: «Statt einem weiblichen Arbeitsvermögen gibt es nun eine *Vielfalt* von weiblichen Arbeitsvermögen, aber immer noch eine Vielfalt von *weiblichen* Arbeitsvermögen» (Ostner 1991, S. 31; Hervorhebung im Text). Diese Vervielfältigung des «Weiblichen» verschiebt nur das Problem, denn welches «Weibliche» (Singular) verbindet nun die «weiblichen Arbeitsvermögen» (Plural) und macht es weiterhin sinnvoll, das eine oder andere Arbeitsvermögen als «weibliches» zu bezeichnen? Wo fängt das «Weibliche» nun an, wo hört es auf? Oder ist nun per definitionem alles, was Frauen tun, «weiblich» und somit der Begriff zur Tautologie geworden? Bliebe die Frage: Sind Frauen «weiblich»? (Und was, wenn nicht?)

Weibliche als strukturierendes Moment sozialer Differenzierung dingfest zu machen und so einen Anfang für darauf folgende soziale Prozesse zu setzen, verkennt den *Prozeßcharakter* und die *Kontextgebundenheit* der Vergeschlechtlichung auch dann noch, wenn dieser Anfang soziologisch und historisch begriffen wird (statt biologistisch als Natur).[16]

Damit hängt ein zweites Problem eng zusammen. Der einmal gesetzte Anfang muß als solcher irgendwo lokalisiert, theoretisch wie praktisch greifbar werden. Und so wird er im nächsten Schritt gleichermaßen in die Subjekte verlagert wie in die Tätigkeiten, die sie ausüben. Darin kehrt eine weitere Denkfigur wieder, auf die wir bei der kritischen Analyse der sex/gender–Unterscheidung bereits hingewiesen haben: Das Geschlecht – nun theoretisch gefaßt als Weiblichkeit – erscheint als etwas, das jede Person immer schon «hat», und das in der sozialen Praxis in verschiedenen Formen nur zum Ausdruck kommt.[17] In dieser Denkfigur ist nicht nur die Reifizierung des Geschlechts enthalten, sondern die Logik der Vergeschlechtlichung gewissermaßen auf den Kopf gestellt.

---

16 Auf diesen Zusammenhang hat, aus anderer theoretischer Perspektive, vor allem Gudrun-Axeli Knapp immer wieder hingewiesen (1987, 1988, 1989). Das von ihr und Regina Becker-Schmidt in Umrissen entwickelte Konzept einer «doppelten Vergesellschaftung» von Frauen ist gegen die Fallstricke der hier kritisierten Argumentationsform nicht in erster Linie deshalb gefeit, weil es den Berufs- und Reproduktionsbereich gleichermaßen berücksichtigt. Entscheidend scheint uns vielmehr zu sein, daß mit der Fokussierung auf die «Aneignung von Geschlecht» der Prozeßcharakter der Vergeschlechtlichung ins Zentrum rückt, Brüche und Widersprüche sichtbar werden und konsequenterweise Kontextualisierung und Historisierung zu den entscheidenden methodischen Zugangswegen werden – also genau jene Generalisierung als kurzschlüssig kritisiert und kritisierbar wird, die zur Reifizierung und schließlich bloßen Verdoppelung des «Weiblichen» führt. Da sie die hier im Zentrum stehende Frage nach der sozialen Konstruktion der Differenz (bislang) aber nicht systematisch verfolgt haben, wollen wir es im Rahmen unserer Argumentation bei diesem kurzen Querverweis belassen, der zumindest darauf aufmerksam macht, daß auch Generalisierungen über «die» Frauenforschung «natürlich» kurzschlüssig wären.

17 Dieselbe verkürzte Argumentationslogik finden wir auch dort, wo der «Geschlechtscharakter» die Stelle des «weiblichen Arbeitsvermögens» einnimmt. Auch hier haben wir eine Denkfigur vor uns, die historisch im Kontext der Legitimation des «Weiblichen» entstanden ist (in diesem Sinne wurde der Begriff auch von Karin Hausen zunächst und zutreffenderweise eingeführt – vgl. Hausen 1978), die aber in manchen Erörterungen der Frauenforschung so benutzt wird, als hätten wir im Geschlechtscharakter einen wohlumrissenen Anfang oder Ausgangspunkt weiterer geschlechtsspezifischer Segregationen vor uns, der sich bruchlos in den Individuen wiederfinden ließe.

Die Prozeßlogik der Vergeschlechtlichung läßt sich besonders gut an einem Beispiel studieren, das historisch immer wieder zu beobachten ist: am Beispiel des «Geschlechtswechsels» von Berufen (und allgemeiner: von Tätigkeiten im Erwerbsbereich bzw. im Übergang in den Erwerbsbereich). Hier ist die tradierte Zuweisung von Frauenarbeit und Männerarbeit für eine gewisse Phase und einen bestimmten Bereich gesellschaftlicher Arbeit fragwürdig geworden, sind die tradierten geschlechtsspezifischen Trennlinien in Unordnung geraten, stimmen sozialer Differenzierungs- und Segregationsprozeß und dessen legitimatorische Begründung noch nicht (oder nicht mehr) bruchlos überein. Hier kommt es mit anderen Worten auf verschiedenen Ebenen zu Versuchen der Umorganisation, der erneuten Konsolidierung und damit in einer spezifischen Weise zu einer Neu-Konstruktion der Differenz. Durch den Wechsel des Geschlechts wird eben jene «Arbeit» sichtbar, die normalerweise in der bloßen Reproduktion des scheinbar Üblichen so leicht unentdeckt bleibt: die Arbeit der Herstellung der Differenz in je kontextabhängiger Weise.

Der Geschlechtswechsel von Berufen begegnet uns historisch naheliegenderweise in zwei Grundformen. Wir finden zum einen verschiedene Varianten des *Wechsels vom Männerberuf zum Frauenberuf* vor: etwa vom Sekretär zur Sekretärin (Frevert 1979; vgl. auch Hausen 1978b), woran heute noch sprachliche Atavismen wie der UNO-Generalsekretär oder der Parteisekretär erinnern. Die sprachlichen Atavismen – und insofern sind sie andererseits auch durchaus zeitgemäß – machen darauf aufmerksam, daß diese Richtung des Wechsels durchgängig mit einer *Statusminderung* des in Frage stehenden Berufs verbunden ist, von der nur Partei-, Botschafts- oder UNO-Generalsekretäre ausgenommen waren.

Die zweite Form, der *Wechsel einer als weiblich geltenden in eine als männlich geltende Tätigkeit,* ist vielfältig verknüpft mit Prozessen der Verberuflichung, so daß es hier auch schwierig wird, einfach vom Geschlechtswechsel des *Berufes* zu sprechen. Dieses wiederum keineswegs nur sprachliche Problem weist darauf hin, daß diese Richtung des Geschlechtswechsels durchgängig mit einer *Statuserhöhung* verbunden ist, die auf der Ebene der Institutionalisierung mit einer Veränderung des Status der Arbeit verknüpft ist (Arbeit-Beruf-Profession). Wir kennen die Variante, daß bestimmte Tätigkeiten aus dem Bereich der

Hausarbeit im Zuge ihrer Verberuflichung zum Männerberuf werden – etwa den Koch oder den Lehrberuf des Gebäudereinigers, der aus der Hausarbeit über die Zwischenstufe der Putzfrau entstanden ist, die noch ohne Lehre (und entsprechenden Status) auskommen mußte (Müller 1985). Wir kennen die Variante, daß eine primär dem weiblichen Bereich zugeordnete Tätigkeit im Zuge ihrer Professionalisierung zu einer professionellen Männerdomäne wird, der weibliche Teilbereiche als Semi-Professionen zu- und untergeordnet sind. Die Geschichte der Medizin ist hierfür ein besonders prägnantes Beispiel, in deren Verlauf aus den «heilkundigen Frauen» der vorbürgerlichen Gesellschaft die männlich dominierte Profession des akademisch ausgebildeten Arztes, aber auch die weiblichen Teiltätigkeiten der Krankenschwester, Hebamme und Arzthelferin wurden (Frevert 1982). Und wir kennen die Variante, daß im Zuge der Einführung neuer Maschinen und heute neuer Technologien neue, bisher unbekannte und noch nicht geschlechtsspezifisch codifizierte Tätigkeiten entstehen, die in der Anfangsphase mehrheitlich von Frauen ausgeübt wurden, bei denen aber im Zuge der Konsolidierung Schließungs- und Ausgrenzungsprozesse einsetzten, die die Frauen wieder gänzlich verdrängten oder sie in untergeordneter Position einer nun als hochqualifiziert geltenden, männlich geprägten Profession zur Seite stellten. An der Geschichte der Schriftsetzerei, auf die wir gleich näher eingehen werden, läßt sich dies ebenso ablesen wie an der Geschichte des Programmierens, das in der Nachkriegszeit an entscheidender Stelle von Frauen bestimmt wurde, die wir heute im allgemeinen Vorverständnis als Informatikassistentin den Programmierern zu– und untergeordnet finden, die das männlich dominierte Berufsbild prägen (Hofmann 1987; Schmitt 1992; vgl. auch Becker-Schmidt in diesem Band).

Die genannten Prozesse der Vergeschlechtlichung lassen sich nach verschiedenen Ebenen hin aufschlüsseln. Wir haben es auf einer Ebene mit einer fortwährenden Ausdifferenzierung und Re-Formierung der *hierarchischen Struktur des Geschlechterverhältnisses* zu tun, mit einem andauernden Prozeß der Re-Konstruktion der Geschlechterhierarchie. Und wir haben es auf einer zweiten Ebene – der Ebene der Legitimationen und der kulturellen Repräsentationen von Weiblichkeit und Männlichkeit – zu tun mit einem beständigen Prozeß der Auslegung, der Um- und Neuformulierung der Geschlechterdifferenz, mit einem Prozeß, den man als kontinuierliche «Umschrift der Differenz»[18] bezeichnen kann, und der vor allem in den Umbruchphasen der Vergeschlechtlichung auch durch radikale Brüche und Verwerfungen gekennzeichnet sein kann. Die Geschichte der Schriftsetzerei ist dafür ein augenscheinliches, aber keineswegs ein außergewöhnliches Beispiel:[19]

In der Phase der Umstellung vom Hand- auf den Maschinensatz in der zweiten Hälfte des 19. Jahrhunderts wurden gezielt Frauen aus den bürgerlichen Schichten (weil sie lesen und schreiben konnten und über Fremdsprachenkenntnisse verfügten) als Setzerinnen angeworben, um die gerade erfundenen ersten Setzmaschinen zu erproben und deren Überlegenheit über den Handsatz unter Beweis zu stellen, der das Berufsbild bis dahin prägte. Auf seiten der (männlichen) Setzer gab es anhaltende Widerstände gegen die Setzmaschinen, die – in dieser Phase der «Maschinenstürmerei» – als Gefahr für die Arbeit und die Arbeitsplätze galten. Um den Frauen die Sache schmackhaft zu machen, wurde den Setzmaschinen ein dem «Pianotyp» ähnliches Aussehen verliehen und die Fingerfertigkeit der klavierspielenden Bürgerstöchter bot ein breitgefächertes Repertoire für Analogiebildungen, in denen die «besondere Eignung der Frauen» für den Maschinensatz beschworen wurde. So gut wie alle ersten Modelle der Setzmaschinen wurden von Frauen eingeführt und wurden in Werbebildern mit anmutig an der Tastatur sitzenden Bürgerstöchtern abgebildet. Erst mit der sukzessiven Konsolidierung der Maschinensetzerei, erst in der darauffolgenden Phase der (neuerlichen) Verberuflichung verschwanden die Setzerin-

---

18 Der Terminus «Umschrift (von Erfahrungen)» wurde von Regina Becker-Schmidt im Rahmen der Analyse biographischer Interviews erstmals im theoretischen Kontext der Frauenforschung verwendet. Er meint dort einen Modus der Neuinterpretation zurückliegender Erfahrungen von einem biographisch späteren Zeitpunkt aus, von dem her diese – z. B. aufgrund neuer Erfahrungen oder neuer Einsichten – einen neuen Sinn erhalten (vgl. Becker-Schmidt 1990). Wenn wir diesen Terminus hier als «Umschrift der Differenz» auf die Analyse historischer Entwicklungen übertragen, so zielt das auf die Aufschlüsselung eines in der Struktur ähnlichen Prozesses ab. Im einen wie im anderen Fall geht es darum, zurückliegende Deutungen (hier der Geschlechterdifferenz) und neue Erfahrungen neu kompatibel zu machen, also um eine «Synthetisierungsleistung» eigener Art, die nicht bloß als «sekundäre Harmonisierung» oder – bezogen auf historische Prozesse – als ideologische Verschleierung begriffen werden kann. Gerade weil bei Analogiebildungen zwischen biographischen und historischen Prozessen aus theoretischen und methodischen Gründen Vorsicht geboten ist, müßte diese «Begriffstransformation» allerdings in anderem Rahmen weiter präzisiert werden – auch was ihre Grenzen anbelangt.

19 Das Beispiel der Geschichte der Schriftsetzerei verdanken wir Brigitte Robak, die dieses vergessene Stück Frauengeschichte der sozialen Erinnerung wieder zugänglich gemacht hat: vgl. Robak 1988 und 1992 sowie demnächst die Habilitationsschrift *Vom Pianotyp zur Zeilensetzmaschine. Maschineneinführungsstrategien und Frauenerwerbsarbeit zwischen 1840 und 1900.*

nen ebenso aus den Druckereien wie aus der sozialen Erinnerung. Das neu entstandene Berufsbild des Männerberufs Maschinensetzer fußte fortan auf anderen Analogien. Die Assoziationskette «Maschine-Männlichkeit» wurde in Szene gesetzt: Der Lärm und Dreck, der die Setzmaschinen (jetzt plötzlich?) umgibt, trat in den Vordergrund, das beim Satz verwendete Blei galt (jetzt plötzlich) als Gefahr für die Gebärfähigkeit der Frauen, und die Maschinen selbst wurden nicht mehr so konstruiert, daß sie dem Klavier möglichst ähnlich sind. Die Bürgerstöchter, die zuvor an der Tastatur der Setzmaschine abgebildet waren, finden wir jetzt an der Schreibmaschine wieder, die im Zuge der Suche nach einer Maschinensetzmaschine miterfunden worden war und die im Kontext des Geschlechtswechsels vom Sekretär zur Sekretärin eine wichtige Rolle spielte. Müßig zu erwähnen, daß nun zum Teil dieselben Argumente eine Höherqualifikation und bessere Bezahlung dieses Männerberufs Maschinensetzer begründen sollen, die zuvor zur Abwertung der Maschinensetzerei und fortan zur Deklassierung der Sekretärinnen verwendet werden.

Die soziale Konstruktion der Differenz erfolgt, wie das Beispiel zeigt, über eine Analogiebildung, die den Anschein der Ähnlichkeit zwischen geschlechtsdifferenzierten Fähigkeiten, Vorlieben und Orientierungen auf der einen, bestimmten Aspekten des Arbeitsprozesses auf der anderen Seite (immer neu) hervorruft. Die Analogiebildung hängt daran, daß bestimmte – und zwar zum Teil identische – Aspekte des Arbeitsablaufs mit Konnotationen verknüpft werden, die an Elemente der jeweils gängigen Geschlechterstereotype anschließen, sie bestätigen, unter Umständen aber auch modifizieren, verschieben und neu umreißen. Gerade die Verfügbarkeit und Variabilität der Analogien, die immer nur kontextabhängig ihre Plausibilität gewinnen, stellen alle Versuche, die Weiblichkeit als generalisierte *und* inhaltlich bestimmte Qualität dingfest zu machen, vor nicht auflösbare Probleme.[20] Die Konnotationen des Schreibmaschineschreibens sind (in einer bestimmten historischen Phase) *aufgrund* des sozialen Umfelds, in dem der Beruf der Sekretärin aus dem des Sekretärs hervorging, und auf-

20 Das gleiche gilt für die methodische Seite des Problems «Weiblichkeit»: Ilona Ostner und Elisabeth Beck-Gernsheim haben ihr Konzept des «weiblichen Arbeitsvermögens» unter Rekurs auf Webers Überlegungen zum «Idealtypus» entwickelt. Gerade weil der Idealtypus angewiesen ist auf Widerspruchsfreiheit auch auf der inhaltlichen Ebene, ist er auf Prozesse der Vergeschlechtlichung aber nicht beziehbar, bei denen sich nur (und wirklich «nur») der Konstruktionsmodus durchhält, während die Inhalte gerade durch ein hohes Maß an Variabilität, wenn nicht Kontingenz gekennzeichnet sind.

grund seiner (neuen) Wertigkeit in der sozialen Hierarchie der Berufe andere als die des Schreibens an der Setzmaschine, auch wenn beide Tätigkeiten de facto dieselbe Fingerfertigkeit des Schreibens auf einer weitgehend identischen Tastatur erfordern. Im Falle der Schriftsetzerei wird diese Fingerfertigkeit in der Konsolidierungsphase aber eben gerade nicht (mehr) Anschlußstelle für eine Analogiebildung, sondern diese erfolgt über die Koppelung Maschine/Männlichkeit, um diesen Beruf in einer bestimmten Phase und aufgrund einer spezifischen Interessenlage der Setzer und ihrer Gewerkschaft als reinen Männerberuf zu (re)etablieren. Und auch hier wäre, wie bei der Analogiebildung Gebärfähigkeit/Reproduktionsarbeit, hinzuzufügen: «not the other way round».

Diese Herstellungslogik der Differenz, die sich an Prozessen der Umschrift der Differenz so besonders gut studieren läßt, weil sich hier die geschlechtsspezifischen Konnotationen verschieben, ändert indes nichts daran, daß die einmal geschaffene soziale Bedeutung bestimmter Tätigkeiten diesen mit einer gewissen Zähigkeit anhaftet. Wir denken bei Frauenberufen, haben sie sich erst einmal als solche etabliert, die weiblichen Konnotationen in der Regel unaufgefordert mit. Uns fällt bei der Setzmaschine die notwendige Fingerfertigkeit eben auch nicht ein – oder erst wieder seit der Einführung des Computersatzes, der gegenwärtig einen neuerlichen Geschlechtswechsel dieses Berufes begleitet. Diese Logik des Alltagsbewußtseins, die den historisch entstandenen Schein der Ähnlichkeit zwischen den Fähigkeiten und Orientierungen der Frauen (und Männer) und ihren je verschiedenen Tätigkeiten beim Wort nimmt, wird allerdings nur um den Preis von Aporien in die Theoriebildung übertragen. Die theoretischen Konzeptualisierungen von Weiblichkeit schreiben gerade und nur den «Schein der Ähnlichkeit» fort und verleihen ihm so eben jenen naturähnlichen Status, in dem das Ergebnis eines Vergeschlechtlichungsprozesses als dessen Voraussetzung oder Ausgangspunkt festgeschrieben und gerade dadurch neuerlich «naturalisiert» wird.

Zwischenresümee: Das Geschlecht als Statuskategorie und die soziale Konstruktion der Differenz

Das hohe Maß an Flexibilität, das die Prozesse der Vergeschlechtlichung auszeichnet, weist darauf hin, daß die Inhalte, die die Geschlechterdifferenz doch «eigentlich» ausmachen sollen, in gewissem

Sinne beliebig sind. Sie erweisen sich im Zuge des Geschlechtswechsels eines Berufes manchmal geradezu als austauschbar – jedenfalls sofern es gelingt, sie zumindest gedanklich ihrer geschlechtsspezifischen Konnotationen zu «entkleiden». Diese Kontingenz der Inhalte – bei gleichzeitiger Stabilität der hierarchischen Struktur des Geschlechterverhältnisses – wird in der Frauenforschung im Rahmen der kritischen Auseinandersetzung mit differenztheoretischen Ansätzen unter den Stichworten «Geschlecht als Statuskategorie», als «Platzanweiser», als «Allokationsmechanismus» in den Mittelpunkt gestellt (am pointiertesten: Teubner 1989 und 1992). Die differenzierte Analyse des Geschlechtswechsels von Berufen zeigt in der Tat, daß sich auf den ersten Blick *nur* die hierarchische Strukturierung im Verhältnis zwischen Frauenarbeit und Männerarbeit historisch durchhält und das Geschlecht durchgängig als Platzanweiser oder Allokationsmechanismus fungiert. Die Logik der Vergeschlechtlichung erschließt sich aber erst vollends, wenn man berücksichtigt, daß sich ein weiterer Aspekt historisch durchhält, den man als «Gleichheitstabu» bezeichnen und auf die kurze Formel bringen kann: «Women and men have to be distinguishable» (Lorber/Farell 1991a, S. 1).

Was wir in der Geschichte der Berufe und Professionen aufschlußreicherweise nicht finde – es sei denn für kurze Übergangsphasen – sind nicht-codifizierte oder gewissermaßen androgyne Berufe oder Berufsfelder. Die Vergeschlechtlichung erfaßt ganz offensichtlich, wie vor allem Cynthia Cockburn (1988) an einer Fülle von Beispielen gezeigt hat, sukzessive immer und immer neu alle Tätigkeitsbereiche (vgl. dazu auch: Leidner 1991). Nichts wird nicht schlußendlich entweder «rosa» oder «hellblau», und sei es durch Binnendifferenzierung eines Berufsfeldes in «rosa» und «hellblau» eingefärbte Teilbereiche oder durch Ausdifferenzierung der betrieblichen Hierarchie – und nur noch Ausnahmen bestätigen dann, wie es so schön und zutreffend heißt, die Regel.

Die soziale Relevanz dieser binären Codierung, die in der These vom Geschlecht als Statuskategorie zumindest in den Hintergrund getreten ist, läßt sich auch an den Anstrengungen ablesen, die darauf verwandt werden, alte und nicht mehr zeitgemäße Codifizierungen der Differenz aus der Erinnerung zu tilgen. In Prozessen, die man mit Mary Douglas als «sozial strukturiertes Vergessen» bezeichnen kann (Douglas 1991, S. 113-148), wird die Stimmigkeit von Hierarchie und Differenz immer neu hergestellt, werden alte Konnotationen außer

Kraft gesetzt, verliert die Setzmaschine ihre Ähnlichkeit mit dem Klavier und fallen die Schriftsetzerinnen, die sie zunächst bedienten, im wörtlichen Sinne der Arbeit des Retuscheurs anheim, der sie aus dem Bild entfernt (vgl. Robak 1992; Wetterer 1992a). Die soziale Konstruktion der Differenz erweist sich angesichts dieser Befunde zwar als beliebig, was die Inhalte im einzelnen anbelangt, aber als überaus regelmäßig, was die binäre Klassifikation anbelangt. Wie es in der Natur nur Männer und Frauen gibt und nichts dazwischen, so gibt es im Erwerbsbereich nur männlich geprägte und weiblich geprägte Berufe – und nichts dazwischen. Da unser Alltagsverständnis von Kultur, anders als unser Alltagsverständnis von Natur, die Dimension des Historischen kennt, läßt sich hier allerdings der Prozeß der Herstellung der Differenz in der Retrospektive leichter entschlüsseln, lassen sich die Brüche, Widersprüche und Verwerfungen, die den Prozeß der sozialen Konstruktion der Differenz ebenso regelmäßig begleiten wie der Anschein der Natürlichkeit, in ihrem Konstruktionsmodus eher durchschauen.

Dabei reicht es nicht, in Fortsetzung der Logik der sex/gender-Unterscheidung diese oder jene «Auslegung» der Differenz ideologiekritisch auf ihre Funktion als Legitimation der Geschlechterhierarchie zurückzuführen. Wir müssen vielmehr ins Auge fassen, daß wir bei dieser oder jener «Auslegung» der Differenz immer die soziale Konstruktion der Differenz «selbst» in ihrer historisch je spezifischen Form vor uns haben und daß die Gegenüberstellung von «der» Differenz und ihrer «Auslegung» eben genau zu kurz greift oder: genau daneben. Jenseits der historisch jeweils vorfindlichen Differenz(en) gibt es keine Differenz, die da «ausgelegt» werden könnte – es sei denn als Ergebnis historisch früherer sozialer Konstruktionen, die als nicht mehr passend aus der Erinnerung getilgt oder als Legitimationsressource und Anknüpfungspunkt für Analogiebildungen neu einbezogen werden. Die theoretische Bedeutung dieses Zusammenhangs erschließt sich, wenn man bedenkt, daß sich auch in ein hierarchisches Verhältnis nur setzen läßt, was vorher unterschieden wurde, und genau an diesem Punkt gewinnt das «Gleichheitstabu» seine Relevanz. Die soziale Konstruktion der Differenz erweist sich in diesem Kontext als Klassifikationsleistung, als sozial konstituiertes Einverständnis darüber, was als gleich gilt und was als verschieden. Und ohne diese Klassifikationsleistung ließen sich die Geschlechter auch nicht in ein hierarchisches Verhältnis setzen.[21]

Die Frauenforschung hat in den vergangenen Jahren eine Fülle von Beispielen zu Tage gefördert, an denen sich die Prozesse der Umschrift der Differenz rekonstruieren lassen. Die Geschichte der Medizin, des Programmierens oder der Schriftsetzerei sind ebenso entschlüsselt worden wie das kaum mehr erinnerliche Faktum, daß in einer bestimmten Phase der zivilen Luftfahrt Frauen gezielt als Pilotinnen rekrutiert wurden, während sie heute wieder gegen größte Widerstände um ihr Eindringen in diesen Männerberuf kämpfen müssen (Corn 1979). Daß sich in der historisch je verschiedenen Konstruktion der Geschlechterdifferenz weder die «Stimme der Natur» noch das «Wesen der Sache» artikuliert, ist so – von Fall zu Fall – immer wieder konstatiert worden. Aber was von dieser ideologiekritischen «Entlarvung» der Differenz – jedenfalls im deutschsprachigen Bereich – bislang weitgehend verschont wurde, ist die Konstruktion der Differenz selbst. Das «Gleichheitstabu» hat seinen Geltungsbereich mit anderen Worten auch dort noch behaupten können, wo andere Tabus über die Natur und das Wesen der Geschlechter der kritischen Analyse zum Opfer gefallen sind.

3. Die Geschlechterklassifikation als generatives Muster der Herstellung sozialer Ordnung

Einführend haben wir polemisierend darauf verwiesen, daß die Suche nach der «wahren» Differenz bzw. nach einer substanziellen «Theorie der Weiblichkeit» derzeit eher den Charakter eines «modernen Gottesbeweises» hat, als daß sie die Diskussion weiterführt. Im Gegensatz zu diesen differenztheoretischen Ansätzen gehen wir in unserer Argu-

---

21 Dabei liegt es uns fern, hier der historischen Entwicklung eine kausale Logik zu unterstellen, etwa in dem Sinne, daß die Geschlechter unterschieden worden wären, *um* sie in ein hierarchisches Verhältnis setzen zu können. Dieser Gedanke würde nur erneut das Wissen um ein «Ergebnis» voraussetzen, das nur das Ergebnis des Klassifikations- und Differenzierungsprozesses selbst sein kann. Wichtig ist uns an dieser Stelle nur, darauf hinzuweisen, daß ohne die unterscheidende Klassifikation auch eine Hierarchie nicht denkbar, geschweige denn herstellbar wäre. Im Übrigen müssen wir uns – jedenfalls in der Logik der hier entwickelten Gedanken – von der Annahme verabschieden, die Genese des Geschlechterverhältnisses ließe sich nach dem Muster von Prozessen denken, die einen «Anfang» haben, aus dem alles weitere hervorgeht. Wie Natur und Kultur gleichursprünglich sind, sind es auch Hierarchie und Differenz. Die Beziehung zwischen beiden läßt sich nicht nach einer Seite auflösen, ohne den Konstruktionsmodus aus den Augen zu verlieren.

mentation von zwei bisher bereits mehrfach angesprochenen Grundannahmen aus, die nun unter Rückgriff auf Arbeiten zunächst vor allem der ethnomethodologischen Tradition im einzelnen entwickelt und erläutert werden sollen.

1. Die Vorstellung einer «Natur der Zweigeschlechtlichkeit» als unmittelbar erlebbare, körperlich und/oder biologisch begründete und nicht weiter zu hinterfragende «objektive Realität» ist ein (kulturell produziertes) Mißverständnis. Dieses basiert darauf, daß uns nicht nur im tagtäglichen, sondern auch im wissenschaftlichen Alltag die Reflexivität im Verhältnis von «Natur» und «sozialer Ordnung» aus dem Blick gerät.

2. Die «Natur der Zweigeschlechtlichkeit» stellt eine *soziale Konstruktion* dar, ein *generatives* Muster der Herstellung sozialer Ordnung. Angesprochen ist damit die grundlegende Ebene der *interaktiven Herstellung sozialer Wirklichkeit;* Interaktion in diesem Sinne ist *kein* Medium, in dem mehr oder weniger vorsozial gedachte Personen («Frauen», «Männer») mit- oder auch gegeneinander handeln, sondern stellt einen (formenden) Prozeß eigener Art dar, eine eigene Wirklichkeit der handlungspraktischen Realisierung generativer Muster und Regeln.[22]

Die Fallstudie «Agnes» (Garfinkel)

Zur Verdeutlichung dieser beiden Grundannahmen greifen wir an dieser Stelle noch einmal auf die bereits oben eingeführte Dreiteilung von körperlichem Geschlecht (sex), sozialer Zuordnung zu einem Geschlecht (sex category) und sozialem Geschlecht (gender) zurück. Die Dreiteilung der Kategorien kann am Beispiel der klassischen Fallstudie

22 Jenseits neuerer Interpretationen zu Regulativmustern menschlichen Handelns und sozialer Interaktion, auf die wir noch zu sprechen kommen, finden wir bei Georg Simmel in seinem Exkurs *Wie ist Gesellschaft möglich?* wichtige Hinweise zur Unvermeidlichkeit des Vorgangs der Typisierung als einer Grundvoraussetzung von Interaktion, auch wenn er – an anderer Stelle – die Kategorien «weiblich» und «männlich» tendenziell ontologisiert. «Wir stellen jeden Menschen, mit besonderer Folge für unser praktisches Verhalten zu ihm, als den Typus Mensch vor, zu dem seine Individualität ihn gehören läßt, wir denken ihn, neben all seiner Singularität, unter einer allgemeinen Kategorie, die ihn freilich nicht völlig deckt und die er nicht völlig deckt – durch welch letztere Bestimmung sich dies Verhältnis von dem zwischen dem Allgemeinbegriff und der unter ihn gehörigen Einzelheit unterscheidet. Um den Menschen zu erkennen, sehen wir ihn nicht nach seiner reinen Individualität, sondern getragen, erhoben oder auch erniedrigt durch den allgemeinen Typus, unter den wir ihn rechnen» (Simmel 1923, S. 24).

«Agnes» von Harold Garfinkel sehr prägnant illustriert werden (Garfinkel 1967, S. 118-140).[23]

Agnes ist eine Mann-zu-Frau-Transsexuelle. Auch für Transsexuelle gilt die Vorstellung einer «Natur der Zweigeschlechtlichkeit»: Transsexuelle sind sich ihrer eigenen Geschlechtszugehörigkeit sicher, sie ist ihnen so selbstverständlich wie jeder anderen Frau oder jedem anderen Mann. Nur sehr wenige bezeichnen sich selbst als «Transsexuelle» (vgl. Kessler/McKenna 1978, S. 112 ff.). Für sie besteht aber das Problem, daß sie nicht davon ausgehen können, daß für andere ihre Geschlechtszugehörigkeit ebenso eindeutig ist. Transsexuelle müssen sich daher sehr viel bewußter als «normale» Menschen so verhalten, daß ihnen das in ihrem Sinne «richtige» Geschlecht zugeschrieben wird. Sie machen damit das, was Nicht-Transsexuelle tun, explizit und reflexiv. Agnes verfügt in der Stunde ihrer Geburt nicht über die konsensuell begründeten biologischen Merkmale zur Klassifikation «weiblich» – sie wächst in der Kategorie «Junge» heran. Dennoch betrachtet sie sich selbst – sie sagt: schon immer – als Frau. Als eine Frau mit einem Penis. Der Penis sei ein «Fehler», der korrigiert werden müsse. In ihrer Suche nach Gründen für diesen Fehler und mit der letztendlichen Operation, die diesen Fehler beseitigt, handelt sie in eben jener alltagspraktischen Überzeugung einer biologisch begründeten Natur der Zweigeschlechtlichkeit.

Sie akzeptiert damit auch, daß vor der Operation ihr Anspruch auf den Status «Frau» diskreditierbar ist – sie muß beständig darauf achten, daß die für sie selbstverständliche Kategorisierung «Frau» nicht von anderen bedroht wird. An dieser Stelle hat sie nicht das Problem, in ihrem Leben eine wie immer geartete «Essenz von Weiblichkeit» zu verwirklichen, sondern lediglich das Problem, den Status «Frau» – eben die Kategorisierung, die soziale Zuordnung zum *für sie* richtigen Geschlecht – aufrechtzuerhalten. Und dabei kann sie zurückgreifen auf die Regelstruktur des Alltagslebens, nach der ein «positiver Test» üblicherweise nicht erforderlich ist, sondern in der vorgängige Kategorisierungen wirken. Es muß ihr lediglich gelingen, in ihrem Erscheinen, ihrem Auftreten usw. die Routinen der Wahrnehmung nicht zu irritieren, um als die wahrgenommen zu werden, die sie in ihrer Selbstwahr-

23 Garfinkel selbst unterscheidet nicht explizit diese drei sich empirisch überlappenden Klassifikationen, die wir hier von Candace West und Don H. Zimmermann (1991) übernommen haben, weil sie den gemeinten Sachverhalt in besonders prägnanter Weise benennen.

nehmung immer schon ist: eine Frau. Dazu bedient sie sich der kulturell üblichen Mittel: Kleidung, Frisur, Figur und Make-Up. Diese jedoch stehen selber in einem Kontext. Um die «richtige» Geschlechts-Kategorisierung zu erlangen, greift sie faktisch und implizit auf die machtvollste Ressource zurück, nämlich auf den alltäglich eingespielten Prozeß der Klassifikation, nach der jede(r) entweder weiblich oder männlich zu sein hat und es ein «dazwischen» nicht gibt.

Mit der gelungenen Kategorisierung ist aber noch nicht alles getan, denn die Geschlechtszuordnung (sex category) und die Realisierung und Validierung von sozialem Geschlecht (gender) als normativer Vorstellung von «Weiblichkeit» sind nicht identisch. Frauen können durchaus «unweiblich» sein – dies macht sie aber nicht zu Nicht-Frauen (West/Zimmermann 1991, S. 21). Agnes steht also vor der beständigen Aufgabe, die Kategorisierung verhaltens-, handlungs- und erlebnismäßig auszufüllen, jenseits der «bloßen» Erscheinungsweise auch eine Frau zu «sein». Die Geschlechts-Kategorisierung ist ein notwendiger Hintergrund für die andauernde Selbstpräsentation als «weiblich», sie ist aber nicht hinreichend – verlangt werden darüber hinaus Verhaltens-, Handlungs- und Erlebensweisen, die in einem normativen Sinn als «weiblich» angesehen werden. Das erfordert ständige Antizipationsleistungen möglicher Fragen, ein spezifisches Antwortverhalten, die Konstruktion einer Biographie u. v. a. m. Sehr viel lernt Agnes in der Zeit ihrer Verlobung aus der Art und Weise, wie ihr Verlobter andere Frauen kritisiert – daß es etwa unangemessen sei, auf einer Sache zu insistieren, eine eigene Meinung zu haben oder Gleichberechtigung mit Männern anzustreben.

Die Fallstudie zu «Agnes» dokumentiert wie kaum eine andere, wie voraussetzungsvoll das «Frau-Sein» ist.[24] Es beinhaltet offenbar sehr viel mehr als ein Bündel von Verhaltenserwartungen, das in sozialen Situationen angewendet werden kann. Es verlangt vielmehr eine beständige Enaktierung des Musters «Weiblichkeit»[25] in jeweils situationsadäquater Weise, wobei es je nach situativen Erfordernissen modifiziert oder auch transformiert werden kann. Die zugrundeliegende

---

24 Als ähnlich «klassisch» kann die (etwas anders gerichtete) Studie von Erving Goffman *The Arrangement between the Sexes* gelten, auf die wir hier aus Platzgründen nicht näher eingehen.

25 «Enaktierung» ist ebenso unübersetzbar wie «doing gender». Sinngemäß meint es die handlungsmäßige Umsetzung, Gestaltung, Formung von vorgegebenen sozialen Mustern, eben etwa von «Weiblichkeit» oder auch «Jugend», «Protestantismus», «Krankheit» u. a. m.

Geschlechts-Kategorisierung ist – in Garfinkels Worten – «omnirelevant» (a .a. O., S. 118) in allen Angelegenheiten des täglichen Lebens.

Erst im «doing gender» (was praktisch unübersetzbar ist) stellt sich die Geschlechterdifferenz durch das tagtägliche Tun hindurch als «Naturtatsache» her. Garfinkel folgt mit der Fallstudie «Agnes» wie so oft dem äußerst fruchtbaren Prinzip, etwas über die Konstruktionsweise von Normalität zu erfahren, indem er studiert, was geschieht, wenn eben diese Normalität verletzt wird. Bekannt geworden sind dabei vor allem seine «Krisenexperimente», in denen eben dieses Prinzip gezielt eingesetzt wurde. Die Studie zu «Agnes» steht im Kontext seiner übrigen Arbeiten zur sozialen Konstruktion der Wirklichkeit bzw. den Herstellungsweisen «objektiver Tatsachen». Es geht in ihr mehr um die Illustration seiner Vorgehensweise als um eine im engeren Sinne verstandene «Soziologie der Geschlechter». Am Beispiel «Agnes» interessierte vor allem die allgemeine Idee, daß «gender» kontinuierlich in jedweder Interaktion realisiert wird.

Der alltägliche Phallozentrismus

Einen Schritt weiter in die Richtung einer «Theory of gender» gehen Suzanne J. Kessler und Wendy McKenna (1978). Sie beziehen sich dabei systematisch auf Garfinkel, bauen dezidiert auf der Studie «Agnes» auf (a. a. O., S. 113). Sie wenden lediglich die Fragestellung dahingehend, daß sie sich im einzelnen mit den alltagsweltlichen Konstruktionsweisen der Zweigeschlechtlichkeit befassen und dabei auch dem Mechanismus der differenten Wertung nachspüren. In sehr subtilen Forschungsanordnungen versuchen sie herauszufinden, was und wodurch «Geschlechtlichkeit» in der alltäglichen Interaktion konstituiert wird, wie sie symbolisiert wird und zur Darstellung gelangt.

Bei der von uns oben aufgenommenen dreiteiligen Klassifikation, nach der «sex» das bei der Geburt qua Genitalbestimmung zugeschriebene Geschlecht darstellt, scheint diese Kategorie für sich genommen unproblematisch zu sein. Suzanne J. Kessler und Wendy McKenna können jedoch zeigen, daß schon dies so eindeutig nicht ist. Bei der von ihnen untersuchten Population (amerikanische Männer, Frauen und Kinder) erweist sich nämlich allein der Penis als das ausschlaggebende Merkmal für «Geschlecht»: Geschlechtszuschreibung ist Genital-Zuschreibung und Genital-Zuschreibung ist gleich Peniszuschreibung. Noch pointierter ausgedrückt: Penis ist gleich männlich, Vagina aber ist nicht gleich weiblich (a. a. O., S. 151). Es gibt keine positiven Merkmale, deren *Fehlen* zur Einstufung als Nicht-Frau, also als Mann führen würde. Das Schema ist dergestalt, daß als Frau nur wahrgenommen wird, wer *nicht* als Mann wahrgenommen werden kann. Die Konstruktion der Geschlechtszugehörigkeit verläuft so, daß männlichen Merkmalen eine größere «Offensichtlichkeit» zugesprochen wird, eine Person nur dann weiblich ist, wenn «männliche» Zeichen abwesend sind. In der sozialen Konstruktion von Geschlecht ist «männlich» die primäre Konstruktion. Die in der Studie *Gender* zusammengefaßten Forschungen zeigen dabei das subtile Wirken dieser sozialer Typisierung und Schematisierung. Darin geht es eben nicht einfach um Merkmale, anhand derer Frauen von Männern unterschieden werden, sondern um den Erwerb von Regeln, die in ihrer Relation zu einer sozialen Welt eingesetzt und benutzt werden müssen, die zweigeschlechtlich organisiert ist.

Der aufgewiesene Modus der Konstruktion von körperlichem Geschlecht ist so selbstverständlich nicht, auch wenn er uns nicht überrascht. Der Phallozentrismus ist so tief im alltagsweltlichen Denken verankert, daß er auch als Ergebnis einer Analyse selbstverständlich erscheint. Und es ist gerade diese Selbstverständlichkeit, die dazu führt, daß diese Konstruktion noch in wissenschaftlichen Analysen unbesehen reproduziert statt im Modus der Herstellung aufgeschlüsselt wird. Dabei wären andere Modi durchaus denkbar, z. B. einer, der zwischen «Ei-Trägern» und «Sperma-Trägern» (Kessler/McKenna 1978) unterscheidet und damit etwa die Gebärfähigkeit fokussieren würde.

Die interaktive Herstellung von Geschlecht

In der besonderen Art der oben aufgewiesenen Konstruktion findet sich die Basisklassifikation, die den Ausgangspunkt für weitere entsprechende Strukturbildungen und Generalisierungen darstellt – nun auf der Ebene der sozialen Zuordnung zu einem Geschlecht (sex category) und der Validierung des sozialen Geschlechts (gender). Denn: das alltagsweltlich so ausschlaggebende Faktum – der Penis – ist ja so gut wie nie sichtbar in alltäglichen Abläufen. Andere Merkmale der Geschlechtsbestimmung dienen als Hinweise auf die Existenz entsprechender Genitalien. Liegen diese Hinweise vor (z. B. qua Kleidung), wird *angenommen*, daß auch die «passenden» Genitalien existieren – und in diesem Sinne werden sie zu «kulturellen Genitalien». Suzanne

J. Kessler und Wendy McKenna können am Beispiel ihrer Transsexuellenforschung zeigen, daß auch dann, wenn die entsprechenden Genitalien nicht in einem physischen Sinne präsent sind, sie in einem kulturellen Sinn existieren können: Ist die Geschlechtszuschreibung erst einmal erfolgt, wird sie auch durch das Vorhandensein «falscher» Genitalien nicht irritiert.

An dieser Stelle gehen sie in ihrer Interpretation über Garfinkel hinaus, indem sie die Bedeutung der Eigendynamik des Interaktionsprozesses stärker herausstellen. Am Beispiel von «Agnes» macht Garfinkel deutlich, daß von ihr selber der Hauptteil oder die Hauptlast der «gender-Arbeit» gefordert wird. Suzanne J. Kessler und Wendy McKenna betonen dagegen die Arbeit der Rezipienten, die einmal getroffene Klassifikation aufrechtzuerhalten. Der Akteur ist im wesentlichen für die initiale Kategorisierung verantwortlich – danach wird praktisch jede Äußerung dahingehend gewendet, die einmal getroffene Zuordnung zu unterstützen. Umgekehrt kann aber dann, wenn die Diskreditierung einmal erfolgt ist, ebenfalls jede Äußerung und jedes Merkmal dazu benutzt werden, nunmehr diese zu stützen: «Ich wußte immer, daß er keine Frau ist, weil seine Hände so groß waren» (a. a. O., S. 137). In diesem Sinne kann es kein «objektives Faktum» geben, daß unverrückbar die Geschlechtszugehörigkeit bestimmt.

Auch wenn es scheint, daß die konkrete Ausgestaltung – die «performance» in Goffmans Sinn – der persönlichen Gestaltung des Einzelnen gegenüber offen ist, so ist das Tun selber doch unvermeidlich – es ist unmöglich, sich nicht in irgendeiner Form auf die soziale Geschlechtszuordnung (sex category) und das soziale Geschlecht (gender) zu beziehen. Wir haben i. d. R. nicht die Wahl, ob wir von anderen eher als Frau oder eher als Mann wahrgenommen werden wollen, auch wenn sich in den letzten Jahrzehnten vor allem in subkulturellen Milieus Gestaltungsspielräume eröffnet haben. Sie aus diesen subkulturellen Milieus herauszutragen, erweist sich jedoch als äußerst kompliziert – am ehesten erscheint dies möglich im Spiel, in der Inszenierung auf der Bühne. Hier kann die Phantasie «normaler» Frauen und Männer vor allem durch eben jene Menschen belebt werden, die sich in die «Grundtatsache» der «Natur der Zweigeschlechtlichkeit» nicht fügen. Dazu ein Zitat:

> «Er ist der schönste Androgyn, die größte Diseuse und die beste Flickenschildt des Landes: Georgette Dee [...] Wer ihn einmal gehört hat, wird sie nie mehr vergessen, das Gesicht nicht und erst

recht nicht die Stimme – eine Mannfrau aus dem wirklichen Leben statt aus den Spießerphantasien der Transi-Klischees» (*DIE ZEIT*, 6. 9. 91).

Die sprachlichen Mittel reichen hier offenbar nicht aus – die Person entzieht sich der Eindeutigkeit, der aus der «Naturtatsache» zu ziehenden Folgerung, daß «sie» und «er» zwei Personen zu sein haben. Das macht noch einmal deutlich, daß «normalerweise» faktisch alle sozialen und kulturellen Verhaltensstandards sich nur in der Form der jeweiligen Geschlechterkonformität erwerben lassen. Das heißt auch, daß in einer Gesellschaft, die auf der Polarisierung der Geschlechter und der Generalisierung von deren Effekten beruht, sich die gesamte Lebensgeschichte einzelner vom ersten Tag an auf dieser Grundlage errichtet. Und insofern gibt es keine Möglichkeit des Identitätserwerbs jenseits eines Bezuges auf die Geschlechtskategorisierung. Und dies ist eben nicht so selbstverständlich, wie im Alltagsbewußtsein (auch im wissenschaftlichen) festgeschrieben ist.

Obwohl es unverkennbar Individuen sind, die in ihrem Handeln Geschlechtlichkeit herstellen, ist das Unternehmen selbst in grundlegender Weise interaktiv strukturiert – dies aufzuzeigen, ist die Stärke der Studie von Suzanne J. Kessler und Wendy McKenna. Interaktion aber errichtet sich nie im luftleeren (sozial ungeregelten) Raum:

> «Das Herstellen von Geschlecht (doing gender) umfaßt eine gebündelte Vielfalt sozial gesteuerter Tätigkeiten auf der Ebene der Wahrnehmung, der Interaktion und der Alltagspolitik, welche bestimmte Handlungen mit der Bedeutung versehen, Ausdruck weiblicher oder männlicher ‹Natur› zu sein. Wenn wir das Geschlecht (gender) als eine Leistung ansehen, als ein erworbenes Merkmal des Handelns in sozialen Situationen, wendet sich unsere Aufmerksamkeit von Faktoren ab, die im Individuum verankert sind, und konzentriert sich auf interaktive und letztlich institutionelle Bereiche. In gewissem Sinne sind es die Individuen, die das Geschlecht hervorbringen. Aber es ist ein Tun, das in der sozialen Situation verankert ist und das in der virtuellen oder realen Gegenwart anderer vollzogen wird, von denen wir annehmen, daß sie sich daran orientieren. Wir betrachten das Geschlecht weniger als Eigenschaft von Individuen, sondern vielmehr als ein Element, das in sozialen Situationen entsteht: Es ist sowohl das Ergebnis wie auch die Rechtfertigung verschiedener sozialer Arrangements so-

wie ein Mittel, eine der grundlegenden Teilungen der Gesellschaft zu legitimieren» (West/Zimmerman 1991, S. 14).

Betrachtet man Geschlecht in dieser Radikalität als ein generatives Muster, das aus sozialen Abläufen heraus entsteht, diese reproduziert und darin eine der grundlegenden Differenzierungen der Gesellschaft bildet und legitimiert, so wird es möglich, «Geschlecht» als machtvolle ideologische Ressource zu begreifen – als ideologische Ressource, die Wahlmöglichkeiten und Grenzen herstellt, welche allein aufgrund einer bloßen sozialen Zuordnung zu einer (sozialen) Kategorie bestehen und keineswegs aufgrund einer wie auch immer unverrückbar gedachten Natur. Konsequent wird in dieser Tradition daher nicht danach gefragt, was die «Substanz der Differenz» sei, sondern systematisch die Frage verfolgt, worin das Herstellungsverfahren der Differenz gründet, über welche Regeln und Regelstrukturen sie reproduziert wird.

Institutionen schaffen Gleichheit

Um zu verstehen, warum die Basisklassifikation der Geschlechterdifferenz sich trotz ihres inzwischen vielfach aufgedeckten ideologischen Charakters als derartig stabil erweist, muß man in der Analyse dessen, was im oben angeführten Zitat als «institutionelle Bereiche» benannt ist, dort aber nicht weiter verfolgt wird, einen Schritt weiter gehen. Dieser Schritt bedarf eines weiteren Thematisierungs- und Theoretisierungsrahmens und verweist uns auf eine Reihe offener Grundfragen der Soziologie wie etwa die nach «Individuum und Gesellschaft», «Handlung und Struktur» usw. Der mit «institutionelle Bereiche» angesprochene begriffliche Kontext trägt seit jeher die Fracht der «Vermittlungsaufgabe» in jener grundsätzlichen Spannung des Verhältnisses von Individuum und Sozialem, individueller Handlungsperspektive und Heteronomie. Auf den kleinsten gemeinsamen Nenner gebracht, werden im soziologischen Begriff der Institution bzw. Institutionalisierung die *Regulativmuster* menschlichen Handelns und menschlichen Zusammenlebens thematisiert, und zwar insbesondere solche, die durch eine Verankerung in den Handlungsorientierungen und Sinngebungsmustern der Gesellschaftsmitglieder gekennzeichnet sind. Ehe, Familie, Verwandtschaft oder das Recht auf Eigentum sind dafür häufig verwendete Beispiele, jedoch sind auch weniger augenfällige Regulativmuster damit angesprochen, etwa die für die Ausführung eines Kirchgangs erforderlichen Handlungsmuster. Für unsere Argumentation ist vor allem die *Doppelbödigkeit* des Begriffs von Institution und Institutionalisierung wichtig, daß mit ihm nämlich einerseits die Ebene der Handlungsperspektive angesprochen wird und er andererseits gerade die der («autonomen») Verfügbarkeit entzogene Ebene im Handeln repräsentiert («soziale Struktur»). Und genau damit kann der Begriff unseres Erachtens zur weiteren Klärung der oben aufgeworfenen Frage nach der Stabilität der zweigeschlechtlichen Konstruktion und ihrer Folgen beitragen.

Die (vielfältigen) Konzepte von «Institution» und «Institutionalisierung» enthalten per se als gemeinsames Element die Basiskonnotation der «Dauer».[26] Sie ist Definitionselement und *zugleich* das erklärungsbedürftige Phänomen. Damit ist ein grundlegendes Dilemma vorgegeben, das sich häufig in einer Kreisargumentation niederschlägt, derzufolge etwa Reziprozitätsmuster wie Verwandtschaft und Heirat Institutionen sind, die aus der Interaktion entstehen, die gleichzeitig aber eben diese Interaktion erklären sollen. Auf diese Weise wird die jeweils eine Ebene der oben genannten Doppelbödigkeit dazu benutzt, die jeweils andere zu erklären.

In einem integrativen Theorieansatz haben Peter L. Berger und Thomas Luckmann diese Doppelbödigkeit von Institution und Institutionalisierung als dialektische Spannung beschrieben, in der «[...] der Mensch [...] inmitten seiner Kollektivgebilde und seine gesellschaftliche Welt [...] miteinander in Wechselwirkung [stehen]. Das Produkt wirkt zurück auf seinen Produzenten» (Berger/Luckmann 1970, S. 65). Auf diese Weise wird die oft als Gegensatz benannte Spannung zwischen der Interaktionserzeugung gesellschaftlicher Strukturen (Institutionen) einerseits und ihrer «Dinghaftigkeit» andererseits zwar nicht unbedingt aufgelöst, aber sie wird als solche in den Blick genommen. Und genau dies wird gerade auch für die Analyse und Diskussion der Geschlechterdifferenz von grundlegender Bedeutung. Die Fixierung

---

26 Die in dem Spannungsfeld von Heteronomie und Nicht-Verfügbarkeit auf der einen Seite und Fraglosigkeit lebensweltlicher Orientierung als «gelebte Normalität» und Definitionsraum für Identität auf der anderen Seite anzusiedelnde Spannung kommt in den in der Soziologie eingespielten Institutionenbegriffen voll zum Ausdruck – nur leider überwiegend unverbunden. Das Problem ist, daß der Institutionenbegriff je nachdem, in welche theoretische Tradition er eingebunden ist, eben entsprechend unterschiedliche Definitionselemente und Schattierungen aufweist. Einen Überblick über die verschiedenen Institutionenkonzepte in der europäischen und amerikanischen Soziologie gibt Schülein 1987.

auf die Differenz (nicht nur) in der Frauenforschung hat nämlich zur Folge, daß deren «Institutionenhaftigkeit» entweder systematisch übersehen oder aber als «Hierarchie», «Gewaltverhältnis» usw. in ihrem gesellschaftlichen Zwangscharakter hypostasiert wird. In beiden Fällen gerät die genannte Spannung zwischen Interaktionserzeugung und Heteronomie aus dem Blick und kann nicht mehr thematisiert werden. Wird die «Institutionenhaftigkeit» ausgeblendet, reduziert man «Typen von Handelnden» auf ihren Personenstatus und übersieht dabei, daß menschliches Handeln immer nur als soziales möglich und denkbar ist; wird sie hingegen hypostasiert, verschwinden die Handelnden als Handelnde gänzlich aus der Theorie.

Bei der Suche nach Arbeiten, die uns hier weiterführen, stießen wir auf das jüngste Buch von Mary Douglas, in dem sie der Frage nachgeht, «inwieweit Denken von Institutionen abhängt».[27] Auch hier begegnet uns zunächst die Grunddefinition von Institutionen als Regulativmuster menschlichen Handelns: Institutionen gründen auf Habitualisierungen und Konventionen – an sich ist es gleichgültig, ob rechts oder links gefahren wird, es muß nur eine Regel geben, über die sich Handlungen koordinieren und verknüpfen. Mary Douglas setzt mit ihrer Analyse dort ein, wo es um die *Legitimation* solcher Habitualisierungen und Konventionen geht, anhand derer die jeweilige Ordnung erklärt wird bzw. werden kann. Diese Habitualisierungen bedürfen dann, wenn Legitimationsbedarf einsetzt, der «Unterstützung durch eine parallele kognitive Konvention» (a. a. O., S. 81). Angesprochen sind damit – wie generell im Institutionenbegriff – Grundprobleme sozialer Integration.

Mary Douglas geht diesen Problemen in der Weise nach, daß sie die Frage in den Vordergrund rückt, wie Wissenssysteme überhaupt ent-

27 Mary Douglas, *How Institutions Think*, London 1987, deutsch: Frankfurt 1991. Die Arbeiten von Mary Douglas – und speziell diese – sind nicht ohne weiteres einem Paradigma zuzuordnen; sie ist vielmehr eine interessante Querdenkerin. Im Vordergrund dieses Buches stehen Fragen nach den sozialen Grundlagen der Erkenntnis; als Anthropologin und Soziologin bewegt sie sich in der Diskussion dieser Fragen in den Traditionen beider Wissenschaftsdisziplinen und bezieht sich auf vielfältige und heterogene Quellen. Das nahezu durchgängig verfolgte Prinzip, im Grundsatz völlig konträre Perspektiven (insbes. die «rational choice Theorie» und die – funktionalistischen – Arbeiten von Durkheim und Fleck) miteinander zu kontrastieren und dabei zu einer Integration auf neuer Ebene zu gelangen, läßt hinsichtlich der paradigmatischen Struktur einige Fragen offen, die wir hier jedoch nicht verfolgen. Wir möchten vielmehr die Anregungspotentiale nutzen, die in diesem Buch für unser Thema angelegt sind und die sich durchaus kongruent zu unseren bisherigen Ausführungen verhalten.

stehen, und sieht darin einen der Analyse (einzel)menschlichen Handelns «logisch vorgängigen Schritt» (a. a. O., S. 56). Statt etwa Glaubensvorstellungen (das könnte auch die gottgewollte Ordnung der Geschlechter sein) heranzuziehen, um den Zusammenhalt der Gesellschaft zu erklären, geht es ihr vielmehr darum, die Gesellschaft bzw. die Gesellschaftsform zu benutzen, um Glaubensinhalte zu erklären (a. a. O., S. 73). Und die Frage, «wie Individuen dazu kommen, die Kategorien ihres Denkens miteinander zu teilen», trifft auch den Kern unserer bisher geführten Diskussion, in der wir argumentiert haben, daß das Mißverständnis der Vorstellung einer «Natur der Zweigeschlechtlichkeit» auf einer Konvention beruht, die in der «common sense»-Struktur unseres Denkens tief verankert ist. Übersetzt in unseren Zusammenhang würde die zentrale Frage lauten: Wie kommt es dazu, daß wir die (Grund)Regeln der sozialen Konstruktion der Zweigeschlechtlichkeit miteinander teilen? Wieso sind wir uns unbesehen darin einig, daß es – um nur einige dieser Grundregeln zu nennen – zwei Geschlechter gibt und nicht mehr; daß jeder Mensch dem einen Geschlecht zuzuordnen ist oder dem anderen; daß ein Wechsel des Geschlechts – normalerweise – nicht möglich ist; daß es weder ein Davor noch ein Danach noch ein Dazwischen gibt? Und, so könnten wir hinzufügen, wie kommt es dazu, daß dieses Regelsystem, gerade weil es so selbstverständlich zu sein scheint, so schwer als soziale Konstruktion zu durchschauen ist? Wie kommt es dazu, daß wir den bereits oben zitierten Gedanken so schwer – geschweige denn spontan – denken können: «Gender makes women procreative physiology the basis for a seperate (and stigmatized) status, *not the other way round*?»

Dieses «not the other way round» widerspricht grundlegend dem «common sense». Die Legitimität der Konvention einer Zweigeschlechtlichkeit des Menschen scheint unzweifelhaft und unbezweifelbar. Sie gründet in der «Natur». Und dies ist – so Mary Douglas – eine Voraussetzung, Legitimität zu gewinnen.[28]

> «Eine Konvention gilt als institutionalisiert, wenn die Antwort auf die Frage: ‹Warum macht ihr das so und nicht anders?› zunächst zwar im Sinne allgemeiner Annehmlichkeit, bei weiterer Nachfrage

28 Der Vorgang der Legitimation ist auch im Institutionenkonzept bei Berger/Luckmann zentral. Auch hier wird sie dann erforderlich, wenn die Sinnhaftigkeit der primären Institutionalisierung an selbstverständlicher Geltung verliert. Dies ist vor allem dann der Fall, wenn ein soziales Muster an andere – etwa die nachfolgende Generation – weitergegeben wird.

jedoch letztlich mit dem Hinweis auf die Art und Weise beantwortet würde, wie die Planeten in ihrem Lauf bestimmt sind oder wie Planeten, Menschen oder Tiere sich von Natur aus verhalten» (a. a. O., 1991, S. 81 f.).

Das entscheidende stabilisierende Prinzip liegt damit in der *Naturalisierung sozialer Klassifikationen* – ein Vorgang, den wir bei unserer kritischen Analyse der sex/gender-Unterscheidung schon einmal aufgeschlüsselt haben. Natur aber ist immer kulturell definiert. Die Naturalisierung geschieht über eine Analogiebildung, «dank derer die *formale Struktur* eines wichtigen Komplexes sozialer Beziehungen in der natürlichen Welt, in der übernatürlichen Welt, im Himmel oder sonstwo wiederzufinden ist, wobei es allein darauf ankommt, daß dieses ‹sonstwo› nicht als gesellschaftlich erzeugtes Konstrukt erkennbar ist» (a. a. O., S. 84; Hervorhebung von uns). Durch die Naturalisierung sozialer Klassifikationen werden zerbrechliche Konventionen Bestandteil der natürlichen Weltordnung und stehen dann als solche als Argumentationsgrundlage zur Verfügung – sofern sich nicht durch die «Naturalisierung» der sozialen Klassifikation jede Argumentation erübrigt zu haben scheint, wie Godelier über die Baruya notiert:

> «Daher erntet man, wenn man die Baruya-Männer mit direkten Fragen bedrängt wie: ‹Warum können Frauen keinen Boden erben? Warum stellen sie ihre Grabstöcke nicht selbst her?›, zunächst Schweigen; dann kommt die Antwort: ‹Weil sie Frauen sind›, und wenn man ein wenig insistiert, beginnt die Rede über die Menstruation, die Verschmutzung etc» (Godelier 1987, S. 304).

Die offene Frage dabei ist, *wie* Analogien im Bereich der Natur gefunden werden, worauf «Gleichheit» beruht. Denn:

> «Gleichheit ist keine Qualität, die an den Dingen selbst erkannt werden könnte; vielmehr wird sie den Elementen innerhalb eines kohärenten Schemas beigelegt» (Douglas 1991, S. 100).

«Gleichheit» ist das Ergebnis geistiger Tätigkeit, eine kognitive Konstruktion, und: Gleichheit ist abhängig von Interaktion, denn um «Gleichheit» zu erkennen, muß eine Einigung über die Grundkategorien erfolgt sein: «Nicht die Natur sorgt für die Übereinstimmung, sondern die Gesellschaft» (a. a. O., S. 147). Dabei scheinen generell dichotomisch aufgebaute Klassifikationen grundlegend zu sein; binäre Unterscheidungen sind das Fundament elementarer Strukturbildung.[29]

Was als «gleich» zu gelten hat, wird definiert durch Institutionen. Gleichheit oder Ähnlichkeit selbst ist eine Institution und das gilt auch für das Gleichheitstabu der Geschlechter. Institutionen erzeugen Gleichheit:

> «Gesellschaftlich begründete Analogien fassen disparate Dinge zu Klassen zusammen und verleihen ihnen einen moralischen wie auch politischen Gehalt» (a. a. O.).

In einem Rekurs auf Arbeiten von Claude Levi-Strauss zeigt Mary Douglas, wie mit der Unterscheidung von Natur und Kultur eine Folge beginnt, die sich auf mehreren Ebenen fortsetzt, und Elemente, die auf derselben Seite der Taxonomie stehen, dabei unvermeidlich in einen Zusammenhang gebracht werden, zum Beispiel «männlich» mit «Kultur» und «weiblich» mit «Tier». Die Folge sieht so aus:

Kultur	:	Natur
menschliche Natur	:	tierische Natur
männlich	:	weiblich

> «Diese Klassifikation» – *schreibt Mary Douglas* – «liefert die Rechtfertigung dafür, daß der Frau eine bestimmte Stellung innerhalb der Arbeitsteilung zugewiesen wird, entweder als Feldarbeiterin und Lastenträgerin oder als süßes kleines Ding, das nicht in der Lage ist zu denken. [...] Selbst wenn das weibliche Geschlecht mit der angeseheneren Seite identifiziert wird, kann dies immer noch zur Rechtfertigung der Tatsache herhalten müssen, daß die Frauen die größere physische Last zu tragen haben. So überließen die Männer bei den Bamenda in Kamerun die gesamte schwere Feldarbeit den Frauen, weil nur die Frauen und Gott in der Lage seien, etwas wachsen zu lassen» (a. a. O., S. 107/108).

Auf der Klassifikation ruht das gesamte Legitimationsspektrum für die Gleichsetzungen und Analogien auf unterschiedlicher Ebene und in unterschiedlichen Dimensionen. Umgekehrt stützen diese die Klassifi-

---

29 Bei Levi-Strauss etwa heißt es, daß damit die Grundlegung menschlicher Verstandesentwicklung gelegt wird. Mary Douglas sieht die Grundlage projizierbarer Gattungen unter Rückgriff auf Melanie Klein im Erwerb der Unterscheidung zwischen Selbst und Nicht-Selbst in der lebensgeschichtlich frühesten Stufe sozialer Interaktion (a. a. O., S. 105).

kation. Beispiele für einen solchen Vorgang haben wir oben im Abschnitt «Geschlechtswechsel von Berufen» dokumentiert.

So entstehende Wissens- und Orientierungssysteme sind den Handelnden i. d. R. so selbstverständlich, daß sie keiner expliziten und systematischen Reflexion zugeführt werden – es ist ein Wissen, daß mehr «in den Knochen» als im Kopf seinen Platz hat. Obwohl es jedem zugänglich und geradezu offensichtlich ist, ist es in einer solchen Weise offensichtlich, daß die Beteiligten es selbst kaum noch wahrnehmen. Und eben dies kennzeichnet ein allgemeines Moment von Institutionalisierungen, nämlich das Unsichtbarwerden des Offensichtlichen. Gerade hier entfaltet sich ihre Wirksamkeit:

> «Seinen größten Triumph feiert das durch Institutionen gelenkte Denken, wenn es ihm gelingt, die Institutionen völlig unsichtbar zu machen» (a. a. O., S. 161).[30]

Wie wir am Beispiel der empirischen Untersuchungen zur Herstellung der Geschlechterdifferenz aufgezeigt haben, liegt der Denkfehler auch wissenschaftlicher Untersuchungen genau darin, daß i. d. R. die Klassifikation als Ausgangspunkt der Forschungen gesetzt und damit zugleich der unsichtbar gewordene Prozeß ihrer Institutionalisierung bloß reproduziert wird, daß nicht gesehen wird, daß die Klassifikation selbst ein Ergebnis interaktiver Attribuierungs- und Herstellungsprozesse darstellt. Das bei Susan J.Kessler und Wendy McKenna explizit benannte Problem, daß jeder, der die Differenz von Frauen und Männern untersucht, bereits vorab entschieden haben muß, was Männer und Frauen sind, ist dem «Normalmitglied» eben genau *kein* Problem. Es klassifiziert vielmehr das Phänomen, das untersucht werden soll, von vornherein so, daß die Klassifikation den bekannten Institutionen entspricht. Damit erspart es sich die Schwierigkeit, seine Klassifikation rechtfertigen zu müssen – das Begriffsschema ist allen vorab vertraut. Auf allgemeiner Ebene wird dieser Prozeß bei Mary Douglas so beschrieben:

30 Denselben Gedanken finden wir auch bei Godelier, der ihn am Beispiel des Redens über die Sexualität bei den Baruya auf die ebenso kurze wie prägnante Formel bringt: «Wenn die Sprache über den Körper zur Sprache des Körpers wird, gibt es nichts mehr zu sagen über die Gesellschaft und das Universum» (Godelier 1987, S. 304). Genau dann ist die Institution tatsächlich völlig unsichtbar geworden, «spricht» nur noch der Körper, und das nicht nur zu den Baruya im fernen Neuguinea, sondern auch noch zu mancher sich feministisch verstehenden Frauengesundheitsforscherin unserer Tage.

«Institutionen steuern unmittelbar das individuelle Gedächtnis und lenken unsere Wahrnehmung in Bahnen, die mit den von ihnen autorisierten Beziehungen verträglich sind. Sie fixieren Prozesse, die ihrem Wesen nach dynamisch sind, sie verbergen ihren Einfluß, und sie reizen unsere Emotionen zu einem standardisierten Angriff auf standardisierte Fragen. Man füge all dem noch hinzu, daß sie sich mit einer Aura der Richtigkeit umgeben und ihr Netz wechselseitiger Stützung durch unser gesamtes Informationssystem ziehen. Da ist es kein Wunder, wenn sie uns in den Bann ihrer narzißtischen Nabelschau ziehen. [...] Unsere Hoffnung ist es, die geistige Unabhängigkeit zu bewahren, und der erste Schritt dazu besteht in der Erkenntnis, auf welche Weise Institutionen unser Denken in den Griff bekommen» (a. a. O., S. 151).

Der Versuch, gänzlich unabhängige Klassifikationen hervorzubringen, sei jedoch von vornherein zum Scheitern verurteilt, denn nicht Individuen steuern die Klassifikationsvorgänge, oder:

«Wie sollten wir jemals uns selbst in der Gesellschaft denken, ohne dabei auf die in unseren Institutionen niedergelegten Klassifikationen zurückzugreifen» (a. a. O., S. 163)?[31]

Der erste Schritt, um aus dem «Zirkel des Selbstbezüglichkeit» zu entrinnen, ist der, verstehen zu wollen, wie wir uns selber verstehen. Und eben dies führt uns zurück zur Analyse der interaktiven Herstellung von Geschlecht bzw. zum «doing gender».

---

31 Dieses Problem beschreiben Suzanne J. Kessler und Wendy McKenna wie folgt: «Die zentrale Zwickmühle des Ethnomethodologen ist das Problem des unendlichen Regresses. Wenn wir davon ausgehen, daß die Wirklichkeit eine soziale Konstruktion ist, warum sollten wir dann bei «Geschlecht» als sozialer Konstruktion stehen bleiben? Warum sollten wir nicht weitergehen und sagen, daß ‹Sperma-Träger› und ‹Ei-Trägerin› genauso Konstruktionen sind wie ‹weiblich› und ‹männlich›? Wir alle müssen uns entscheiden, irgend etwas als gegeben anzusehen, irgendwo aufzuhören; andernfalls wäre es unmöglich, morgens sein Bett zu verlassen. Unsere Entscheidung ist es gewesen, hier aufzuhören; andere mögen den Wunsch haben, weiter zu gehen» (a. a. O., S. 169).

4. Dekonstruktion als Perspektive der Frauenforschung und einer feministischen Politik

Wenn wir zuvor die Geschlechts-Kategorisierung als omnirelevant für alle Angelegenheiten des täglichen Lebens bezeichnet haben, haben wir auf sie rekurriert als eine Basis-Klassifikation, die zahllose weitere Klassifikationen hervorbringt und die darin Wahrnehmung, Denken, Gedächtnis und auch Gefühle steuert. Auf ihrer Grundlage bildet sich qua Analogiebildung ein ganzes institutionelles Geflecht, ohne daß die Klassifikation selber darin notwendig thematisch wird. Die Verpflichtung, entweder Frau *oder* Mann zu «sein», wirkt subtil als ein invarianter, aber fast unbemerkter Hintergrund in der handlungspraktischen Realisierung sozialer Situationen.

Folgen oder Effekte dieses Basisprinzips einer kulturell und sozial geltend gemachten Einteilung der Menschen in zwei Geschlechter erschöpfen sich nicht in Arbeitsteilung und Statuszuweisungen. Gerade letztere werden vielmehr selbst differenzierter analysierbar, wenn man den beschriebenen interaktiven Prozeß als Basis für die Identität der Person betrachtet und sich aus dieser Logik heraus für Aspekte der Schwierigkeiten öffnen kann, die darin liegen, unterprivilegierte Positionen zu verlassen. Solche Prozesse verweisen auf elementare Ebenen sozialer Interaktion oder «Tiefenschichten des Alltagshandelns» (Tyrell 1986), deren frageloses «Funktionieren» die Voraussetzung für die Praktizierbarkeit einer zweigeschlechtlichen Konstruktion ist. Denn Geschlechtsattribution ist nur dann verläßlich möglich, wenn eine Art Grundvertrauen («basic trust») besteht, daß die Dinge das sind, was sie scheinen, sie nicht «performances» für eine Täuschung oder Irreführung darstellen, die Menschen eben nicht – wie die Transvestiten auf der Bühne des Alcazar – sich jederzeit als das Gegenteil dessen erweisen können, was sie zu sein vorgeben. Und eben das macht den Gedanken eines «other way round» so schwierig, in dem das, was dem Alltagshandelnden als Ausgangspunkt (Biologie) oder als Effekt (Arbeitsteilung) erscheint, auf den Vollzug eines institutionalisierten generativen Musters im Handeln der Individuen zurückgeführt wird, wobei die Annahme der Natürlichkeit selbst zum Herstellungsmodus gehört.

Klassifikationen leben in der und über Interaktion. Frau oder Mann «sein» bedeutet die Enaktierung der jeweiligen Geschlechtszuordnung in sozialen Beziehungen. Für ein Forschungsprogramm würde eine solche Sichtweise implizieren, daß wir das, was uns als Resultat vorgängiger Geschlechtersegregation entgegentritt, auf den Vollzug seiner Herstellung hin zu beobachten haben, daß wir seine Ressourcen aufdecken, den Wegen seiner Konstruktion nachgehen und uns seine strukturbildende (generative) Wirkung vergegenwärtigen, die es praktisch unmöglich macht, uns zu entziehen. *Wandel* kann sich in dieser Perspektive nicht allein auf Personen («Frauen») beziehen, sondern auf die interaktive Ebene der handlungspraktischen Realisierung der Geschlechts-Kategorie(n), ihrer institutionellen Abstützung und (basalen) kulturellen Klassifikation. Denn letztere trägt die Hypothek des «Weiblichen» als «sekundärer Kategorie», auch wenn Personen sie realisieren. Und dabei geht es dann nicht um «Gleichheit und Differenz», sondern um Perspektiven einer *Dekonstruktion*. Damit aber wäre ein neues Kapitel zu eröffnen – ein neues Kapitel nicht nur für die Forschung, sondern auch für die Frauenbewegung. Einige wenige Hinweise mögen hier abschließend verdeutlichen, was das heißen könnte.

Auf der wissenschaftlichen Ebene würde «Dekonstruktion» im ersten Schritt bedeuten, daß die Zweigeschlechtlichkeit nicht länger den Ausgangspunkt auch feministischer Studien bildet, sondern daß es in ihnen immer auch darum ginge, den Herstellungsmodus der Differenz im einzelnen aufzuschlüsseln, ihn zu re-konstruieren[32]. Dafür sind – aus heuristischen und forschungsstrategischen Gründen – Prozesse, wie wir sie am Beispiel des Geschlechtswechsels von Berufen überblicksweise umrissen haben, ein besonders aufschlußreicher «Einstieg». Weil sich hier die Inhalte, die das zweigeschlechtliche Grundmuster alltagspraktisch «transportieren», verändern, weil es hier zu Unstimmigkeiten, Ungleichzeitigkeiten und Verwerfungen zwischen verschiedenen Bereichen der Konkretisierung des binären Musters kommt, ist hier der konstruktive Charakter der sozialen Herstellung der Differenz besonders augenscheinlich. Denn obwohl oder genauer: gerade weil sich der Herstellungsmodus der Differenz auf der Ebene der binären Klassifikation und Hierarchisierung durchhält, kommt es auf der Ebene der einzelnen Inhalte in Phasen historischer Veränderungen des Geschlechterverhältnisses zu z. T. eklatanten Widersprü-

32 Zur Perspektive der Dekonstruktion vgl. ausführlicher: Wetterer 1992a. Dort wird auch die hier aus Platzgründen ausgesparte Diskussion zumindest angerissen, ob gegenwärtig Brüche und Widersprüche in der Codierung des Geschlechterverhältnisses zu beobachten sind, die sich als Ansatzpunkte einer «realen Dekonstruktion» der Differenz interpretieren lassen.

chen, zu Prozessen der Um- und Neudefinition «der» Differenz, die nicht mehr bruchlos ins Bild passen – bis das sozial strukturierte Vergessen es neu zu Wege gebracht hat, daß auch in der Gewerkschaftsgeschichtsschreibung Setzerinnen ein nie gekanntes Phänomen in der Geschichte des Männerberufs Schriftsetzer darstellen, oder wir mit Staunen zur Kenntnis nehmen, daß in den 20er und 30er Jahren knapp ein Drittel der PilotInnen in den USA Frauen waren.

Aber auch die Reproduktion des «Normalen» läßt sich mit Hilfe der hier vorgestellten theoretischen Überlegungen differenzierter aufschlüsseln, wenn man den Herstellungsmodus der Differenz mitdenkt, statt diese als gegeben vorauszusetzen. Ein schönes Beispiel dafür, wie aus Handeln «Sein» wird, ist z. B. die durch Frauen verrichtete Hausarbeit, die als «Arbeit» zu betrachten lange Zeit obskur war, da Hausarbeit keine Arbeit, sondern das ist, was Frauen «sind» (Bock/Duden 1976). Und auch für die als «naturhaft» zugeschriebene «Gefühlsbestimmtheit» der Frauen zeigt Arlie R. Hochschildt, wie diese in der Enaktierung von Geschlechterstrategien «Gefühlsarbeit» leisten, um jeweils situationsadäquat auch die «richtigen» Gefühle zu haben (Hochschildt 1990). Daß Gefühle als ein Ergebnis des eigenen Handelns zu begreifen sind, fügt sich ein in die Analysen alltäglicher Konversation, die aufweisen, in welcher Weise Frauen für deren Aufrechterhaltung zuständig und eben darin «Frauen» sind (z. B. Fishman 1978). Und geradezu frappierend sind die Untersuchungen, die dort ansetzen, wo Frauen und Männer nicht in von vornherein geschlechtsspezifisch segregierten Arbeitsfeldern arbeiten und ihre Arbeit (wechselseitig) doch in der Weise interpretieren, daß sie kongruent ist zur Enaktierung der Geschlechterdifferenz (Leidner 1991). Solche Beispiele ließen sich weitläufig ausbauen. Sie zeigen zum einen, daß alle Versuche, die Geschlechterdifferenz qua Biologisierung oder Arbeitsteilung zu vergegenständlichen, letztlich scheitern: Als eine basale Klassifikation leitet die binäre Geschlechts-Kategorie (hochflexibel!) jede Interaktion. Zum anderen zeigen sie, daß auch jenseits der ontologisierenden Debatte um «Gleichheit und Differenz» eine sich feministisch verstehende Forschung möglich ist, die dann weniger «Frauen-» als vielmehr «Geschlechterforschung» wäre, weil es in ihr um die Rekonstruktion des Regelsystems ginge, in dem «das Weibliche» immer die «sekundäre Kategorie» darstellt.

Wenn ein Ziel einer feministischen Analyse die Kritik dieses binären Klassifikationsverfahrens selbst wäre und wenn – als theoretische

Voraussetzung dafür – die Geschlechterdifferenz gerade in ihrer binären Grundstruktur als kulturelle Konstruktion verstanden wird, so hätte das weitreichende Konsequenzen auch für die Konzipierung einer feministischen Politik. Jede Strategie, die auf eine Enthierarchisierung der Differenz abzielt, ohne das binäre Grundmuster in Frage zu stellen, alle Versuche der Aufwertung «des» Weiblichen erscheinen nämlich aus dieser Perspektive notwendigerweise immer auch als Bestätigung und Reifizierung genau jenes Klassifikationsvorgangs, ohne dessen Dekonstruktion eine qualitative Veränderung des Geschlechterverhältnisses nicht möglich ist.

Verfolgt man diesen Gedanken weiter, was wir hier nur sehr kursorisch noch tun können, so zeigt sich ein grundlegendes Paradox bisheriger Strategien, die Diskriminierung von Frauen abzubauen:

> «It is a paradox of feminist politics that politically women must act as a group in order to defuse gender as a discriminative factor» (Lorber 1991, S. 355).

In der Tat sind alle gegenwärtig aktuellen Strategien der Frauenförderung in diesem Paradox befangen: Um die hierarchische Struktur des Geschlechterverhältnisses abzubauen, beschreiten sie (notgedrungen) einen Weg, der immer auch als Reifizierung und Neu-Dramatisierung der Differenz und damit des binären Grundmusters zu verstehen ist und der eben damit das Koordinatensystem von Gleichheit und Differenz, von «männlich» und «weiblich» nicht verschiebt. Es ist in diesem Zusammenhang nicht zufällig, daß in Untersuchungen über Frauen, die «es geschafft» haben, die Befragten nicht selten äußerst aggressiv auf Themen wie Quotierung und Frauenförderpläne reagieren, weil dadurch eine Grenze neu thematisiert und bestätigt wird, die sie für sich überwunden glaubten (vgl. z. B. Wetterer 1986). Sie antizipieren neue Stigmatisierungen und Diskriminierungen, weil die Tatsache, dem weiblichen Geschlecht anzugehören, die sie für sich durch ein wie auch immer geartetes «Arrangement» gewissermaßen in die Latenz verschieben konnten, erneut zum Stein des Anstoßes wird. Weil sie sich damit wieder herumschlagen müssen. Weil das sie wieder herabsetzt und zu etwas Besonderem macht. Daran ist richtig und festzuhalten, daß die ganze Diskussion um Frauenförderung in der Tat zu einer erneuten «Dramatisierung» der Geschlechterdifferenz geführt hat, und damit auch zu einer neuen Form der Konstruktion der Differenz.

Aus diesem Paradox ist auf der handlungspraktischen Ebene ein Ausweg nicht absehbar, denn natürlich ist es – und das gilt für die Frauenforschung wie für die Frauenbewegung – nach wie vor unerläßlich, gegenüber den androzentrischen Abstraktionen der «main-/male-stream»-Wissenschaft wie Politik darauf zu insistieren, daß und wie Frauen als Frauen sozial diskriminiert werden. Andererseits erscheint aber zugleich eine Perspektive, die nur auf eine Enthierarchisierung der Differenz hinausläuft, kontrafaktisch, (z. T. ungewollt) konservativ, nicht radikal genug in jenem wörtlichen Sinne, auf den schon Marx verwiesen hat. Die in der Sektion Frauenforschung vor einiger Zeit intensive Debatte unter dem Motto: «Die Frauenforschung ist in aller Munde – gehört sie da hin?», die eine Reaktion auf die auf den ersten Blick überraschende Tatsache war, daß wir «unser» weibliches Arbeitsvermögen im Parteiprogramm konservativer Parteien wiederfanden, erscheint in diesem Kontext in einem neuen Licht. Begreift man die Generalisierung und Positivierung der «Weiblichkeit» in der Logik der hier vorgestellten Theorietradition als Reifizierung und Neudramatisierung der Differenz, so ist der Weg von bestimmten feministischen Standpunkt-Theorien gerade zu konservativen politischen Konzepten des Geschlechterverhältnisses weit kürzer als manch kritisch-frauenbewegtes Selbstverständnis wahrhaben möchte. – Weniger polemisch und positiv gewendet, wäre aus den Überlegungen, die wir bislang dargestellt haben, zumindest der Schluß zu ziehen, daß wir langfristig auch politisch eine Strategie entwickeln müßten, deren Ziel die Dekonstruktion der Differenz und nicht bloß deren Enthierarchisierung wäre; eine Strategie, die eher subversiv mit den unübersehbaren Widersprüchen in der sozialen Konstruktion der Differenz umginge, als sich auf eine Umwertung des tradierten Koordinatensystems zu beschränken; eine Strategie schließlich, deren Ziel es wäre, daß das Geschlecht – wie andere scheinbar auf Biologie rekurrierende askriptive Merkmale – seine Funktion als sozial relevantes Klassifikationskriterium verlöre:

> «Feminist theory and research have shown us that gender is a linchpin of social order, but they have not seriously envisaged a social order without gender» (Lorber 1991, S. 355).

Das ändert nichts daran, daß mittelfristig die Gleichzeitigkeit einander auch widersprechender Zielsetzungen notwendig ist, das Insistieren auf Gleichheit, Differenz und Dekonstruktion, wie auch Gudrun-Axeli

Knapp in diesem Band im Anschluß an Toril Moi (1988) konstatiert. Aber ohne die weiterreichende Perspektive der Dekonstruktion oder: der «genderless-ness» (Lorber) bliebe eines weiter unbegriffen: Wenn sich feministische Politik aufgrund des oben genannten Paradoxes in einer Situation befindet, die sie dazu nötigt, zwischen allen Stühlen zu sitzen, sollten wir wenigstens wissen, zwischen welchen.

Literatur

AUTORINNENGEMEINSCHAFT des Arbeitskreises sozialwissenschaftliche Arbeitsmarktforschung (SAMF) (1990): *Erklärungsansätze zur Geschlechtsspezifischen Strukturierung des Arbeitsmarktes.* Paderborn

BECKER, Dietmar u. a. (1989): *Zeitbilder der Technik. Essays zur Geschichte von Arbeit und Technologie.* Bonn

BECKER-SCHMIDT, Regina (1987): «Frauen und Deklassierung. Geschlecht und Klasse». In: Beer, Ursula (Hg.): a. a. O., S. 187-235

BECKER-SCHMIDT, Regina (1990): «Zur Bedeutung feministischer Diskurse in der Soziologielehre». In: Sommerkorn, Ingrid N. / Kolbe, Nieves (Hgg.): a. a. O., S. 147-150

BECK-GERNSHEIM, Elisabeth / OSTNER, Ilona (1979): *Mitmenschlichkeit als Beruf. Eine Analyse des Alltags in der Krankenpflege.* Frankfurt a. M./New York

BEER, Ursula (1989): «Geschlechtliche Arbeitsteilung als Strukturelement von Gesellschaft – ein theoriepolitischer Kurzschluß der Frauenforschung?» In: Müller, Ursula / Schmidt-Waldherr, Hiltraud (Hgg.): a. a. O., S. 298-316

BEER, Ursula (Hg.) (1987): *Klasse Geschlecht. Feministische Gesellschaftsanalyse und Wissenschaftskritik.* Bielefeld (Forum Frauenforschung, Bd.1)

BERGER, Peter / LUCKMANN, Thomas (1970): *Die gesellschaftliche Konstruktion der Wirklichkeit. Eine Theorie der Wissenssoziologie.* Frankfurt a. M.

BISCHOF, Norbert / PREUSCHOFT, Holger (Hgg.) (1980): *Geschlechtsunterschiede. Entstehung und Entwicklung. Mann und Frau in biologischer Sicht.* München

BOCK, Gisela / DUDEN, Barbara (1977): «Arbeit aus Liebe – Liebe als Arbeit. Zur Entstehung der Hausarbeit im Kapitalismus». In: Gruppe Berliner Dozentinnen (Hg.): a. a. O., S. 118-199

BRANTENBERG, Gerd (1980): *Die Töchter Egalias. Ein Roman über den Kampf der Geschlechter.* Berlin

BUNDESMINISTERIUM FÜR ARBEIT UND SOZIALES (Hg.) (1991): *Beruf: Ungelernt. Arbeitsbiographien von Frauen. Dokumentation der Tagung vom 25. 1. 1990.* Wien

BUTLER, Judith (1991): *Das Unbehagen der Geschlechter.* Frankfurt a. M.

CHODOROW, Nancy (1985): *Das Erbe der Mütter.* München

CLEMENS, Bärbel u.a. (Hgg.) (1986): *Töchter der Alma Mater. Frauen in der Berufs- und Hochschulforschung.* Frankfurt a. M./New York

COCKBURN, Cynthia (1988): *Die Herrschaftsmaschine. Geschlechterverhältnisse und technisches Know-how.* Berlin/Hamburg

CORN, Joseph (1979): «Making Flying ‹thinkable›: Women Pilots and the Selling of Aviation». In: *American Quaterly,* 31, S. 556-571

DOUGLAS, Mary (1991): *Wie Institutionen denken.* Frankfurt a. M.

FAUSTO-STERLING, A. (1985): *Myths of Gender: Biological Theories about Women and Men.* New York

FISHMAN, Pamela (1978): «Interaction: The Work Women Do». In: *Social Problems,* 25, S. 397-406

FREVERT, Ute (1979): «Vom Klavier zur Schreibmaschine – Weiblicher Arbeitsmarkt und Rollenzuweisungen am Beispiel der weiblichen Angestellten in der Weimarer Republik». In: Kuhn, Anette / Schneider, Gerhard (Hgg.): a. a. O., S. 82-112

FREVERT, Ute (1982): «Frauen und Ärzte im späten 18. und frühen 19. Jahrhundert – Zur Sozialgeschichte eines Gewaltverhältnisses». In: Kuhn, Anette / Rüsen, Jörn (Hgg.): a. a. O., S. 177-207

GARFINKEL, Harold (1967): *Studies in Ethnomethodology.* Englewood Cliffs, N.J.

GEHLEN, Arnold (1961): *Anthropolgische Forschung.* Reinbek

GERHARD, Uta / SCHÜTZE, Yvonne (Hgg.) (1988): *Frauensituation. Veränderungen in den letzten zwanzig Jahren.* Frankfurt a. M.

GILDEMEISTER, Regine (1988): «Geschlechtsspezifische Sozialisation». In: *Soziale Welt,* 39/4, S.486-503

GILDEMEISTER, Regine (1991): «Geschlechtlichkeit als soziale Strukturkategorie. Einige Überlegungen anhand von Beispielen aus den Bereichen Arbeit und Beruf». In: Bundesministerium für Arbeit und Soziales (Hg.): a. a. O., S. 39-55

GILDEMEISTER, Regine (1992): «Die soziale Konstruktion von Geschlechtlichkeit». In: Ostner, Ilona / Lichtblau, Klaus (Hgg.): a. a. O., (im Druck)

GILLIGAN, Carol (1984): *Die andere Stimme. Lebenskonflikte und Moral der Frau.* München

GODELIER, Maurice (1987): *Die Produktion der großen Männer. Macht und männliche Vorherrschaft bei den Baruya in Neuguinea.* Frankfurt a. M./New York

GOFFMAN, Erving (1977): «The Arrangement between the Sexes». In: *Theory and Society,* Bd. 4, S. 301ff

GOTTSCHALL, Karin (1990): «Vom ‹weiblichen Arbeitsvermögen› zur ‹doppelten Vergesellschaftung› – Zur Rezeption und Kritik eines für die Frauenarbeitsfor schung zentralen Paradigmas». In: Autorinnengemeinschaft des Arbeitskreises Sozialwissenschaftliche Arbeitsmarktforschung (SAMF), a. a. O., S. 40-53

GRUPPE BERLINER DOZENTINNEN (Hg.) (1977): *Frauen und Wissenschaft. Beiträge zur Berliner Sommeruni für Frauen.* Juli 1976. Berlin

HAGEMANN-WHITE, Carol (1984): *Sozialisation: weiblich – männlich?* Opladen

HAGEMANN-WHITE, Carol (1989): «Wir werden nicht zweigeschlechtlich geboren...» In: Hagemann-White, Carol / Rerrich, Maria S. (Hgg.): a. a. O., S. 224-235

HAGEMANN-WHITE, Carol / RERRICH, Maria S. (Hgg.) (1989): *FrauenMännerBilder.* Bielefeld (Forum Frauenforschung, Bd. 2)

HALLER, Max / HOFFMANN-NOWOTTNY, Hans-Joachim / ZAPF, Wolfgang (Hgg.) (1989): *Kultur und Gesellschaft. Verhandlungen des 24. Deuschen Soziologentages in Zürich 1988.* Frankfurt a. M./New York

HAUSEN, Karin (1978a): «Die Polarisierung der ‹Geschlechtscharaktere› – Eine Spiegelung der Dissoziation von Erwerbs- und Familienleben». In: Rosenbaum, Heidi (Hg.): a. a. O., S. 161-214

HAUSEN, Karin (1978 b): «Technischer Fortschritt und Frauenarbeit im 19. Jahrhundert. Zur Sozialgeschichte der Nähmaschine». In: *Geschichte und Gesellschaft,* 4/2, S. 148-169

HIRSCHAUER, Stefan (1989): «Die interaktive Konstruktion von Geschlechtszugehörigkeit». In: *Zeitschrift für Soziologie,* 18/2, S. 100-118

HOCHSCHILD, Arlie Russell (1990): *Das gekaufte Herz. Zur Kommerzialisierung der Gefühle.* Frankfurt a. M./New York (Theorie und Gesellschaft, Bd. 13)

HOFFMANN, Ute (1987): *Computerfrauen. Welchen Anteil haben Frauen an der Computergeschichte?* 2. Auflage. München

HONEGGER, Claudia (1989): «Weiblichkeit als Kulturform. Zur Codierung der Geschlechter in der Moderne». In: Haller, Max / Hoffmann-Nowottny, Hans-Joachim / Zapf, Wolfgang (Hgg.): a. a. O., S. 142-155

HONEGGER, Claudia (1991): *Die Ordnung der Geschlechter. Die Wissenschaft vom Menschen und das Weib.* Frankfurt a. M./New York

KESSLER, Suzanne J. / McKENNA, Wendy (1978): *Gender. An Ethnomethodological Approach.* New York

KIRSCH, Sarah (1980): «Blitz aus heiterem Himmel». In: Kirsch, Sarah / Morgner, Irmtraud / Wolf, Christa, a. a. O., S. 6-24

KIRSCH, Sarah / MORGNER, Irmtraud / WOLF, Christa (1980): *Geschlechtertausch. Drei Geschichten über die Umwandlung der Verhältnisse.* Darmstadt/Neuwied

KNAPP, Gudrun-Axeli (1987): «Arbeitsteilung und Sozialisation: Konstellationen von Arbeitsvermögen und Arbeitskraft im Lebenszusammenhang von Frauen». In: Beer, Ursula (Hg.): a. a. O., S. 236-273

KNAPP, Gudrun-Axeli (1988): «Das Konzept ‹weibliches Arbeitsvermögen› – theoriegeleitete Zugänge, Irrwege, Perspektiven». In: *Frauenforschung. Informationsdienst des Instituts Frau und Gesellschaft,* 4, S. 8-19

KNAPP, Gudrun-Axeli (1989): «Männliche Technik – weibliche Frau? Zur Analyse einer problematischen Beziehung». In: Becker, Dietmar u. a.: a. a. O., S. 193-254

KUHN, Anette / RÜSEN, Jörn (Hgg.) (1982): *Frauen in der Geschichte,* Bd. 2. Düsseldorf

KUHN, Anette / SCHNEIDER, Gerhard (Hgg.) (1979): *Frauen in der Geschichte,* Bd.1. Düsseldorf

LEIDNER, Robin (1991): «Serving Hamburgers and Selling Insurance: Gender, Work, and Identity in In teractive Service Jobs». In: *Gender and Society,* 5/2, S. 154-177

LORBER, Judith (1991): «Dismantling Noahs Arch». In: LORBER, Judith / FARELL, Susan A. (Hgg.) (1991), a. a. O.,S. 355-369

LORBER, Judith / FARELL, Susan A. (Hgg.) (1991): *The Social Construction of Gender.* Newbury Park/London/New Dehli

LORBER, Judith / FARELL, Susan A. (1991a): *Principles of Gender Construction. Preface Part I.* In: Lorber, Judith / Farell, Susan A. (Hgg.): a. a. O., S. 7-11

LOVELL, Terry (Hg.) (1990): *British Feminist Thought.* Oxford

MEAD, Margaret (1958): *Mann und Weib.* Reinbek

MOI, Toril (1990): *Feminism and Postmodermism: Recent Feminist Criticism in the United States.* In: Lovell, Terry (Hg.): a. a. O., S. 367-376

MORGNER, Irmtraud (1974): *Leben und Abenteuer der Trobadora Beatriz.* Berlin

MÜLLER, Ursula (1985): «Arbeits- und industriesoziologische Perspektiven von Frauenarbeit – Frauen als ‹defizitäre› Männer?» In: Sektion Frauenforschung in den Sozialwissenschaften (Hg.): a. a. O.,S.76-86

MÜLLER, Ursula / SCHMIDT-WALDHERR, Hiltraud (Hgg.) (1989): *FrauenSozialKunde. Wandel und Differenzierung von Lebenslagen und Bewußtsein.* Bielefeld (Forum Frauenforschung, Bd. 3)

MÜLLER, Walter / WILLMS, Angelika / HANDL, Johann (1983): *Strukturwandel der Frauenarbeit 1880-1980.* Frankfurt a. M./New York

NEUMANN, Friedmund (1980): «Die Bedeutung von Hormonen für die Differenzierung des somatischen und psychischen Geschlechts bei Säugetieren». In: Bischof, Norbert / Preuschoft, Holger (Hgg.): a. a. O., S. 43 ff.

ORTNER, Sherry / WHITEHEAD, Harriet (Hgg.) (1981): *Sexual Meanings. The Cultural Construction of Gender and Sexuality.* Cambridge

OSTNER, Ilona (1978): *Beruf und Hausarbeit. Die Arbeit der Frau in unserer Gesellschaft.* Frankfurt a. M./New York

OSTNER, Ilona (1990): *Das Konzept des weiblichen Arbeitsvermögens.* In: Autorinnengemeinschaft des Arbeitskreises Sozialwissenschaftliche Arbeitsmarktforschung (SAMF): a. a. O., S. 22-39

OSTNER, Ilona / LICHTBLAU, Klaus (Hgg.) (1992): *Feministische Vernunftkritik.* Frankfurt a. M./New York

RABE-KLEBERG, Ursula (1987): *Frauenberufe – Zur Segmentierung der Berufswelt.* Bielefeld (Theorie und Praxis der Frauenforschung, Bd. 6)

ROBAK, Brigitte (1988): *Auf der Suche nach der weiblichen Facharbeit. Das Beispiel Schriftsetzerin.* Kassel (Wissenschaft ist Frauensache, Heft 2)

ROBAK, Brigitte (1992): «Schriftsetzerinnen und Maschineneinführungsstrategien im 19. Jahrhundert». In: Wetterer, Angelika (Hg.): a. a. O., S. 83-100

ROSENBAUM, Heidi (Hg.) (1978): *Seminar Familie und Gesellschaftsstruktur,* 2. Auflage. Frankfurt a. M.

SCHMITT, Bettina (1992): «Professionalisierungsprozesse und Frauenbeteiligung in der Informatik». In: Wetterer, Angelika (Hg.): a. a. O., S. 145-156

SCHÜLEIN, Johann August (1987): *Theorie der Institution.* Opladen

SEKTION FRAUENFORSCHUNG in den Sozialwissenschaften (Hg.) (1985): *Frauenforschung. Beiträge zum 22. Deutschen Soziologentag in Dortmund 1984.* Frankfurt a. M./New York

SIMMEL, Georg (1970): *Grundfragen der Soziologie,* 3. Auflage. Berlin (zuerst 1923)

SOMMERKORN, Ingrid N. / KOLBE, Nieves (Hgg.) (1990): *Lehren und Lernen in der Soziologie heute. Aktuelle Fragen zu einem altem Problem.* Berlin

TEUBNER, Ulrike (1989): *Neue Berufe für Frauen. Modelle zur Überwindung der Geschlechterhierarchie im Erwerbsbereich.* Frankfurt a. M./New York

TEUBNER, Ulrike (1992): «Geschlecht und Hierarchie». In: Wetterer, Angelika (Hg.): a. a. O., S. 45-50

TYRELL, Hartmann (1986): «Geschlechtliche Differenzierung und Geschlechterklassifikation». In: *Kölner Zeitschrift für Soziologie und Sozialpsychologie,* 38, S. 450-489

WEGEHAUPT-SCHNEIDER, Ingeborg (1985): *Frauenindustriearbeit in Deutschland: Eine Konkurrenz für die männliche Industriearbeit? Zur Geschichte der sozialen, politischen und ökonomischen Bedingungen der Frauenindustriearbeit in Deutschland von der Industrialisierung bis zum Ende des Zweiten Weltkrieges.* Diss. Göttingen

WEINGARTEN, Elmar / SACK, Fritz / SCHENKEIN, Jim (1976): *Ethnomethodologie. Beiträge zu einer Soziologie des Alltagshandelns.* Frankfurt a. M.

WEST, Candace / ZIMMERMAN, Don H. (1991): *Doing gender.* In: Lorber, Judith / Farell, Susan A. (Hgg.): a. a. O., S. 13-37

WETTERER, Angelika (1986): «‹Ja, geben tut's das, aber mir ist das nie passiert.› – Was sagen subjektive Diskriminierungserfahrungen über die objektive Situation von Wissenschaftlerinnen aus?» In: Clemens, Bärbel u. a. (Hgg.): a. a. O., S. 273-286

WETTERER, Angelika (Hg.) (1992): *Profession und Geschlecht. Über die Marginalität von Frauen in hochqualifizierten Berufen.* Frankfurt a. M./New York

WETTERER, Angelika (1992a): «Hierarchie und Differenz im Geschlechterverhältnis. Theoretische Ansätze zur Analyse der Marginalität von Frauen in hochqualifizierten Berufen». In: Wetterer, Angelika (Hg.): a. a. O., S. 13-44

WILLMS, Angelika (1983): «Segregation auf Dauer? Zur Entwicklung des Verhältnisses von Frauenarbeit und Männerarbeit 1880-1980». In: Müller, Walter / Willms, Angelika / Handl, Johann: a. a. O., S. 107-181

WILLMS-HERGET, Angelika (1985): *Frauenarbeit. Zur Integration von Frauen in den Arbeitsmarkt.* Frankfurt a. M./New York

WOLF, Christa (1980): *Selbstversuch. Traktat zu einem Protokoll.* In: Kirsch, Sarah / Morgner, Irmtraud / Wolf, Christa, a. a. O., S. 65-100

Ruth Seifert

ENTWICKLUNGSLINIEN UND PROBLEME DER FEMINISTISCHEN THEORIEBILDUNG

WARUM AN DER RATIONALITÄT KEIN WEG VORBEIFÜHRT

In den letzten Jahrzehnten hat die feministisch orientierte Theorie und Forschung eine fast unübersehbare Vielzahl von Arbeiten hervorgebracht, mit deren intellektueller Lebendigkeit, Kreativität und Engagiertheit sich kaum ein anderer Wissensbereich messen kann. So gingen aus den im Laufe der Diskussion jeweils neu entstehenden Problemen immer weitere, die Forschung und Theoriebildung unentwegt vorantreibende Impulse hervor. Die erste Welle feministischer Wissenschaft verfolgte das Ziel des «Hineinschreibens» von Frauen in die Wissenschaft, d. h. die Rekonstruktion jener Erfahrungen, die Frauen im Laufe der Geschichte gemacht haben, oder die Beschäftigung mit frauenspezifischen Fragen und Bereichen innerhalb der Sozialwissenschaften. Im Laufe dieses Unterfangens zeigte sich jedoch, daß es damit nicht getan sein würde, denn die Thematisierung der Erfahrungen von Frauen stieß auf das Problem, daß diese Erfahrungen mit den herrschenden wissenschaftlichen Begriffssystemen nicht faßbar waren. Weil die Erfahrungen von Frauen auch bei der philosophischen und wissenschaftlichen Theoriebildung unberücksichtigt geblieben waren, ergab sich eine «Kluft zwischen der Erfahrung von Frauen und den herrschenden Begriffssystemen» (Harding 1989b, S. 278; vgl. dazu auch Harding 1987, 1989a,b; Kelly Gadol 1989; Smith 1989; Stacey/ Thorne 1985).[1] Damit aber wurden fundamentalere Fragen aufgeworfen. Wenn die verschiedenen Erfahrungen von Männern und Frauen zu spezifischen Theorien, Begriffssystemen und – in der Folge – Me-

1 Bei der deutschen Fassung der englischsprachigen Zitate handelt es sich jeweils um meine Übersetzung.

thodologien führten, war die Frage nach der Bedeutung der Kategorie «Geschlecht» in der Wissensproduktion und Theoriebildung generell zu stellen. Es mußte also geklärt werden, wie die Erfahrungen von Frauen konzeptualisiert und wie sie in die Wissensproduktion umgesetzt werden konnten. Diese Fragen verwiesen auf die Notwendigkeit einer Theorie der Differenz. Die Forderung nach einer theoretischen Klärung der Geschlechterdifferenz wurde auch von außen an die Frauenforschung herangetragen. So plädierte Hartmann Tyrell in einem Artikel, der wichtige Themen feministischer Theorie ansprach, für eine kulturtheoretisch-semiotische Fassung der Geschlechterdifferenzierung. Luhmann klagte «eine Metaprotologik für Frauenforschung»[2] ein (Luhmann 1988, S. 48). Wie feministische Theoretikerinnen vor ihm, war er zu der Erkenntnis gekommen, daß sich die Differenz von Männern und Frauen nicht aus einem anthropologischen Grundtatbestand ergibt, sondern daß diese Differenz die «Konstruktion einer Realität [ist], die auch auf ganz andere Weise im Ausgang von ganz anderen Unterscheidungen konstruiert werden könnte» (a. a. O., S. 49). Es wäre nötig zu klären, so Luhmann, «in welchem Sinne eine Unterscheidung zwischen Männern und Frauen [...] überhaupt eine Theoriebildung steuern kann». Diese Theoriebildung hinge wiederum davon ab, «wie diese Differenz gefaßt, wie sie in die Form einer Unterscheidung gebracht wird» (a. a. O., S. 48).

Darin ist Luhmann nur zuzustimmen. Bedauerlicherweise wurde im oben zitierten Artikel nicht ein einziger der überaus reichhaltigen feministisch orientierten Ansätze zu diesem Thema zur Kenntnis genommen.[3] Ob die Differenz, wie bei Luhmann, ausschließlich durch

2 Mit dieser Wortschöpfung versucht Luhmann offenbar ein komplexes Problem feministischer Theorie mit einem Begriff zu bannen, nämlich den Umstand, daß die theoretischen Voraussetzungen, Methoden und begrifflichen Instrumente kritisch reflektiert und in Beziehung zur Geschlechtertrennung gesetzt werden müssen, wobei gewissermaßen auf eine die Kategorie «Geschlecht» mit einbeziehende Grundlagenlogik abzuzielen wäre.

3 Es taucht in diesem Artikel kein einziger Bezug zur Fülle der vorhandenen theoretischen Ansätze auf, in denen viele der von Luhmann aufgeworfenen Fragen bereits diskutiert wurden. Der Vorwurf der «Selbstreferenz», den Luhmann an feministische Forscherinnen richtet, läßt sich also auf anderer Ebene an ihn zurückgeben. Darüberhinaus legt dieser Artikel auch Zeugnis ab von einem nicht unbedingt erstrebenswerten Umgang mit der Differenz. Ein etwas sorgfältigerer Blick auf die vorhandene Literatur hätte uns und Luhmann möglicherweise einige unerfreuliche Ausfälle gegen feministische Forscherinnen in o. g. Artikel erspart.

eine Logisierung der sozialen Wirklichkeit theoretisiert werden kann, ist fragwürdig und wurde an anderer Stelle ausführlich diskutiert.[4]

Im folgenden sollen zwei theoretische Ansätze vorgestellt werden, die versuchen, die Geschlechterdifferenz und ihre Auswirkungen auf die Wissensproduktion und die Wissenschaft zu theoretisieren. Dabei handelt es sich zum einen um die standpunkttheoretischen, zum anderen um die diskurstheoretischen Ansätze in der feministischen Theorie. Beide Ansätze knüpfen an vorhandene Theorien an und entwickeln sie durch neue Fragestellungen und Kombinationen mit anderen theoretischen Ansätzen weiter. Theoretische Hauptausgangspunkte sind für die Standpunkttheorien die marxistische Theorie bzw. Erkenntnistheorie und die Psychoanalyse, für die diskurstheoretischen Ansätze die Semiotik, poststrukturalistische Theorien und ebenfalls die Psychoanalyse. Schließlich setzen sich beide theoretischen Richtungen mit dem «mainstream (malestream)» von Erkenntnis- und Wissenschaftstheorie auseinander.

Für die feministischen Theorieansätze war von Anfang an die Frage nach der Rationalität von zentraler Bedeutung. Der Rationalität als in unserer Kultur klassischerweise Männern zugeschriebene Domäne wurde das Gefühl und die Sinnlichkeit als weibliche Erfahrungsweise gegenübergestellt. Der genaue Stellenwert dieser weiblichen Erfahrungsweise für die Wissensproduktion ist jedoch nach wie vor unklar. Ebenso, wie wiederholt angemerkt wurde, der Stellenwert von «Rationalität» in einer feministisch orientierten Wissenschaft und Forschung. Im Rahmen der Diskussion der beiden oben erwähnten Ansätze möchte ich deshalb versuchen, einen Beitrag zu leisten zur Klärung der Frage, welchen Stellenwert «Rationalität» in der feministischen Theorie und Wissenschaft haben kann, bzw. – wie der Titel schon andeutet – haben muß.

Die feministischen Standpunkttheorien

Standpunkttheorien, wie sie maßgeblich von Sandra Harding und Nancy Hartsock entwickelt wurden, werden in den USA im Rahmen der sogenannten «epistemology debate»[5] diskutiert, die inzwischen weite Kreise gezogen hat und über eine feministische Diskussion im

---

4 Eine ausführliche inhaltliche Kritik des Luhmannschen Artikels wird in der bislang unveröffentlichten Habilitations-Schrift von Renate Hof erscheinen.

engeren Sinne hinausgegangen ist. Feministische Standpunkttheorien argumentieren zum einen auf der Basis von Thomas Kuhns wissenschaftshistorischen Modell des Erkenntnisfortschritts (Kuhn 1977); zum anderen gehen sie in ihrer Argumentation von marxistischen Erkenntnistheorien aus und verbinden sie mit der Objektbeziehungstheorie, wie sie insbesondere von Nancy Chodorow formuliert wurde (vgl. Chodorow 1985). Die grundlegenden Prämissen der Standpunkttheorien sind erstens, daß die Identität des Erkenntnissubjektes und der Erkenntnisprozeß nicht getrennt voneinander gesehen werden können, und zweitens, daß Erkenntnis auf theoretisierter Erfahrung beruht. Dementsprechend muß in hierarchisch gegliederten Gesellschaften diese Erkenntnis bei verschiedenen Erkenntnissubjekten notwendigerweise verschieden ausfallen. Nancy Hartsock versteht die marxistische Analyse als methodologische Anleitung und legt ihren Ausführungen Lukacs' Vorstellung des «erkenntnistheoretischen Standpunktes des Proletariats» zugrunde (vgl. Hartsock 1984, S. 145). Dies bedeutet, daß das Verhältnis von Theorie, Wissenschaft und Erfahrung an den Arbeitskontext gebunden wird, dessen weibliche Sphäre historisch immer von der männlichen abgegrenzt war, und, so Hartsock, somit einen anderen Enstehungskontext von Erkenntnis begründet.

Zur Erklärung der Erkenntnischancen über den Arbeitskontext analog zur marxistischen Theorie fügen die feministischen Standpunkttheorien einen weiteren Entstehungskontext von Erfahrung hinzu, der sich wesentlich auf die Objektbeziehungstheorie von Chodorow stützt. Auch diesen Überlegungen liegt wiederum zentral die Prämisse zugrunde, daß die Identität von Erkenntnissubjekt und Erkenntnisprozeß nicht voneinander getrennt werden können. Hartsock entwickelt eine Begründung männlichen Denkens, der wesentlich die von Chodorow beschriebene männliche Abgrenzungsproblematik zugrunde liegt. Danach muß sich der Junge (nicht aber das Mädchen) in traumatischer Weise von der in unserem Kulturkreis ersten und wichtigsten Bezugsperson, der Mutter, ablösen, um seine Geschlechtsiden-

5 Die Begriff «epistemology debate» bezeichnet die von der feministischen Theorie und Forschung aufgeworfenen erkenntnistheoretischen Fragen. Diese Debatte ist inzwischen in den USA über eine feministische Diskussion im engeren Sinn hinausgegangen und hat sich zu einer generelleren Diskussion auf der Basis der Konzepte «Gender, Race und Class» entwickelt (vgl. hierzu z. B. «Inquisition und Zensur» in: *Der Spiegel* Nr. 21, 45. Jg., Mai 1991).

tität als zukünftiger Mann zu erlangen. Männliche Identität konstituiert sich auf diese Weise in erster Linie über einen Prozeß der Abgrenzung, ohne daß innerhalb dieses Systems gleichzeitig positive, identitätsstabilisierende Inhalte von Männlichkeit entwickelt werden könnten. Diese psychische Erfahrung des Jungen «begünstigt starre Autonomiekonzepte und rigide Objektabgrenzung (wobei die Mutter zum Objekt gerät). Beziehung, Entgrenzung und Dynamik werden als bedrohlicher Selbstverlust erlebt» (Großmann 1989, S. 172). Damit ist der Grundstein gelegt für das spätere männliche Bemühen, sich sowohl gegen andere Menschen als auch gegen die Umwelt abzugrenzen. Diese spezifische psychische Erfahrung wird in der Folge durch die gesellschaftliche Arbeitsteilung entlang der Linie männlich/weiblich zusätzlich verstärkt. Diese Arbeitsteilung ist stark an Geschlechtsstereotypen gebunden. Die konkrete Arbeit, das «Hegen und Pflegen» im weitesten Sinne, Beziehungsarbeit u. ä. werden als «weiblich» apostrophiert, während abstrakte, intellektuelle und technische Tätigkeiten klassischerweise als «männliche» galten. Diese, dem männlichen Erfahrungskontext entsprechenden Strukturen von Trennung, Abstraktion und Objektivierung, so die These, werden in einer spezifischen Erkenntnistheorie und Ontologie, die implizit und unerkannt auf dem Ideal einer *abstrakten Männlichkeit* beruht, repliziert (vgl. Hartsock 1983, 1984).

Auf diese Weise laufen Abgrenzung und die rigide Opposition von Ich und Nicht-Ich als Strukturdominante durch alle männlich dominierten Gesellschaften und begründen nach Geschlechtern getrennte Erfahrungswelten. Denn:

> «die Kategorie Geschlecht selbst, deren Aufbau mit der Entwicklung eines Neugeborenen zu einem gesellschaftlichen Wesen, einer Person, einhergeht, ist ja nichts anderes als die Schaffung von Persönlichkeiten, die dazu neigen, sich selbst, andere und die Natur selbst auf geschlechtsspezifische Weise wahrzunehmen» (Harding 1989a, S. 234).

Diese spezifische Erfahrung von Jungen und die mit ihr verbundene spezifische Identität schlägt sich auch in Prozessen der Wahrnehmung, des Denkens und der Wissensproduktion nieder.

Die Lebens- und Arbeitserfahrungen von Frauen begründen demgegenüber einen erkenntnistheoretischen Standpunkt, der dem männlichen entgegensteht.

> «Weil sie von Frauen bemuttert werden, empfinden sich Mädchen im Vergleich zu den Knaben weniger als separate Wesen und entwickeln durchlässigere Ich-Grenzen» (Chodorow 1985, S. 123).

Denn um eine weibliche Identität zu erlangen, ist nicht die (traumatische) Trennung von der Mutter, sondern die Identifikation und Kontinuität mit ihr notwendig. Die frühkindlichen Erfahrungen des Mädchens sind, wie Chodorow aufgezeigt hat, nicht von Trennungs-, sondern von Kontinuitätserfahrungen gekennzeichnet. Auch diese Erfahrung des Mädchens wird in der gesellschaftlichen Arbeitsteilung fortgeschrieben: Weibliche Arbeits- und Tätigkeitskontexte sind analog dazu ebenfalls eher durch Beziehungshaftigkeit, durch Qualitäten und Konkretionen gekennzeichnet.

> «Das grundlegende weibliche Selbstgefühl», so Chodorow, «ist Weltverbundenheit, das grundlegende männliche Selbstgefühl ist Separatheit» (a. a. O., S. 220).

Geht man nun davon aus, daß Erfahrungen konstitutiv für Erkenntnisprozesse sind, und geht man weiter davon aus, daß «die in der Psychogenese erworbenen Grundstrukturen [...] in der Persönlichkeit verankerte, weitgehend unbewußte Orientierungen [sind], die, weil unbewußt, großen Einfluß auf unser weiteres Leben haben» (Großmann 1989, S. 189), so liegt es nahe, diese psychogenetisch erworbenen und im Rahmen der gesellschaftlichen Arbeitsteilung verstärkten Strukturen mit Erkenntnisprozessen in Zusammenhang zu bringen. Für die Frage nach geschlechtsspezifischen Verfahrensweisen in der Wissenschaft können daraus die folgenden Schlußfolgerungen gezogen werden.

Liest man die Aussage «man is a rational animal» auf der Folie einer Theorie, die den Erwerb der Geschlechteridentität verbindet mit gewissen Strukturen des Selbst (im männlichen Fall der zur Aufrechterhaltung von Identität notwendigen ständigen Abgrenzung) und daraus hervorgehend mit gewissen Denkstrukturen – nämlich der Bevorzugung von Trennungen und Abstraktionen – so zeigt sich, daß diese Art von Rationalität das Produkt einer spezifisch männlichen Geschlechtersozialisation und einer spezifisch männlichen Arbeitserfahrung ist. Dies schlägt sich auch in einer männlich konstruierten Wissenschaft nieder, in der sich diese Themen wiederholen. Die männlich geprägte Beziehung zwischen Erkenntnissubjekt und Erkenntnisobjekt, so Fox Keller, «ist eine von Distanz und Trennung. Sie entwirft ein Subjekt und ein Objekt, die radikal voneinander getrennt sind, und das heißt, eine Beziehung, die nicht von dieser Welt ist» (Fox Keller 1978, S. 414).

Auf der Grundlage dieser theoretischen Überlegungen ist zu folgern, daß die herrschende Wissenschaft eine Widerspiegelung des männlichen Standpunktes ist, der für sich den Anspruch erhoben hatte,

«der angeblich unbeteiligte Standpunkt [zu sein], die Sicht aus keiner bestimmten Perspektive, für die konstruierte Realität anscheinend transparent. Dieser Standpunkt erkennt seine eigene Perspektivität nicht...» (MacKinnon 1989, S. 106).

Die Wissenschaft konnte solange nicht als Resultat einer ganz bestimmten Perspektive auf die Welt problematisiert werden, solange nicht gesehen wurde, daß die Attribute von Wissenschaft sich analog zu den Attributen von Männlichkeiten verhalten.

«Jene Objektivität, die als charakteristisch für die Produktion wissenschaftlicher Erkenntnis bezeichnet wird, ist als spezifisch männliche Weise, sich zur Welt zur verhalten, zu identifizieren. Die Wissenschaft ist kalt, hart, unpersönlich, ‹objektiv›; Frauen sind demgegenüber warm, weich, emotional, ‹subjektiv›» (Fee 1990, S. 13).

Das, was als «Objektivität» bezeichnet wird, ist demnach lediglich die Verabsolutierung einer bestimmten Subjektivität, wie sie unter ganz bestimmten gesellschaftlichen Bedingungen zustandekommt.

Erklärungskraft und Schwächen der Standpunkttheorien

Standpunkttheoretische Ansätze liefern zunächst eine Begründung dafür, warum es nicht ausreichen kann, Frauen in Wissenschaft und Forschung einfach «hinzuzuaddieren». Im Laufe des Forschungsprozesses hatte sich gezeigt, daß die Probleme und Fragen, die mit dem «Hinzuaddieren» auftraten, von solcher Reichweite waren, daß sie im Rahmen der tradierten theoretischen Ansätze nicht mehr lösbar waren. Es stellte sich zusehends die Frage nach einer männlichen und weiblichen Perspektive auf die Welt.[6]

Diese Fragen betreffen den Entstehungskontext von Erkenntnis, Kriterien der Validität und das methodologische Vorgehen. Standpunkttheorien machen folgendes klar: Frauen sind (auch bei Berücksichtigung aller Unterschiede zwischen verschiedenen Frauen) von historischen und gesellschaftlichen Entwicklungen aufgrund ihrer anders definierten und gelebten Position in der Gesellschaft immer anders betroffen als Männer. Diese unterschiedliche Betroffenheit hat dazu geführt, daß sie im Verlauf der Geschichte andere Erfahrungen als Männer gemacht haben und immer noch machen. Andere Erfahrungen aber führen zu anderen Problemlagen und damit auch zu anderen Perspektiven auf die Wirklichkeit. Auf dieser Grundlage können Standpunkttheorien erklären, in welcher Weise sich für Frauen aufgrund anderer historischer und gesellschaftlicher Erfahrungen auch andere Entstehungskontexte für Fragestellungen und andere theoretische Bedürfnisse ergeben. Der Bereich, auf den Frauen zumindest seit Beginn der frühen Neuzeit systematisch festgelegt wurden, und in dem sich ihre Erfahrung konstituierte, war bislang von der Theoriebildung ausgeschlossen. Indem Fragen gestellt wurden, die aus der Erfahrung von Frauen heraus formuliert wurden, gelang es,

> «eine Innenansicht der männlichen Visionen vom ‹Ganzen der Gesellschaft› zu entwerfen, Lücken, Leerstellen, blinde Flecken dort zu identifizieren, wo eben seit Jahrhunderten der Platz der Frau war» (List 1989, S. 30).

Standpunkttheorien können Denkstile plausibilisieren: Eine bei Frauen eher anzutreffende Neigung, stärker in Qualitäten als in Quantitäten, stärker in Kontexten als in Abstraktionen zu denken, wird auf dem Hintergrund der geschlechtsspezifischen Sozialisation und des weiblichen Arbeitskontextes ebenfalls plausibel.

Indem sie die Perspektivität eines jeden Erkenntnisprozesses verdeutlichen, werfen Standpunkttheorien ein Licht auf die spezifischen Begrenztheiten und Verzerrungen, die die Ausschließlichkeit eines männlichen Standpunktes mit dem engen Fokus auf männliche Erkenntnisbedürfnisse und -möglichkeiten produziert. Auf diese Weise zeigen sie die notwendige Parteilichkeit eines jeden Erkenntnisprozesses auf, denn «über die Art und Weise, wie die erkennenden Subjekte

6 Vgl. hierzu beispielsweise die Folgen für die Geschichtswissenschaften, für die Joan Kelly Gadol drei zentrale Problembereiche genannt hat, die durch das Hinzuaddieren von Frauen auftreten: 1. Die Frage nach der Periodisierung; 2. die Fragen nach den Kategorien der sozialen Analyse; 3. die Frage nach den herkömmlichen Theorien sozialen Wandels (vgl. Joan Kelly Gadol 1989; vgl. Dorothy E. Smith 1989).

ihren Standpunkt einbringen, werden [...] Geltungschancen der gedeuteten Erfahrung eröffnet. Standpunkte ermöglichen Perspektiven und Perspektiven erschließen [...] Erfahrungen. Insofern ist Parteilichkeit konstitutiv für die Erkenntnis» (Rüsen 1988, S. 523) überhaupt.

Damit wird die Idee eines einzigen oder universalen Begriffes der Wahrheit in Zweifel gezogen ebenso wie die Werte der Objektivität, der Beobachterneutralität und der Kontextunabhängigkeit. Diese Ideen beruhen letztlich auf der Idee eines universalen Erkenntnissubjektes, das unabhängig von seiner Geschlechts-, Rassen- und Klassenzugehörigkeit, d. h. seiner sozialen und gesellschaftlichen Identität über Zeit und Raum hinweg zu den gleichen Erkenntnissen kommt. Daß die Eigenschaften dieses Erkenntnissubjektes, die in den abendländisch-humanistischen Theorien als allgemein gültig postuliert wurden, die des privilegierten weißen Mannes waren, wurde nicht nur in der feministischen Theorie festgestellt. Die implizite Unterstellung einer Homogenität oder Ähnlichkeit der Standpunkte aller Menschen läuft auf eine Negierung der realen gesellschaftlichen Differenzen und Pluralitäten hinaus (vgl. Gross 1986). Die «Sehnsucht nach der Universalität», die auch für die feministische Wissenschaft reklamiert wurde (vgl. Tatschmurat 1985, S. 124), muß demnach mit großer Skepsis betrachtet werden.

Schließlich wird auf Grundlage der Standpunkttheorien auch die Tatsache plausibel, daß die Geschlechterbeziehungen erst mit Aufkommen des Feminismus zum gesellschaftlichen und wissenschaftlichen Thema wurden. Denn:

> «vom Standpunkt der Männer ist das Geschlecht in den sozialen Beziehungen kein Problem. Auch dies ist ein Grund für die geringe Wirksamkeit feministischen Eingreifens: Weshalb sollten Wissenschaftler ihre Praxis [...] aufgeben, wenn diese zu funktionieren scheint, wenn die Fragen beantwortet oder auch nur behandelt werden, die sie und die Disziplin (als Organisatorin von Macht und Ressourcen) als relevant definieren» (Acker 1988, S. 67)?

Das Ignorieren der Geschlechterverhältnisse in Theorie und Forschung hat aber nicht nur akademische Bedeutung. Denn, wenn wir die Kategorien von Geschlecht, Klasse und Rasse

> «als grundlegende soziale Organisationsformen begreifen, werden auch die *Widerstände,* die den Forderungen von Frauen und ‹anderen Minoritäten› entgegengebracht wurden (und werden), ver-

ständlich – und zwar nicht als individuelle ‹Boshaftigkeit› einzelner Personen, sondern als Reaktion einer sozialen Ordnung, die durch diese Forderungen erheblich gestört wird» (Hof 1990, S. 9).

Standpunkttheorien stoßen allerdings auf gewichtige Schwierigkeiten. Sie werden zum einen mit dem Problem anderer Standpunkte konfrontiert. Auf dieses Problem hat Gergen hingewiesen, als er fragte, auf welcher Grundlage irgendeine Gruppe – sei es Gender, Klasse oder Rasse – ein epistemologisches Privileg genießen könne (vgl. Gergen 1988, S. 32). Auf dieses Problem verweist auch die Debatte zwischen westlichen Feministinnen und Frauen aus der Dritten Welt, die reklamierten, daß der westliche Feminismus die Standpunkte von Frauen anderer ethnischer Herkunft unberücksichtigt ließe. In den USA haben inzwischen auch sogenannte ethnische Minoritäten auf der Grundlage dieses Ansatzes beansprucht, ihre je eigenen Standpunkttheorien zu formulieren. Was dieser Ansatz also zu berücksichtigen hat, ist die Tatsache, daß:

> «Frauen keine ‹natürliche Gruppe› mit gemeinsamen biologischen Eigenschaften sind, deren Unterdrückung als Folge dieser ‹Natur› verstanden werden könnte, sondern eine soziale Kategorie, die das Produkt sowohl von ökonomischen Ausbeutungsbeziehungen als auch einer ideologischen Konstruktion ist» (de Lauretis 1990, S. 139).

Sowohl diese Ausbeutungsbeziehungen als auch die ideologischen Konstruktionen können historisch und gesellschaftlich variieren und verlangen die Formulierung einer Pluralität von Standpunkten. Standpunkttheorien müssen sich demnach davor hüten, die Kategorie «Frau» zu ontologisieren, was einmal mehr auf eine Unterdrückung von Differenzen und Pluralitäten hinauslaufen würde. Ebenfalls von politischer Bedeutung ist das Problem, wie das Umschlagen von weiblicher Erfahrung und dem daraus hervorgehenden Wissen in feministisches Bewußtsein vorzustellen ist. Wenn aus der weiblichen Erfahrung sozusagen «naturwüchsig» eine andere Art von Wissen hervorgeht, so stellt sich die Frage, warum daraus nicht ebenso naturwüchsig ein feministisches, oder zumindest ein eigensinniges weibliches Bewußtsein resultiert. Dieses Problem führt zu der Gretchenfrage: Warum wehren sich Frauen nicht gegen ein ihren Erfahrungen widersprechendes Bewußtsein, das ihnen quasi aufgezwungen wird? Wie sind – standpunkttheoretisch argumentiert – die historischen Punkte zu charakterisieren, an denen ein Umschlagen von weiblichen Erfahrungen in feministisches Bewußtsein stattfindet, an denen Frauen ihre Erfahrungen auch systematisch geltend machen?

Ein weiteres Problem besteht darin, daß Standpunkttheorien erklären müßten, wie sich ein weiblicher erkenntnistheoretischer Standpunkt zu einem männlichen verhält, und das betrifft meines Erachtens auch die Frage, inwiefern ein weiblicher Standpunkt einem männlichen überlegen ist. Das bloße Nebeneinanderstellen verschiedener Standpunkte scheint langfristig keine Lösungsmöglichkeit zu sein, da man auf die Dauer nicht umhin kommen wird, Aussagen über die Qualität der gewonnenen Erkenntnis zu machen. Denn, wie Gergen betonte:

> «Es ist eine Sache, festzustellen, daß die Erfahrungen von Frauen stärker als die von Männern in die Erfordernisse des Alltags, in Emotionen, Natur, Reproduktion usw., eingebunden sind. Es ist jedoch eine ganz andere Sache, aus diesen passenden Zutaten ein Ideal von Wissen zu formen, das sich nicht vieler Kritikpunkte aussetzen würde» (a.a.O., S. 34),

die auch für die herrschende Wissenschaft gelten. Denn:

> «woher wissen wir, daß fundiertes Wissen eng mit Leidenschaft verquickt sein muß, daß der Reduktionismus falsch ist und daß lineares Denken die Realität verzerrt» (Gergen 1988, S. 34)?

Und woher wissen wir, läßt sich hinzufügen, daß dieses Wissen nicht ebenso wie das als verzerrend erkannte männliche Standpunktwissen nur einer ganz bestimmten Subjektivität Vorrang einräumt?[7]

Schließlich soll auf ein Problem hingewiesen werden, das deutlich macht, daß es zur Beantwortung dringender Fragen der feministischen Theorie nötig ist, über die Standpunkttheorien hinauszugehen und sie mit anderen wissenschaftstheoretischen Ansätzen zu kombinieren. Dieses Problem betrifft ein weiteres Mal das Verhältnis eines männlichen und weiblichen Erkenntnisstandpunktes, genauer: die Frage nach dem Stellenwert dessen, was häufig als Ausdruck eines männlichen

---

7 Es gibt noch eine Reihe von Fragen, die an Standpunkttheorien zu richten sind, auf die in diesem Rahmen aber nicht näher eingegangen werden kann. Hervorzuheben ist vor allem der historische Aspekt. So kann beispielsweise die dem Ansatz zugrundliegende Arbeitsteilung nicht unhistorisch und akulturell betrachtet werden.

Standpunktes interpretiert und als die «herrschende patriarchale Rationalität» bezeichnet wird (vgl. z. B. Kulke 1988).

Auf der Grundlage standpunkttheoretischer Überlegungen ist der Prozeß der abendländischen Wissenschaft, wie oben dargestellt, Ausdruck männlicher Subjektivität und damit als eingeschränkter Zugang zur Erkenntnis zu betrachten. Diese Einschätzung des Wissenschaftsprozesses ist auf einigen Ebenen der Diskussion unmittelbar einleuchtend. Die feministische Wissenschaftskritik konnte, wie oben ausgeführt, zeigen, daß im Zentrum der tradierten Erkenntnistheorien männliche Erfahrungen und Beobachtungen der Welt stehen – ebenso, daß der Entstehungskontext wissenschaftliche Fragestellungen von den Erkenntnisinteressen weißer Mittelklassemänner gekennzeichnet war und daß sich das methodologische Vorgehen diesen Bedürfnissen anpaßte. Als Problem und Forschungsfrage wurde definiert, was aus männlicher Sicht als problematisch und forschungswürdig betrachtet wurde. So avancierten inzwischen etablierte Forschungsfragen erst mit dem Aufkommen feministisch orientierter Wissenschaft und der auf ihrer Grundlage formulierten Erkenntnisinteressen zum anerkannten Problem. Als Beispiele lassen sich Fragen nennen wie:

> «Mit welcher Berechtigung wird das Geschlecht als Eigenschaft von Individuen unterstellt und nicht ebenso wie Rasse oder Klasse als Prinzip gesellschaftlicher Organisation problematisiert? Wieso wird von Geschlechterrollen, nicht aber von Rassen- oder Klassenrollen gesprochen?» (Vgl. Stacey/Thorne 1985, S. 301).

oder:

> «Warum ist die männliche Sexualität als triebhaft konstruiert? Warum ist sie so stark an Macht und Gewalt gebunden?» (Harding 1987a, S. 6).

Allein die Erweiterung der Forschung auf Fragen hin, die Frauen und ihre Probleme in den Fokus rücken, hat auf diese Weise in den letzten zehn Jahren ein Ausmaß «an Ignoranz und [...] Kenntnislosigkeit über die Hälfte der Menschheit» zutage gefördert, das man sich vor zehn Jahren noch nicht hätte vorstellen können (Harding 1989a, S. 230).

Ein qualitativ anderes Problem entsteht allerdings dort, wo auf der Grundlage standpunkttheoretischer Überlegungen der Begriff der Rationalität an sich in Frage gestellt wird. So plädiert Christine Kulke für eine Kritik an den herrschenden Rationalitätsprinzipien und ihren zerstörerischen Folgen für Mensch, Natur und Umwelt (vgl. Kulke 1988a, S. 7). Demgegenüber sei «das Potential an Widerständigkeit, an ‹sinnlicher Vernunft› zu erschließen» (a. a. O., S. 10), das «das Verdrängte, Ausgegrenzte der weiblichen Lebenszusammenhänge sichtbar» (a. a. O., S. 11) mache, und das auf ganzheitlichere und lebendigere Umgangsweisen verweise. Auch hier wird argumentiert, daß der weibliche Lebenszusammenhang (wobei Kulke im weitesten Sinne die geschlechtsspezifische Arbeitsteilung meint) eine andere Art von Erfahrung konstituiert und daraus resultierend andere Herangehensweisen an Erkenntnis- und Wissensprozesse abzuleiten sind. Historisch sei diese Erkenntnismöglichkeit, die mit sinnlicher Erfahrung und «sinnlicher Vernunft» (a. a. O., S. 11) in Zusammenhang gebracht wird, allerdings ausgegrenzt worden. Stattdessen habe sich ein «bestimmter Typus von Denken und Handeln» (a. a. O., S. 55) durchgesetzt, der «zur Legitimation der Unterdrückung oder Ausgrenzung anderer Formen von Vernunft dient» (a. a. O., S. 55 f.). Diese herrschende Rationalität wird von Kulke in ihren Erscheinungsformen als gesellschaftliches und wissenschaftliches Gestaltungsprinzip ausführlich und detailliert beschrieben und in ihren Beschränktheiten und Unzulänglichkeiten diskutiert. Was die Alternative zur herrschenden Rationalität konkret sein könnte, wird weniger klar. Was es nun für Erkenntnis und Wissenschaft bedeutet, wenn «sinnlicher» wahrgenommen wird, bzw. wenn frau sich einer, wie formuliert wird, sinnlichen, phantasievollen Weltaneignungs- und Welterfahrungsweise befleißigt, das wird letztlich nicht erhellt. Autorinnen wie Irigaray und Kristeva kontrastieren männliche Rationalität ebenfalls relativ dunkel mit der Poesie, der Sprache des Mystizismus und der Magie (vgl. hierzu Moi 1985). Christine Kulke allerdings will die Gegenüberstellung – hier männliche Rationalität, da weibliche Sinnlichkeit – nicht ungebrochen gelten lassen. Trotz eines Plädoyers für neue Standards für naturwissenschaftliche und gesellschaftliche Rationalität (Kulke 1988a, S. 11), weist sie eine «Zuordnung von Weiblichkeit zu sinnlicher Erfahrung und von Männlichkeit zu destruktiver Rationalität» (Kulke 1988b, S. 56) zurück und stellt fest, daß:

> «bei der Frage nach den eigenen Voraussetzungen und Kriterien feministischer Kritik an der herrschenden Vernunft die Beziehung zu den Implikationen der geltenden Rationalität problematisch [erscheint], da oftmals ungeklärt auch tatsächliche Vermischungen mit diesen stattfinden» (Kulke 1988a, S. 10).

Ihr Hinweis, daß ein dringliches, wenn auch bisher ungeklärtes Problem die Frage nach der «Distanz und Autonomie feministischer Kritik gegenüber den geltenden Rationalitätskriterien» (a. a. O., S. 10) ist, legt den Finger auf einen wunden Punkt feministischer Kritik.

Angesichts der unübersehbaren Schwierigkeiten eine Alternative zur herrschenden Rationalität als Prinzip wissenschaftlichen Vorgehens jenseits der Akklamation von Sinnlichkeit oder Gefühl einigermaßen konkret zu formulieren, stellt sich die Frage, ob dieses «Andere» männlicher Erkenntnis bzw. Rationalität benennbar und wissenschaftlich umsetzbar ist. Die vorliegenden Beiträge zur Frauenforschung und feministischen Theorie deckten zwar die Beschränktheit und Bedingtheit vorhandener theoretischer und empirischer Arbeiten auf; sie erweiterten und sprengten das bisher akkumulierte empirische und theoretische Wissen; aber sie bewegten sich innerhalb des rationalen und wissenschaftlichen Paradigmas, indem sie an vorhandene, also notwendig patriarchale Theorien anknüpften und sich an ihnen abarbeiteten. Auch in den oben zitierten Ausführungen von Christine Kulke wird in sehr «rationaler» Weise und durchaus innerhalb des herrschenden Wissenschaftsdiskurses die Kritische Theorie diskutiert und auf ihre Brauchbarkeit für feministisch orientierte Fragestellungen abgeklopft. Selbst jene feministischen Ansätze, die das ganz andere Weibliche biologistisch begründen und den Anspruch im tradierten Sinne «wissenschaftlich» zu sein, gar nicht mehr haben, bewegen sich, sofern sie sich sprachlich vermitteln wollen, innerhalb sogenannter «rationaler» Argumentationsmuster. Das «ganz Andere», das aus Sinnlichkeit, Gefühl und dem weiblichen Lebenszusammenhang hervorgehen kann, ist, so scheint es, lediglich eine unausgefüllte, heuristische Kategorie. Warum aber das «ganz Andere» zunächst unausgefüllt bleiben *muß* und warum, wie ich meine, der Weg einer feministischen Wissenschaft sich notwendigerweise der Mittel dieser Rationalität bedienen muß und sich nicht jenseits von ihr etablieren kann, ist innerhalb standpunkttheoretischer Überlegungen nicht mehr begründbar. Standpunkttheorien begründen eine Artikulationsbeziehung zwischen Erfahrungen und Theorien. Das heißt, wenn andere Erfahrungen zugrundegelegt werden, lassen sich neue Fragestellungen, neue theoretische Ansätze und Methodologien entwickeln. Was sie nicht systematisch berücksichtigen ist die Tatsache, daß sich die Wissensproduktion nicht in der Beziehung von Erfahrung und Theoriebildung erschöpft. Sie bewegt sich darüberhinaus notwendig in der Sprache und das heißt innerhalb eines System symbolischer Repräsentationen. Dieses System symbolischer Repräsentationen ist aber ganz zentral mit dem Geschlechtersystem verknüpft. Um die Bedeutung dieses symbolischen Systems in der Wissensproduktion zu erfassen, ist es allerdings notwendig, die Ebene standpunkttheoretischer Argumentationen zu verlassen. Diese standpunkttheoretische Leerstelle läßt sich füllen durch die poststrukturalistischen Diskurstheorien. Die diskurstheoretischen Ansätze deuten auch darauf hin, in welcher Richtung die Antworten auf die im Zusammenhang mit den Standpunkttheorien aufgeworfenen Fragen liegen könnten.

Trotz aller Einwände, die gegen die weiblichen Standpunkttheorien geltend gemacht werden können, führt Sandra Harding ein überzeugendes Argument dafür ins Feld, daß Standpunkttheorien zumindest für eine Übergangszeit einen Platz in Wissenschaft und Forschung behaupten können. Da es aber nicht «die weibliche» Erfahrung gebe, sondern Erfahrungen von Frauen in verschiedenen Rassen und Klassen, könne auch nicht nur von *einer* Standpunkttheorie, sondern es müsse von Standpunkttheorien im Plural gesprochen werden. Feministische Standpunkttheorien, so Harding, führten schon alleine deshalb zu einem Erkenntnisgewinn, weil damit zum ersten Mal in der Geschichte weibliche Perspektiven systematisch in den menschlichen Erkenntnisprozeß eingingen, einer hegemonialen männlichen Perspektive erstmals eine weibliche gegenübergestellt wird. Somit:

> «ist es verfrüht für Frauen, das aufzugeben, was sie nie gehabt haben. Sollten es Frauen denn vernünftig finden [...], den Wunsch aufzugeben, die Welt zum ersten Mal vom Standpunkt ihrer Erfahrungen aus zu erkennen und zu verstehen» (Harding 1987b, S. 19)?

Stellt man an dieser Stelle noch einmal die Frage nach der Differenz der Geschlechter, so ist festzustellen, daß Standpunkttheorien diese Differenz nicht erklären. Die Unterscheidung von Männern und Frauen wird vielmehr implizit voraussgesetzt. Man gewinnt durch die Standpunkttheorien also keine Erklärung der Kategorie «Geschlecht» selbst. Klarer werden aber die Mechanismen, die in den Individuen wirken, um ihre Identität im Sinne dieser Kategorie zu formen und damit auch Auswirkungen auf Erkenntnisinteressen, Erkenntnisperspektiven und Erkenntnisgewinn haben.

Der diskurstheoretische Ansatz entstand zunächst im Rahmen poststrukturalistischer Theorien und wurde von feministischen Theoretikerinnen aufgegriffen und auf der Grundlage von Fragestellungen, die speziell das Geschlechterverhältnis betrafen, weiterentwickelt.[8]

Drei Begriffe sind im Poststrukturalismus von ausschlaggebender Bedeutung, nämlich Sprache, Subjektivität und Macht. Für alle poststrukturalistischen Theorien beginnt die Analyse mit der Sprache, verstanden nicht als Worte, sondern als Bedeutungssystem, bzw. als symbolische Ordnung.

> «Die Sprache ist der Ort, wo tatsächliche und mögliche Formen sozialer Organisationen und ihre wahrscheinlichen sozialen und politischen Folgen definiert und ausgefochten werden» (Weedon 1987, S. 21).

Die poststrukturalistischen Theorien gehen davon aus, daß weder Natur noch Gesellschaft intrinsische Bedeutungen besitzen, die mittels der Sprache zutage gefördert werden. Wenn wir uns mit Gesellschaft oder Natur wissenschaftlich beschäftigen, haben wir es nicht mit Essenzen, sondern immer schon mit Repräsentationen von etwas zu tun. Mit Kant wird angenommen, daß wir z. B. keinen Zugang zu einer «Natur an sich» haben. Allerdings wird das, was wir wahrnehmen, nicht letztendlich, wie bei Kant, auf ein angeborenes, kognitives Kategoriensystem zurückgeführt, sondern auf ein symbolisches System, das gesellschaftlich produziert ist. Wenn wir von «Natur» reden, dann immer nur innerhalb einer symbolischen Ordnung, die Trennungen entlang bestimmter Linien – z. B. zwischen Natur und Kultur, zwischen männlich und weiblich – bereits vorgenommen hat. Diese symbolischen Ordnungen werden durch sprachliche Konstrukte, die Foucault «Diskurse» nennt, produziert. Diskurse bezeichnen das, worüber in einer Gesellschaft gesprochen wird, was als Problematik und Thema verhandelt wird und was zur kollektiven Sinnproduktion beiträgt. Die Sprache ist also kein Zeichensystem, das wir benutzen, um einer «realen» Welt Ausdruck zu verleihen. Sie ist vielmehr ein Zeichensystem,

---

8 Die diskurstheoretischen Ansätze lassen sich grob in drei theoretische Richtungen aufteilen: Den psychoanalytischen Ansatz, für den Irigaray oder Kristeva genannt werden können; die literaturwissenschaftliche «deconstruction»; und den für die feministische Theoriebildung besonders fruchtbaren historischen Ansatz von Michel Foucault.

mit dem wir Bedeutungen produzieren. Bedeutungen existieren nicht vor der Sprache – sie werden vielmehr erst von ihr geschaffen. Die Sprache ist kein abstraktes System, sondern immer mit gesellschaftlichen und historischen Diskursen untrennbar verknüpft. Die Diskurstheorie interessiert sich für Wissen als Produkt von Macht und fragt nicht im traditionellen erkenntnistheoretischen Sinn nach der Wahrheit der Aussage.

> «Die Wahrheit», *so Foucault,* «ist von dieser Welt; in dieser wird sie aufgrund vielfältiger Zwänge produziert, verfügt sie über geregelte Machtwirkungen. Jede Gesellschaft hat ihre eigene Ordnung der Wahrheit, ihre ‹allgemeine Politik› der Wahrheit» (Foucault 1978, S. 55).

Ein Diskurs, das heißt systematische Aussagen über einen Gegenstand, entsteht nie, ohne daß es eine Macht gibt, die ihn in die Welt setzt. Macht und Wissen konstituieren den Diskurs und können die vielfältigsten Bündnisse eingehen. Macht geriert sich als Wissen überall dort, wo sie einen Gegenstand des Wissens kreiert, indem sie Aussagen über ihn macht und ihn somit der Betrachtung erst zugänglich macht. Die Schöpfung von Diskursen geht über den Begriff der Definitionsgewalt hinaus: Nicht eine vorgängig vorhandene Wirklichkeit wird interpretiert, sondern eine ganz bestimmte Wirklichkeit und keine andere wird geschaffen, indem Wissen in die Welt gesetzt wird.

Macht und Wissen verschränken sich auch mit dem Subjektbegriff. Der zentrale Ort des Kampfes um gesellschaftliche Macht ist das Individuum, genauer: die Bestimmung und Ausformung der jeweils gültigen Subjektivität. Wissen und Macht bilden eine Allianz, die diskursiv die historisch jeweils gültige Subjektivität bestimmt. Verdeutlichen läßt sich dies an den konkreten Diskursen, die seit der frühen Neuzeit das europäische Individuum konstituieren: Foucault spricht neben dem Sexualitätsdiskurs von Körperdiskursen, von den Diskursen der Medizin, des Strafrechtes und der Psychiatrie sowie dem Diskurs der Biologie. Sie alle fungieren als die «wahren» Diskurse über das Individuum und haben die Funktion, das «normale» Individuum zu formen, indem sie Aussagen darüber machen, was der Mensch ist. Sie entdekken aber keine zugrundeliegenden Wahrheiten, sondern setzen diskursiv eine bestimmte Subjektivität in die Welt.

Diese Aufgabe humanistischer Subjektvorstellungen – verbunden mit dem Schlagwort vom «Tod des Subjektes» – hat zu vielerlei Mißverständnissen Anlaß gegeben, allem voran dem, das Subjekt würde für diese Theorie in Geschichte und Gesellschaft keine Rolle mehr spielen, da es völlig in der Struktur aufgegangen sei. Aufgegeben werden damit aber lediglich essentialistische Vorstellungen des Subjektes wie sie humanistischen – oder erkenntnistheoretisch gewendet – cartesianischen Subjektvorstellungen zugrundeliegen. Nicht das Subjekt, sondern die vermeintlichen Gewißheiten über das Subjekt – wie z. B., daß es eine Sexualität «hat», daß wir anthropologische Gewißheiten über Körper und Geist haben, daß das Subjekt ein im humanistischen Sinne «einheitliches» ist – werden aufgegeben (vgl. Frank 1984; Frank u. a. 1988; Weedon 1987).

Auch hier wurde, wiederum nicht nur von feministischen Theoretikerinnen, darauf hingewiesen, daß sich hinter diesem Idealfall des humanistischen, universalen menschlichen Subjektes nichts anderes als das weiße, männliche Subjekt der westlichen Welt und dessen historisch spezifische Subjektivität verberge.[9] Diese spezielle Erscheinungsform von Subjektivität wurde in liberalen und humanistischen Entwürfen theoretisch überhöht und mit einem Alleinvertretungsanspruch ausgestattet. Demnach bedeutete Subjekt zu sein nicht, ein bestimmtes Wesen zu sein, sondern es bedeutete, einer bestimmten kulturellen Gruppe anzugehören und, wie der Sozialpsychologe Harré hervorhob, im Besitz einer bestimmten Theorie zu sein (Harré 1985, S. 262).

Poststrukturalistische Theorien nehmen demgegenüber an, daß Subjektivität weder unveränderlich noch prinzipiell jedem Individuum eigen ist. Subjektivität ist ein diskursives Produkt und vor allem auch ein diskursiver Prozeß. Demnach ist es müßig, nach dem «Wesen des Menschen» oder dem «wahrhaft Menschlichen» zu suchen. Alles was dabei zustande kommen kann, ist nur eine weitere Subjektdefinition, die wieder zur «Normalisierung», Disziplinierung und Standardisierung dient und bestimmte Erfahrungsweisen und Identitätsformen mittels neuer Ausschlußstrategien normativ festschreibt. Stattdessen gilt das Interesse vielmehr den Entstehungsbedingungen und den Produktionsbedingungen bestimmter, historisch wandelbarer Subjektivitäten.

---

9 Vgl. z. B. Paul Smith 1988. *Zur Unterdrückung der Differenz seitens des patriarchal-bürgerlichen Subjektes,* vgl. z. B. auch Christine Gledhill (1988). *Zur weiteren Diskussion postrukturalistischer Erkenntnisansätze* vgl. auch Dieter Freundlieb (1990).

Diskurstheoretiker wie Foucault hatten ihre Theorien ohne besondere Berücksichtigung der Kategorie «Geschlecht» angelegt (obwohl Foucault später durchaus bereit war, die immense Bedeutung einer geschlechtsspezifischen Betrachtung z. B. seines «Sexualitätsdiskurses» zuzugeben). Das Hineinschreiben des Geschlechts (Gender) in die diskurstheoretische Betrachtungsweise erwies sich als besonders fruchtbar. Wenn das historische Subjekt das Produkt eines Diskurses war, so stellte sich natürlich sofort die Frage nach der Zweigeschlechtlichkeit des Diskurses. Und auch hier schien die Sprache von ausschlaggebender Bedeutung, denn:

> «zur adäquaten Selbst- und Fremdkategorisierung bedarf es unabdingbar der kompetenten Beherrschung der Geschlechterterminologie und -grammatik. Geschlechtsidentität gibt es nur in sprachlicher Fassung» (Tyrell 1986, S. 462).

Wenn die Fragestellungen auf der Grundlage dieser theoretischen Vorstellungen sinnvollerweise lauten mußten: Wie ist das Subjekt jeweils theoretisch konzipiert? Welche Ausgestaltung von Subjektivität wird von wem zu welchem Zeitpunkt favorisiert? Und: Welchen gesellschaftlichen Interessen dient die eine spezifisch beschaffene Subjektivität? – so war auch klar, daß nicht mehr nach dem «Wesen der Frau» oder dem «wahrhaft Weiblichen» zu fragen war. Das Interesse mußte vielmehr den Entstehungskontexten und den Produktionsbedingungen einer historisch wandelbaren Subjektivität gelten, so daß die Fragen geschlechtsspezifisch gewendet lauten mußten: Welche Konstruktionen von Weiblichkeit sind auffindbar? Wie sind diese Konstruktionen beschaffen und welche Funktionen erfüllen sie? Was bezweckt ein bestimmter Weiblichkeitsdiskurs? Mit welchen anderen Diskursen ist er auf welche Weise zusammengebaut? Welche Macht stützt dieser Diskurs ab? Diese Fragen scheinen auch noch aus einem weiteren Grunde sinnvoll zu sein: Neue Diskurse oder Eigenentwürfe müssen immer auf bereits Vorhandenes zurückgreifen, und sich in irgendeiner Weise – sei es positiv oder negativ – auf tradierte Diskurse beziehen und sich mit ihnen verschränken. Damit aber besteht die Gefahr, wie Christina von Braun betonte, daß neue Weiblichkeitsentwürfe zu einer Bestätigung des hegemonialen männlichen Weiblichkeitsdiskurses werden,[10] indem sie die Weiblichkeitskonstruktionen, die der patriarchale Weiblichkeitsdiskurs produziert, gewissermaßen zur Tugend machen und eine Bestätigung beispielsweise des Bildes der sinnlichen, natur- und körpernahen Frau liefern. Das Problem hierbei liegt in der Frage, wie eine Unterscheidung möglich ist, zwischen der «weiblichen Identität» einer Frau und den Weiblichkeitsdefinitionen einer männlich dominierten Gesellschaft, die in konkreten Frauen notwendig ihren Niederschlag finden:

> «Kann ich meinen Gefühlen, meinen Trieben, meinem Körper selbst trauen, so etwa lautet die Frage, die hinter diesen Selbstzweifeln steht, oder sind diese nur fremde Wunschvorstellungen, die in mir Gestalt angenommen haben?» (von Braun 1989, S. 70 f.).

Diese Frage, die zwischen «genuiner» weiblicher Identität und patriarchaler Zuschreibung zu unterscheiden sucht, wird eben deswegen nicht immer eindeutig zu beantworten sein, weil sich beide Ebenen in einer konkreten Frau nicht trennen lassen, sondern notwendig verschränken.

Die diskursiv hergestellte Geschlechteridentität – also Männlichkeit und Weiblichkeit – läßt sich also nicht *nur* standpunkttheoretisch, d. h. auf dem Hintergrund verschiedener Erfahrungs- und Lebenswelten erklären, sondern muß auf einer anderen Analyseebene als ein in der symbolischen Ordnung hergestelltes, kulturelles Konstrukt verstanden werden.[11] Das bedeutet aber nicht, daß die so produzierte Identität für das Individuum von weniger großer Bedeutung wäre als in essentialistischen oder biologistischen Vorstellungen. Ob nun die Biologie oder der Diskurs als theoretische Erkärung herangezogen werden – für das in seiner Subjektivität lebende Individuum ändert sich zunächst wenig. Es bleibt in dieser Identität in gleicher Weise gefangen und kann nicht beliebig nach einer anderen greifen.

Was sich aber ändert, sind theoretische und wissenschaftliche und in der Folge wohl auch politische Strategien. Theoretisch bedeutet diese Vorstellung, wie Hartmann Tyrell hervorhob, daß Kohlbergs Theorie vom primär kognitiven Erwerb der Geschlechteridentität bei weitem zu simpel angelegt ist, da es «nicht nur um eine Ordnungsleistung

10 Christina von Braun weist ebenfalls auf die Gefahr neuer essentialistischer Weiblichkeitsentwürfe durch die Frauenbewegung hin. So habe diese dazu beigetragen, das Bild der Hexe «im Sinne einer Carmen umzuformen: als Verkörperung der pulsierenden Natur, der unbezähmbaren Leidenschaft – ganz so wie Michelet es vorgeschrieben hatte» (von Braun 1989, S. 70 f.).

11 Innerhalb dieser symbolischen Ordnung ist also die Kategorie Geschlecht weniger eine Organisation sexueller Differenz als eine Organisation von Macht (hierzu auch: Teresa de Lauretis 1989, Kapitel 1).

[geht], die differenziert, was die Realität augenfällig vorgibt» (Tyrell 1986, S. 462). Männlichkeit und Weiblichkeit werden nicht je historisch und kulturell verschieden definiert, sie werden verschieden *produziert*. So plädiert auch Tyrell für eine kulturtheoretisch-semiotische Fassung der Geschlechterdifferenz, da

> «zweigeschlechtliche Klassifikationssysteme etwas an sich eher Unwahrscheinliches [...], nämlich hochgradig Voraussetzungsvolles» (Tyrell 1986, S. 456) seien. «Daß wir uns (lebensweltlich) der Geschlechterdifferenz und ihrer Relevanz so sicher sind, daß wir diesbezüglich [...] nichts als Männer und Frauen wahrnehmen, bedarf als Bedingung seiner Möglichkeit der massiven kulturellen Sanktionierung» (a. a. O., S. 457).

Diese kulturelle Sanktionierung wirkt darauf hin, ein «wechselseitig exklusiv aufeinander verweisendes Kategorienpaar» (a. a. O.) – nämlich männlich und weiblich – auf allen Ebenen des kulturellen Prozesses zu reproduzieren. Das Oppositionspaar «männlich-weiblich» durchzieht die gesamte westliche Kultur und schlägt sich auch in kulturellen Codierungen nieder. Genannt werden hierbei klassischerweise die Begriffspaare Natur/Kultur, Seele/Geist, Gefühl/Vernunft, Instinkt/Logik, wobei ein Teil dieser binären Oppositionspaare jeweils weiblich bzw. männlich besetzt ist. Ebenso wie bei dem Kategorienpaar Frau und Mann geht es dabei um Begrifflichkeiten, die jeweils auf ihr weibliches bzw. männliches Gegenteil verweisen. Die kulturellen Konzepte von Männlichkeit und Weiblichkeit werden einerseits als komplementäre, andererseits sich gegenseitig ausschließende Kategorien konstruiert. Durch ihre Verknüpfung mit all unseren kulturellen Produktionen und Vorstellungen, aber auch allen identitätsproduzierenden gesellschaftlichen Institutionen, wird das Sex-Gender-System, wie Gayle Rubin es nannte, tief in unsere Kultur und unsere Identität eingelassen. Dieses System ist «sowohl ein soziokulturelles Konstrukt als auch ein semiotischer Apparat» (de Lauretis 1987, S. 5), der soziale Ungleichheit organisiert, da die Kategorie «Geschlecht» immer soziale, politische und ökonomische Folgen mit sich bringt und mit der Verteilung von Subjektpositionen und Lebenschancen verbunden ist.

Mit dieser Vorstellung von Subjektivität und Identität ist die liberal-humanistische Vorstellung von der Allgewalt eines Subjektes, das Herr seiner Gedanken und Äußerungen ist und sich ansonsten in seiner «menschlichen Natur» zu Hause fühlen kann, aufzugeben. Dies fällt, wie Christina von Braun anmerkte, Frauen ohnehin leichter als Männern, die auch heute noch stärker als Frauen mit der Illusion leben, Subjekte und luzide und bewußt lenkende Agenten der Geschichte zu sein (vgl. von Braun 1989, S. 20). Diese Annahme leuchtet ein und läßt sich sowohl standpunkt- wie diskurstheoretisch begründen. Für sie spricht zum einen die historisch-gesellschaftliche Erfahrung von Frauen, mit der sie selten in die Versuchung kamen, der Illusion von völliger Autonomie und Selbstbestimmung aufzusitzen; für diese These spricht aber auch die diskursive Produktion von weiblicher Subjektivität auf kultureller Ebene: In weibliche Subjektivität dürfte die Vorstellung des autonomen, die Welt und sich selbst lenkenden Subjektes ebenfalls weniger stark eingelassen sein als in die männliche. Zwar wird mit der Aufgabe des autonomen und selbstbewußten Subjektes auch die politische Vorstellung einer zu sich selbst gekommenen, autonomen Frau hinfällig, andererseits aber ergeben sich für das feministische Erkenntnisinteresse durch diese Subjektkonzeption eine Reihe von Antworten auf bislang offene Fragen, die sowohl wissenschaftlich als auch politisch richtungsweisend sein können. Wenn es eine Frage ist, warum sich Frauen bestimmten Verhältnissen ohne Gegenwehr aussetzen oder ausgesetzt haben, so kann dies ein Effekt einer bestimmten Konstruktion von Weiblichkeit sein, die tief in die Subjektivität und Persönlichkeit eingelassen ist. Wenn aber Subjektivität ein diskursives Produkt ist, das aus dem Zusammenspiel von Macht und Wissen hervorgeht und hochgradig identitätsrelevant wirkt, so ergeben sich neue Antworten auf alte Fragen. Dies tangiert auch die Frage, auf welche Weise Frauen zu Komplizinnen ihrer eigenen Unterdrükkung werden. So kann beispielsweise «weiblicher Masochismus» nicht mehr als tiefliegende Ursache für bestimmte Verhaltensweisen reklamiert werden. Auch sozialisationstheoretische oder psychoanalytische Erklärungen können zu kurz greifen. Vielmehr sind ganz wesentlich auch die kulturellen Konstruktionen von Weiblichkeit zu untersuchen, die bestimmte «Subjektpositionen» zur Verfügung stellen. Diese können zu einem bestimmten historischen Zeitpunkt oder unter bestimmten sozialen Bedingungen wenig Möglichkeiten für Widerständigkeiten offen lassen, weil keine lebbare Alternative zur hegemonialen Subjektivität zur Verfügung steht. Denn während prinzipiell ein Individuum in allen möglichen Subjektivitätsformen vorkommen kann, ist in der jeweils historisch und gesellschaftlich konkreten Realität der Zugang zur Subjektivität von den historisch spezifischen Umständen und den Machtverhältnissen in einer Gesellschaft abhängig (vgl. Weedon 1987, S. 95).[12] Damit stellt sich die Frage, wie Widerständigkeiten diskurstheoretisch gesehen überhaupt zustandekommen.

Der Diskurstheorie, und insbesondere Foucault, wurden zu Unrecht immer wieder der Vorwurf gemacht, diese Theorie böte keinen Raum für Widerstand, da – idealtypisch gedacht – das Zusammenspiel von Macht und Wissen immer schon eine geschlossene Persönlichkeit in die Welt setzt, für die aus dem Gefängnis ihrer Subjektivität kein Weg herausführt. Gerade das zutiefst identitätsrelevante Beispiel der Geschlechterkonstruktion, aus der es so gut wie keine Austrittsverfahren gibt, schien dafür ein schlagendes Beispiel. Die diskurstheoretischen Ansätze beinhalten aber nicht nur die prinzipielle Möglichkeit von Widerstand; die Notwendigkeit eines permanenten, nach höchstens kurzen Ruheperioden immer wieder aufflammenden Widerstandes ist vielmehr in sie eingebaut. Weil es immer verschiedene und konfligierende gesellschaftliche Interessen geben wird, wird es immer verschiedene und konfligierende Diskurse geben. In den Bruchstellen der Diskurse aber, d. h. dort, wo beispielsweise Vorstellungen über die Würde des Menschen und seine Freiheit mit Vorstellungen über die passive und masochistische Weiblichkeit zusammenprallen und *beide* in die Subjektivität eingehen – dort findet sich der Nährboden für Widerstand. In dem Maße, in dem identitätsrelevante Vorstellungen von Freiheit und Gleichheit auch die weibliche Subjektivität mitkonstituieren, wird der Widerstand gegen Verhältnisse, in denen Weiblichkeit auf Subalternität und auf ein Defizit hin konstruiert wird, wachsen. Innerhalb gewisser Grenzen kann also das Subjekt eine Wahl zwischen verschiedenen Diskursen treffen, die entweder vorgegeben sind, oder aus dem Vorhandenen zusammengebaut werden.

Erkenntnistheoretisch gesehen bedeutet dies die Aufgabe eines universalen Subjektes der Erkenntnis, das mit bestimmten, aus den kulturellen Männlichkeitskonstruktionen (und in der Folge männlichen Erfahrungen) gewonnenen Eigenschaften ausgestattet ist. Hier

---

12 Daß auf diese Art und Weise eine «Identitätspolitik» gemacht werden kann, hatte sich bereits Althusser zum Problem gemacht. Er war davon ausgegangen, daß eine Erklärung von Machtausübung zu kurz greift, die sich lediglich zwischen den Polen «physische Gewalt» und «ideologische Hegemonie» im Sinne Gramscis bewegt, und hatte festgestellt, daß alle Ideologien die Funktion haben, konkrete Individuen als Subjekte zu konstituieren, und daß sie in tiefen Inneren der Individuen zu Werke gehen. Daß diese Ideologie allerdings auch Männer und Frauen konstituieren könnte, wurde ausgeblendet (vgl. Althusser 1977).

wurde eine ähnliche Kritik laut, wie sie die Standpunkttheoretikerinnen aufgrund anderer Überlegungen ebenfalls geäußert hatten. So hat Irigaray darauf hingewiesen, daß dieses Erkenntnissubjekt, das mit einer ahistorischen Rationalität ausgestattet ist, die weder von einem Körper behelligt wird noch in einer Geschlechter- oder Klassengesellschaft gefangen ist, einen Status genießt, der normalerweise nur Engeln zugestanden wird (vgl. Gross 1986, S. 199). Das diskurstheoretisch dekonstruierte Subjekt kann aber verständlicherweise nicht mehr im kantianischen Sinne als notwendige *und* hinreichende Bedingung einer Erkenntnistheorie zugrunde gelegt werden.

Schließlich betreffen diese Überlegungen auch das Verständnis von Wissenschaft. Wissen wird nicht mehr so verstanden, daß aufgrund eines bestimmten methodologischen und methodischen Vorgehens Gewißheit über eine vorgängige Realität erlangt wird, wie es der Empirismus unterstellte. Es bedeutet vielmehr, ein diskursives Feld, wie Foucault es nannte, zu kennen und dessen Regeln zu beherrschen. Die Diskurstheorie bestreitet nicht den ontologischen Status von Dingen. Ontologische Aussagen sind aber nicht ihr Problem: Es wird vielmehr versucht, keine ontologischen Aussagen zu machen, da die Welt jenseits des Diskurses als nicht zugänglich betrachtet wird (vgl. Gergen 1988, S. 40).

Damit verlieren die feministischen Standpunkttheorien jedoch nicht an historischer und gesellschaftlicher Bedeutung. Das Bahnbrechende der – historisch erstmals in systematischer Form möglichen – Formulierung eines aus weiblicher Perspektive vorgenommenen Erkenntnisansatzes kann nicht oft genug betont werden. Im Hinterkopf muß dabei aber bleiben, daß Frauen ihre Erfahrung nur innerhalb der vorgegebenen sprachlichen und symbolischen Ordnung artikulieren können, bzw. daß sich Erfahrungen nicht nahtlos in Artikulationen umsetzen. Zwischen Erfahrungsdaten und Hypothesen über diese Erfahrung gibt es eine logische Lücke, die Helen Longino folgendermaßen beschrieben hat: Wie auch immer wir Beobachtungsdaten charakterisieren, sie dienen immer als Illustration für Hypothesen und Theorien. Empirische Beobachtungen sind nicht selbst-evident, d. h. sind kein unmittelbarer Beweis für Theorien. Hypothesen wiederum sind Vermutungen, deren Inhalt immer den der beschriebenen Beobachtungsdaten übertrifft (vgl. Longino 1989, S. 264). Diese Lücke füllen wir durch Hintergrundannahmen aus unserer sprachlichen bzw. symbolischen Ordnung. Diese symbolische Ordnung bzw. die uns zur Artikulation zur Verfügung stehenden Diskurse sind aber untrennbar mit gesellschaftlichen, also auch patriarchalen Verhältnissen verknüpft. Der Rationalitätsdiskurs ist ein Diskurs, der uns u. a. die Verständigung miteinander ermöglicht. In einem feministischen Par-force Ritt (beispielsweise der Substitution von Rationalität durch Sinnlichkeit, oder Mary Daly's Versuch der radikalen Dekonstruktion einer patriarchalen Sprache), ist er nicht aus dem Sattel zu werfen. Dazu bedarf es grundlegender Veränderungsprozesse im Geschlechterverhältnis, in den diskursiven Feldern und daraus resultierend in der Wissenschaft. Über die Resultate solcher Veränderungen können wir zum jetzigen Zeitpunkt nur spekulieren.[13]

Angesichts dieser Situation wäre, diskurstheoretisch gedacht, zunächst auch den Artikulationen von Frauen ein gewisser Ideologieverdacht entgegenzubringen. Dieses Mißtrauen ist angebracht, da sich Frauen nicht außerhalb der Sprache und der hegemonialen patriarchalen Diskurse bewegen, und wir deshalb nicht annehmen können,

> «daß die Erfahrung der Frauen außerhalb der hegemonial konstruierten Kontexte liegt, als etwas, was wir gleichsam als ‹reinere› Aussage über diese Politik definieren könnten» (Scott 1987, S. 29).

Die Konsequenzen sind aber noch weitreichender, wenn sich Frauen als Wissenschaftlerinnen in der so verstandenen Welt verorten sollen. Denn wenn weibliche Subjektivität ein diskursives Produkt ist, das unter bestimmten, nämlich patriarchalen, Machtbedingungen zustandekommt, dann verfängt sich unter diesen Verhältnissen jede politisch denkende Frau, insbesondere aber die Wissenschaftlerin, wie Teresa de Lauretis es bezeichnete, «im Paradox Frau»: Sie ist sich einerseits der patriarchalen Gemachtheit und Kontingenz ihrer Subjektivität bewußt, weiß andererseits aber auch, daß dies die einzige Subjektivität ist, die sie besitzt. Angesiedelt in diesem über sich selbst hinausweisenden Zwiespalt, dieser diskursiven Bruchstelle, steht sie «gleichzeitig in und außerhalb der Ideologie» (de Lauretis 1990, S. 115 f.). Gleichzeitig in und außerhalb der Ideologie steht dann auch die feministische Theorie und Wissenschaft. Ebenso wie die feministische Wissenschaftlerin sich

---

13 Diese Veränderungen in gesellschaftlichen Verhältnissen sowie Wahrnehmung und Wissenschaft spielen sich vermutlich in einem Rennen um die Zeit ab. Für Edward E. Sampson entfaltet sich angesichts des Zustandes unserer Welt das «Drama des menschlichen Überlebens» innerhalb dieser Problematik des Veränderns struktureller und symbolischer Zusammenhänge sowie Erkenntismodi (vgl. Edward E. Samson 1990).

der Bedingtheit ihrer Identität und Kontingenz ihrer Resultate bewußt ist, ebenso bewegt sich feministische Wissenschaft innerhalb der herrschenden diskursiven Formationen und weist gleichzeitig über sie hinaus. Die feministische Wissenschaftlerin ist damit in den Worten von de Lauretis ein «exzentrisches Subjekt», das heißt sie besetzt innerhalb des männlich-heterosexuellen Monopols von Macht-Wissen eine «exzentrische diskursive Position» (a. a. O., S. 127).

An dieser Stelle soll noch einmal die Frage nach dem Stellenwert der Rationalität in einer feministisch orientierten Wissenschaftstheorie aufgeworfen werden. Im Sinne von Kulke sollen mit «Rationalität» die derzeit geltenden Vernunftkriterien als hegemoniales Gestaltungsprinzip von Gesellschaft und Wissenschaft verstanden werden (Kulke 1988b, S. 56). Verortet man feministische Wissenschaft wie oben in einem Raum innerhalb und außerhalb herrschender patriarchaler Rationalität und Wissenschaft, innerhalb und außerhalb von Ideologie, so wird ein weiteres Mal Christine Kulkes Feststellung zentral, daß «die Frage nach Distanz und Autonomie feministischer Kritik gegenüber den geltenden Rationalitätskriterien unausweichlich» (Kulke 1988a, S. 10) wird. Auf der Grundlage des oben Gesagten soll darauf eine Antwort versucht werden. Bei Berücksichtigung diskurstheoretischer Überlegungen wird man in dieser Frage folgern müssen, daß das «ganz andere Weibliche» sowohl in der Geschichte als auch in der Wissenschaft eine logische Unmöglichkeit ist. Das «Weibliche» als das «ganz Andere» der Erkenntnis oder auch als das «Andere» einer männlichen Rationalität läßt sich innerhalb unseres sprachlichen Systems bzw. unserer symbolischen Ordnung nicht definieren, weil, wie Renate Genth sinnfällig formulierte, dabei «den Worten die Luft, vielleicht das Leben» (Genth 1988, S. 140) ausgeht. Die Luft geht den Worten deswegen aus, weil wir außerhalb der sprachlichen und symbolischen Ordnung schlicht nicht miteinander reden können, mehr noch: Weil ein Heraustreten aus diesem sprachlichen Raum einem Verlust unserer (sprachlich konstituierten) Identität gleichkäme, weil nicht nur den Worten, sondern uns selbst dabei die Luft ausginge. Alternative Entwürfe von Identität und Wissen bzw. Erkenntnis entstehen notgedrungen aus den herrschenden Diskursen heraus, d. h. indem sie sich an hegemonialen Diskursen abarbeiten. Auch wenn das gesamte Feld des Wissens ein Produkt von Macht ist, auch wenn Macht über das Instrument der menschlichen Erkenntniskraft operiert, auch wenn die allermeisten Frauen in einem System des Wissens leben, das weder aus ihrer diskursiv hergestellten Subjektivität noch aus ihrem konkreten Erfahrungskontext hervorgegangen ist, so ist doch ein «Seitenausstieg» schlechterdings unmöglich. Wie Ann Kaplan formulierte:

> «Wir müssen lernen, wie wir das, was wir als herrschende Diskurse erkannt haben, manipulieren können, so daß wir uns *durch sie* anstatt jenseits von ihnen befreien. *Denn was soll jenseits von ihnen sein»* (Kaplan 1982/83, S. 60, meine Hervorhebung)?

Wenn argumentiert wird, daß Rationalität ein Herrschaftsinstrument ist, so muß das Paradox gesehen werden, daß sie gleichzeitig *auch* ein Befreiungsinstrument ist – nur indem wir durch sie hindurchgehen, indem wir uns ihrer kritisch bedienen, wird es möglich, ihre Grenzen und Kontingenzen aufzudecken. Der Rationalität Gefühl oder Sinnlichkeit als Gegenentwurf gegenüberzustellen, führt nur weiter in das Labyrinth der Diskurse hinein. Denn Gefühl oder Sinnlichkeit sind ja ebenfalls nur ein Effekt von Diskursen und bieten somit auch keinen «authentischeren» Zugang zu den Phänomenen. Rationalität und Gefühl mögen *beide* über sich selbst hinausverweisen. Das eine ist aber keine Lösungsmöglichkeit für das andere. In der Folge kann das Gefühl oder die Sinnlichkeit auch nicht schlichtweg Grundlage einer «besseren», d. h. dem rationalen Paradigma überlegenen feministischen Wissenschaft sein.[14] Aus diesem Grund kann wohl von einer feministischen Wissenschaft zum jetzigen Zeitpunkt nicht die Rede sein, sondern von einer feministischen Wissenschaftskritik. Dabei sind die Verbindungslinien zwischen einer Kritik der Rationalität und einer Kritik der Wissenschaft nicht direkt und eindeutig, denn die feministische Wissenschaftskritik wird sich notgedrungen der Mittel der Rationalität bedienen. Andererseits ist es wiederum möglich, diese Rationalität mit Hilfe der Wissenschaftskritik in ihrer Beschränktheit darzustellen und zu dekonstruieren. Im Rahmen dieser Wissenschaftskritik kann zwar herrschende Wissenschaft ad absurdum geführt werden, können Problembereiche (wie beispielsweise die wichtige Frage von Objektivität und Subjektivität) diskutiert, theoretische Richtungen eingeschlagen und zukünftige Entwicklungen angedeutet werden, konkrete Aussagen darüber, was «feministische Wissenschaft» als Gegen-

14 Das Gefühl ist letztlich ebenso manipulierbar wie das Denken, wie uns nicht zuletzt auch die historische Erfahrung zeigt: Politische Regime, die an das Gefühl und an das Empfinden appellierten, und Intellektualität und Rationalität explizit verwarfen, waren bekanntlich nicht humaner als andere.

entwurf ist, sind aber zum jetzigen Zeitpunkt nicht möglich.[15] Dazu bedarf es einer schrittweisen Abarbeitung des Rationalitätsparadigmas, aber auch ganz wesentlich (damit zusammenhängend) der hegemonialen Körper-, Gefühls- und Sinnlichkeitsdiskurse.

Wenn der diskurstheoretische Ansatz einerseits bestimmte Denkwege weist und andere als unfruchtbar erkennen läßt, so wirft er andererseits ebenso neue Probleme auf. Ein Problem dieses Ansatzes, auf das an dieser Stelle noch hingewiesen werden soll, besteht darin, dem Subjektivismus- bzw. Relativismusvorwurf zu entgehen. Wenn jegliches Wissen nur als Moment von Macht verstanden werden kann –, wie kann dann überhaupt noch Wissenschaft betrieben werden? Helen Longino will diesem Dilemma durch die Annahme einer kontextgebundenen und gesellschaftlichen Perspektive begegnen. Hierin liegt auch für Kenneth Gergen der Ausweg, wenn er vorschlägt, Wissen als verbunden mit gesellschaftlichen Prozessen zu sehen. Denn:

> «anzunehmen, daß etwas unabhängig von uns existiert, daß es aus separaten Entitäten zusammengesetzt ist, daß es zeitlos ist usw., sind bereits diskursive Strategien, die sich innerhalb eines System linguistischer Kontrollen, Unterscheidungen und Variationen bewegen. Die Validität dieser Diskurse [...] ist für die Diskurstheorie eine gesellschaftliche Leistung und nicht auf eine ‹objektive› Außenwelt zurückzuführen» (Gergen 1988, S. 40).

Wenn aber die Validität der Diskurse eine gesellschaftliche Leistung ist, so müssen wir an dieser Stelle den Bogen zurückschlagen zur gesellschaftlichen Macht, an der bereits die Vorstellung vom herrschaftsfreien Diskurs von Habermas gescheitert war. Feministisch orientierten Wissenschaftlerinnen und Wissenschaftlern ist unter diesen Voraussetzungen zum jetzigen Zeitpunkt wohl am ehesten der diskursive Guerillakrieg zu empfehlen, in dem die diskursiven Nischen und Brüche schnell erkannt und taktisch genutzt werden müssen. Die akribische Kenntnis des Gegners und seiner diskursiven Strategien sowie seiner Schwächen und Widersprüche, seiner «blind spots» und «dark continents», aber auch der eigenen Identitätsfallen und Weiblichkeits-/Männlichkeits-Paradoxien dürften dabei unerläßlich sein.

---

15 Vgl. Elizabeth Fee, die folgende Analogie für diese Situation bietet: «For us to imagine a feminist science in a feminist society is rather like asking a medieval peasant to imagine the theory of genetics or the production of a space capsule; our images are, at best, likely to be sketchy and insubstantial» (Fee 1990, S. 22 f.).

Literatur

ACKER, Joan (1989): «Was wurde aus dem Paradigmenwechsel?» In: *Das Argument*, 177, S. 683-694

ALTHUSSER, Louis (1977): *Ideologie und ideologische Staatsapparate.* Hamburg

BECHER, Ursula A.J. / RÜSEN, Jörn (Hgg.) (1988): *Weiblichkeit in geschichtlicher Perspektive. Fallstudien und Reflexionen zu Grundproblemen historischer Frauenforschung.* Frankfurt a. M.

BRAUN, Christina v. (1989): *Die schamlose Schönheit des Vergangenen. Zum Verhältnis von Geschlecht und Geschichte.* Frankfurt a. M.

CHODOROW, Nancy (1985): *Das Erbe der Mütter.* München

DALY, Mary (1988): *Gyn/Ecology.* London

DE LAURETIS, Teresa (1987): *Technologies of Gender. Essays on Theory, Film, and Fiction.* Bloomington

DE LAURETIS, Teresa (1990): «Eccentric Subjects: Feminist Theory and Historical Consciousness». In: *Feminist Studies*, 16/1, S. 115-147

FEE, Elizabeth (1990): «Women's Nature and Scientific Objectivity». In: Lowe, Marian / Hubbard, Ruth (Hgg.): a. a. O., S. 9-28

FOUCAULT, Michel (1978): «Wahrheit und Macht». Interview mit Michel Foucault von A. Fontana und P. Pasquino. In: *Dispositive der Macht.* Michel Foucault: *Über Sexualität, Wissen und Wahrheit.* Berlin

FOUCAULT, Michel (1980): *Sexualität und Wahrheit. Der Wille zum Wissen.* Frankfurt a. M.

FOX KELLER, Evelyn (1978): «Gender and Science». In: *Psychoanalysis and Contemporary Thought*, 1/3, S. 409-433

FRANK, Manfred (1984): *Was ist Neostrukturalismus?* Frankfurt a. M.

FRANK, Manfred / RAULET, Gérard / REIJEN, Willem van (Hgg.) (1988): *Die Frage nach dem Subjekt.* Frankfurt a. M.

FREUNDLIEB, Dieter (1990): «Hermeneutics, Deconstruction and Linguistic Theory. Manfred Frank's Response to Derrida and Searle». In: *Zeitschrift für Allgemeine Wissenschaftstheorie*, 21/1, S. 183-204

GENTH, Renate (1988): «Patriarchale Naturbeherrschung, Weiblichkeit und phallokratische Naturzerstörung». In: Kulke, Christine (Hg.): a. a. O., S. 129-144

GERGEN, Kenneth J. (1988): «Feminist Critique of Science and the Challenge of Epistemology». In: McCanney Gergen, Mary (Hg.): a. a. O., S. 27-48

GERGEN, Kenneth / DAVIS, Keith (Hgg.) (1985): *The Social Construction of the Person.* New York

GLEDHILL, Christine (1988): «Pleasurable Negotiations». In: Pribram, E. Deidre (Hg.): a. a. O., S. 64-89

GROSS, Elizabeth (1986): «Conclusions. What is Feminist Theory?» In: Pateman, Carole / Gross, Elizabeth (Hgg.). a. a. O.

GROSSMANN, Ruth (1989): «Feminismus im Schoß der Familie. Kritische Überlegungen zu Chodorows ‹Erbe der Mütter›». In: Grossmann, Ruth / Schmerl, Christiane (Hgg.): a. a. O., S. 172-210

GROSSMANN, Ruth / SCHMERL, Christiane (Hgg.) (1989): *Feministischer Kompaß, patriarchales Gepäck. Kritik konservativer Anteile in neueren feministischen Theorien.* Frankfurt a. M.

HAGEMANN-WHITE, Carol / RERRICH, Maria S. (Hgg.) (1985): *FrauenMännerBilder. Männer und Männlichkeit in der feministischen Diskussion.* Bielefeld

HARDING, Sandra / HINTIKKA, Merrill B. (1987a): «Introduction: Is There a Feminist Method?» In: Harding, Sandra / Hintikka, Merrill B. (Hgg.): a. a. O., S. 1-14
HARDING, Sandra / HINTIKKA, Merrill B. (1987b): «Conclusions: Epistemological Questions». In: Harding, Sandra / Hintikka, Merrill B. (Hgg.): a. a. O., S. 181-190
HARDING, Sandra / HINTIKKA, Merrill B. (1989a): «Männliche Erfahrung und die Normen sozialwissenschaftlicher Erkenntnis». In: Schaeffer-Hegel, Barbara / Watson-Franke, Barbara (Hgg.): a. a. O., S. 223-244
HARDING, Sandra / HINTIKKA, Merrill B. (1989b): «How the Women's Movement Benefits Science. Two Views». In: *Women's Studies International Forum,* 12/3, S. 271-283
HARDING, Sandra / HINTIKKA, Merrill B. (Hgg.) (1983): *Discovering Reality. Feminist Perspectives on Epistemology, Metaphysics, Methodology and Philosophy of Science.* Dordrecht
HARDING, Sandra / HINTIKKA, Merrill B. (Hgg.) (1987): *Feminism and Methodology. Social Science Issues.* Bloomington
HARRY, Rom (1985): «The Language Game of Self-Ascription: A Note». In: Gergen, Kenneth / Davis, Keith (Hgg.): a. a. O., S. 259-264
HARTSOCK, Nancy (1984): *Money, Sex and Power. Toward a Feminist Historical Materialism.* New York
HARTSOCK, Nancy (1983): «The Feminist Standpoint. Developing the Ground for a Specifically Feminist Historical Materialism». In: Harding, Sandra / Hintikka, Merrill B. (Hgg.): a. a. O., S. 283-310
HOF, Renate (1990): *Ziele und Probleme der Frauenforschung.* München (unveröffentlichtes Vortragsmanuskript)
KAPLAN, Ann E. (1982/1983): «Theories and Strategies of the ‹Feminist Documentary›». In: *Millenium Film Journal,* 12, S. 44-67
KELLY GADOL, Joan (1989): «Soziale Beziehungen der Geschlechter. Methodologische Implikationen einer feministischen Geschichtsbetrachtung». In: Schaeffer-Hegel, Barbara / Watson-Franke, Barbara (Hgg.): S. 17-32
KUHN, Thomas (1977): *Die Struktur wissenschaftlicher Revolutionen.* Frankfurt a. M.
KULKE, Christine (1988 a): «Vorwort und Einleitung». In: Kulke, Christine (Hg.): a. a. O.,S. 7-14
KULKE, Christine (1988b): «Von der instrumentellen zur kommunikativen Rationalität patriarchaler Herrschaft». In: Kulke, Christine (Hg.): a. a. O., S. 55-70
KULKE, Christine (Hg.) (1988): *Rationalität und sinnliche Vernunft. Frauen in der patriarchalen Realität.* Pfaffenweiler
LIST, Elisabeth (1989): «Denkverhältnisse. Feminismus als Kritik». In: List, Elisabeth / Studer, Herlinde (Hgg.): a. a. O., S. 7-34
LIST, Elisabeth / STUDER, Herlinde (Hgg.) (1989): *Denkverhältnisse. Feminismus und Kritik.* Frankfurt a. M.
LONGINO, Helen (1989): «Feminist Critiques of Rationality: Critiques of Science or Philosophy of Science?». In: *Women's Studies International Forum,* 12/3, S. 261-269
LOWE, Marian / HUBBARD, Ruth (Hgg.) (1990): *Woman's Nature. Rationalizations of Inequality.* New York
LUHMANN, Niklas (1988): «Männer, Frauen und George Spencer Brown». In: *Zeitschrift für Soziologie,* 17/1, S. 47-71
MACKINNON, Catherine (1989): «Feminismus, Marxismus, Methode und der Staat: Ein Theorieprogramm». In: List, Elisabeth / Studer, Herlinde (Hgg.): a. a. O., S. 86-132
MCCANNEY GERGEN, Mary (Hg.) (1988): *Feminist Thought and the Structure of Knowledge.* New York
MOI, Toril (1985): *Sexual/Textual Politics.* London

PATEMAN, Carole / GROSS, Elizabeth (Hgg.) (1986): *Feminist Challenges. Social and Political Theory.* Boston
PRIBRAM, E. Deidre (Hg.) (1988): *Female Spectators. Looking at Film and Television.* London
RANDOLPH HIGONNET, Margaret / JENSEN, Jane u.a. (Hgg.) (1987): *Behind the Lines. Gender and the Two World Wars.* New Haven
RÜSEN, Jörn (1988): «Schöne Parteilichkeit. Feminismus und Objektiviät in den Geschichtswissenschaften». In: Becher, Ursula A.J. / Rüsen, Jörn (Hgg.): a. a. O., S. 517-542
SAMPSON, Edward (1990): «The Deconstruction of the Self». In: Shotter, John / Gergen, Kenneth (Hgg.): a. a. O., S. 1-19
SCHAEFFER-HEGEL, Barbara / WATSON-FRANKE, Barbara (Hgg.) (1989): *Männer, Mythos, Wissenschaft. Grundlagentexte zur feministischen Wissenschaftskritik.* Pfaffenweiler
SCOTT, Joan W. (1987): «Rewriting History». In: Randolph Higonnet, Margaret / Jensen, Jane (Hgg.): a. a. O., S. 19-30
SHOTTER, John / GERGEN, Kenneth (Hgg.) (1990): *Texts of Identity.* London
SMITH, Dorothy, E. (1989): «Soziologie für Frauen». In: List, Elisabeth / Studer, Herlinde (Hgg.): a. a. O., S. 353-424
SMITH, Paul (1988): *Discerning the Subject.* Minneapolis
STACEY, Judith / THORNE, Barrie (1985): «The Missing Feminist Revolution in Sociology». In: *Social Problems,* 32/4, S. 301-316
TATSCHMURAT, Carmen (1985): «Zwischen Partikularität und Universalität. Frauenforschung auf der Suche nach ihrem Paradigma». In: Hagemann-White, Carol / Rerrich, Maria S.(Hgg.): a. a. O., S. 120-139
TYRELL, Hartmann (1986): «Geschlechtliche Differenzierung und Geschlechterklassifikation». In: *Kölner Zeitschrift für Soziologie und Sozialpsychologie,* 38/3, S. 450-489
WEEDON, Chris (1987): *Feminist Practice and Poststructuralist Theory.* Oxford

Gudrun-Axeli Knapp

MACHT UND GESCHLECHT

NEUERE ENTWICKLUNGEN IN DER FEMINISTISCHEN MACHT- UND HERRSCHAFTSDISKUSSION

1950 schrieb der Soziologe Robert Bierstedt in der *American Sociological Review* Nr. 15 zum Stichwort «Power»: «We all know perfectly well what it is – until someone asks us.»

In den 70er Jahren wäre diese Aussage wahrscheinlich vielen Feministinnen als fragwürdige Verallgemeinerung erschienen: Wie patriarchale Macht aussieht, das wußte frau aus geteilter Erfahrung – und die Herrschaft des Kapitals hatten etliche von uns zumindest studiert.

Aber: Wer ist «Wir»? Was ist Macht und Herrschaft im Geschlechterverhältnis, was Autorität, was Einfluß, was Zwang, was strukturelle, was personelle Gewalt, was ist legitime, was illegitime Macht, sind Machtbeziehungen stets asymmetrisch, existieren sie nur in actu, sind sie an Ressourcenbesitz oder an Austauschverhältnisse gebunden, sind Machtbeziehungen Kausalbeziehungen, wie lassen sich Machtverhältnisse empirisch untersuchen, und wie kann das Gefundene und Erfahrene erklärt werden?

Die intensiven, stark von begrifflichen Definitions- und Abgrenzungsfragen geprägten akademischen Debatten zum Thema Macht, die das Gebiet seit den 50er Jahren zu einem wahren Sumpf von Konzepten haben anwachsen lassen, wurden in der frühen feministischen Diskussion wenig zur Kenntnis genommen und eher als «male»- oder «main-stream»-Phänomen vernachlässigt.

Dies scheint spätestens seit den 80er Jahren anders geworden zu sein. Die Frauenforschung gruppiert sich neu in dem Spannungsfeld zwischen Tradition und Traditionsbruch: Neben die nach wie vor aktuelle Kritik an der Geschlechtsblindheit und den androzentrischen

Verzerrungen in überkommenen Macht- und Herrschaftstheorien ist eine Neuaneignung dieser Theorien getreten, die mit der Frage nach ihren Erklärungspotentialen, die für feministische Analysen fruchtbar zu machen wären, verbunden ist. Neu ist auch, daß diese Entwicklung nach nunmehr fast zwanzig Jahren Frauenforschung den Bruch mit früheren Konzepten von Frauenunterdrückung beinhaltet.

Auf dem internationalen Symposium «The Gender of Power», das 1987 in Leiden (Niederlande) stattfand, faßten Kathy Davis und Jantine Oldersmaa die Ausgangssituation und Chronologie der feministischen Machtdiskussion wie folgt zusammen:

> «Macht ist von Anfang an ein zentraler Topos der Sozialwissenschaften gewesen, und es gibt ein schier endloses Theoretisieren darüber, welches die Gegenstände der Machtanalyse seien: Staat, soziale Klassen, Institutionen, Individuen. Wovon nicht gehandelt wird, sind Frauen, oder mehr noch: das Verhältnis zwischen Männern und Frauen. [...] Die Frauenforschung begann zunächst mit einem recht simplifizierten Begriff von Unterdrückung, dann wurden Versuche gemacht, die Komplexität und Diversität von Macht in den Geschlechterbeziehungen in allen möglichen Alltagskontexten zu fassen. Und just an diesem Punkt fanden sich Feministinnen wieder auf der Wanderung zurück in die geheiligten Hallen der Wissenschaft, skeptisch, aber nichtsdestotrotz neugierig darauf, was die Machttheoretiker so über die Jahre zu sagen hatten. Heute sehen wir in feministischen Texten zum Thema Geschlecht und Macht Namen wie Elias, Giddens und Lukes. Sogar der Prinz unter den Machttheoretikern, Macchiavelli, ist ausgegraben worden und mancher männliche Denker, wie Michel Foucault, hat es fertiggebracht, den Status eines Schutzheiligen in gewissen Zweigen der Frauenforschung zu erobern (Leijenaar u. a. 1987, S. 16 ff.).[1]

Das Feld, in dem Macht, Herrschaft und Geschlechterverhältnis thematisiert wird, ist facettenreicher geworden – sowohl zur Seite der untersuchten Machtphänomene als auch zur Seite der theoretischen Traditionen, auf die zurückgegriffen wird. Dies gilt insbesondere, wenn wir den Blick über den Rand der bundesrepublikanischen Diskussion hinauslenken. Einige Anzeichen deuten darauf hin, daß auch hierzulande die Diskussion um machttheoretische Fragen zunehmend wie-

1 Bei den deutschen Fassungen von Zitaten aus englischsprachigen Texten handelt es sich jeweils um meine Übersetzung.

der in Gang kommt.[2] Im Mittelpunkt steht bislang das Bemühen um eine historisch spezifizierte Fassung des Konzepts patriarchaler Macht und Herrschaft, wie es u. a. Karin Hausen 1986 eingefordert hat.

Aber auch die Frage nach Machtstrategien von Frauen, jenseits oder neben den *Listen der Ohnmacht* (Honegger/Heintz 1981), wie sie – angeregt durch kulturanthropologische Forschungen – u. a. von Ilse Lenz und Ute Luig aufgeworfen wurde, gehört in diese Diskussion.

Daß die Entwicklung von einer gewissen Verunsicherung begleitet ist, die mit dem Verlust des hohen Orientierungswerts des globalen politischen «Kampfbegriffs» (Metz-Göckel 1987) vom Patriarchat einhergeht, scheint dabei unvermeidlich.

Erfahrungen in Seminaren, Diskussionen im Frauenzentrum und auch eigene Klärungsbedürfnisse gaben den ersten Anstoß für diesen Text. Dabei war ich oft hin- und hergerissen zwischen dem politischen Interesse und dem Denkbedürfnis, die Mikrologie der Verflechtung von Macht und Herrschaft im Geschlechterverhältnis begreifen zu wollen, und der blanken Wut über das kaum mehr faßbare Ausmaß von offener männlicher Gewalt, Gleichgültigkeit und Zerstörung, das sich täglich in Bildern von allen Teilen des Globus aufdrängt und bis in den eigenen Alltag hineinreicht. Dann erscheint alles im «roten Licht des Zorns» (Virginia Woolf 1981). Wenn ich daran festhalte, nicht von der Anstrengung des Begriffs und der Differenzierung zu lassen, dann auch aus der Einsicht heraus, daß das Denken in Abstraktionen – und ein leerer Begriff vom «Patriarchat» und von «der Frau» hat daran teil – selber in den Gewaltzusammenhang gehört, der uns betrifft.

Die nachstehenden Überlegungen verstehe ich als eine Art lautes Nachdenken, als Orts- und Ortebestimmung feministischer Kritik. Die dabei verwendeten begrifflichen Hilfsmittel sind, wie immer, vorläufige und hinken zugleich den Verhältnissen hinterher, auf alle Fälle bedürfen sie der Diskussion.

---

2 Die Berliner Konferenz zum Thema «Frauen und Macht», 1983, hat hier wahrscheinlich eine Initialfunktion gehabt. Nach wie vor beeindruckend ist das thematische Spektrum von «Macht»-Fragen, das in den mehrfach aufgelegten Dokumentationen der Tagung sichtbar wird (vgl. Schaeffer-Hegel 1984, 1988; *Konkursbuch* 12, 1984).

Im Juni 1991 nahm ich in Glasgow teil an einer Tagung, die als «International Feminist Theory Debate» angekündigt wurde. Feministinnen, überwiegend aus westeuropäischen Ländern, insbesondere Großbritannien und Italien, sowie Frauen aus Australien, Canada und den USA präsentierten ein Spektrum von Theoriebildung, in dem postmoderne und poststrukturalistische Einflüsse, Fragestellungen und Analyseebenen klar dominierten: Es ging um Sprache, Diskurs, Repräsentation, Dekonstruktion. Das Interesse kreiste um Fragen der «Differenz», um weibliche Stimmen und den weiblichen Körper und die Unmöglichkeit zu sagen, was «Frauen» sind. Woman: «Am I that Name» (Riley 1988)? Was ist überhaupt ein feministischer Text, mit welcher Legitimation sagen Feministinnen «wir»? Wie kann feministische Politik angesichts der Unterschiedlichkeit von Frauen begründet werden, und wie können in einer von universalistischen Rationalitätskriterien und Regeln geprägten Wissenschaft Geltungsansprüche für ein «anderes» Wissen legitimiert werden, das Differenzen Rechnung trägt?

«Machtfragen» spielten in diesem Kontext eine wichtige Rolle. Gesellschaftstheoretische Fragestellungen oder sozialstrukturelle Analysen zum Geschlechterverhältnis und zur Vergesellschaftung von Frauen fehlten dagegen völlig. Der Begriff «Herrschaft» tauchte kaum auf. Diese Fokussierung war von den Veranstalterinnen, wie sie sagten, so nicht beabsichtigt: Aus den Antworten auf ihren breitgestreuten und interdisziplinären «call for papers» hatte sie sich gleichsam «naturwüchsig» ergeben. Bei der Abreise aus Glasgow traf ich am Flughafen eine jüngere Kollegin aus Los Angeles, der ich von meiner Verwunderung über die thematische und theoretische Zentrierung der Konferenz erzählte. Sie verstand mich nicht und sagte: «But this is Feminist Theory.»

Mir scheint, daß hier ein Trend sichtbar wird, der künftig auch die feministische Machtdiskussion bei uns stärker beinflussen dürfte. Dafür sprechen sowohl die zunehmende Rezeption von Ansätzen aus diesem Theorienspektrum, auf das ich noch eingehen werde, sowie die wachsende Zahl an Übersetzungen von Aufsätzen und Büchern aus den einschlägigen englischsprachigen Debatten.

Das Spannungsfeld, das sich hier öffnet zwischen der Diskussion zum Patriarchatsbegriff[3] und dem Nachdenken über «Differenz», mag ein Zitat von Jane Flax illustrieren, für die feministische Theorie in das

Feld postmoderner Philosophie gehört. Der Versuch, einheitliche «Themen» in den Erfahrungen und Perspektiven von Frauen zu identifizieren, so sagt sie, gehe stets mit der Unterdrückung von Stimmen einher, die anders sind als unsere eigenen. Die Einnahme eines solchen «Standpunktes» (der Verallgemeinerung) sei zumindest teilweise Reflex eines Denkens, das selber in sozialer Dominanz gründe:

> «Das heißt, nur in dem Maße, in dem eine Person oder Gruppe das Ganze dominiert, wird die Realität so erscheinen, als sei sie von einer bestimmten Reihe von Regeln beherrscht oder konstituiert durch einen privilegierten Set sozialer Verhältnisse» (Flax 1990, S. 49).

Obwohl ich den dekonstruktivistischen Impetus dieser Kritik unterstütze, erscheinen mir die soziologischen Prämissen dieser Argumentation fragwürdig, wenn sie darauf hinauslaufen, soziale Strukturzusammenhänge von Frauenunterdrückung aus dem Blick zu verlieren. Demgegenüber halte ich an der in den 70er Jahren von der Kulturanthropologin Gayle Rubin formulierten doppelten Aufgabe feministischer Theoriebildung fest, die Unterdrückung von Frauen in ihrer endlosen Varietät und monotonen Ähnlichkeit zu analysieren. Dies beinhaltet Fragen nach verobjektivierten gesellschaftlichen Herrschaftszusammenhängen ebenso wie die Frage, wie sie Frauen unterschiedlicher Herkunft betreffen, wie diese sie erfahren und interpretieren. Und es impliziert die Reflexion auf den räumlich-zeitlichen Geltungsbereich der vorgelegten Erklärungen.

---

3 Die zunehmende Spezifizierung des Patriarchatsbegriffs läßt sich u. a. an veränderten Begrifflichkeiten in der Frauenforschung ablesen, wie etwa dem vom «Sekundärpatriarchalismus» (Ursula Beer in einer Neufassung des von René König 1974 geprägten Begriffs) oder dem eines «Patriarchalismus im Gegenstoß» (Ute Gerhard, ebenfalls in Anlehnung an König). Auch Norbert Elias schätzt die traditionellen Begriffe «patriarchalisch» und «matriarchalisch» für eine Untersuchung von Machtbeziehungen zwischen den Geschlechtern als wenig brauchbar ein, da sie sich auf Männer in ihrer Eigenschaft als Väter und auf Frauen in ihrer Eigenschaft als Mütter bezögen. Er schlägt stattdessen vor, die Ausdrücke «andrarchisch» (von Männern beherrscht) und «gynarchisch» (von Frauen beherrscht) zu verwenden, «weil eine Männerherrschaft nicht unbedingt [...] mit einer Väterherrschaft und eine Frauenherrschaft nicht mit einer Mütterherrschaft identisch» sei (Elias 1986, S. 427). Sein Plädoyer für die Entwicklung eines differenzierten Vokabulars begründet er u.a. mit einem Befund aus seinen Untersuchungen der traditionellen europäischen Verhaltenskanons der Ober- und Mittelklassen. In ihnen gäbe es einige «ausgesprochen gynarchische Züge, trotz des andrarchischen Gesamtverhältnisses» (a. a. O., S. 427).

Mühsal der «Ebenen»

Im folgenden sollen einige Orientierungslinien in die Debatte um Macht und Herrschaft im Geschlechterverhältnis gelegt werden, verbunden mit der Intention, eine Einschätzung der Reichweite und Grenzen unterschiedlicher Zugangsweisen zu geben: Was müßten Macht- und Herrschaftskonzepte erklären können, wenn sie der Komplexität sozialer Verhältnisse gerecht werden und einen Orientierungsrahmen für politisches Handeln abgeben wollen? Zur Strukturierung des Überblicks und Einschätzungsversuchs gebe ich eine zwangsläufig rohe Skizze von Analysedimensionen, die ich in diesem Problemfeld für wichtig halte. Die Perspektive, aus der ich argumentiere, stammt in ihren wesentlichen Zügen aus dem Kontext der Kritischen Theorie und deren Kritik.[4]

Während Macht gemeinhin als polymorphes Phänomen in sozialen Beziehungen betrachtet wird, bezeichnet der Herrschaftsbegriff im engeren Sinne Formen institutionalisierter und systematisierter Machtausübung. Herrschaftssysteme – so die in der soziologischen Literatur weitgehend geteilte, aber auch noch recht unspezifische Annahme – sind immer Zwangszusammenhang und Ordnungsphänomen zugleich. Herrschaft regelt die «Organisation von Raum und Zeit» (Negt 1984), die Verteilung und Kontrolle ökonomischer, politischer, symbolisch-kultureller Ressourcen und Prozesse sowie die Monopolisierung von Gewalt. Plastisch, wenn auch etwas verdinglicht, ist Offes Metapher von staatlicher Herrschaft als «Gleisanlagen des gesellschaftlichen Verkehrs» (Offe 1975, S. 10).

Frauenforscherinnen beschäftigt, wie das Geschlechterverhältnis in solche Verteilungs-, Kontroll- und Repräsentationssysteme, ihre Aufrechterhaltung und Veränderung eingebunden ist und sie konstituiert. Daß solche Fragen letzten Endes nur gesellschafts- und kulturspezifisch analysiert werden können, liegt auf der Hand.

Feministische Macht- und Herrschaftsanalysen sind in dieser Perspektive aufgefordert, Aufschluß zu geben über die strukturellen Voraussetzungen, die dazu führen, daß es durch Prozesse sozialen Wandels hindurch nach wie vor zu systematischen Stratifikationsphä-

---

4 Die Kritik bezieht sich insbesondere auf das Fehlen einer Analyse der sozialen Strukturkategorie «Geschlecht» (vgl. u. a. Becker-Schmidt 1991a, 1991b; Rumpf 1989) sowie die mangelnde Ausdifferenzierung ihrer Gesellschaftstheorie und Sozialpsychologie, die in eine hermetische Vorstellung von Herrschaft mündet.

nomenen zwischen den Geschlechtern kommt. Ein Hauptproblem der Theoriebildung ist hier der Zusammenhang zwischen gesamtgesellschaftlichen Herrschaftsverhältnissen und Geschlechterverhältnis: Wie ist das Geschlechterverhältnis eingebunden in soziale Prozesse materieller, generativer und symbolischer Reproduktion?

Um dies weiter klären zu können, bedarf es zum einen einer mikrologischen Perspektive, da Herrschaftsverhältnisse stets an einen «lebensweltlichen Horizont von praktischen Konflikten um die Legitimität sozialer Machtansprüche» rückgebunden und durch sie vermittelt sind (Honneth 1990, S. 24). Zum anderen bedarf es einer makrologischen Perspektive, in der untersucht wird, in welchem Verhältnis die verschiedenen Sphären der gesamtgesellschaftlichen Reproduktion zueinander stehen. Die gesellschaftstheoretische Frage wäre hier: Wie sind die Teilbereiche (Erwerbssphäre, Markt, Dienstleistungssektor, Staat, Privatsphäre) miteinander verflochten, wie sind sie selber vergesellschaftet, welches sind ihre spezifischen Funktionen, die sie für die Erhaltung des Gesamtzusammenhangs haben?

Welche Ungleichzeitigkeiten und Widersprüche lassen sich sowohl zwischen als auch innerhalb der einzelnen Bereiche und ihrer Strukturen ausmachen? Welche Prozesse der Homologisierung finden zwischen sozialen Subsystemen statt? Dies betrifft geschichtliche Entwicklungen der Ökonomisierung, Rationalisierung, Bürokratisierung, Formalisierung, Normalisierung und ihrer Medien: Recht, Technologie und Wissenschaft.

In diesem Feld sind noch sehr viele Fragen offen, da es keine aus feministischer Sicht befriedigende Theorie gesamtgesellschaftlicher Reproduktionsverhältnisse gibt, und Frauenforscherinnen sich – je nach der theoretischen Tradition, auf die sie sich beziehen – auf unterschiedliche Ausschnitte oder sozio-kulturelle Konfigurationen des Geschlechterverhältnisses konzentrieren.

Regina Becker-Schmidt, für die der Stellenwert der sozialen Strukturkategorie «Geschlecht» nur im weiteren Zusammenhang gesamtgesellschaftlicher Reproduktionsprozesse zu erschließen ist, hat einige der charakteristischen Züge der objektiven Vergesellschaftung der obengenannten sozialen Subsysteme beschrieben: Ihr Zusammenschluß erfolge «unter dem Diktat einer Hegemonie, in der ökonomische, nationale, militärische und [...] androzentrische Suprematieansprüche sich verbünden» (1991a, S. 4). Die Formbestimmtheit dieses Zusammenhangs, so stellt sie fest, ist widersprüchlich: «Zusammenschluß bei gleichzeitiger Trennung, Interdependenz bei relativer Selbständigkeit. Einerseits erhält sich das Ganze nur durch die Bezogenheit aller gesellschaftlichen Teilbereiche aufeinander, andererseits erfüllen diese ihre Funktionen nur als separate, gegeneinander abgegrenzte» (1991a, S. 4). Aufgabe der Frauenforschung wäre es in dieser Hinsicht zu untersuchen, wie die Dialektik von Zusammenschluß und Trennung, Homologisierung und Differenzierung die Lebens- und Praxiszusammenhänge von Frauen objektiv durchzieht, und welches die politisch-ideologischen Repräsentationssysteme dieses Zusammenhangs sind. Hier ginge es zum Beispiel um den tatsächlichen historischen Realitätsgehalt und die Kritik eines undifferenziert polarisierten Begriffspaars «Öffentlichkeit» – «Privatheit». Wie «privat» ist etwa die Familie, was verändert sich in den Familienformen und in staatlichen Regulationsmechanismen von Familien- und Sozialpolitik, wie «öffentlich» ist die bürgerlich-kapitalistische Form von «Öffentlichkeit»? Wie kann es sein, daß der Inbegriff des «Privaten» – die Familie – zugleich beharrlich als «Keimzelle» des Staates, als Inbegriff öffentlicher Herrschaft und Kontrolle propagiert wird ? Was ist auf dem Wege der Übertragung vom einen auf das andere entnannt und ausgegrenzt worden (vgl. u. a.: Becker-Schmidt 1990, Hausen 1989, Hauser 1987)?

Auf einer nächsten Ebene der Macht- und Herrschaftsanalyse geht es um die sozialen Klassen, Gruppen und Geschlechter, die in den staatlichen und wirtschaftlichen Institutionen sowie in Verbänden und Organisationen Entscheidungs-, Verfügungs- und Definitionsmacht haben, sowie um die Interessen, um die sie sich organisieren. Diese Interessen wären als mehrfach determinierte zu analysieren. Sie können, müssen aber nicht explizit geschlechtsbezogen sein, haben aber immer Auswirkungen auf die Lebensbedingungen von Frauen und Männern.

Welche Interessen konstituieren zum Beispiel sogenannte «Sachzwänge», was wird darin verdeckt und «rationalisiert» (vgl. Regina Becker-Schmidts Beitrag in diesem Band)? Historische Exempel für offen geschlechtsbezogene und männerbündische Machtinteressen sind in der historischen und sozialwissenschaftlichen Frauenforschung gut dokumentiert: Ausschlüsse von Frauen aus Politik, Wissenschaft und kulturellen Machtmonopolen wie Massenmedien, Kirchen, Schließungspolitiken auf dem Arbeitsmarkt u. a. Wesentliche Medien all dieser Politiken sind Rechtsbestimmungen sowie Normierungen von Zugangs- und Partizipationsregeln.

Ein Kennzeichen gegenwärtiger Segregationsprozesse hierzulande ist, daß wir es in den meisten Bereichen nicht mehr mit einfachen Schließungsverfahren zu tun haben, sondern eher mit subtileren Marginalisierungsmechanismen. Statt Ausschluß Eingrenzung, Partizipation in Form der Segregation: Segregation und Hierarchisierung im Beruf bei beharrlicher Konstanz geschlechtlicher Arbeits- und Verantwortungsteilung im Haushalt, Partizipation in der Politik bei deutlich geschiedenen Zuständigkeiten und Kompetenzen. Was ist daran alt, was ist neu, was macht den Unterschied?

Ein wichtiger Fokus der Analyse sind hier die Formen und Inhalte der Legitimation derartiger Normierungs-, Schließungs-, Segregations- und Hierarchisierungsprozesse, in die wesentlich auch spezifische Deutungen des Geschlechterverhältnisses und der Geschlechterdifferenz eingehen.

Auf die Handlungsebene, stets vermittelt durch die obengenannten Dimensionen, bezieht sich die Frage nach Machtwirkungen in den Interaktionen zwischen den Geschlechtern. Hier geht es um die Erforschung des changierenden Zusammenspiels von subjektiven Dominanz- und Unterordnungsmotiven, symbolisch-kulturellen und materiellen Machtrelationen, die in den diversen Feldern sozialer Praxis in sich unterschiedlich kombiniert sein können. Und schließlich, auf die Subjekte bezogen: Welche geschlechtsspezifischen Dispositionen oder Verhaltenspotentiale lassen sich vermuten? Gibt es charakteristische Konfliktkonstellationen in den lebensgeschichtlichen Prozessen von Individuation und Vergesellschaftung bei Mädchen und Jungen, Frauen und Männern, die Konstitutionselemente von Macht, von Über- und Unterordnungsbeziehungen und Gewalt werden können?

Noch einmal kurz zusammengefaßt die unterschiedlichen Analysedimensionen:

1. Herrschaftssystem, objektive Verflechtung der differenten «Sphären» bzw. gesellschaftlichen Subsysteme. Darin insbesondere: Vergesellschaftungsformen von Arbeit, Generativität/Sexualität;

2. Symbolische Ordnung (Sprache), Legitimationssysteme, Ideologien, kulturelle Repräsentation des Geschlechterverhältnisses und der Geschlechterdifferenz;

3. Institutionen, klassen- und geschlechtsdifferenzierte Trägergruppen ökonomischer und politischer Macht, Regelungsmechanismen

der Machtdistribution (z. B. rechtliche und andere Normierungen sowie Zugangsregelungen);

4. Interaktionen zwischen Frauen und Männern in ihrer mehrfachen Bestimmtheit durch subjektive Motive, Interessen sowie verobjektivierte Handlungs- und Deutungskontexte;

5. Sozialpsychologie des Geschlechterverhältnisses, Geschlechtersozialisation (verstanden als widersprüchlicher Prozeß von Individuation und Vergesellschaftung), innerpsychische Repräsentanzen des Geschlechterverhältnisses und der Geschlechterdifferenz, Psychodynamik von Motiven/Begehren.

Ein theoretisches Konzept von Macht und Herrschaft im Geschlechterverhältnis hätte also – und dies verstehe ich nicht als Rezeptur für Einzelprojekte, sondern als heuristischen Horizont – nach zwei Seiten hin offen zu sein: Zum einen zur Seite der gesellschaftlich-historischen Strukturanalyse (Herrschaftssystem) und der bereichsspezifischen wie -übergreifenden Distribution machtrelevanter Ressourcen, der Mechanismen bzw. Modalitäten dieser Verteilung und ihrer Legitimation, zum anderen zur Seite der handelnden Frauen und Männer, ihrer Interessen und bewußten wie unbewußten Motive sowie deren Genese. Dabei scheint mir besonders wichtig, die Beziehungen und Inkongruenzen zwischen subjektiven Motiven und Selbstverständnissen, kulturell-normativen Interpretationen, objektivierten Handlungsvorgaben und deren Interpretation sowie den Handlungsresultaten auszuloten. Ein Stichwort, das auf die mögliche Kluft zwischen den einzelnen Dimensionen aufmerksam macht, ist das von den «nichtintendierten Nebenfolgen» sozialen Handelns.

Die Schärfung des kategorialen Unterscheidungsvermögens ist notwendig, um etwa die Verbindung aber auch die Differenz zwischen Männern als Individuen, kultureller Konstruktion von «Männlichkeit», sozialen «Rollen»-Angeboten für Männer und gesellschaftlich-struktureller Dominanz des männlichen Geschlechts in den verschiedenen sozialen Schichtungen, die auch Männer untereinander in Verhältnisse sozialer Ungleichheit versetzen, begreifen zu können. Schauen wir nun, auf welche dieser Konfigurationen sich die verschiedenen Ansätze feministischer Macht- und Herrschaftsanalyse beziehen.

Auffällig scheint mir – insbesondere hierzulande – eine gewisse Diskrepanz zwischen macht- und herrschaftstheoretischen Diskussionen, politisch-praktisch orientierten Debatten (vgl. z. B. Weg/Stein 1988) und empirischer Forschung in diesem Feld zu sein.

Die Frauenforschung hat eine enorme und schnell wachsende Anzahl empirischer Studien hervorgebracht, die sich auf die Untersuchung bestimmter Machtphänomene konzentrieren: Zum Beispiel Macht in Körperstrategien (Henley 1991), Macht und Sprachverhalten (Gräßel 1991) oder Probleme von Frauen mit Machtpositionen. Der Fokus liegt hier schwerpunktmäßig auf der Analyse von beobachtbarem Verhalten zwischen den Geschlechtern und dessen Begründung. In diesem Feld haben Ansätze des Symbolischen Interaktionismus und der Ethnomethodologie ihre Stärken. Nach wie vor kompliziert ist die Frage nach dem Vermittlungsverhältnis zwischen den alltäglichen Praktiken des «doing gender» und dem Geschlechterverhältnis als strukturellem Zusammenhang. Cynthia Cockburns Untersuchung der «Herrschaftsmaschine» (1988) halte ich hier für richtungweisend.

Der empirischen Erfassung – jedenfalls mit den herkömmlichen Mitteln der Sozialforschung – kaum zugänglich sind die *subjektiven* Macht- und Bemächtigungsmotive. Erklärungen für manifestes Dominanzverhalten und Gewalt bewegen sich meist im Rahmen sozialisationstheoretischer Ansätze und von Modellen der kulturellen Konstruktion von «Männlichkeit» und «Weiblichkeit», ohne daß man über die psychischen Beweggründe und ihre Genese etwas Genaueres weiß. Häufig setzen sich daher monokausale Erklärungen durch, obwohl Dominanzgebaren ebenso Zeichen von Schwäche und Unsicherheit wie von Omnipotenzwahn sein kann, deren Manifestationen überdies deutlich kontextabhängig sind (vgl. z. B. Brückner 1988; Neubauer u. a. 1987). Eine große Schwierigkeit ist hier, den Verlockungen eines eigenschaftspsychologischen Reduktionismus oder der Suggestionskraft homogener «Sozialcharakter»-Konzepte zu widerstehen.[5]

Der Anspruch, an einer gesamtgesellschaftlichen Perspektive festzuhalten und das Geschlechterverhältnis in seiner geschichtlichen und sozialen Vermitteltheit zu begreifen, wird insbesondere von Wissenschaftlerinnen aus der Tradition des Historischen Materialismus ver-

5 Zur Kritik am Konzept des «Sozialcharakters» vgl. Knapp 1992.

treten. Die verbindende Fragestellung dieser in sich heterogenen Gruppe von Forscherinnen ist die nach dem Zusammenhang der Herrschaftsverhältnisse von Patriarchalismus und Kapitalismus.[6] Schwerpunkt der Analysen ist die Vergesellschaftung von Frauenarbeit (in früheren Phasen der Diskussion oft beschränkt auf Hausarbeit) und Generativität. Damit verknüpft ist zuweilen die handlungstheoretische Frage, in welcher Weise die jeweiligen Formen der Arbeitsteilung sowie Eigentums- und Rechtsverhältnisse die Handlungsbedingungen der Geschlechter ungleich strukturieren und damit ein bestimmtes Verhalten, wenn auch nicht determinieren, so doch nahelegen. Unterschiedlich integriert und bewertet wird die Bedeutung von Geschlechterideologemen bei der Fortschreibung dieser Verhältnisse.

Theoretische Ansätze zum Verhältnis von Kapitalismus und Patriarchalismus, die ihre Blütezeit in der internationalen Diskussion Ende der 70er und zu Beginn der 80er Jahre hatten, sind häufig auf hohem Abstraktionsniveau angesiedelt und tendieren zu funktionalistischen Engführungen der Argumentation. Von hier aus erscheinen die Verhältnisse leicht hermetischer und invarianter, als sie es sind, Prozesse sozialen Wandels geraten aus dem Blick. Wo Wissenschaftlerinnen versuchen, derartige kategoriale Klärungen und historisch orientierte Analysen zu verbinden, wie in der Bundesrepublik beispielsweise Ursula Beer und Ute Gerhard-Teuscher, konzentrieren sie sich auf den Zeitraum der Entstehung der spezifisch bürgerlich-kapitalistischen Variante des Patriarchalismus.

Hier gibt es zunehmend das Bemühen, soziologisch konkreter und gegenwartsnäher zu argumentieren und bereichsspezifische Entwicklungen unter Rückgriff auf empirische Untersuchungen genauer zu fassen (Veränderungen der Ausbildungsstruktur, Prozesse der Segmentation von Ausbildungs- und Arbeitsmärkten, Veränderungen im staatlichen Wohlfahrtssystem usw.). Diese werden aber nur selten in den Rahmen eines übergreifenden theoretischen Konzepts patriarchaler oder andrarchischer Herrschaft gestellt. Ein neueres Beispiel für einen derartigen Syntheseversuch bezogen auf Großbritannien wäre Sylvia Walby's *Theorizing Patriarchy* (1990), die allerdings den Patriarchatsbegriff überdehnt, oder Janet Saltzman Chafetz (USA), die

---

6 Vgl. etwa Gerhard 1978, Mies 1988, IMSF 1989, Beer 1991, die zahlreichen Publikationen aus dem Kontext der *Argument*-Frauenredaktion und – zum Zusammenhang von Klassen- und Geschlechterverhältnis – Frerichs/Steinrücke 1991.

ein Prozeßmodell wichtiger Faktoren sozialen Wandels im Geschlechterverhältnis entwickelt hat (1989).

Ursula Beers politisch-ökonomische Untersuchung *Geschlecht, Struktur, Geschichte. Soziale Konstituierung des Geschlechterverhältnisses* (1990) halte ich für den bislang bei uns theoretisch stringentesten Versuch, die Ungleichheit zwischen den Geschlechtern im Rahmen eines erweiterten marxistischen Strukturkonzepts zu erklären. Die Studie konzentriert sich auf den historischen Zeitraum des Umbruchs von der ständischen zur industriell-kapitalistischen Gesellschaft im preußisch-deutschen Herrschaftsgebiet und geht der Frage nach, ob und wie die Geschlechterungleichheit in die Ökonomie warenproduzierender Gesellschaften eingelassen ist: «Läßt sich begründet von einer sozio-ökonomisch strukturellen Benachteiligung von Frauen im Vergleich mit Männern sprechen, [...] dann müßte sie sich aus dem ‹inneren Band› erklären lassen, das die ‹Ökonomie› warenproduzierender Gesellschaften zusammenhält» (Beer 1990, S. 22). Ein Schwerpunkt dieser Analyse ist der «Rechtskomplex» als Ausdruck von Produktionsverhältnissen, der «eine spezifische Arbeitsteilung, ebenso die Generativität von Individuen durch Ein- bzw. Ausschlußkriterien ‹organisiert›» (a. a. O., S. 164).

Den strukturellen Unterschied zwischen dem ständischen Patriarchalismus und dem «doppelten Sekundärpatriarchalismus» (marktlicher und familialer Patriarchalismus) sieht sie – kurz zusammengefaßt – darin, daß in ersterem die Verfügungsgewalt über Arbeitskraft und Generativität noch an Eigentum an Grund und Boden bzw. Produktionsmittel gebunden ist, während letzterer diese Bindung verliert: Der «marktliche Sekundärpatriarchalismus» äußere sich in der ungleichen Beteiligung der Geschlechter am gesellschaftlichen Mehrprodukt und «in der geschlechterungleichen Berufs-, Einkommens- und Machtstruktur in allen Sozialbereichen, die einer Verberuflichung unterliegen» (a. a. O., S. 264). Der «familiale Sekundärpatriarchalismus» wird über die Familienform gestiftet. Im Zuge der Industrialisierung wird die Familie in ihrer Existenz von Erwerbseinkommen abhängig:

> «Werden diese vorzugsweise von Männern erworben, sichern sie diesen eine ökonomische Vorzugsstellung bzw. begründen umgekehrt die Minderstellung von Frauen, wenn und insofern sie keinen Zugang zu eigenständigen Erwerbsquellen besitzen» (a. a. O., S. 263).

Über familien- und unterhaltsrechtliche Bestimmungen bleiben die in der ständischen Gesellschaft verankerten Kontrollbefugnisse der Ehemänner über die unentgoltene familiale Arbeit und Erwerbsarbeit von Ehefrauen erhalten. Hier zeigt sich, welch stabilisierende Funktion rechtliche Normierungen für die Aufrechterhaltung von Geschlechterhierarchien haben können, bei gleichzeitigem Wandel der Gesellschaftsform (vgl. Wolde 1991).

Die Untersuchung von Ursula Beer dokumentiert ein Doppeltes: Sie belegt sowohl die Erklärungskraft eines durchdachten feministisch-materialistischen Strukturkonzepts, sehr klar werden aber auch seine Grenzen. Völlig ausgespart ist die Dimension und Bedeutung der «symbolischen Ordnung», über die sich die Vergesellschaftung der Geschlechter ebenso vollzieht, wie durch materielle und generative «Produktionen» in ihrer historisch-spezifischen Organisationsform. Regina Becker-Schmidt hat darauf hingewiesen, daß die «symbolische Ordnung» zwar «mit den materiellen Reproduktions- und Produktionsverhältnissen [zusammenhängt], sie ist aber auch eine relativ autonome Welt von Imaginationen, in denen sich Gegebenes und Eingebildetes mischen» (Becker-Schmidt 1987, S. 233). Sie sei deshalb als analytisch zu unterscheidendes zweites Reproduktionssystem zu untersuchen unter dem Gesichtspunkt des «symbolischen Tauschs» (Baudrillard) und der objektiven Gedankenformen, die diese Tauschverhältnisse angenommen haben (Becker-Schmidt 1987, S. 233).

Auch Ursula Beers Bemühen, eine handlungstheoretische Perspektive in ihr Strukturkonzept zu integrieren, wird von dieser Leerstelle tangiert. Die symbolisch-kulturelle Vermittlung von Herrschaftsinteressen und die subjektive Seite der Genese von Machtmotiven, die die Rivalität der Geschlechter mit konstituieren, sind im gewählten kategorialen Rahmen kaum integrierbar. Daß Phantasmen, die die Geschlechterdifferenz und Sexualität umranken, wichtige Konstituentien männlicher Herrschafts- und Kontrollbedürfnisse sind oder sein können, dafür gibt es zahlreiche Belege sowohl in kulturanthropologischen Forschungsberichten (Godelier 1987) in psychoanalytischen Studien (Benjamin 1990; Rotter 1989) sowie in neueren Untersuchungen der Diskurse um Gen- und Reproduktionstechnologien (Treusch-Dieter 1990), Militär, Krieg und Kriegstechnologien (Pohl 1991).

Für eine stärkere Öffnung der Perspektive auf die Feinverteilung von Macht zwischen den Geschlechtern plädieren ForscherInnen, die sich auf Norbert Elias' (1986) Überlegungen zu den «Machtbalancen» zwischen den Geschlechtern beziehen und dabei den Veränderungen in kulturellen Verhaltenscodes für Frauen und Männer, Prozessen der «Formalisierung» und «Informalisierung» nachspüren. Auch die von der Kulturanthropologie und Ethnologie inspirierten Debatten weisen in diese Richtung: Machtbalancen konkreter zu fassen als dies im Rahmen strukturtheoretischer Konzepte möglich ist. In den Vereinigten Staaten und auch in Italien[7] gibt es hier eine lange Tradition, die – soweit ich sehe – erst in jüngster Zeit stärker auf die Frauenforschung im deutschsprachigen Raum übergreift. In Österreich und in der Bundesrepublik sind in den vergangenen Jahren mehrere Publikationen erschienen, die davor warnen, die Machtstrategien von Frauen, ihre informellen Vernetzungen und Einflußnahmen zu unterschätzen. Frauen, so etwa Ilse Lenz und Ute Luig, «entwickeln selbst [...] Methoden, um in ihren unterschiedlichen sozialen, ökonomischen und kulturellen Beziehungen Macht zu erlangen» (1990, S. 1). Der Herrschaftsbegriff (sei es im Weberschen oder Marxschen Sinn), sowie ein Machtbegriff, der nur auf Überordnungs-, Unterordnungs- und Gehorsamsverhältnisse ausgerichtet sei, verstelle tendenziell den Blick auf die subtileren Machtbeziehungen, die auch über Konsens gestiftet sein können.[8]

Besonders anregend für sozialwissenschaftliche Untersuchungen in diesem Feld sind die Hinweise auf die Bedeutung von sozialen Netzwerken oder Familienbeziehungen. Haben bei uns z. B. «Heiratskreise» und Verwandtschaftsverhältnisse im Hinblick auf die Konstitution und Distribution von Macht noch eine Bedeutung – und wenn, in welchen sozialen Schichten auf welche Weise?

Judith Stacey und Barrie Thorne haben in ihrem wissenssoziologischen Überblick *Feministische Revolution in der Soziologie? Ein Vergleich feministischer Ansätze in der Geschichte, Literaturwissenschaft, Anthropologie und Soziologie in den USA* allerdings auf die grundlegende Schwierigkeit

7 Diesen Hinweis verdanke ich Edith Saurer (Wien). Macht, so schrieb sie mir, sei zur Zeit eines der Generalthemen in den italienischen Sozialwissenschaften. Daß in Italien für die Diskussion von Macht vorwiegend Verwandtschaftsbeziehungen herangezogen würden, hänge zum einen mit dem Einfluß der stark diskutierten Anthropologie, aber auch mit Problemen der organisierten Kriminalität und Besonderheiten der italienischen Gesellschaft zusammen.

8 Wahrscheinlich ist auch der Rezeptions-Boom von Hannah Arendts Machtkonzept in der Frauenforschung in diesem Zusammenhang zu sehen. Für sie ist die Bildung von Macht – und das unterscheidet sie von Gewalt und Zwang – immer an ein gemeinschaftliches Einvernehmen über Handlungsziele gebunden. Macht resultiere aus kommunikativ-konsensueller Praxis und sei in ihrem Bestand davon auch abhängig (vgl. Arendt 1970. Zur Kritik vgl. u. a.: Habermas 1986).

aufmerksam gemacht, Erkenntnisse aus der kulturanthropologischen Forschung, die sich zumeist auf kleine soziale Gruppierungen beziehen, auf komplexe zeitgenössische Gesellschaften zu übertragen. Auch die empirische sozialwissenschaftliche Forschung, die ethnologische Fragestellungen aufgegriffen habe, beziehe sich nur auf einen kleinen, häufig winzigen Ausschnitt der Gesellschaft. Eine Einschätzung des «spezifischen Gewichts» ihrer Befunde sei nur möglich im Rahmen einer übergreifenden Gesellschaftstheorie, «die uns hilft, diesen Teil innerhalb des Ganzen situieren zu können» (1985, S. 125).

Macht – Differenzen

Eine starke Strömung in der aktuellen Machtdiskussion, die in den Vereinigten Staaten von mehreren Autorinnen als eine Art *«feminist mainstream»* betrachtet wird, betrifft Ansätze, die sich zum Teil explizit abgrenzen gegenüber soziostrukturellen Begriffen von Herrschaft und Unterdrückung. Auch dieses Feld ist in sich facettenreich, ein deutliches Schwergewicht bilden jedoch diskurs- und sprachanalytische Konzepte, wie sie im Kontext der poststrukturalistischen «Philosophie der Differenz» (Kimmerle 1988) entwickelt wurden. Zu dieser Theorietradition werden so unterschiedliche Autorinnen und Autoren wie Irigaray, Kristeva, Lyotard, Derrida und Foucault gezählt.

Ein – bei allen Unterschieden – gemeinsames Motiv dieser Strömung ist die Kritik an den großen politischen Utopien von Emanzipation, Gleichheit und Aufklärung, am humanistischen Subjektbegriff und an Theorietypen, Denk- und Sprachformen, die generalisieren, universalisieren und Heterogenes subsumieren. In der feministischen Diskussion werden Motive aus diesen Theorien aufgenommen und auf die Frage der Geschlechterdifferenz bezogen.

Eine weithin geteilte Ansicht ist dabei, so Ida Dominijanni in Glasgow, daß Sprache zentraler Gegenstand feministischer Theorie und Praxis sei, Sprache verstanden als Ort der Formierung von Subjektivität, als Ort des Konflikts und der Miß-Repräsentation, als Ort der Unterdrückung und der Befreiung. Im deutschsprachigen Raum ist dieser Ansatz feministischer Theorie und Praxis in jüngster Zeit insbesondere über die Rezeption des «affidamento»-Ansatzes (libreria delle donne di Milano 1988) und der Philosophie der Geschlechterdifferenz (Diotima 1989) bekannt geworden. Die Thematisierungen von Macht und

Differenz in diesem Spektrum der internationalen feministischen Theoriebildung haben mindestens zwei Brennpunkte:

- Zum einen geht es um die Radikalisierung der Frage nach der Differenz zwischen den Geschlechtern. Im Funktionieren der «Logik des Selben» (Irigaray 1980) und der vorgeblich neutralen binären Oppositionen, die hier im Spiel sind (männlich – weiblich, aktiv – passiv, rational – irrational, hart – weich usw.), werden Machtbeziehungen innerhalb einer phallozentrischen symbolischen Ordnung und einer androzentrischen Ökonomie der Repräsentation offengelegt, die die Abhängigkeit der dominanten von den subordinierten Begriffen unsichtbar macht. Eine praktische Frage, die hier anschließt, ist die nach den Möglichkeiten des «Einschreibens der sexuellen Differenz in die symbolische Ordnung» (Diotima 1989) und den veränderten Politikformen, die das Unterlaufen der phallozentrischen Ökonomie der Repräsentation und Identitätspolitiken nach sich ziehen müßte.
- Der zweite Fokus bezieht sich auf die Differenzen innerhalb der Geschlechter, hier insbesondere Differenzen unter Frauen. Auch diese werden schwerpunktmäßig in Terminologien von Autorität und Macht gefaßt, zentriert um die Frage nach den diskursiven Mechanismen der Produktion und den Funktionsweisen unterschiedlicher Formen von Differenz (z. B. die kulturelle Konstruktion des Begriffs der «Rasse» und ethnischer Differenz). Aus lesbischer Sicht kritisiert etwa Judith Butler das Konzept von (weiblicher) Geschlechtsidentität als regulatives Ideal, das Differenz als Abweichung produziere, weil es fundamental die Norm der Heterosexualität abstütze und die disziplinären, politischen und unterdrückerischen Prozesse unsichtbar mache, die die scheinbare Kohärenz von Geschlechtsidentität produzieren (Butler 1990).

Ich kann hier nicht näher auf die Thematisierung von «Macht» im Kontext der Auseinandersetzung mit Lacan, Derrida, Kristeva und Lyotard eingehen. Sie sind in sehr unterschiedliche Rezeptionslinien aufgefächert und finden insbesondere in der literatur- und sprachwissenschaftlichen Diskussion ein nachhallendes Echo. Im folgenden konzentriere ich mich auf einige Bemerkungen zu Foucaults Konzept und dessen feministischer Rezeption, da sie historischen und sozialwissenschaftlichen Fragestellungen zum Thema «Macht» und «Herrschaft» am nächsten sind, und stelle anschließend den Versuch der australischen Philosophin Elisabeth Grosz vor, sexistische, patriarchale und phallozentrische Dimensionen der Unterdrückung von Frauen zusammenzudenken.

Polymorphe Mächte und Dispositive

Foucaults Vorstellung von moderner Macht ist verbunden mit einer Kritik statischer und etatistisch verengter Konzepte von Herrschaft, die von einem klaren «Oben»-«Unten»-Modell ausgehen. Macht ist allgegenwärtig und polymorph, sie ist nicht (oder nicht per se) repressiv, sondern produktiv.[9]

> «Die Machtmittel, die in modernen Gesellschaften vor allem zum Einsatz kommen, sind, wie Foucault sagt, durch ‹produktive Effizienz› und durch ‹strategischen Reichtum› bestimmt» (Honneth 1985, S. 184).

Das Untersuchungsfeld der Mikrophysik der Macht sind die alltäglichen Machtspiele und -strategien, die Diskurse, Regeln, Normen, Kontrollpraxen in Prozessen der «Normalisierung» und «Disziplinierung». Eine herausragende Rolle in diesem Machtkonzept und in Foucaults materialen Analysen spielt der Zusammenhang der Begriffe der «Norm», des «Körpers» und des «Wissens» (vgl. Honneth 1985, S. 185 ff.).

Es liegt nahe, daß sich die feministische Foucault-Rezeption besonders auf das Problem und die historischen Prozesse der «Normierung»/«Normalisierung» von Weiblichkeit, Körperlichkeit und Sexualität bezogen hat. Die Untersuchung von Diskursen etwa im Bereich

9 Hinrich Fink-Eitel faßt Foucaults Grundbegriff der Macht wie folgt zusammen: «Macht ist nicht, wofür sie bislang immer gehalten wurde, kein souveränes Herrschaftszentrum, das sein Gesetz von oben nach unten durchsetzt. Sie ist kein Eigentum und keine bloße Potenz, kein Vermögen oder Mittel, das es einem erlaubt, irgendwelche Zwecke durchzusetzen. Macht ist der Krieg aller gegen alle, der Gesamtzusammenhang ereignis- und augenblickshafter Konfrontationen von Körper zu Körper, das komplexe dezentrierte Netzwerk einzelner, lokaler, antagonistischer Kräfteverhältnisse. Aus ihnen steigt sie von unten nach oben auf, bis hinauf zu globalen Machtstrategien oder Gesamtdispositiven (z. B. einem Staat). Widerstand ist das zu einem Kraftverhältnis gehörige ‹Gegenüber› der Macht, die Gegen-Macht, die sich ihrerseits zu einer Globalstrategie vernetzen kann (z. B. einer Revolution). Alles ist Macht. Foucaults Theorie ist ein Monismus der Macht auf der Basis eines unendlichen, offenen Pluralismus lokaler, ungleicher und instabiler Kraftverhältnisse» (1989, S. 88).

der Philosophie-, Wissenschafts, oder Religionsgeschichte (vgl. z. B. Fischer-Homberger 1979; Duden 1987, 1991; Honegger 1991, Saurer 1990) sowie der Diskurse um Gen- und Reproduktionstechnologien hat sich als außerordentlich ertragreich erwiesen, wobei allerdings die zugrundeliegenden Diskursbegriffe, auch wo sie sich auf Foucault berufen, recht unterschiedlich gefaßt sind.

Die wesentliche Differenz liegt, wie mir scheint, darin, ob Diskurse mit ideologiekritischer Orientierung untersucht werden,[10] was eine Vorstellung von Realitäten voraussetzt, die durch Ideologien verschleiert oder verdeckt würden, oder ob – und dies entspräche Foucaults Vorschlägen eher – den spezifischen Verknüpfungen diskursiver Formationen und durch sie angeleiteter (Kontroll)-Praxen, d. h. den «Dispositiven der Macht» nachgespürt wird. Ihm ginge es darum, so Foucault, «nicht Verhaltensweisen zu analysieren und nicht die Ideen, nicht die Gesellschaften und nicht ihre ‹Ideologien›, sondern die Problematisierungen, in denen das Sein sich gibt als eines, das gedacht werden kann und muß, sowie die Praktiken, von denen aus sie sich bilden»[11] (1986, S. 19). Für die Machtanalyse in dieser Perspektive sind solche Unterrsuchungen besonders fruchtbar , die sich auf Texttypen beziehen, die explizit Ratschläge für richtiges Verhalten geben wollen:[12]

> «‹praktische› Texte, die selbst Objekt von ‹Praktik› sind, sofern sie geschrieben wurden, um gelesen, durchdacht, verwendet, erprobt zu werden, und sofern sie letzten Endes das Rüstzeug des täglichen Verhaltens bilden sollten. Diese Texte waren als Operatoren gedacht, die es den Individuen erlauben sollten, sich über ihr eigenes Verhalten zu befragen, darüber zu wachen, es zu formen und sich selber als ethisches Subjekt zu gestalten [...]» (Foucault 1986, S. 20).

Ein Hauptproblem diskursanalytischer Ansätze (vgl. Ruth Seifert in diesem Band, aber auch Potter/Wetherell 1989) besteht darin, daß ih-

---

10 Ideologiekritik wird dabei häufig mit Androzentrismuskritik gleichgesetzt.

11 «Die archäologische Dimension der Analyse bezieht sich auf die Formen der Problematisierung selbst; ihre genealogische Dimensionen bezieht sich auf die Formierung der Problematisierungen ausgehend von den Praktiken und deren Veränderung» (a. a. O., S. 88).

12 Hier gibt es – zumindest was die präferierten Quellen angeht – deutliche Berührungspunkte zu Forschungen, die an Elias' Konzeption von «Zivilisierung» anschließen. Anders als Foucault bezieht sich Elias jedoch auf ein sozialpsychologisch-psychoanalytisches Konzept von Verinnerlichung äußeren Zwangs.

nen der Begriff gesellschaftlicher Objektivität zu entgleiten droht. Dies geschieht in dem Maße, in dem das primäre Interesse sich nicht auf die Beziehung zwischen diskursiven Aussagesystemen und subjektiver wie objektiver Realität richtet, sondern auf die Beziehungen (Verbindungen und Konflikte) zwischen Aussagen beschränkt bleibt.

Mit solcher Zentrierung verschwimmt die Chance, Diskurse im Zusammenhang objektivierter Herrschafts- und Machtverhältnisse zu lokalisieren und ihre Funktion zu untersuchen: Was bewirkt das, was sie sagen, was wird verdeckt in dem, was sie veröffentlichen? Unzugänglich bleiben muß – wenn man ausschließlich auf der Ebene diskursiver Inhalte und Logiken operiert – auch die Frage nach den Triebkräften und Motiven, die sich in Diskursen in chiffrierter Form Ausdruck verschaffen können und sich darin bündeln. Der Foucaultsche Begriff des «Dispositivs» nimmt hier eine Mittlerstellung ein, indem er sowohl zur Seite des Wissens als auch zur Seite materialer Praxen geöffnet ist. Die Untersuchung von Dispositiven kann soziale Strukturanalysen zwar nicht ersetzen, kann aber dahin führen.

Was die Möglichkeit der Kritik (Ideologiekritik/Gesellschaftskritik) betrifft, so bewegen sich Foucaults Diskurstheorie und Machtkonzept auf wechselvollem Terrain, wie Hinrich Fink-Eitel (1989) verdeutlicht. Foucault selbst schreibt in der Einleitung zum *Gebrauch der Lüste* von einer bewußten Entscheidung, die mit seinem Interesse an den «Politiken der Wahrheit» zusammenhängt:

> «Die Analyse der Diskurspraktiken machte es möglich, der Formierung der Wissen nachzugehen, ohne in das Dilemma zwischen Wissenschaft und Ideologie zu geraten; die Analyse der Machtbeziehungen und ihrer Technologien machte es möglich, sie als offene Strategien ins Auge zu fassen, ohne die Macht entweder als Herrschaft konzipieren oder als Trugbild denunzieren zu müssen» (1986, S. 11).

Nancy Fraser (1989) stellt in ihrer Auseinandersetzung mit Foucault dieses Problem in den Mittelpunkt: Aufgrund seines Verzichts auf eine normative Begründung seines Konzepts fehlen ausgewiesene Grundlagen für eine Kritik bestimmter Formen von Macht. Sein Konzept erlaube keine Unterscheidung zwischen legitimer und illegitimer Macht, zudem umfasse sein monistischer Machtbegriff eine «höchst heterogene Kollektion von Phänomenen»:

> «Foucault schreibt, als ob er die Existenz der gesamten Weberschen Gesellschaftstheorie mit ihren sorgfältigen Unterscheidungen zwischen Begriffen wie Autorität, Zwang, Gewalt, Herrschaft und Legitimation vergessen hätte. Phänomene, die unterschieden werden könnten durch solche Differenzierungen, werden schlicht zusammengeklumpt in einem allumfassenden Begriff der Macht. Aufgegeben wird, in der Konsequenz, das Unterscheidungspotential für ein weites Spektrum von Nuancen, das Ergebnis ist eine gewisse normative Eindimensionalität» (Fraser 1989, S. 32).

Ich denke, daß dies im wesentlichen zutrifft, allerdings hat Foucault in seinen späten Arbeiten ein ethisch-politisches Konzept einer Ästhetik der Existenz entworfen, das diese Einwände zumindest ein Stück weit relativiert.

Die Ambiguität des Foucaultschen Machtkonzepts zeigt sich nach meiner Auffassung besonders deutlich darin, daß er einerseits Macht in handlungstheoretischer Engführung als eine produktive, relationale Qualität definiert und beispielsweise ressourcentheoretische Konzepte immer wieder ausdrücklich ablehnt, obwohl er andererseits an vielen Stellen selber ressourcentheoretische Annahmen impliziert, etwa wenn er vom «System der Differenzierungen» spricht, das dem Einwirken auf das Handeln anderer zugrundeliegt, und darunter u. a. ökonomische Unterschiede in der Aneignung der Reichtümer und der Güter, Unterschiede in der Stellung innerhalb des Produktionsprozesses oder Unterschiede im Können und den Kompetenzen anführt (Dreyfus/Rabinow 1987, S. 257). Derartige Hinweise bleiben aber stark programmatisch und werden nicht realisiert bzw. eingebunden in eine soziostrukturelle Analyse einer bestimmten Gesellschaftsformation. Dies aber wäre eine für die feministische Analyse gegenwärtiger Gesellschaften notwendige Verknüpfung.

Das Changierende und Offene dieses Machtbegriffs, das einerseits gewiß ein gutes Stück seiner Faszination ausmacht, hat andererseits dazu geführt, daß Foucault – fast bis zu seinem Lebensende – immer wieder gezwungen war, in Interviews begriffliche Präzisierungen und Erläuterungen nachzuschieben. Sie machen die Brüche und Akzentverschiebungen zwischen den einzelnen Schaffensphasen, insbesondere den 60er/70er und den 80er Jahren deutlich.[13] Das Hauptmotiv aber, das sein Werk durchzieht, ist die Verflüssigung verfestigter Konzepte von Herrschaft, eine Orientierung, die sich mit den oben skizzierten feministischen Bemühungen um eine Konkretisierung von Machtverhältnissen zwischen den Geschlechtern trifft. Was aus Foucaults Untersuchungen von ihrer Anlage her gänzlich herausfällt, ist die Frage nach der Genese von Machtmotiven, soweit diese subjekttheoretische Annahmen erforderlich machen würde. Er macht keine Aussagen über Probleme der Konstitution von Subjektivität etwa im Sinne sozialisationstheoretischer oder psychoanalytischer Forschung, sondern begreift das Subjekt[14] als diskursiven Effekt auf der Achse Wissen/Macht durch die Explikation bestimmter Begriffe, die in der gemeinsamen Geschichte der Diskurse um Subjektivität und Wahrheit eine wichtige Rolle gespielt haben.

Weitgehend unausgelotet – und das mag mit der stark historischen Orientierung der Untersuchungen zusammenhängen – bleibt die für die Frauenforschung zentrale Seite der Erfahrung, in der die Möglichkeit des Empfindens und Bedenkens einer Diskrepanz zwischen normalisierenden Diskursen und den Selbstwahrnehmungen von Individuen gesetzt ist. Ihr Rohmaterial sind Konflikte auf der Ebene gelebter Praxis, zwischen Bedürfnissen und Zwängen, vermittelt durch die Heterogenität von ungleichzeitigen und gleichzeitigen Diskursen.

Nancy Hartsocks (1987, S. 113) Auffassung, daß Foucaults Konzept für feministische Analysen von Macht und Herrschaft ungeeignet sei, weil er soziale Strukturzusammenhänge und die Reflexion seiner Position darin vernachlässige, kann ich in dieser prinzipiellen Form nicht teilen.

Wenn wir kein autoritatives Verhältnis zu Theorien haben – und das zwiespältige «Erbe der Väter» gibt reichlich Gelegenheit, dies zu entwickeln – denke ich, daß Foucaults Werk einiges Anregungspotential birgt. Dies betrifft, ähnlich wie bei dem «Erbe» aus anderen Traditionen, wie etwa der Kritischen Theorie, insbesondere methodische Fragen.

Vier Anregungen, bei Foucault nicht als Methodenimperative, sondern eher als «Vorsichtsregulative» bezeichnet, halte ich im Zusammenhang der Fragestellung nach Macht und Herrschaft im Geschlechterverhältnis für besonders erwähnenswert:

---

13 Fink-Eitel geht wahrscheinlich zu Recht davon aus, daß Foucault moderne Macht im Grunde immer auch als negative Dualität der Repression faßte. Macht sei Repression, so der späte Foucault, sofern sie den autonomen Handlungs- und Freiheitsspielraum der Individuen einschränke oder gar gegen Null gehen lasse, wie es die christliche Moral tut (1989, S. 103).

14 Deutlich zumindest bis zum *Gebrauch der Lüste* und *Die Sorge um sich*, den Bänden 2 und 3 von *Sexualität und Wahrheit* (1986).

- Die grundsätzliche Einsicht, daß wir nie «außerhalb» von Macht sind, sondern die Art und Weise begreifen sollten, in der wir selber in Machtbeziehungen verstrickt sind. Hier ist sicherlich richtig, daß ein ressourcentheoretisch orientierter Ansatz, wie ich ihn oben aufgegriffen habe, zu eng ist; dasselbe gilt allerdings auch für Zugangsweisen, die es völlig aufgeben, nach Verteilungsrelationen von historisch als Ressourcen konstituierten Machtmitteln zu fragen, die den Machtbeziehungen ein spezifisches Gewicht geben. Wichtig wäre hier ebenfalls die Analyse der Formbestimmung der Sphären, in denen Macht (aus)geübt wird und sich bricht (vgl. z. B. Knapp 1987, S. 276 ff.)

- den Hinweis auf die historisch sich verändernde Bedeutung des Zusammenhangs von «Allianzdispositiv» (Heirats- und Verwandtschaftssysteme, Genealogien, Erbrecht usw.) und «Sexualitätsdispositiv». Während das Allianzdispositiv eher ein Regelsystem darstelle, das Geschlechterbeziehungen nach bestimmten «Gesetzen» reproduziere, funktioniere das Sexualitätsdispositiv vermittels mobiler, polymorpher und konjunktureller Machttechniken. Das Sexualitätsdispositiv überlagere in modernen Gesellschaften das Allianzdispositiv, ohne es jedoch abzulösen[15] (Foucault 1977, S. 128). Die gegenwärtige Verknüpfung und Inkongruenz zwischen beiden wäre ein sehr wichtiger Problembereich für eine Theorie gesellschaftlicher Reproduktionsverhältnisse. Ich denke hier z. B. an das empirische Phänomen der «sukzessiven Polygamie» bei gleichzeitiger Aufrechterhaltung der monogamen Eheform (hohe Scheidungs- und Wiederverheiratungsrate);

- Foucaults Warnung davor, die Rationalisierung der Gesellschaft und Kultur zu global zu betrachten, wie dies auch in der Kritischen

15 «Man kann also sagen, daß das Allianzdispositiv einem festen Gleichgewicht des Gesellschaftskörpers zugeordnet ist, das er aufrechterhalten soll: daher kommt seine Privilegierung des Rechts; daher liegt seine Stärke in der ‹Reproduktion›. Das Sexualitätsdispositiv hat seine Daseinsberechtigung nicht darin, daß es sich reproduziert, sondern darin, daß es die Körper immer detaillierter vermehrt, erneuert, zusammenschließt, erfindet, durchdringt und daß es die Bevölkerungen immer globaler kontrolliert» (Foucault 1977, S. 129). Foucaults Hinweise auf eine immer globaler werdende Kontrolle bzw. stetige «Etatisierung» von Machtbeziehungen finde ich einerseits wichtig, würde aber gleichzeitig davor warnen, daß sich unter der Hand wieder eine hermetische Sicht einer historischen «Tendenz» durchsetzt, die das produktive Moment der Öffnung des Blicks auf die widersprüchlichen und polyvalenten diskursiven Kräfteverhältnisse wieder unterläuft.

Theorie und der feministischen Kritik instrumenteller Rationalität geschieht.[16] Um zu einer neuen «Ökonomie der Machtverhältnisse» in unserer gegenwärtigen Situation zu kommen, sei es sinnvoller, spezifische Rationalitäten in verschiedenen Bereichen und deren Modalitäten zu analysieren;

- und den methodischen Hinweis, bei der Analyse von institutionellen Machtverhältnissen (etwa in staatlichen Institutionen) nicht allein die «Innenansicht» zu wählen. «Die Tatsache, daß ein wichtiger Teil der Mechanismen, die von einer Institution in Gang gesetzt werden, dazu bestimmt sind, ihre Selbsterhaltung zu sichern, bringt das Risiko mit sich, vor allem bei den intra-institutionellen Machtverhältnissen, hauptsächlich reproduktive Funktionen aufzuspüren» (Dreyfus/Rabinow 1987, S. 256). Diese Bedenken lassen sich übertragen auf alle hoch-aggregierten Konzepte patriarchaler Herrschaft, denen die Widersprüche und historischen Ungleichzeitigkeiten in der gesellschaftlichen Konstellierung des Geschlechterverhältnisses entgleiten.

Sexismus, patriarchales System und Phallozentrismus: Ein Syntheseversuch

Elisabeth Grosz (Sydney) hat versucht, Ausmaß und Reichweite von Frauenunterdrückung zu fassen, indem sie in Machtverhältnissen zwischen den Geschlechtern drei Ebenen unterscheidet, die miteinander zusammenhängen: Sexismus, Patriarchales System und Phallozentrismus. Ich möchte ihren Vorschlag aus zwei Gründen etwas ausführlicher darstellen: Er ist einer der nicht sehr zahlreichen Versuche innerhalb des poststrukturalistisch inspirierten Spektrums, unterschiedliche sozio-kulturelle Dimensionen von Frauenunterdrückung als differente zusammenzudenken; gerade deshalb eignet er sich gut, Zugangsweisen aus anderen Traditionen, wie etwa strukturtheoretisch-materialistische Analysen des Geschlechterverhältnisses, damit zu kontrastieren. Was in Ursula Beers Konzept vom «doppelten Sekundärpatriarchalismus» als Leerstelle erschien, steht hier im Mittelpunkt und umgekehrt: Der Mangel des Syntheseversuchs von Elizabeth

16 Ein neueres Beispiel hierfür ist Claudia von Werlhof: *Männliche Natur und Künstliches Geschlecht, Texte zur Erkenntniskrise der Moderne* (1991).

Grosz besteht gerade im Auslassen einer expliziten strukturtheoretischen Dimension. Die drei Ebenen:

«a) Wirkungsweisen des Sexismus. Sexismus besteht in einer Serie individueller oder kollektiver Akte der Frauendiskrimierung. Es gibt eine ungeheure Anzahl sexistischer Verhaltensweisen. Sie reichen von abwertenden, negativen Kommentaren und Annahmen über Frauen, ihrem aktiven Ausschluß aus bestimmten sozialen Sphären oder Aktivitäten bis hin zu bewußter Einschüchterung, Belästigung und offener Gewalt einschließlich Vergewaltigung. Sexismus ist ein empirisches Phänomen. Es ist sichtbar, bestimmbar, materiell, eine Reihe von Aktionen (Sprache eingeschlossen), die Frauen im Vergleich zu Männern ungleich behandelt. Es ist die unberechtigt differentielle Behandlung der beiden Geschlechter zum Nutzen des einen und auf Kosten des anderen.

Man kann darüber streiten, ob sexistische Diskriminierung im Prinzip umkehrbar ist. Frauen könnten sich sexistisch gegenüber Männern verhalten. Aber im Zusammenhang unserer Kultur, in der Frauen als sozialer Gruppe die Positionen und die Macht fehlen, die weibliche Überlegenheit begründen könnten, kann dies nicht geschehen. Es ist gewiß richtig, daß Frauen Männer einschüchtern und drangsalieren können, aber dies bleibt das Handeln einzelner. Frauen als Frauen unterdrücken nicht Männer als Männer. Dies hängt damit zusammen, daß Unterdrückung aus mehr besteht als aus diskriminatorischen Akten oder unfairer Behandlung; diese empirischen Verhaltensweisen sind reguliert, unterstützt, und sie bekommen Bedeutung durch eine zugrundeliegende Struktur. Männer können sich, um ein Beispiel zu geben, darauf verlassen, daß soziale Institutionen, Gebräuche und Handlungsweisen, Gesetze, Rituale und alltägliche Grundannahmen ihre diskriminierenden Handlungen in einer Art und Weise stützen, die für Frauen nicht gilt. Aus diesem Grund können – auch wenn einzelne Frauen einzelne Männer diskriminieren – Frauen als Gruppe nicht Männer als Gruppe unterdrücken. Dazu bedarf es der Stützung durch eine zweite Form der Unterdrückung, die Sexismus überhaupt erst möglich macht; dies ist

b) in zugrundeliegendes System, das ich ‹patriarchal› nennen möchte, um es vom Sexismus zu unterscheiden. Oberhalb und jenseits partikularer, konkreter sexistischer Handlungen liegt eine Struktur, die systematisch Männlichkeit in positiven und Weiblichkeit in negativen Termini wertet. Patriarchalismus ist damit ein struktureller Modus der Sozialorganisation, der Männer und Frauen in gesellschaftlichen, ökonomischen und interpersonellen Verhältnissen unterschiedlich positioniert. Er besteht nicht aus empirischen Handlungen; es ist eine latente Struktur, die diese individuellen Akte ermöglicht und sie in einer systematischen Form organisiert und den praktischen Kontext sowie die Bedeutungszusammenhänge sexistischer Ungleichheit liefert. Selbst wenn alle empirischen Beispiele für Sexismus wegfallen würden, würde die positionelle Unterdrückung von Frauen unverändert bleiben. Sie besteht nicht nur aus der unterschiedlichen und ungleichen Behandlung der beiden Geschlechter, sondern auch aus den differenten Bedeutungen und Wertungen, die ihnen zugeschrieben werden, auch wenn sie sich auf gleiche Weise verhalten. Was bei Männern als Zeichen von Stärke gewertet wird, würde bei Frauen als Aggressivität betrachtet werden, selbst bei identischem Verhalten. [...] Patriarchale Strukturen sind nicht unwandelbar, sondern historisch variabel und funktionieren in soziogeographisch spezifischen Kulturen auch auf spezifische Weise; dennoch behalten sie stets die Bestimmung, männliche Suprematie aufrechtzuerhalten und fortzuführen.

c) Wenn Sexismus empirisch und beobachtbar und Patriarchalismus strukturell operiert, dann kann noch eine dritte Ebene gesellschaftlicher Misogynie unterschieden werden, die von großer Bedeutung für diejenigen ist, die sich mit den Funktionsweisen von Theorie, Repräsentationen und diskursiven Systemen befassen. Das Wuchern unterdrückerischer Bilder und Repräsentationen von Frauen und von Feminität ist nicht völlig getrennt von sexistischen und patriarchalen Machtverhältnissen; beide sind auf derartige Repräsentationssysteme angewiesen. Dieser Modus der Unterdrückung könnte als ‹Phallozentrismus› gefaßt werden.

Phallozentrismus bezeichnet eine spezifisch diskursive Serie von Prozeduren, eine Strategie, die Repräsentationen der beiden Geschlechter in einem einzigen Modell zusammenzufassen, das ‹menschlich› oder ‹human› genannt wird, tatsächlich aber nur mit dem Maskulinen kongruent ist. [...] Als textuelle oder diskursive Strategie untermauert der Phallozentrismus patriarchale Verhältnisse. Er erlaubt Frauen keinen konzeptuellen Raum, autonome Interessen oder Sichtweisen zu entwickeln, die anders oder different wären von männlichen. Frauen sind hier auf drei Möglichkeiten beschränkt, von denen jede den Primat des Maskulinen und die Subordination des Femininen bestätigt. Wann immer Frauen oder Weiblichkeit gefaßt werden: in Begriffen von Identität oder Gleichheit mit Männern, als Gegenteil bzw. Umkehrung des Männlichen oder als Komplementäres, ist ihre Repräsentation phallozentrisch [...]» (Grosz 1990, S. 147 ff.).

Elisabeth Grosz' definitorisch-systematischer Versuch, unterschiedliche Dimensionen der Frauenunterdrückung und deren Verbindung zu beschreiben,[17] unterscheidet sich von Ansätzen, die versuchen, das Geschlechterverhältnis und Strukturmomente des Patriarchalismus im Zusammenhang gesamtgesellschaftlicher Reproduktionsprozesse zu bestimmen. Das wird besonders deutlich an dem jeweils zugrundegelegten Strukturbegriff. Grosz geht einerseits davon aus, daß Patriarchalismus ein «struktureller Modus der Sozialorganisation» ist, engt ihn dann jedoch schließlich ein auf die Dimension der ungleichen «Bedeutungen und Wertungen» der Geschlechter, die in ungleiche Behandlung und Positionierung eingeht. Damit verknüpft sie die Dimension des soziosymbolischen Wertesystems, das sie ausschließlich mit Blick auf seine patriarchalen Momente hin betrachtet, mit einer handlungstheoretischen Dimension. Ihr Begriff vom «patriarchalen System» ist damit zwar geöffnet zur Seite der strukturierenden Aktivitäten und deren Vermittlung über Deutungssysteme, läßt aber versachlichte und institutionalisierte Formen von Herrschaft und Macht unterbelichtet. Er bleibt damit im engeren Einzugsbereich des im angelsächsischen Sprachraum populären Konzepts vom «doing gender».

Die Frage, wie die Sphären gesamtgesellschaftlicher Reproduktion – in einer gegebenen Gesellschaft – objektiv zusammengeschlossen sind (s. o.) und damit die Lebensbedingungen von Frauen und Männern different und widersprüchlich strukturieren, sowie der Zusammenhang kapitalistischer und patriarchaler Strukturverhältnisse werden nicht aufgenommen.

Eine gewisse «Reduktion von Komplexität» zur Seite objektivierter Herrschaftszusammenhänge bei einem gleichzeitig hohen Maß an Aufmerksamkeit für kultur- und diskurstheoretische Fragen scheint

17 Sie entwickelt ihren Syntheseversuch als Hintergrund für eine Untersuchung des Zusammenhangs von Philosophie und Frauenunterdrückung.

mir ein Charakteristikum für die meisten Ansätze in diesem Spektrum der Machtdiskussion zu sein. Möglicherweise hängt diese Akzentuierung ein Stück weit mit der arbeitsteiligen Organisation der Wissenschaften und den in der Poststrukturalismus/Postmoderne-Debatte besonders engagierten Disziplinen zusammen. Starke theoretische Impulse feministischer Kritik sind in diesem Feld eher von der Philosophie und den Sprach- und Literaturwissenschaften als von den Sozialwissenschaften ausgegangen.[18] Das wirkt sich als Mangel an soziologischer und gesellschaftstheoretischer Reflexion aus. Dieser Mangel ist jedoch nicht nur als Desiderat an die genannten Disziplinen zu adressieren, sondern verweist auf ein weiterreichendes Problem, das auch die sozialwissenschaftliche Frauenforschung trifft: die vieldiskutierte Krise der Gesellschaftstheorie in den Sozialwissenschaften, die in der jüngsten Krise des Marxismus und den diversen «Abschieden von Gestern» (Müller-Doohm) nur ihren Kulminationspunkt erreicht hat.[19]

Vor diesem Hintergrund mag es wie Ironie der Geschichte erscheinen, daß Frauen, aus einem ungleichzeitigen Verhältnis zur Moderne heraus, diese heute sowohl radikal kritisieren als auch in bestimmter Hinsicht (Einlösen historischer Egalitätsversprechen) einklagen, während viele ehemalige Zeit-Genossen nichts mehr hält. Ungleichzeitig erscheint auf diesem Hintergrund auch das damit verknüpfte feministische Unterfangen, die Geschichte(n) weiblicher Vergesellschaftung

18 Bei einer näheren Beschäftigung mit Fragen der Rezeptions- und Geltungsgeschichte von poststrukturalistischen Theoremen in der feministischen Theoriediskussion, wären die spezifischen nationalen Traditionen zu berücksichtigen. Im englischsprachigen Bereich ist die starke Aufnahme poststrukturalistischer Ansätze sicherlich vor dem Hintergrund der sogenannten «Krise des Empirismus» in der Soziologie sowie der vergleichsweise geringen Bedeutung historisch-materialistischer Traditionen (USA) sowie einer generelleren Problematisierung des Erklärungsgehalts marxistischer Theorie in der angelsächsischen und australischen Frauenforschung zu sehen.

19 Vgl. etwa Stefan Müller-Doohms (1991) Aufsatz: *Soziologie ohne Gesellschaft? Notizen zum Gegenstandsverlust einer Disziplin.* Hier erörtert er das Paradox, daß die gegenwärtige Soziologie und empirische Forschung einerseits enormen Einfluß in der Öffentlichkeit und staatlichen Administration habe, während gleichzeitig die «analytische oder gar prognostische Kapazität der Wissenschaft von der Gesellschaft im Hinblick auf gesellschaftliche Entwicklungs- und historische Wandlungsprozesse kaum entfaltet» sei (S. 50). Darin unterscheide sich die Gegenwartssoziologie «in auffälliger Weise von ihrer Tradition. Denn diese war, wie Shamuel N. Eisenstadt in seinem Rückblick zusammenfaßt, dadurch charakterisiert, daß ‹sich das Forschungsinteresse auf die Analyse der Bedingungen und Mechanismen der sozialen Ordnung und der sie konstituierenden Elemente, auf ihre Kontinuität und ihren Wandel im allgemeinen und auf unterschiedliche Formen sozialer Ordnung im besonderen› richtete» (a. a. O., S. 50).

im Zusammenhang von Gesellschaftsgeschichte noch begreifen zu wollen. Weil es nicht bleiben soll, wie es ist, trotz des «Endes der Gewißheit» (Thürmer-Rohr).

Das Festhalten an gesellschaftstheoretischer Reflexion und der historischen Konkretisierung von Vermittlungsverhältnissen hat sowohl wissenschaftsimmanente als auch politische Gründe, die sich in der Frauenforschung nicht voneinander trennen lassen, aber in ihrem Spannungsverhältnis bedacht werden müssen. Hier könnten – nicht zuletzt vor dem Hintergrund der Epistemologie-Debatte – methodische Anregungen aus der Kritischen Theorie wieder fruchtbar gemacht werden. Wie Max Horkheimer bereits in den 30er Jahren formulierte,

> «stecken in den von uns als objektiv bezeichneten subjektive und in den sogenannten subjektiven auch objektive Faktoren, und zwar so, daß wir [...] das Ineinanderspielen beider, als menschlicher und außermenschlicher, individueller und klassenmäßiger [und ich füge hinzu: geschlechts- und ethnisch vermittelter A. K.], methodologischer und gegenständlicher Momente darzustellen haben, ohne jedes dieser Momente von den anderen in seiner Wirksamkeit restlos isolieren zu können» (Horkheimer 1977, S. 80).

Nur inhaltlich erkennend könne daher etwas über Erkenntnis ausgemacht werden in der Bewährung am konkreten Stoff, der in seiner historischen Vermitteltheit zu begreifen sei, wobei das Subjekt der Erkenntnis sich selber als multiples Objekt solcher Vermittlungsprozesse einbegreifen müsse.

Das Verfahren der bestimmten Negation ist eine methodische Konsequenz solchen Verständnisses von Vermittlungsverhältnissen (vgl. ausführlich Regina Becker-Schmidt 1991). Der politische Impuls, dem dieses Denken folgt, ist der, durch immanente Kritik aufzuschließen, was «unvernünftig, menschenunwürdig an den gesellschaftlichen Verhältnissen ist» (Becker-Schmidt 1991b, S. 68). Dies impliziert allerdings eine Vorstellung von menschenwürdigen Verhältnissen, die historisch in den Kontext einer humanistischen Tradition gehört, die Feministinnen kritisiert und reinterpretiert haben. Anlaß und «Gegenstand» feministischer Forschung sind nach wie vor nicht beliebig, sondern aufgenötigt, auch wenn es Phasen gab, wo ein «Problem ohne Name» (Friedan) daraus wurde: Gewalt, Abwertung und Deklassierung von Frauen in ihren mannigfachen Formen.

Gerade wenn man die von Grosz als «Phallozentrismus» bezeichnete Dimension ernstnimmt – und ich halte die Untersuchung derartiger Logiken für eine wichtige Dimension feministischer Machtanalyse – wird es nötig, die unterschiedlichen Vermittlungsverhältnisse und -formen materieller, generativer und symbolischer Reproduktion sowie Potentiale der Veränderung zu bedenken. Im Versuch ihrer «Zusammenschau» als historisch unterschiedlich konstituierte und zugleich gesellschaftliche Realität stets auch neu konstituierende, könnten sich die Konfigurationen und Perspektiven noch näher bestimmen lassen, innerhalb derer und auf die bezogen feministische Politik bedacht und gemacht wird.

So sind, wie Analysen der Frauenforschung dokumentieren, die Zeitstrukturen von Veränderungen in den einzelnen o.a. Dimensionen des Geschlechterverhältnisses heterogen und ihre Tendenzen können sowohl ungleichzeitige als auch gegenläufige sein. Darauf haben sowohl GeschichtswissenschaftlerInnen als auch marxistische wie poststrukturalistische KritikerInnen des linearen Emanzipationsmodells hingewiesen.

Veränderungen auf der Ebene des Rechts haben andere Zeitstrukturen und Tendenzen als die im Bereich ökonomischer Verhältnisse (vgl. Beer 1990) auch innerhalb der Rechtsdiskurse gibt es Ungleichzeitigkeiten, auf die sich Frauenpolitik von Anfang an bezogen hat (vgl. Gerhard/Maihofer u. a. 1990), Diskrepanzen finden sich zwischen materiellen Lebensbedingungen und normalisierenden Weiblichkeitsdiskursen, ebenso wie Partialdiskurse (wie etwa der feministische) in ein Verhältnis der Ungleichzeitigkeit zur sozialstrukturellen Statik treten, die gleichwohl auf sie reagiert. Dieser Heterogenität von Tendenzen und Gegentendenzen, Kräfteverhältnissen und -feldern gegenüber scheint die Identitätslogik, die auch die des Phallozentrismus ist, eine kultur- und zeitenübergreifende Beharrlichkeit zu haben, die zur Verzweiflung treiben müßte, wenn sie der einzige «Ort» wär, über den feministische Politik begründet würde.[20] Sie gehören als konstitutive Elemente in diesen Zusammenhang hinein, ohne – wie ich meine – Priorität beanspruchen zu können, die lediglich ontologisch zu begründen wäre.

Nur von einer im oben skizzierten Sinne konkretisierten Analyse der gesellschaftlichen Organisation des Geschlechterverhältnisses her lassen sich nach meiner Auffassung nicht-utopistische und gleichzeitig nicht pragmatistisch verengte «Zielwahrscheinlichkeitsräume» (Masarik) feministischer Politik vorstellen. Sie lägen zwischen den gefühlsbesetzten Schwellen von Beharren und Zweifeln und wären mit beiden verbunden.

Dies Verbundensein heißt auch, das Rechtsmoment in feministischen Positionen zuzugestehen, die es, angesichts des organisierten gesellschaftlichen Wahnsinns, aufgegeben haben, nach der Mikrologie von Machtrelationen zu fragen. Indem sie den Extremismus der Verhältnisse auf extreme Weise benennen, drücken sie politisch etwas von der Gewalt aus, welche die detaillierten und abwägenden Analysen, die meine Sache sind, ungleich schwerer fassen können.

Ich denke dabei nicht, daß es möglich oder erstrebenswert wäre, eine große Theorie mit umfassendem Erklärungsanspruch zu formulieren. Die Schwierigkeiten, die das fast zwangsläufig mit sich bringt, hat uns zuletzt Jürgen Habermas' Versuch (1981) vorgeführt (vgl. Nancy Frasers Habermas-Kritik 1989, S. 113 ff.). Allerdings sollte deutlich geworden sein, daß auch die Diskussion einzelner Problemkonstellationen im Kontext Macht/Herrschaft im Geschlechterverhältnis an eine Vorstellung vom gesellschaftlichen Gesamtzusammenhang, der in immer mehr Hinsichten auch Weltzusammenhang wird, rückgebunden sein sollte.

Wichtig wäre bei diesem Unterfangen, das noch von einem gemeinsamen Anliegen feministischer Wissenschaftlerinnen ausgeht, die methodische und meta-theoretische Frage nach den Möglichkeiten der Integration oder Verknüpfung von macht- bzw. herrschaftsanalytischen Zugängen aus unterschiedlichen Disziplinen und Traditionssträngen.

Frauenforschung, die angetreten ist mit einem emphatischen Anspruch auf disziplinübergreifende Analysen des Geschlechterverhältnisses, hätte im Beharren auf diesem Anspruch zugleich die Grenzen der Interdisziplinarität zu bedenken, wie sie etwa Devereux in seinen Ausführungen zur «komplementaristischen Methode» in den Wissenschaften vom Menschen erörtert (Devereux 1984, S. 12). Er weist dar-

---

20 Toril Moi hat in ihrer Auseinandersetzung mit Luce Irigaray darauf hingewiesen, daß für Irigaray «das Patriarchat eindeutig eine Kraft ohne innere Widersprüche» sei, eine monolithische Macht, «die Frauen daran hindert, ihre wirkliche Natur zum Ausdruck zu bringen». Irigaray könne zwar die sich durchhaltenden Momente in den patriarchalen Diskursstrategien von Plato bis Freud offenlegen, bezeichnenderweise untersuche sie jedoch nicht, wie sich die Wirkung patriarchaler Diskurse auf Frauen verändert hat: «Was unterscheidet das Leben von Frauen im post-freudianischen Zeitalter vom Leben von Platos Mutter und Schwestern? Wenn sich die Herrschaftsdiskurse kaum verändert haben, weshalb leben wir dann nicht mehr im Gynäzeum» (Moi 1989, S. 173)?

auf hin, daß sich die Humanwissenschaften immer in mindestens zwei Erklärungssystemen bewegen und bezieht sich dabei auf Soziologie und Psychologie. Die Grenze jedes besonderen Diskurses gibt er da an, wo, «falls die Erklärung zu weit getrieben wird, der Gegenstand ‹verschwindet› und automatisch durch einen ausschließlich dem komplementären Diskurs zugehörigen Gegenstand ersetzt wird» (Devereux 1984 S. 23).

In dem hier interessierenden Zusammenhang der feministischen Machtdiskussion – in der das Spektrum der beteiligten Disziplinen noch weiter ist – findet dieses «Verschwinden und Ersetzen» u. a. auf folgende Weisen statt:

- wenn aus soziologisch beschreibbaren Machtstrukturen auf Verhaltenspotentiale geschlossen wird;
- wenn aus empirisch vorfindlichen Machtstrategien von Frauen auf ihre Mächtigkeit geschlossen wird;
- wenn Weiblichkeits- und Männlichkeitsdiskurse verwechselt werden mit Frauen und Männern;
- wenn beobachtbare Prozesse der «Individualisierung» (Beck/Beck-Gernsheim 1990) für Freiheit der Optionen gehalten werden.

«Drei Räume» des Feminismus

Ich bin von der Frage ausgegangen, was Macht- und Herrschaftskonzepte erklären können müßten, wenn sie einer komplexen Realität gerecht werden und einen Orientierungsrahmen für Handeln abgeben wollen, das sich gegen Gewalt, Unterdrückung und Abwertung von Frauen wendet, und habe versucht, die jeweiligen Stärken und Grenzen einiger Zugangsweisen in der aktuellen feministischen Machtdiskussion wenigstens in groben Umrissen zu beleuchten.

Wie unerläßlich es ist, die verschiedenen Dimensionen der soziokulturellen Verfaßtheit des Geschlechterverhältnisses zusammenzudenken, zeigt sich recht deutlich in der aktuellen Debatte um Gleichheit und Differenz, die – was die Bundesrepublik betrifft – insbesondere von der Mailänder Gruppe der «libreria delle donne di Milano» und ihrer Mentorin Luce Irigaray angeregt wurde. Ihre Analyse männlicher Herrschaft ist zentriert um Fragen der Repräsentation der sexuellen

Differenz in einer «symbolischen Ordnung», die dem «Gesetz des Vaters» (Lacan) folgt.

Forderungen wie Quotierung, Änderung des Abtreibungsparagraphen und Forderungen nach einer Bestrafung von Vergewaltigung in der Ehe sind, aus diesem Blickwinkel gesehen, Formen der Unterordnung unter männliche Instanzen und deren Regeln. Diese richten sich nach Auffassung der Mailänderinnen grundsätzlich gegen Frauen, denn jede Anrufung universeller Instanzen und Prinzipien mache die sexuelle Differenz unsichtbar (Libreria delle donne di Milano 1988).

Verschiedene Kritikerinnen haben auf die Widersprüche hingewiesen, in die sich solcherart prinzipialisierte Positionen unweigerlich verstricken (vgl. z. B.: Ute Gerhard u. a. 1990; Knapp 1991; Lorey 1991). So wäre etwa die Realisierung der Forderung nach geschlechtsdifferenzierten Rechten unter gegebenen Bedingungen an gesellschaftliche Institutionen gebunden, in denen nach wie vor Männer das Sagen haben und die Regeln setzen.

Die aktuelle feministische Staats- und Verfassungsdebatte in der Bundesrepublik halte ich gerade deshalb für anregend, weil sie derartige Fragen sehr konkret, kontextgebunden und sowohl mit Bezug auf die Ambivalenz der Rechtsform als auch auf politische Machtkonstellationen und institutionelle Rahmenbedingungen erörtert. Voraussetzungen für dieses engagierte und kollektive Abwägen waren u.a. Analysen zur Geschichte der Menschenrechte und des Ausschlusses von Frauen, zur Geschichte der historischen Kämpfe der Frauenbewegung, zur Verfassungsgeschichte und Analysen nationalstaatlicher Anachronismen angesichts der «real existierenden Weltgesellschaft» (Schultz 1991). Diese Diskussion führt nach meiner Auffassung die Fragwürdigkeit überzogener «Entweder-Oder»-Positionen besonders drastisch vor Augen. Vielleicht ist es nicht zufällig, daß der Begriff des «Dilemmas» einer der charakteristischen Topoi dieser Debatte geworden ist, die nach politischen Wegen sucht, die aus dem «Gleichheits-Dilemma» und dem «Differenz-Dilemma» herausführen.[21]

21 Die Juristin Martha Minow hat dies kürzlich so gefaßt: Differenzen im Fall subordinierter Gruppen zu ignorieren, so sagt sie, führt zu einer problematischen Politik falscher Neutralität; aber sich ganz auf den Aspekt der Differenz zu konzentrieren, kann in eine Verstärkung des Stigmas der Abweichung münden. «Beides: die Zentrierung auf und das Ignorieren von Differenz tragen das Risiko, sie fortzuschreiben. Das ist das Differenz-Dilemma» (Minow 1990, S. 139).

Toril Moi hat sich in einem Aufsatz, in dem es um die «Unmöglichkeit des Feminismus» geht, mit diesem Problem befaßt und darauf hingewiesen, daß die eine Position (die der Differenz) letztlich ein notwendiger Effekt des Diskurses der anderen (der Gleichheit) sei: Zwischen ihnen bestehe sowohl ein potentieller Antagonismus als auch eine produktive dialektische Spannung.

Feministinnen, so ihre Auffassung, können sich nicht einfach für Gleichheit oder für Differenz entscheiden, beide Kämpfe seien als aporetische auszufechten. Beide Zugangsweisen blieben letztendlich in einer Zwangslogik gefangen. Sie setzt sich in diesem Zusammenhang mit Julia Kristevas Vorschlag auseinander, daß Feminismus in einem «dritten Raum» operieren solle, einem, der alle Identitäten, alle binären Oppositionen, alle phallogozentrische Logik dekonstruiert. Aber, so gibt sie zu bedenken, «während wir die patriarchale Metaphysik dekonstruieren, riskieren wir, daß wir ebenfalls gerade diejenige Logik dekonstruieren, die die beiden oben bezeichneten Formen des Feminismus aufrechterhält» (Moi 1990, S. 369). Zwar seien die «drei Räume» (Gleichheit, Differenz, Dekonstruktion) des Feminismus oft strategisch inkompatibel, dennoch sollten Feministinnen – so Toril Mois Vorschlag – heute alle drei Positionen gleichzeitig besetzen/vertreten. Ausschließlich Kristevas Position der «dekonstruierten Identitäten» aufzunehmen sei schlicht unmöglich, weil Frauen beharrlich «als Frauen» unterdrückt würden:

> «Wir müssen also die Widersprüchlichkeit aller drei Feminismen ausleben und antagonistisch Position beziehen. [...] Als Feministinnen werden wir oft harte und widerwärtige politische Wahlen treffen im vollen Bewußtsein dessen, was wir aufgeben» (a. a. O.).

Ich teile diese Auffassung und denke, daß sie die weitestgehende ist, die auf dieser grundsätzlichen Ebene – unabhängig von konkreten Fragestellungen und Kontexten – formuliert werden kann. Noch ein weiter Gedanke Toril Mois sei abschließend zitiert. Er hat mich angesprochen, weil er das Moment der Hybris und Selbstgewißheit ein Stück weit unterläuft, das sich in der feministischen Diskussion zuweilen als politische Rechtgläubigkeit artikuliert:

> «Ich behaupte hier natürlich nicht, daß wir völlig frei sind bei der Wahl unserer politischen Positionen oder unseres politischen Stils. Mit Freud und Lacan glaube ich, daß das, was wir sagen, nie ganz das ist, was wir zu sagen denken. Ausgehend von derselben Logik

hat Derrida gezeigt, daß jeder Diskurs seine eigenen blinden Flecke und Kontradiktionen hervorbringt. Und wie Marx glaube ich, daß unsere spezifischen materiellen Positionen in Gesellschaft und Geschichte entscheidend das Spektrum ideologischer und politischer Optionen beschränken, die uns zugänglich sind. Damit sage ich nicht, daß wir überhaupt keine Wahl hätten: mein Diskurs über politische Strategien und Wahlen plaziert sich selber innerhalb der Zwänge, die umrissen wurden durch dieses ernüchternde Erinnern an die Grenzen analytischer Selbst-Reflexion» (Moi 1990, S. 370).

Literatur

AHRENDT, Hannah (1969/1970): *Macht und Gewalt.* München

ARBEITSGEMEINSCHAFT Interdisziplinäre Frauenforschung und -Studien (Hg.) (1990): *Feministische Erneuerung von Wissenschaft und Kunst.* Pfaffenweiler

BECK, Ulrich / BECK-GERNSHEIM, Elisabeth (1990): *Das ganz normale Chaos der Liebe.* Frankfurt a. M.

BECKER-SCHMIDT, Regina (1987): «Frauen und Deklassierung. Geschlecht und Klasse». In: Beer, Ursula (Hg.): a. a. O., S. 187-235

BECKER-SCHMIDT, Regina (1991a): «Vergesellschaftung – innere Vergesellschaftung. Individuum, Klasse, Geschlecht aus der Perspektive der Kritischen Theorie». In: Zapf, Wolfgang (Hg.): a. a. O., S. 383-394

BECKER-SCHMIDT, Regina (1991b): «Identitätslogik und Gewalt. Zum Verhältnis von Kritischer Theorie und Feminismus». In: Müller-Warden, Joachim / Welzer, Harald (Hgg.): a. a. O., S. 59-79

BECKER-SCHMIDT, Regina (1991c): «Wenn die Frauen erst einmal Frauen sein könnten». In: Früchtl, Josef / Calloni, Maria (Hgg.): a. a. O., S. 206-224

BECKER-SCHMIDT, Regina (1992): *Geschlechterverhältnis als Herrschaftsgefüge. Frauenpolitische Strategien.* In: Kulke, Christine / Ramming, Ulrike / Kopp-Degethoff, Heidi (Hgg.): a. a. O.

BEER, Ursula (Hg.) (1987): *Klasse Geschlecht. Feministische Gesellschaftsanalyse und Wissenschaftskritik.* Bielefeld

BEER,Ursula (1990): *Geschlecht, Struktur, Geschichte. Soziale Konstituierung des Geschlechterverhältnisses.* Frankfurt a. M./New York

BENJAMIN, Jessica (1990): *Die Fesseln der Liebe. Psychoanalyse, Feminismus und das Problem der Macht.* Frankfurt a. M.

BRÜCKNER, Margrit (1988): *Die Liebe der Frauen. Über Weiblichkeit und Mißhandlung.* Frankfurt a. M.

BURTON, Clare (1985): *Subordination. Feminism and Social Theory.* Sydney

BUSCH, Friedrich W. / Havekost, Hermann (Hgg.) (1990): *Oldenburger Universitätsreden,* Nr. 38. Oldenburg (Bibliotheks- und Informationssystem der Universität Oldenburg)

BUTLER, Judith (1990): *Gender Trouble. Feminism and the Subversion of Identity.* New York

CHRISTOPH, Klaus (Hg.) (1991): *Der Golfkrieg – Zur Logik der Destruktion.* Frankfurt a. M.

CLEGG, Stewart R. (1989): *Frameworks of Power.* London

COCKBURN, Cynthia (1988): *Die Herrschaftsmaschine. Geschlechterverhältnisse und technisches Know-how.* Berlin/Hamburg

DAVIS, Kathy / OLDERSMAA, Jantine (1987): «The Gender of Power: An Introduction». In: Leijenaar, Monique (Hg.): a. a. O., S. 13-25

DEVEREUX, Georges (1984): *Ethnopsychoanalyse. Die komplementäre Methode in den Wissenschaften vom Menschen.* Frankfurt a. M.

DIOTIMA (1989): *Der Mensch ist Zwei. Das Denken der Geschlechterdifferenz.* Wien

DREYFUS, Hubert L. / RABINOW, Paul (1987): *Michel Foucault. Jenseits von Strukturalismus und Hermeneutik.* Frankfurt a. M.

DUDEN, Barbara (1987): *Geschichte unter der Haut.* Stuttgart

DUDEN, Barbara (1991): *Der Frauenleib als öffentlicher Ort. Vom Mißbrauch des Begriffs Leben.* Hamburg/Zürich

ELIAS, Norbert (1986): «Wandlungen der Machtbalance zwischen den Geschlechtern». In: *Kölner Zeitschrift für Soziologie und Sozialpsychologie,* 38, S. 424-449

ERDMANN, Eva / FORST, Rainer / HONNETH, Axel (Hgg.) (1990): *Ethos der Moderne.* Frankfurt a. M./New York

FEMINISTISCHE STUDIEN. Sonderheft (1991): *Frauen für eine neue Verfassung,* 9

FINK-EITEL, Hinrich (1989): *Foucault. Zur Einführung.* Hamburg

FISCHER-HOMBERGER, Esther (1979): *Krankheit Frau und andere Arbeiten zur Medizingeschichte der Frau.* Bern

FLAX, Jane (1990): «Postmodernism and Gender-Relations». In: Nicholson, Linda J. (Hg.): a. a. O., S. 39-63

FOUCAULT, Michel (1977): *Sexualität und Wahrheit. Der Wille zum Wissen.* Frankfurt a. M.

FOUCAULT, Michel (1978): *Dispositive der Macht. Über Sexualität, Wissen und Wahrheit.* Berlin

FOUCAULT, Michel (1985): *Freiheit und Selbstsorge.* Frankfurt a. M.

FOUCAULT, Michel (1986): *Der Gebrauch der Lüste.* Frankfurt a. M.

FRASER, Nancy (1989): *Unruly Practices. Power, Discourse and Gender in Contemporary Social Theory.* Minneapolis

FRERICHS, Petra / STEINRÜCKE, Margarete (1991): *Klasse und Geschlecht.* Vortrag auf der Jahrestagung 1991 der Sektion Frauenforschung in Hannover. (Unveröffentlichtes Manuskript)

FRÜCHTL, Josef / CALLONI, Maria (Hgg.) (1991): *Geist gegen den Zeitgeist. Erinnern an Adorno.* Frankfurt a. M.

GERHARD, Ute (1990): «Patriarchatskritik als Gesellschaftsanalyse. Ein nicht erledigtes Projekt». In: Arbeitsgemeinschaft Interdisziplinäre Frauenforschung und -studien (Hg.): a. a. O., S. 65-81

GERHARD, Ute / JANSEN, Mechthild / MAIHOFER, Andrea / SCHMIDT, Pia / SCHULTZ, Irmgard (Hgg.) (1990): *Differenz und Gleichheit.* Frankfurt a. M.

GERHARD, Ute (1978): *Verhältnisse und Verhinderungen. Frauenarbeit, Familie und Rechte der Frauen im 19. Jahrhundert.* Frankfurt a. M.

GODELIER, Maurice (1987): *Die Produktion der Großen Männer.* Frankfurt a. M./New York

GRÄSSEL, Ulrike (1991): *Sprachverhalten und Geschlecht.* Pfaffenweiler

GROSZ, Elizabeth (1990 a): «Contemporaray Theories of Power and Subjectivity». In: Gunew, Sneja (Hg.): a. a. O., S. 59-121

GROSZ, Elizabeth (1990 b): «Philosophy». In: GUNEW, Sneja (Hg.): a. a. O., S. 147-174

GUNEW, Sneja (1991): *A Reader in Feminist Knowledge.* London

GUNEW, Sneja (Hg.) (1990): *Feminist Knowledge. Critique and Construct.* London

HABERMAS, Jürgen (1981): *Theorie des kommunikativen Handelns,* 2 Bände. Frankfurt a. M.

HAFERKAMP, Hans (1983): *Soziologie der Herrschaft.* Opladen

HARTSOCK, Nancy (1982): «The Barracks Community in Western Political Thought: Prolegomena to a Feminist Critique of War and Politics». In: *Women's Studies International Forum,* 5/3+4

HARTSOCK, Nancy (1987): «Foucault on Power: A Theory for Women?» In: Leijenaar, Monique (Hg.): a. a. O., S. 88-121

HAUSEN, Karin (1986): «Patriarchat. Vom Nutzen und Nachteil eines Konzepts für Frauengeschichte und Frauenpolitik». In: *Journal für Geschichte,* 5, S. 12-21,58

HAUSEN, Karin (1989): «Öffentlichkeit und Privatheit. Gesellschaftspolitische Konstruktionen und die Geschichte der Geschlechterbeziehungen». In: *Journal für Geschichte,* 1, S. 16-25

HAUSER, Kornelia (1987): *Strukturwandel des Privaten? Das «Geheimnis des Weibes» als Vergesellschaftungsrätsel.* Berlin/Hamburg

HENLEY, Nancy (1991): *Körperstrategien. Geschlecht, Macht und nonverbale Kommunikation.* Frankfurt a. M.
HIRSCH, Marianne / FOX-KELLER, Evelyn (Hgg.) (1990): *Conflicts in Feminism.* New York
HOFF, Ernst.-H. (Hg.) (1990): *Die doppelte Sozialisation Erwachsener. Zum Verhältnis von beruflichem und privatem Lebensstrang.* Weinheim/München
HONEGGER, Claudia (1991): *Die Ordnung der Geschlechter. Die Wissenschaften vom Menschen und das Weib.* Frankfurt a. M./New York
HONEGGER, Claudia / HEINTZE, Bettina (Hgg.) (1981): *Listen der Ohnmacht. Zur Sozialgeschichte weiblicher Widerstandsformen.* Frankfurt a. M.
HONNETH, Axel (1985): *Kritik der Macht.* Frankfurt a. M.
HORKHEIMER, Max (1933/1977): «Materialismus und Metaphysik». In: *Traditionelle und kritische Theorie. Vier Aufsätze.* S. 65-95, Frankfurt a. M.
IMSF (Hg.) (1989): *Klasse und Geschlecht.* Frankfurt a. M.
IRIGARAY, Luce (1980): *Speculum. Spiegel des anderen Geschlechts.* Frankfurt a. M.
ISAAKSON, Edith (Hg.) (1988): *Women and the Military System.* New York
JAHRBUCH FÜR SOZIALÖKONOMIE UND GESELLSCHAFTSTHEORIE (1989): *Frauen Macht Politik.* Opladen
KIMMERLE, Heinz (1988): *Derrida. Zur Einführung.* Hamburg
KNAPP, Gudrun-Axeli (1987): «Arbeitsteilung und Sozialisation. Konstellationen von Arbeitsvermögen und Arbeitskraft im Lebenszusammenhang von Frauen». In: Beer, Ursula (Hg.): a. a. O., S. 236-273
KNAPP, Gudrun-Axeli (1990a): «Zur widersprüchlichen Vergesellschaftung von Frauen». In: Hoff, Ernst.-H. (Hg.): a. a. O., S. 17-52
KNAPP, Gudrun-Axeli (1990b): «Zum Problem der Radikalität in der feministischen Wissenschaft». In: Busch, Friedrich W. / Havekost, Hermann (Hgg.): a. a. O., S. 5-26
KNAPP, Gudrun-Axeli (1991): «Zur Theorie und politischen Utopie des ‹affidamento›». In: *Feministische Studien,* 9/1, S. 117-128
KNAPP, Gudrun-Axeli (1992): *Machtanalyse in Zwischen-Zeiten.* In: Kulke, Christine / Ramming, Ulrike / Kopp-Degethoff, Heidi (Hg.): a. a. O.
KNAPP, Gudrun-Axeli (1992): «Der ‹weibliche Sozialcharakter› – Mythos oder Realität? Soziologische und sozialpsychologische Aspekte des Sozialcharakter-Konzepts». In: WE Frauenforschung Universität Bremen (Hg.): a. a. O.
KULKE, Christine / RAMMING, Ulrike / KOPP-DEGETHOFF, Heidi (1992): *Wider das schlichte Vergessen. Der deutsch-deutsche Einigungsprozeß: Frauen im Dialog.* Berlin
LEIJENAAR, Monique (Hg.) (1987): *The Gender of Power. A Symposium.* Leiden
LENZ, Ilse / LUIG, Ute (Hgg.) (1990): *Frauenmacht ohne Herrschaft.* Berlin
LIBRERIA delle donne di Milano (1988): *Wie weibliche Freiheit entsteht.* Berlin
LOREY, Isabell A. (1991): «Frau-Sein im männlichen Denken. Zu Adriana Cavareros Denken der Geschlechterdifferenz». In: *Feministische Studien,* 9/1, S. 128-136
LOVELL, Terry (Hg.) (1990): *British Feminist Thought.* Oxford
METZ-GÖCKEL, Sigrid (1987): «Die zwei (un)geliebten Schwestern. Zum Verhältnis von Frauenbewegung und Frauenforschung im Diskurs der neuen sozialen Bewegungen». In: Beer, Ursula (Hg.): a. a. O., S. 25-57
MIES, Maria (1988): *Patriarchat und Kapital. Frauen in der internationalen Arbeitsteilung.* Zürich
MINOW, Martha (1990): «Adjudicating Differences: Conflicta Among Feminist Lawyers». In: Hirsch, Marianne / Fox-Keller, Evelyn (Hgg.): a. a. O., S. 149-163
MOI, Toril (1989): *Sexus – Text – Herrschaft. Feministische Literaturtheorie.* Bremen
MOI, Toril (1990): «Feminism and Postmodernism: Recent Feminist Criticism in the United States». In: Lovell, Terry (Hg.): a. a. O., S. 367-376
MÜLLER-DOOHM, Stefan (Hg.) (1991): *Jenseits der Utopie.* Frankfurt a. M.

MÜLLER-WARDEN, Joachim / WELZER, Harald (Hgg.) (1991): *Fragmente Kritischer Theorie.* Tübingen

NEGT, Oskar (1984): *Lebendige Arbeit, enteignete Zeit. Politische und kulturelle Dimensionen des Kampfes um die Arbeitszeit.* Frankfurt a. M./New York

NEUBAUER, Erika u.a. (1987): «Gewalt gegen Frauen. Ursachen und Interventionsmöglichkeiten». Stuttgart/Berlin/Köln/Mainz (Schriftenreihe des BMJFFG, Bd. 212)

NICHOLSON, Linda J. (Hg.) (1990): *Feminism/Postmodernism.* New York

OFFE, Klaus (1975): *Berufsbildungsreform. Eine Fallstudie über Reformpolitik.* Frankfurt a. M.

POTTER, Jonathan / WETHERELL, Margret (1987): *Discourse and Social Psychology.* London

POHL, Rolf (1991): «Männlichkeit, Destruktivität und Kriegsbereitschaft». In: Christoph, Klaus (Hg.): a. a. O., S. 157-177

RILEY, Denise (1988): *Am I That Name?: Feminism and the Category of ‹Woman› in History.* New York

ROTTER, Lillian (1989): *Sex-Appeal und männliche Ohnmacht.* Freiburg

RUMPF, Mechthild (1989): *Spuren des Mütterlichen. Die widersprüchliche Bedeutung der Mutterrolle für die männliche Identitätsbildung in Kritischer Theorie und feministischer Wissenschaft.* Frankfurt a. M./Hannover

SALTZMAN CHAFETZ, Janet (1988): *Feminist Sociology.* Itasca, Illinois

SALTZMAN CHAFETZ, Janet (1989): «Gender Equality. Toward a Theory of Change». In: Wallace, Ruth A. (Hg.): a. a. O., S. 135-160

SAURER, Edith (1990): «Bewahrerinnen der Zucht und der Sittlichkeit». Gebetbücher für Frauen – Frauen in Gebetbüchern. In: *L' Homme. Zeitschrift für feministische Geschichtswissenschaft,* 1/1, S. 37-58

SCHAEFFER-HEGEL, Barbara (1984): *Frauen und Macht. Der alltägliche Beitrag der Frauen zur Politik des Patriarchats.* Pfaffenweiler

SCHULTZ, Irmgard (1991): «Global denken – regional handeln. Ein Diskussionsbeitrag zu Art. 20 GG». In: *Feministische Studien.* Sonderheft: Frauen für eine neue Verfassung, 9, S. 82-86

STACEY, Judith / THORNE, Barrie (1985): «Feministische Revolution in der Soziologie? Ein Vergleich feministischer Ansätze in der Geschichte, Literaturwissenschaft, Anthropologie und Soziologie in den USA». In: *Feministische Studien,* 4/2, S. 118-130

THÜRMER-ROHR, Christina (1987): *Vagabundinnen. Feministische Essays.* Berlin

TREUSCH-DIETER, Gerburg (1990): *Von der sexuellen Rebellion zur Gen- und Reproduktionstechnologie.* Tübingen.

WALBY, Sylvia (1990): *Theorizing Patriarchy.* Oxford

WALLACE, Ruth A. (Hg.) (1989): Feminism and Sociological Theory. London

WE FRAUENFORSCHUNG Universität Bremen (Hg.): *Was heißt hier eigentlich feministisch?* (erscheint 1992)

WEG, Marianne / STEIN, Otti (Hgg.) (1988): *Macht macht Frauen stark. Frauenpolitik für die 90er Jahre.* Hamburg

WERLHOF, Claudia v. (1991): *Männliche Natur und Künstliches Geschlecht. Texte zur Erkenntniskrise der Moderne.* Wien

WOLDE, Anja (1991): *Geschlechterverhältnis und Patriarchatskritik. Zu den Ansätzen von Ursula Beer und Ute Gerhard-Teuscher.* (Unveröffentlichte Diplomarbeit Universität Hannover)

WOOLF, Virginia (1981): *Ein Zimmer für sich allein.* Frankfurt a. M.

ZAPF, Wolfgang (Hg.) (1991): *Die Modernisierung moderner Gesellschaften.* Verhandlungen des 25. deutschen Soziologentages in Frankfurt am Main 1990, Bd. 1. Frankfurt a. M./New York.